Rumos do Sul

CONSELHO EDITORIAL
Ana Paula Torres Megiani
Eunice Ostrensky
Haroldo Ceravolo Sereza
Joana Monteleone
Maria Luiza Ferreira de Oliveira
Ruy Braga

Rumos do Sul

Periferia e pensamento social

Mariana Chaguri
Mário Medeiros
(orgs.)

alameda

Copyright © 2018 Mariana Miggiolaro Chaguri e Mário Augusto Medeiros da Silva

Grafia atualizada segundo o Acordo Ortográfico da Língua Portuguesa de 1990, que entrou em vigor no Brasil em 2009.

Edição: Haroldo Ceravolo Sereza
Editora assistente: Danielly de Jesus Teles
Projeto gráfico, diagramação e capa: Mari Ra Chacon Massler
Revisão: Alexandra Colontini
Assistente acadêmica: Bruna Marques
Editora de projetos digitais: Dharla Soares
Imagem da capa: *pixabay*

CIP-BRASIL. CATALOGAÇÃO NA PUBLICAÇÃO
SINDICATO NACIONAL DOS EDITORES DE LIVROS, RJ

R89

Rumos do sul : periferia e pensamento social / organização Mariana Miggiolaro Chaguri , Mário Augusto Medeiros da Silva. - 1. ed. - São Paulo : Alameda, 2018.
    il. ; 23 cm.

ISBN: 978-85-7939-539-0

  Inclui bibliografia

1. Geopolítica - Brasil. I. Chaguri, Mariana Miggiolaro. II. Silva, Mário Augusto Medeiros da.
18-47906   CDD: 320.120981
                        CDU: 911.3:32(81)

Este livro foi publicado com apoio da Fapesp, nº do processo: 2017/11197-0

ALAMEDA CASA EDITORIAL
Rua Treze de Maio, 353 – Bela Vista
CEP 01327-000 – São Paulo – SP
Tel. (11) 3012-2403
www.alamedaeditorial.com.br

Sumário

9 **Introdução**

9 As periferias como ponto de vista
Mariana Chaguri e Mário Medeiros

15 **Introdução geral**

17 Uma sociologia local e cosmopolita
Elide Rugai Bastos

33 Rumo ao Sul: a atualidade da periferia
Mariana Chaguri e Mário Medeiros

53 **Parte I: Teoria, pensamento social, periferia**

55 Uma sociologia política na periferia e o Estado-nação
André Botelho

77 Qual a relevância teórica do pensamento social no Brasil?
João Marcelo E. Maia

89 Epistemologia do Sul como Teoria Crítica? Nota crítica sobre a teoria da emancipação de Boaventura de Sousa Santos
Josué Pereira da Silva

109 Sociologias do Sul e ontoformatividade: questões de objeto e método
Marcelo C. Rosa

123 **Parte II: Colonialismo e trânsito das ideias**

125 Rabindranath Tagore e a Nação Universal: comunidade e nação discutidas a partir de escritos de um espírito indiano
Cláudio Costa Pinheiro

153 Difamação, periferia e resistência no rastro do canto imperial
José Luís Cabaço e Rita Chaves

165 Alianças periféricas? Saberes e poderes nas margens do Índico
Maria Paula Meneses

181 **Parte III: Produção de conhecimento e periferias**

183 Sobre a "penúria cultural" e outros elementos constitutivos da cultura literária transatlântica no Brasil oitocentista
Alexandro Henrique Paixão

201 Experiências plebeias e interpretações do Brasil: Florestan Fernandes e Alfredo Volpi
Antonio Brasil Jr.

225 Ariel na América: viagens de uma ideia
Bernardo Ricupero

259 Frantz Fanon, a negritude e o ativismo negro brasileiro do final da década de 1950
Deivison Faustino

273 **Parte IV: Circulação das ideias e seus efeitos**

275 Contingências da periferia: da "formação" à "inserção" da literatura brasileira
Alfredo Cesar Melo

289 Política externa brasileira e o luso-tropicalismo (1961-1963)
Simone Meucci e Alexsandro Eugenio Pereira

311 O Congresso pela Liberdade da Cultura na periferia: a revista *Cadernos Brasileiros*, 1959-1970
Marcelo Ridenti

339   A arte (não épica) da resistência
          Pedro Meira Monteiro

349   **Sobre as Autorias**

Introdução

As periferias como ponto de vista

Diferentes debates sobre a geopolítica da circulação e da legitimação do conhecimento ocuparam cientistas sociais, historiadores e críticos literários nos últimos anos. Seja na proposição de novas epistemologias (SANTOS, MENESES, 2010; MIGNOLO, 2007) ou no esforço de tensionamento da modernidade e de seu arcabouço teórico e conceitual (CHAKRABARTY, 2000), as chamadas teorias do sul são compostas por um mosaico heterogêneo de autores e formulações que concorreram para reposicionar temas e problemas da teoria social contemporânea, abrindo novas frentes de debates e, especialmente, alargando o horizonte da imaginação sobre a sociedade.

Rumos do Sul: periferia e pensamento social persegue justamente as linhas gerais deste horizonte. Mobilizando o instrumental teórico-metodológico do pensamento social, qual seja: a pluralidade de análises de processos sociais e sujeitos historicamente formados e informados por tais processos, de um lado; ou estudo de obras e autores, de maneira mais internalista ou contextualista, buscando compreender a formulação, circulação e a força social de suas ideias no processo social. Assim, os capítulos aqui reunidos, originados de trabalhos concluídos ou em andamento, que unem pesquisadores de espaços diversos em preocupação comum, evidenciam que a produção das ideias está permanentemente aberta às contingências da história, bem como que ideias estão no texto, mas também no interior do confronto político (Cf. TILLY, 2006).

Em outros termos, trata-se de apontar para o potencial das *ideias como forças sociais*, isto é, para o modo como diferentes ideias, repertórios e linguagens concorrem ativa e reflexivamente para a modulação do mundo social, operadas pelos sujeitos que as formulam ou que as absorvem, cultural e politicamente, de maneira sincrônica ou diacrônica, conferindo ou disputando sentidos com o contexto social envolvente. Avançando na formulação, trata-se de apostar que nossa capacidade de falar sobre a sociedade (Cf. BECKER, 2009) vai sendo construída entre as empirias do processo social e as dinâmicas da produção das ideias.

No caso deste livro, na encruzilhada da produção das ideias e da dinâmica dos processos sociais e históricos estão os debates sobre os alcances e os limites teóricos, analíticos e metodológicos da periferia. Vista no plural e debatida a partir de uma variedade de temas e problemas, a periferia é tomada aqui como ponto de partida para ler modernidades e colonialismos uns contra os outros. A periferia é um espaço geográfico e também uma ideia; é uma condição histórica, política e econômica delimitada, que pode ser aceita, questionada ou ter seus sentidos alargados, dependendo do contexto. Contextualmente, portanto, a periferia torna-se realidade concreta, mas também imaginação social histórica e sociologicamente formulada, disputável.

Lembrando a metáfora espacial de Benedict Anderson (2014, p. 19), as estrelas se movem continuamente no espaço sideral, tanto quanto as ideias no espaço imaginado dos anticolonialismos dos séculos XIX e XX, gravitando e influenciando seus movimentos num cenário comum. Esse espaço existente é tão vasto tanto quanto desconhecidos são os corpos, sujeitos, ideias, objetos que circulam nele. Isso só permite, portanto, deixar aberta a agenda de pesquisa para investigar suspeitas sobre contextos sociais ainda não sondados, influências possíveis, comparações potenciais.

Resultando destes enfrentamentos, mais ou menos tensos, conforme o caso, os capítulos concorrem para explicitar o encontro entre ideais universais de modernidade política e os modelos, categorias, instituições e práticas pré-existentes por meio das quais tais ideais são retraduzidos e reconfigurados. Cabe lembrar, no entanto, que menos que argumentar contra os universais, está em questão enfatizar a instabilidade conceitual e analítica que eles comportam.

Os capítulos enfrentam, então, um dos desafios abertos para cientistas sociais contemporaneamente: tratar analítica e politicamente a diferença.

São variados os modos de fazê-lo e, ao longo deste livro, é possível perceber variados esforços para promover o alargamento de conceitos, categorias e fabulações teóricas para incluírem diferentes narrativas sobre raça, região, nação, por exemplo. Está em questão, assim, alargar as possibilidades de habitar a modernidade, para ficar com síntese de Chakrabarty (2002) com temas, figuras e problemas heterogêneos, atribuindo inteligibilidade ou mesmo construindo novos sentidos para a experiência social, isto é, para as experiências de estar no mundo.

Ver o mundo a partir do lugar da experiência marca diferentes perspectivas e polêmicas do debate sobre as periferias (Cf. FARIA, PENNA, PATROCÍNIO, 2015). Ora acentuando a autenticidade do lugar de fala de diferentes atores periféricos; ora construindo a periferia como espaço por excelência da crítica ao universalismo, o debate sobre os alcances e os limites da periferia como categoria analítica e como lugar cultural e político vem sendo disputado e construído nos últimos anos.

Tributário de tais debates, este livro movimenta-se, no entanto, em direções outras, ocupando-se do esforço de desfazer as homologias entre espaço, cultura, política e experiência. Percorrendo o conjunto das reflexões apresentadas ao longo do livro, os diferentes capítulos apontam, cada um a seu modo, que as periferias, como quaisquer outros espaços, não podem ser tomadas como um repositório da diferença cultural ou de práticas sociais e históricas específicas.

Para tanto, observam que a experiência, ainda que contextual, é também contingente, ou seja, "não reflete de maneira transparente uma realidade pré-determinada, mas é uma construção cultural" (BRAH, 2006, p.360). Logo, não há um sujeito da experiência já plenamente constituído, antes, a experiência é marcada por uma dimensão processual a qual, por sua vez, oferece pistas para reconstruir a mediação com o espaço. Como consequência, vistas no plural, as periferias comportam arranjos sociais e composições de classes, de raça e de gênero reiteradamente heterogêneos.

Falar sobre a sociedade trazendo tal heterogeneidade para o primeiro plano implica avançar nossa capacidade de falar sobre a diferença, sobre a diversidade e sobre a desigualdade, estabelecendo os nexos necessários, mas não irredutíveis, com a experiência social. Para tanto, como o conjunto de capítulos aqui reunidos demonstra a necessidade de prestar atenção na heterogeneidade do processo social e do regime de ideias que concorrem para o tornar inteligível. Assim, ideias como as periferias, Sul ou Sul Global se mostram complexas e desafiadoras, podendo ser questionadas naquilo que possuem de unificador – mas também excludente.

O Sul Global pode se esquecer dos contextos do Leste Europeu que se encontra no Norte? O Norte central é uma porção da Europa Ocidental, menor que estados brasileiros, aliada aos Estados Unidos. O que pode ser dito ainda sobre o restante daquele Norte (com México e Canadá) e de outras parte do Velho Mundo? O que há a dizer sobre o Caribe? A ideia de Sul Global dá conta das diferenças historicamente construídas no Oriente? O que é o Oriente senão uma imaginação ocidental e também mais que isso? (SAID, 2007[1978])? O mundo Atlântico e o mundo Índico revelam quais contextos sociais de realização? Continentes, como o africano, que possuem países com realidades étnicas, religiosas, linguísticas, políticas plenas de diversidade, unificadas pelo projeto colonial (mas distintas entre si pelo mesmo projeto) complexificam tais miradas sobre a ideia de Sul e periferia. As periferias enquanto ideia são capazes de potencializar os debates sobre as realizações das diferenças e das políticas do heterogêneo ao tratar de gênero, etnia, classe, sexualidades nos contextos dos sujeitos enfocados? Periferia, Sul, Sul Global: trata-se, portanto, de um debate geopolítico e de imaginação sociológica e histórica que permite perspectivar a centralidade de uma narrativa e de um fazer científico. Contudo, não é possível se iludir de que seja um debate pacificado, sem tensionamentos internos.

Tratam-se de questões que abrem ainda outras agendas de pesquisa, algumas delas já anunciadas nos textos aqui reunidos. O que talvez seja consensual é que periferia, Sul, Sul Global (ou mesmo denominações anteriores, como Terceiro Mundo) são perspectivas (HARAWAY, 1995) modos de olhar e observar, visando alargar o horizonte das ciências sociais, calibrar entendimentos sobre a ciência e politizar o debate sobre diferença e desigualdade.

***

O livro está organizado, assim, em 4 partes, com 17 textos de cientistas sociais brasileiros e estrangeiros. Uma *Introdução Geral*, com os artigos de Elide Rugai Bastos, Mariana Chaguri e Mário Medeiros, explorando o debate sobre periferia e pensamento social, a atualidade de releituras para novas pesquisas. Na Parte I, estão reunidos os capítulos que exploram as mediações entre *Teoria Social, Pensamento Social e Periferia,* procurando ler e articular esses temas sugerindo novos equacionamentos com o Brasil e outras sociologias nacionais, com a Teoria Crítica e o debate teórico da concepção de Sociologias do Sul nos textos assinados por André Botelho, João Marcelo E. Maia, Josué Pereira e Marcelo C. Rosa; a Parte II é dedicada ao *Colonialismo e trânsito das ideias,* explorando os diversos e até mesmo improváveis caminhos percorridos por pessoas, livros e ideias na modulação de uma imaginação sobre a colonização e o colonialismo, entre Brasil, Índia, Moçambique, a ideia de África, os mundos Atlântico e Índico, nas contribuições de Cláudio Pinheiro, José Luis Cabaço, Rita Chaves e Maria Paula Meneses. A Parte III se debruça sobre as mediações entre a *Produção de Conhecimento e Periferia,* perseguindo aspectos de produções artísticas, desmistificações de consensos históricos envolvendo as relações entre Arte e Sociologia, a ideia de América Latina, a recepção do pensamento anticolonial de Fanon no Brasil e a formação de um público leitor no país no século XIXI nos textos de Alexandro Paixão, Antonio Brasil, Bernardo Ricupero e Deivison Faustino. Finalmente, o livro se encerra com as reflexões da Parte IV acerca da *Circulação das Ideias e seus Efeitos,* abordando a inserção de literatura brasileira na lusofonia africana, questões sobre o lusotropicalismo e colonialismo, a política cultural da Guerra Fria e a periferia capitalista, questões sobre tradução de ideias e periferia, nos trabalhos de Alfredo Melo, Marcelo Ridenti, Pedro Meira Monteiro, Simone Meucci e Alexsandro Pereira.

Mariana Chaguri e Mário Medeiros

Bibliografia

ANDERSON, Benedict. *Sob três bandeiras: anarquismo e imaginação anticolonial.* Campinas: Editora Unicamp; Fortaleza: Editora Universidade Estadual do Ceará, 2014.

BECKER, Howard S. *Falando da sociedade: ensaios sobre as diferentes maneiras de representar o social.* Rio de Janeiro: Jorge Zahar, 2009.

BRAH, Avtar. Diferença, diversidade, diferenciação. *Cadernos Pagu*, Campinas, n. 26,, jun, 2006, p. 329-376. Disponível em: <http://www.scielo.br/scielo.php?script=sci_arttext&pid=S0104-83332006000100014&lng=en&nrm=iso>. Acesso em 27 Dec. 2017. http://dx.doi.org/10.1590/S0104-83332006000100014.

CHAKRABARTY, Dipesh. *Habitations of modernity: essays in the wake of subaltern studies.* Chicago, IL: University of Chicago Press, 2002.

CHAKRABARTY, Dipesh. *Provincializing Europe: postcolonial thought and historical difference.* Princeton, NJ; Oxford: Princeton University Press, 2000.

FARIA, Alexandre; PENNA, João C.; PATROCÍNIO, Paulo R. T.(orgs.). *Modos da margem : figurações da marginalidade na literatura brasileira.* Rio de Janeiro, RJ : Aeroplano, 2015.

HARAWAY, Donna. "Saberes localizados: a questão da ciência para o feminismo e o privilégio da perspectiva parcial". *Cadernos Pagu*, Campinas, n.5, 1995, p. 07-41.

MIGNOLO, Walter. *La idea de América Latin* Barcelona: Gedisa, 2007.

SANTOS, Boaventura Souza.; MENESES, Maria Paula. *Epistemologias do sul.* São Paulo: Cortez, 2010.

SAID, Edward. *Orientalismo: o Oriente como invenção do Ocidente.* São Paulo: Companhia das Letras, [1978]2007.

TILLY, Charles. *Regimes and repertoire.* Chicago, IL; London: University of Chicago Press, 2006.

Introdução geral

Uma sociologia local e cosmopolita

Elide Rugai Bastos

É possível fazer uma sociologia dotada de caráter universal a partir da periferia? Claro que é uma pergunta para a qual não cabe resposta dicotômica e, mesmo se respondêssemos "talvez" não há como fugir da argumentação que coloca situações complexas à reflexão. Neste texto não procuro encontrar respostas, apenas pretendo levantar dúvidas, hipóteses, fazer provocações.

A mesma questão referente à literatura e à arte assombra um conjunto de intelectuais e artistas situado nas margens do centro econômico-cultural hegemônico. Refiro-me evidentemente ao mundo ocidental, motivada por minha ignorância dos debates em outros cantos do mundo. Sim e não se entrelaçam nas diferentes respostas dadas. Por exemplo, referindo-se a Borges, Beatriz Sarlo diz que esse escritor "formula a pergunta (que jamais dá por respondida) sobre como é possível escrever literatura num país periférico, com uma população de origem imigrante estabelecida numa cidade litorânea." (Sarlo, 2008, p.18)[1] Definindo a condição do autor mostra que sua obra desloca-se na direção de várias culturas retendo o conflito entre elas e impondo ao leitor a compreensão da dimensão dilacerada que a atravessa: "um jogo entre duas margens", que o caracteriza como "a figura bifronte de um escritor que foi, ao mesmo tempo, cosmopolita e nacional" (Idem, p.18).

A indagação não fica propriamente sem resposta. A tensão entre os dois polos atravessa a obra de Borges como um todo e, de certo modo, caracteriza-se como o perfil da questão: oposição, ambiguidade, tensão. O que se mostra difícil, se não impossível, é definir uma fórmula geral e aplicável a todas as situações semelhantes ou aproximadas em que se produz uma obra de arte, de literatura, de ciências sociais fora do centro hegemônico que dita as "regras de excelência". A reflexão sobre a questão envolve inúmeros elementos: o aqui e o agora da produção - o que fazer, como fazer, quando fazer, por que fazer, a quem se destina o produto do fazer, o que torna possível o fazer. Mais ainda quando o processo envolve ação como efeito do

---

[1] A complexidade da questão já está expressa no fato de referir-se não à Argentina como país, mas à cidade de Buenos Aires.

produto. Ou ainda, quando o intelectual ou o artista se configura como agente social, uma vez que nos países periféricos o intelectual assume frequentemente protagonismo político. Assim, a dupla dimensão histórico/individual, com seus inúmeros desdobramentos, torna-se fundamental para a análise da questão. Também, deve-se lembrar de que existem várias maneiras de incorporar tanto a história da sociedade como a vida do autor na buscar de resposta à pergunta. Os métodos de abordagem do problema são diversos, diversas as perspectivas do olhar, diversos os caminhos trilhados, diversas as intenções da empreitada. O método é realmente, como afirma Jameson, um campo de conflito (JAMESON, 1992).

Trazendo para mais perto a indagação levantada sobre Borges, é possível aplica-la a Machado de Assis, sem dúvida um autor simultaneamente cosmopolita e nacional. Falando a respeito de seu recente livro *Machado* (2016), Silviano Santiago lembra que esse autor tem uma visão peculiar sobre a modernização, situada no tempo e no espaço, condicionada pelo contexto em que a questão se coloca. Analisa os quatro últimos anos da vida de Machado de Assis, momento de perdas de várias ordens – ausência de Carolina, aguçamento da doença, alterações profundas no cenário social e político do Rio de Janeiro. "Toda a fala oficial da modernização insiste no equilíbrio, na ascensão, nos valores iluministas, a instrução, a educação, o saber, a biblioteca. E Machado de Assis, como tento mostrar, tem uma visão convulsiva de tudo isso." (Entrevista a Paulo Henrique Pompermaier).[2] Santiago usa a metáfora da epilepsia, doença que marca fortemente os últimos anos de Machado, para figurar o modo pelo qual esse escritor percebe e explicita as ambiguidades que marcam a modernização do Rio de Janeiro, simbólica do que acontece no país. A convulsão representa um momento extremo na configuração social, mas não se expressa claramente no dia a dia, pois parece cerceada por momentos vistos como "normais". Símbolo de uma sociedade que esconde o paradoxo que a marca atrás de uma aparência de ordem, equilíbrio e normalidade. Em outras palavras, o conflito é naturalizado.

Importa apontar, para acentuar a complexidade do problema, que o fundamento da tensão presente nos dois autores – Borges e Machado – é de natureza diferente se levarmos em consideração seu diagnóstico sobre as sociedades que se constituem objeto da reflexão. Para Borges, o conflito entre as culturas marca fortemente os impasses presentes na sociedade. Sarlo acentua que nesse autor "o tom nacional não depende da representação das coisas, mas da formulação de uma pergunta: como é possível escrever literatura numa nação culturalmente periférica?"

---

2 Disponível em: https://revistacult.uol.com.br/home/a-comedia-das-letras-de-silviano-santiago/ Acesso em 01 nov.2017.

Diferentemente, Machado, partindo de elementos corriqueiros – situações cotidianas, comportamentos diversos, linguagem, silêncios – retrata a sociedade como um todo, suas diferentes esferas – social, cultural, política e econômica – expressas em atitudes que desnudam a *representação* que seus personagem constroem sobre o Brasil, sobre o povo e sobre o lugar que os indivíduos de cada camada social "devem" ocupar no arranjo nacional.

Essas representações são apresentadas por Machado com leveza, às vezes com elementos marcados pela simplicidade e como parte do "bom senso" que marca suas vidas, mas na verdade constituindo-se em princípios que assumem o papel de reprodutoras do *status quo*. O objetivo é mostrar como vivenciam essas representações. Em outras palavras, a tensão presente em Machado é principalmente resultante da ambiguidade que atravessa a sociedade suas múltiplas dimensões, pois os arranjos absurdos são tomados como naturais. As situações ambíguas são abordadas a partir de aspectos aparentemente de pouca importância no desenrolar dos romances ou dos contos, mas articulam o fio da narrativa e se constituem em poderosos indícios do perfil social. Santiago ao analisar como o cotidiano aparece na obra de Machado, mostra que o dia a dia não pode ser considerado apenas a partir de seu significado no jogo social, mas deve ser visto em seu sentido no conjunto da sociedade. Por exemplo, mostra que Machado não escolhe ao acaso o nome próprio dos personagens, pois ele retém o duplo sentido presente em seus portadores.[3]

Ilustro, Fidélia ou Tristão, em *Memorial de Aires*, figuram uma duplicidade de personalidade que se explicita sutilmente ao longo do romance. Ao abordar elementos aparentemente marginais constrói uma estratégia que permite abrir novas possibilidades de compreensão da vida em seus diferentes aspectos, não só locais, mas universais. Para Machado a pergunta sobre a universalidade de uma literatura escrita na periferia não se explicita centralmente como para Borges. Sua questão amplia-se em direção à modernidade caricata, dissociada das bases sociais do país, cópia inadequada, que, se adotada desempenha função de elemento de ascensão social e de distinção e caracteriza-se como via equivocada para a inserção do Brasil no concerto geral das nações. É nessa combinação entre princípios atávicos e manifestações modernas que Silviano Santiago assenta a tese sobre a convulsão da sociedade: no decorrer de situações aparentemente corriqueiras os espasmos ocorrem e mudam a direção da "ordem".

---

3 "Já no nome próprio escolhido desdobra-se a personalidade ambivalente dos seres humanos que cria." (Santiago, 2016, p. 357)

E a Sociologia?

Creio que a questão – é possível fazer uma sociologia dotada de caráter universal a partir da periferia? – se foi formulada ao longo da história das ciências sociais no Brasil e nos outros países da América Latina o foi tímida e indiretamente. A aceitação da inferioridade teórica de nossa reflexão de certo modo naturalizou-se, assumindo procedimento semelhante à transposição das instituições políticas. Estas quando ganham configuração formal, sua adaptação se dá, na maioria das vezes, no campo da aplicação arbitrária e da invocação de normas para justificar momentos de exceção e de autoritarismo. De modo semelhante, na sociologia, com raras exceções, modelos analíticos de autores clássicos ou contemporâneos gestados nos espaços hegemônicos foram aplicados diretamente e até mecanicamente para interpretar situações sociais que se apresentam nas margens do sistema.

Claro que escrever em português constitui-se em dificuldade para a difusão das ideias ou dos procedimentos adotados para a reflexão ou para a pesquisa. Ilustro: falando sobre seu livro escrito em 1971, *Capitalism and Modern Social Theory*, Anthony Giddens acentua uma particularidade representada pela abordagem "em termos de uma tríade de clássicos que mais tarde se tornariam o núcleo dos ensinamentos recebidos nos cursos de graduação em sociologia." (GIDDENS, 1998, p.11) Evidentemente, refere-se a Marx, Weber e Durkheim. Seguem, no texto, acertadas considerações críticas a Parsons, Dahrendorf, John Rex, Lockwood. Continua: "mesmo nos anos 1960, a ideia de que havia distintos pais fundadores da sociologia, que deveriam ser encontrados especialmente na Europa, mal se tinha estabelecido." (idem) Não pretendo aqui discutir antecipações, mas lembro de que, desde 1954 sob a liderança de Florestan Fernandes, na cadeira de sociologia I da Faculdade de Filosofia da Universidade de São Paulo, a abordagem dos três autores clássicos se constituía no eixo do programa das disciplinas. O procedimento está registrado na primeira edição de *Fundamentos empíricos da explicação sociológica* (1959), que reúne ensaios redigidos entre 1953 a 1957.

Nesta e nas duas exposições seguintes [Capítulos IV, V e VI] trataremos da contribuição dos autores cuja obra tem maior significação do ponto de vista da explicação sociológica. A escolha de Durkheim, Weber e Marx resultou da importância de cada um deles na constituição das principais orientações da teoria da investigação sociológica. (FERNANDES, 1967 [1959], p. 70)

Creio que o dado anterior ilustra o lugar marginal conferido pelos autores consagrados à produção sociológica brasileira, em especial à referente à teoria sociológica.[4] Não estou sugerindo má intenção da parte de Giddens, mas o desconhecimento da produção em língua portuguesa.

Mas a questão não se limita ao conhecimento e/ou interpretações sobre a teoria clássica. É muito mais ampla, pois coloca problemas de aplicabilidade dessas interpretações a situações não condizentes àquelas das sociedades que deram origem a tais teorias. Sabemos que nos países centrais fronteiras institucionais circunscrevem o campo dos conflitos. Assim, normas estabelecem direitos e deveres, configuram formalizações sobre as relações sociais, definem sanções. Contudo, temos a experiência de que na periferia não é possível reduzir a vida social e política ao jogo das instituições. Gildo Marçal Brandão lembrava sempre que o papel dos intelectuais torna-se importante nessa situação e mostra sua recusa à utilização de fórmulas feitas (BRANDÃO, 2007).[5]

Nesse quadro a reflexão sociológica no Brasil torna-se importante, pois atitudes comportamentos, relações sociais, expressos diretamente ou não, configuram o modo como a sociedade se organiza e cabe à análise sociológica articular o particular ao geral. Tomo novamente Florestan Fernandes como exemplo. Dialogando com as contribuições de autores brasileiros mais significativas que discutem a formação nacional - Oliveira Vianna, Gilberto Freyre, Nestor Duarte e Fernando Azevedo – embora reconheça sua valiosa contribuição, critica-os por reduzirem "o macrocosmos social inerente à ordem estamental e de castas ao microcosmos social inerente à plantação ou ao engenho e à fazenda" (FERNANDES, 1979, p. 36).

Assim propõe uma abordagem que confere contrapeso aos dois aspectos da sociedade, pois "para uma análise sociológica que se volta para as totalidades, a economia de plantação faz parte de um contexto histórico estrutural inclusivo e determinante" (Idem) Pensar simultaneamente o macro e o microcosmos sociais é uma posição teórico-metodológica que caracteriza a interpretação de Florestan Fernandes. Estabelecer a relação entre o todo e as partes é evidentemente uma po-

---

4   No mesmo livro de 1959, a terceira parte, intitulada "O método funcionalista na sociologia" é resultado da tese de livre-docência do autor apresentada em 1953 à cadeira de sociologia I, citada anteriormente. Uma exceção à afirmação feita por mim é a observação de Robert K. Merton sobre esse texto: "*Ensaio sobre o método de interpretação funcionalista em Sociologia*, por Florestan Fernandes (1953), é uma monografia informativa e sistemática que recompensa uma leitura ainda que apressada e falível como a minha" (MERTON, 1964, p. 93).

5   Desenvolvo essas questões no meu texto em Bastos, 2010.

sição clássica do marxismo[6] mas que o autor concretizou como forma específica de analise da sociedade brasileira. O modo como realizou esse processo é apontado por várias análises de sua obra como uma posição polêmica enfrentada pelo autor nos textos em que debate a possível compatibilização entre a análise funcional e a explicação dialética (BASTOS, 2015). Florestan se reporta à afirmação de ser seu pensamento eclético, e acentua sua intenção de não aplicar diretamente uma teoria pensada para uma sociedade central, de perfil clássico, a uma realidade periférica, às margens do modelo da sociedade burguesa. A situação transforma-se em desafio teórico a partir da afirmação da impossibilidade de aplicação direta de diagnósticos feitos sobre sociedades com características históricas, organização, estruturas e temporalidades diversas.

Dialogando com essas críticas, Florestan lembra em vários momentos que a análise funcional no limite privilegia a ordem e, em geral, pode levar a uma visão estática dessa ordem. Mas, se a encararmos como instrumental pode-se superar tal limite.

> Se for estudar, por exemplo – como fiz no caso do livro com o professor Bastide ou no livro sobre o negro – as transformações que ocorrem "através" e "além" da repetição da ordem, a análise estrutural-funcional é largamente complementada pela análise histórica. O que quer dizer que trabalhei simultaneamente com as duas perspectivas de análise, completando-as e corrigindo-as. Muitos pensam que as duas análises se excluem – o que é um erro e um dogmatismo – pois ambas foram empregadas ao nível analítico da reconstrução da realidade e como técnicas lógicas de formação de inferências e de controle (FERNANDES, 1978, p. 106).

Que justificativa Florestan Fernandes apresenta para a busca de um modelo teórico-metodológico novo, ou pouco ortodoxo? Na verdade faz uma pergunta – por quê? – a respeito de uma situação que salta aos olhos da população, mas que certamente naturalizamos, pelo fato de vivenciá-la cotidianamente. Sabemos que o capitalismo brasileiro é dinâmico, com base produtiva diversificada, mas nesse quadro, reiterarem-se a exclusão social, a pobreza e as disparidades regionais. A explicação rotineira para essas ocorrências é o fato de o Brasil caracterizar-se como uma sociedade onde impera a concentração da riqueza e, evidentemente, onde se dá uma distribuição desigual de bens econômicos, sociais, políticos e culturais.

---

6   Trata-se de uma proposta característica do marxismo. Consultar como exemplo Goldmann, 1955.

Constatação correta, mas também óbvia, que se atém à aparência do fenômeno. Procurando ir além da aparência Florestan Fernandes interessa-se pelo processo que conduz a essa situação esdrúxula. O que leva à possibilidade de combinação de elementos opostos? Que lugar essa combinação de opostos tem na reprodução do sistema? Quais são seus efeitos? Trata-se de um novo olhar.[7]

Na busca de resposta a tais indagações, a análise das formas de articulação do micro e do macrossocial ganha centralidade, conforme indicamos acima. Se enfatizarmos apenas essa perspectiva correríamos o risco de atermo-nos ao aspecto instrumental da pesquisa, à dimensão metodológica, o que de fato não seria de pouca importância. Contudo, Florestan vai além. Dando conta da dinâmica da sociedade busca apreender como essas relações, que se expressam na articulação novo/velho, moderno/tradicional, se alteram ao longo do tempo e se comportam nas diferentes conjunturas. Aqui entra sua preocupação com as mudanças sociais – ele insiste em usar a expressão no plural[8] – pois se trata de um processo que se estende ao longo da história. Percebê-las como um processo permite mostrar as várias facetas: emergência de novos atores sociais, tentativas de minimizar a atuação destes via controle das mudanças, alterações no modo de vida, emergência de conflitos, etc. Por essas razões, o desafio para os analistas que se encontram na periferia do sistema é maior.

> As sociedades que se afastam do tipo "normal", inerente a determinada civilização, representam, em si mesmas, um problema teórico para a ciência. As explicações válidas para o tipo "normal" nem sempre se aplicam às suas objetivações em condições especiais. É de enorme interesse científico não só introduzir as retificações necessárias nessas explanações, mas, principalmente, construir modelos de explicação congruentes com as flutuações da realidade. Na verdade, apenas a investigação intensiva e cuidadosa de casos dessa natureza permite estender a teoria, de forma consistente, íntegra e sistemática,

---

[7] No livro *Primeiras Estórias* (Rosa, 1962), o conto "O espelho" Guimarães Rosa fala da reeducação do olhar. Vejo essa temática como simbólica do que ocorria no início da segunda metade do século XX, quando intelectuais e políticos desenhavam um projeto, nitidamente industrialista, para os países que denominavam terceiro mundo. Uma visão homogenizadora que desconhecia a capacidade de ser outro. A metáfora do espelho é clara para sugerir que a perspectiva em que o observador se coloca afeta o ângulo de percepção da imagem. Assim, aqui passo a utilizar essa sugestão para refletir como a visão das questões sociais é afetada pelo lugar tanto da enunciação dos problemas como pela escolha dos instrumentos para analisá-los.

[8] A manutenção da expressão no plural, segundo o autor "permite fugir à ambiguidade do conceito formalista de 'mudança social' tão em voga entre os sociólogos norte-americanos." (FERNANDES, 1974, p. 19)

a todas as manifestações de um mesmo tipo social. Desse ângulo, a posição do sociólogo brasileiro é quase privilegiada, pois poderá propor-se tarefas de grande significação teórica para a sociologia. (FERNANDES, 1976, p. 19-20)

Nesse quadro a sociologia desenvolvida nas margens do sistema precisa inovar-se e não apenas aplicar fórmulas conhecidas para uma realidade quase desconhecida. Em especial porque nas sociedades dependentes e subdesenvolvidas "a mudança e o controle da mudança são, com maior razão, fenômenos especificamente políticos." (FERNANDES, apud IANNI, p.163) Voltarei mais adiante a essa formulação.

Novas indagações

As palavras de Florestan Fernandes citadas acima são do prefácio de 1962 escrito para a primeira edição de *A sociologia numa era de revolução social*, livro reunindo ensaios escritos entre 1959 e 1962. O próprio título já mostra a intenção de inovação que considera necessária naquela conjuntura. Indagando sobre o papel do sociólogo diz: "Ele produz, literalmente, para erguer um edifício novo; para incorporar a sociologia na 'cultura' de seu país." (FERNANDES, 1976, p. 16) Uma construção nova porque "não é difícil transplantar ideias, técnicas e instituições científicas: o difícil é fazê-las funcionar, onde o homem ainda não desbastou o próprio horizonte cultural." (Idem, p. 17). A sociologia seria um dos instrumentos privilegiados para desnudar esse horizonte.

A que conjuntura de debate me refiro? No final dos anos 1950 e início de 1960, não só no Brasil e na América Latina, mas também nos países em que se discutiu a questão desenvolvimentista, os termos marginalidade, marginal, periférico e periferia, sem esquecer a expressão terceiro mundo, fizeram parte dos discursos que analisavam o subdesenvolvimento, ancorando em geral visões dualistas. Marginal em oposição a central, periferia como oposto a metrópole. Esse debate, no que se refere à América Latina, envolveu intelectuais de várias partes do mundo. Entre nós, naquele momento circulou o livro do escritor francês Jacques Lambert, *Os dois brasis* (LAMBERT, 1959 [1953]) título utilizado para denominar os traços econômicos, sociais e culturais de regiões/populações brasileiras caracterizadas como modernas ou atrasadas. O debate ultrapassou o nível acadêmico, as instituições políticas e a importância da questão mobilizou a população. Vários movimentos sociais marcaram o período.

A visão dualista, que se tornou um modismo na interpretação do Brasil, foi criticada por vários intelectuais do período, os quais apontaram seu equívoco, mostrando a interdependência dos dois polos: em termos gerais, o setor atrasado funciona como elemento importante para o desenvolvimento do setor moderno. Alguns cientistas sociais, principalmente latino-americanos, buscaram explorar a complexidade teórico-metodológica de esse novo olhar. Contudo, a maioria das análises pautava-se pela procura de um modelo a ser imitado, modelo que delineava os instrumentos de superação do arcaico, do tradicionalismo, das velhas formas de comportamento, da cultura atrasada. Estas, talvez com a melhor das intenções, focavam-se sobre o problema do combate à pobreza. Porém, muitas vezes na busca das razões justificavam uma intervenção direta nas sociedades, pois "constatavam" elementos que perpetuavam a pobreza. Trata-se da tese da cultura da pobreza bastante divulgada naquele período. Tanto o Centro para el Desarrollo Económico y Social de América Latina, conhecido como DESAL(1966), como Oscar Lewis(1959), antropólogo norte-americano, exemplificam a questão.

Afirmam os autores que quando constatamos padrões estabelecidos de desigualdade e pobreza na sociedade, estes tendem a gerar valores culturais que alimentam comportamentos que as perpetuam. Assim, os pobres perderiam a ambição de melhorar de vida, acreditando que o trabalho não ajudaria a melhorar suas condições de existência social e econômica. Essa cultura paralisadora seria transmitida de uma geração à outra e levaria os indivíduos a se adaptarem às circunstâncias da pobreza. Isso permitiria explicar, entre outros padrões, a incapacidade de países do terceiro mundo de se desenvolverem economicamente. Em outros termos, a cultura da pobreza, característica dos países subdesenvolvidos, seria um obstáculo à transformação das condições de existência social dos pobres, pois a transmissão desses valores culturais através do processo de socialização torna-se obstáculo psicológico para que as crianças estejam preparadas a se beneficiarem das condições de mudança e aproveitarem as oportunidades que estas trariam. A cultura da pobreza produziria a incapacidade de organização em relação à luta para superar a condição em que se encontram os pobres. A privação e a exclusão conduzem à configuração de traços que reforçam a marginalidade e a dependência, gerando passividade comportamental.[9]

Apontando o sentido ambíguo contido na argumentação, busco mostrar os dois elementos que operam como limites analíticos presentes nessa tese: de um lado,

---

9 Inúmeras críticas já foram feitas à formulação do antropólogo Oscar Lewis, o que me libera da necessidade de retomá-las aqui. Ver, por exemplo, STAVENHAGEN, 1965; CASANOVA, 1969.

a afirmação da existência de um dualismo estrutural; de outro, a indicação de que a situação de marginalidade é uma "escolha" do homem ou do grupo.

Embora a definição da cultura da pobreza compreenda a noção de adaptabilidade, o que ultrapassa os limites colocados pela formulação da DESAL que sugere um dualismo estrutural, Lewis a apresenta através de uma dicotomia: de um lado, trata-se de um modo de adaptar-se à sociedade envolvente; de outro, é uma forma de os pobres reagirem à sociedade capitalista, individualizada e organizada em classes sociais. Sendo reativa, esta segunda posição supõe a presença da consciência da situação diferenciada. A valorização dos elementos culturais marcadores dessa diferença, a manutenção dos mesmos e sua transmissão através do processo de socialização tornam-se, segundo o autor, obstáculos psicológicos para que a população seja preparada para as condições de mudança e possa aproveitar das oportunidades que estas poderiam acarretar. A situação configura a imobilidade. Uma das principais críticas que foram dirigidas a essas teses, aponta para a fragilidade da ideia de autonomia da cultura, proposição que está quase sempre presente nas discussões sobre marginalidade.

Uma crítica vinda da periferia do sistema

Creio que na discussão dos anos 50-60 a que me referi, isto é, aos autores que criticavam o dualismo, o termo periferia ganha uma conotação que está além de um espaço geográfico definido. Além disso, para eles, margem não é palavra atribuída a um grupo excluído da sociedade, mas a uma parte componente da mesma. Ainda, o reconhecimento dessa convergência – do tradicional com o moderno - é condição fundamental para avaliar-se tanto o processo de democratização da sociedade como as formas pelas quais se configura o processo de exclusão. Assim, margem e periferia são conceitos pensados simultaneamente e sempre referidos a um todo do qual fazem parte.

O cenário político que se forma desde o início dos anos 1960, em que pesadas ditaduras mudam os rumos do debate expulsando dos países latino-americanos alguns de seus importantes intelectuais, intervindo de modo repressivo sobre os cursos de humanidades, em especial os de ciências sociais, e censurando escritos e manifestações, interfere negativamente na continuidade dessas reflexões. O movimento intelectual que se formava para a incorporação da discussão de situações nacionais confrontadas com as internacionais foi tolhido. Levando em consideração esse quadro retomo o debate daquele momento, tentando mostrar as potencialidades que não puderam atualizar-se.

Voltando à reflexão sobre a periferia ou as margens como desafio metodológico, retomo o modo como Florestan Fernandes enfrenta esse desafio, uma vez que é mais fácil ilustrar com a história brasileira. Já tive oportunidade de lembrar, em um texto de 2002, que na obra desse autor periferia pode ser vista como um método (BASTOS, 2002), pois se trata de uma forma de analisar o processo social, considerando que o autor demonstra que o processo social não apresenta linearidade e caracteriza-se por vaivéns, recusando a visão de analistas que o percebem como um *continuum*.

Toma essa imagem e altera seu sentido: opera como se as duas pontas do *continuum* se encontrassem e esse encontro gerasse ao mesmo tempo o objetivo, a unidade empírica da pesquisa, a busca do suporte teórico e o método da investigação. O termo que utiliza para indicar esse procedimento é circuito fechado,[10] que também acabará por retratar o próprio funcionamento da sociedade.

Em artigo sobre esse autor, Gabriel Cohn (2015) mostra o empenho de Florestan Fernandes na superação da análise fragmentada entre estrutura e agência, que é uma feliz abordagem de um dos aspectos da questão. Associar na análise macro/microcosmos, a estrutura social e a ação, é proposta clássica em ciências sociais, mas ganha características especiais na análise desse autor.[11] No livro *A integração do negro na sociedade de classes* (1965), a questão ganha corpo através da demonstração de as relações sociais não se apoiarem claramente em princípios democráticos, mas remeterem a formas originárias do período escravocrata, principalmente quando estão em situação aquelas entre negros e brancos. Ilustrando, segundo o autor, pensar o preconceito racial de modo geral sem atinar para as formas de discriminação historicamente construídas equivale a um equívoco analítico.

É certo que é longo o debate sobre a relação ação e estrutura, estando a controvérsia longe de ser resolvida. Florestan Fernandes no estudo sobre a integração do negro mostra a possibilidade da passagem para o plano da agência alcançada pelos movimentos negros do período - refere-se a material coletado no início dos anos 1950 – partindo da fusão dos conceitos preconceito de cor e discriminação. Caracterizar a discriminação vista como fator de desigualdade social representa um

---

10 Florestan Fernandes, em 1976 publicou pela Editora Hucitec um livro com esse título, reunindo artigos escritos entre 1966 e 1976, explorando as várias facetas da temática.
11 O livro *Revolução burguesa no Brasil*, publicado em 1975, a questão é explorada em profundidade. O debate sobre a incompletude das mudanças características desse processo no Brasil, coloca uma questão metodológica muito atual: o lugar da enunciação de um problema altera os pressupostos do diagnóstico e impede a aplicação automática de teorias interpretativas elaboradas no centro do sistema.

salto em vários sentidos. A mudança semântica com a alteração da expressão homem de cor para a formulação negro, o reconhecimento da não igualdade das condições de competição, a associação do "dilema negro" ao "dilema da democracia no Brasil"[12] os configura como agentes políticos de importância. No entanto, compreende-se que, naquele momento, o exercício dessa agência seja restrito. Certamente, a conjuntura, a ditadura militar é um cenário de repressão à ação de movimentos contestadores e/ou reivindicadores. Mas, na interpretação de Florestan Fernandes não é somente aquela situação que explica o retardo do processo.

Aqui entra uma análise diferenciada em relação a tema corrente na teoria sociológica que ganha especificidade quando se trata de um país subdesenvolvido e dependente: a mudança social e seu controle. Lembrando que em teoria os processos de mudanças são, em geral, fenômenos políticos, pois em maior ou menor grau operam na intervenção social, diz: "essa regra aplica-se melhor a tipos de sociedade nas quais a continuidade depende largamente do equilíbrio dinâmico da ordem social." (FERNANDES, apud IANNI, 1986, p.162) Assim, em sociedades como a brasileira, ou suas vizinhas latino-americanas, "a mudança e o controle da mudança são, com maior razão, fenômenos especificamente políticos." (FERNANDES, apud Ianni, 1986, p.163) Essa possibilidade de intervenção é garantida por "coalizões oligárquicas e composições autocráticas, o meio mais acessível, ao seu alcance, para forjar e controlar o espaço político necessário aos ajustamentos." (Idem). Por essa razão se insurge contra a visão homogênea de mudança social que se discute no encontro da CLAPCS em 1959. Referindo-se às várias modalidades de mudança social reivindica qualidade na análise dos fenômenos de alteração da estrutura, organização e funcionamento do sistema social. "A rigor, todo conhecimento positivo a respeito deles, cabe ao âmbito da teoria da mudança social. Contudo, nem todos os problemas de mudança possuem a mesma natureza." (FERNANDES, 1959, p. 221-222).

Em outras palavras, essa diferente natureza conduz a efeitos diversos. Embora o autor esteja se referindo aos últimos anos da década de 1950, impressiona-me a atualidade do tema.

> A "velha" e a "nova" oligarquia articulam-se com os "interesses novos" dos industriais e das classes médias, contendo seus antagonismos dentro das opções burguesas e convertendo o Estado numa verdadeira *arena de conciliação* dos interesses convergentes ou divergentes das classes possuidoras e "dirigentes". O que entrava em jogo, portanto, não era a *natureza* da transformação política

---

12 Uso as expressões no sentido que Gabriel Cohn as emprega. (COHN, op. cit).

almejada, mas o *estilo* que essa transformação deveria assumir (FERNANDES, apud IANNI, 1986, p. 166).

Creio que é possível inferir que nos processos de mudança social emergem novos personagens que passam a ocupar lugares antes nunca alcançados. As novas posições os habilitam a reivindicar direito de participar da elaboração das novas agendas políticas. Portanto, seguindo a sugestão de Florestan Fernandes, este é o centro do problema: a incorporação dos novos agentes alteraria profundamente o *estilo* de condução das transformações.[13]

Creio que é possível reconhecer nas colocações do autor um ponto de partida que permitiria o desdobramento dessa visão inovadora sobre mudança social. O afastamento em 1968 de Florestan e seu grupo de pesquisadores da universidade por intervenção da ditadura militar impediu a continuidade da investigação, que, para sua aplicabilidade deveria sistematizar-se via conceitos e novas categorias analíticas.

Considero a atualidade do tema, mas assinalo que a reflexão sobre o mesmo está vinculada à conjuntura em que foi concebida. Florestan conectado com seu tempo restringe a discussão sobre mudanças sociais às fronteiras do estado-nação. É certo que hoje, sem esquecer as especificidades locais, o debate teórico sobre as mudanças sociais ganha o âmbito mundial e podemos reconhecer uma série de mudanças de caráter global.

Faço uma breve observação, pois seu desenvolvimento demandaria argumentações que não caberiam no espaço deste texto. Quando me refiro a periferia como método indico-a como um *a priori* do conhecimento, isto é, estamos aqui e agora, o que confere uma visão prismática dos problemas. É importante assinalar que não me refiro à periferia como "o lugar da enunciação da teoria". Em outras

---

13 Arrisco-me a dar um exemplo que traduz minha interpretação sobre a crise política que vivemos desde 2015. Políticas públicas colocadas em exercício nas últimas décadas, que reputo como bem tímidas diante dos agudos problemas de pobreza, desnutrição, exclusão que marcam a sociedade brasileira– bolsa família, cotas raciais, incorporação de reivindicações dos movimentos dos sem teto e dos sem terra, preservação de terras indígenas, reconhecimento dos quilombolas – permitiram a visibilidade de personagens que sequer faziam parte das preocupações "da grande política". De repente vimos que, como no passado, a questão social transforma-se em "uma questão de polícia". Medidas de exceção "tiveram que ser tomadas". Será que, de repente, "esse pessoal não vai passar a ocupar nossos quintais ou as áreas de lazer de nossos prédios?" Não inventei essa última frase; ela apareceu muitas vezes nos jornais e nos debates que precederam o golpe de 1964.

palavras, são muitos os *a priori* do conhecimento, o que permite que a reflexão ganhe um caráter universal.

***

Não pretendi neste texto senão formular uma questão cujo encaminhamento do debate é altamente complexo, pois envolve a própria natureza da sociologia. Pode-se afirmar que uma reflexão sociológica elaborada fora do eixo hegemônico da produção teórico- social possa ser simultaneamente nacional e cosmopolita? É evidente que os grandes clássicos – Durkheim, Weber, por exemplo – reuniram essas duas qualidades. Mas a questão que coloco é a da possibilidade da sociologia resultante da discussão dos problemas do sul do mundo ganhar universalidade. Ainda, a partir de novo ângulo lançar um novo olhar sobre temas como desigualdade, mudanças e abrir possibilidades para soluções políticas democráticas. E não é necessário que se esteja nas margens para a percepção dos problemas e para ingressar no debate. Como disse, as mudanças sociais ganharam caráter mundial.

Bibliografia

BASTOS, Elide Rugai. "Pensamento social da Escola Sociológica Paulista". In: MICELI, Sergio. *O que ler na ciência social brasileira – 1970-2002*. São Paulo: Editora Sumaré; ANPOCS; CAPES, 2002, pp.183-230.

_____. "Gildo Marçal Brandão (1949-2010). Um analista do pensamento brasileiro". In: *Dados. Revista de Ciências Sociais*. Rio de Janeiro: IUPOERJ, vol.53, n.1, 2010.

_____. "Sessenta anos da publicação de um relatório exemplar". In: *Sinais Sociais*. Rio de Janeiro: SESC, v.10,n.28, 2015, p. 29-54.

BRANDÃO, Gildo Marçal. *Linhagens do pensamento político brasileiro.*

CASANOVA, Pablo Gonzales. *Las categorias Del desarrolo econômico y La investigación em Ciencias Sociales*. México: Instituto de Investigaciones Sociales, UNAM, 1967.

COHN, Gabriel. "A margem e o centro. Travessias de Florestan Fernandes". In: *Sinais Sociais*. Rio de Janeiro: SESC, v. 10 n.28, 2015, p. 11-28.

DESAL. *América Latina y desarrollo social*. 2ª ed. Santiago de Chile: Herder, 1966.

FERNANDES, Florestan. *Fundamentos empíricos da explicação sociológica*. 2ª ed. São Paulo: Editora Nacional, 1967 [1959].

_____. "Atitudes e motivações desfavoráveis ao desenvolvimento". In: COSTA PINTO, L.A. *Resistências à mudança. Fatores que impedem ou dificultam o desenvolvimento.* Anais do Seminário Internacional. Rio de Janeiro: CLAPCS, 1959, p. 219-259.

_____. *Mudanças sociais no Brasil.* São Paulo: Difusão Européia do Livro, 1960.

_____. *Circuito fechado.* 2ª ed. São Paulo: Hucitec, 1979 [1976].

_____. *A condição de sociólogo.* São Paulo: Hucitec, 1978.

_____. *A sociologia numa era de revolução social.* 2ªed. Rio de Janeiro: Zahar Editores, 1976.

_____. *A integração do negro na sociedade de classes.* São Paulo: Dominus Editora/Editora da Universidade de São Paulo, 1965.

_____. *A revolução burguesa no Brasil. Ensaio de interpretação sociológica.* Rio de Janeiro: Zahar Editores, 1

GIDDENS, Anthony. *Capitalism and Modern Social Theory.* Cambridge: University Cambridge Press, 1971.

_____. *Política, Sociologia e Teoria Social.* Trad. Cibele Saliba Risek. São Paulo: Editora UNESP,1998.

GOLDMANN, Lucien. *Le Dieu cache. Étude sur la vision tragique dans les «Pensées» de Pascal et dans le théâtre de Racine.* Paris: Gallimard, 1955.

IANNI, Octavio (org.). *Florestan Fernandes.* São Paulo: Ática, 1986.

JAMESON, Frederic. *O inconsciente político. A narrativa como ato socialmente simbólico.* Trad. Valter Lellis Siqueira. Ver. Maria Elisa Cevasco. São Paulo: Ática, 1992.

LAMBERT, Jacques. *Os Dois Brasis.* Rio de Janeiro: Editora INEP, 1959 . A primeira edição francesa é de 1953.

LEWIS, Oscar. *Five Families, Mexican Case Studies in the Culture of Poverty.* New York/Toronto: Mentor Book. , 1959.

_____. *Life in a Mexican village: Tepoztlán restudied.* Urbana: University of Illinois Press, 1959

MERTON, Robert K. *Teoría y estructura sociales.* Trad. Florentino M. Torner. México, Fondo de Cultura Económica, 1964.

MILLS, C. Wright. Remarks on the Problem of Industrial Development. In: *Resistências à mudança. Fatores que impedem ou dificultam o desenvolvimento.* Anais do Seminário Internacional. Rio de Janeiro: CLAPCS, 1959, p., 281-287.

ROSA, João Guimarães. *Primeiras estórias*. Rio de Janeiro: José Olympio Editora, 1962.

SANTIAGO, Silviano. Entrevista a Paulo Henrique Pompermaier. *Cult*, São Paulo, dezembro 2016. Disponível em: https://revistacult.uol.com.br/home/a-comedia-das-letras-de-silviano-santiago/ Acessado em 01 nov.2017.

_____. *Machado*. São Paulo: Companhia das Letras, 2016.

SARLO, Beatriz. *Jorge Luis Borges, um escritor na periferia*. Trad. Samuel Titan Jr. São Paulo: Iluminuras, 2008.

STAVENHAGEN, Rodolfo. "Siete tesis equivocadas sobre América Latina." In: _____. *Los Pueblos Originarios: el debate necessario*. Buenos Aires: CTA Ediciones/CLACSO, (2010[1965]).

Rumo ao Sul: a atualidade da periferia[1]

Mariana Chaguri e Mário Medeiros

Introdução

É necessário desconfiar da universalidade daquilo que não apenas o senso comum sugere ser universal. Isso precisa ser constantemente reforçado para que se possa disputar, teórica e politicamente, espaço no debate científico e superar novas formas de *colonialismos*, interno e externo, do saber. Além disso, implica em afirmar a importância do processo social como uma forma de apreensão e explicação da realidade histórica. Neste sentido que se pode construir uma perspectiva do chamado *pensamento ao sul*, em que formulações teóricas não são apenas repetições acríticas do centro econômico do mundo, identificadas em regiões específicas ao hemisfério norte – como países da Europa Ocidental ou regiões da América do Norte – como se sinônimos de seu centro cultural e epistêmico. Em conferência no Brasil, socióloga australiana Raewyn Connel nos recordou que:

> Na Austrália ou no Brasil, nós não citamos Foucault, Bourdieu, Giddens, Beck, Habermas etc. porque eles conhecem algo mais profundo e poderoso sobre nossas sociedades. Eles não sabem nada sobre nossas sociedades. Nós os citamos repetidas vezes porque suas ideias e abordagens tornaram-se os paradigmas mais importantes nas instituições de conhecimento da metrópole – e porque nossas instituições de conhecimento são estruturadas para receber instruções da metrópole. [...] Os textos de teoria social envolvem principalmente uma reificação da experiência social do Norte. Às vezes, isso é bem direto, como quando somos informados de que vivemos numa sociedade de redes, ou numa sociedade de risco, ou na pós-modernidade – todas caracterizadas por experiências sociais que a maioria da população do mundo não

---

[1] Este texto é uma versão modificada de nossa apresentação no Grupo de Trabalho Pensamento Social no Brasil do XVII Encontro da Sociedade Brasileira de Sociologia, ocorrido em julho de 2015 em Porto Alegre. Ele também foi a base para o seminário que organizamos, *A atualidade da periferia no pensamento social*, realizado em agosto de 2015 no Instituto de Filosofia e Ciências Humanas da Universidade Estadual de Campinas (IFCH-Unicamp).

vive.[...] Talvez o mais importante seja que eles constroem conceitos e métodos para analisar uma sociedade *desprovida de determinações externas*. Isso implica dizer que suas metodologias teóricas excluem o colonialismo. Eles não escrevem a partir da experiência social de quem foi colonizado, ou se envolveu na colonização, ou ainda está imerso numa situação neocolonial. E, na verdade, suas imaginações teóricas não incorporam o colonialismo como um processo social significativo. (CONNELL, 2012, p. 10)

Via de regra, a produção teórica em Ciências Sociais assentou-se numa dinâmica entre local e universal que longe de "duvidar da universalidade do universal, ou do localismo do local" (SCHWARZ, 2000, p. 72), esvaziou a historicidade da produção social das ideias, diluindo, por consequência, mediações entre a teoria e o processo social referidas à experiência social, à formação histórica e à dinâmica cultural.

Essa discussão remete a um antigo debate sobre a produção de conhecimento, a circulação de ideias e mercadorias, bem como visões sociais de mundo, articulando o circuito centro-periferia no âmbito da reflexão histórica e sociológica. Se o situarmos num momento importante do século XX, o debate ocupou grande espaço, entre os anos 1950 e 1980, entre intelectuais africanos, indianos e apoiadores europeus (do projeto *História Geral da África*, coordenado por Joseph Ki-Zerbo, Cheik Anta Diop, Djibril Tamsir Niane entre outros;[2] e dos *Subaltern Studies*, organizado em torno de Ranajith Guha, Edward Said, Gayatri Spivak, Dipesh Chakrabarti[3] etc.) compondo parte do debate sobre a perspectiva *Pós-colonial* da História e das Ciências Sociais (CÉSAIRE, 1950; FANON, 1952; MEMMI, 1957; FANON, 1961).

---

2   O projeto *História Geral da África* começou a ser formulado em 1964 pela UNESCO, no contexto das libertações dos países colonizados africanos. Com o primeiro volume em 1981, reuniu mais de 230 especialistas, majoritariamente africanos, na história daquele continente, responsáveis por oito volumes de trabalhos publicados. Ainda há a previsão, desde 2009, de um novo tomo, que se ocupe da diáspora africana pelo mundo. Seus propósitos podem estar nesses excertos: "a África tem uma história. [...] Nesse sentido, a história da África deve ser reescrita. E isso porque, até o momento, ela foi mascarada, camuflada, desfigurada, mutilada. [...] Não se trata aqui de construir uma história-revanche, que relançaria a história colonialista como um bumerangue contra seus autores, mas de mudar a perspectiva e ressuscitar imagens "esquecidas" ou perdidas. [...] *É tempo de modificar o discurso*." Cf. KI-ZERBO, 2010: p. XXI-XXII, grifos nossos.

3   Os *Subaltern Studies* têm inspiração no texto de Antonio Gramsci, *Às margens da história (história dos grupos sociais subalternos)*, escrito em 1934 e publicado postumamente como um dos *Cadernos do Cárcere*. O coordenador intelectual do projeto foi o historiador indiano Ranajit Guha. (Cf. GUHA; SPIVAK, 1988).

É interessante também apontar que existiu naquele cenário uma circulação de *instituições, ideias e sujeitos*. No primeiro grupo, as instituições, pode-se situar a Organização das Nações Unidas (ONU), atuando através de suas comissões especiais tanto na América Latina, em debate sobre desenvolvimento social e econômico na década de 1950, como na África em processo de descolonização, a partir dos anos 1960. De um lado, o incentivo a projetos de investigação científica sobre desenvolvimento e mudança social iniciados com a criação da Comissão Econômica para América Latina (CEPAL), em 1948, no Chile; no Brasil pelo Projeto UNESCO sobre Relações Raciais, entre 1951-1955; e prosseguindo com a criação da Faculdade Latino-Americana de Ciências Sociais (FLACSO), no Chile e do Centro Latino-Americano de Pesquisas em Ciências Sociais (CLAPCS), no Rio de Janeiro. Em 1964, após o início das lutas de libertação nacional de diferentes países africanos – coincidindo com diferentes golpes de estado na América Latina – inicia-se o já mencionado projeto de investigação *História Geral da África*.

No segundo grupo, as ideias, tem-se um circuito de debates sobre autodeterminação, desenvolvimento, subdesenvolvimento, mudança social [reforma] e libertação social [revolução], organizando as agendas geopolíticas dos envolvidos. Em 1952, o sociólogo e demógrafo francês Alfred Sauvy(SAUVY, 1952) cunha a expressão *Terceiro Mundo*, objetivando demonstrar a existência de três regiões geopoliticamente distintas: o Primeiro Mundo, capitalista e desenvolvido, majoritariamente ao norte; o Segundo Mundo, socialista, também desenvolvido ou com regiões em desenvolvimento; e o Terceiro, fundamentalmente ao sul, de países pobres e subdesenvolvidos. Em abril de 1955, a Indonésia sedia a Conferência de Bandung (KOCHER, 2004; HARDT, 2002), reunindo 23 países asiáticos e seis africanos, congregando líderes de processos de descolonização [como Nasser, do Egito, Nehru, da Índia, ou Sukarno, do país sede], para criar uma identidade e política de autodeterminação de países descolonizados ou do chamado Terceiro Mundo [expressão assumida na Conferência], alternativa à Guerra Fria.

Em outubro de 1959, o CLAPCS sedia no Rio de Janeiro a conferência *Resistência à mudança – fatores que impedem ou dificultam o desenvolvimento*. Nele há, da parte de alguns dos participantes, como Florestan Fernandes, a rejeição de qualquer ideia dual sobre o desenvolvimento ou mesmo de três regiões independentes do mundo. Mas, sim, a afirmação de um desenvolvimento desigual e combinado do capitalismo, entre o centro e a periferia, no qual, inclusive, o colonialismo jogaria um papel decisivo.

No que diga respeito aos sujeitos, *o terceiro grupo*, trata-se de um terreno cuja investigação ainda carece de maiores detalhes. Pela circulação de ideias e instituições, é possível ler uma visão social de mundo, teórica e política, em andamento. Essa visão, que tem por base um debate latinoamericano e brasileiro sobre o desenvolvimento econômico e social pôde alcançar, ao menos no Brasil, as instâncias decisivas do poder, no curto interregno democrático entre 1961 e 1962 [governo Jânio Quadros], prosseguindo com dificuldades sob a presidência de João Goulart, até o golpe de 1964. A chamada PEI – Política Externa Independente – ficou conhecida como uma complexa proposta diplomática de independência política e econômica, durante o período Quadros, que visava escapar à influência dos Estados Unidos e de Portugal [neste caso, de apoio ao colonialismo lusitano] e teve entre seus artífices San Tiago Dantas (chanceler), Celso Furtado (ministro do Planejamento) e Cândido Mendes (assessor especial da presidência)sendo importante lembrar que Mendes foi um dos promotores da criação do IBEAA – Instituto Brasileiro de Estudos Afro-Asiáticos, em março de 1962.

O IBEAA teria a função de congregar intelectuais e estimular o estudo comparado do desenvolvimento, promover a circulação de estudos culturais e cooperar com o intercâmbio universitário entre o Brasil e os países africanos e asiáticos.[4] No pouco tempo em que existiu (até 1964), foi responsável por promover a circulação de jovens africanos em São Paulo, Rio de Janeiro e Bahia, alguns deles militantes das lutas de libertação nacional em seus países, como membros do Movimento pela Libertação da Angola [MPLA] ou do Partido Africano para Independência da Guiné e Cabo Verde [PAIGC], que estabelecem contatos com intelectuais e ativistas brasileiros, negros e não-negros, interessados no debate. (DÁVILA, 2011, p. 55-83; SANTOS, 2010; SILVA, 2017).

Esse pequeno desenho de cenário permite-nos afirmar a existência de um debate de, pelo menos, meio século de articulação intelectual e política da periferia[5] do mundo capitalista, entendida geopoliticamente como países na

---

[4] O IBEAA foi criado por Quadros, com o Decreto n. 50.465, de 14 de abril de 1961 e foi reorganizado pelo Primeiro-Ministro Tancredo Neves através do Decreto n. 684-A de 09 de março de 1962. A redação de ambos encontra-se em: http://www.planalto.gov.br/ccivil_03/decreto/1950-1969/D50465.htm e http://www.planalto.gov.br/ccivil_03/decreto/Historicos/DCM/dcm684a.htm respectivamente. Acessado em 05/06/2015.

[5] "Uso o termo "periferia" para designar regiões do mundo localizadas fora do eixo do Atlântico Norte e que se constituíram de forma subordinada na divisão internacional do sistema-mundo capitalista. Em sua maioria, essas regiões foram objeto de processos colonizadores europeus a partir do século XV. O conceito de periferia foi consa-

região do hemisfério sul. Pode-se dizer que existe uma ambiência de ideias que antecedente e ajuda, em parte, na compreensão processual do debate dos anos 1990 que chega aos países hispânicos da América Latina com o grupo Decolonial (em torno de Aníbal Quijano, Walter Mignolo etc.), inspirados pelo grupo dos Estudos Subalternos indiano e pela reflexão crítica do subdesenvolvimento latino-americano. (BALLESTRIN, 2013, p. 89-117)

Do Brasil, rumo ao sul

De maneira mais ou menos direta, tais reflexões ajudaram a compor um repertório crítico que ao questionar a dinâmica da produção do conhecimento, também acabou por apontar o paradoxo cotidiano que marca a condição teórica da produção do conhecimento histórico e social nas margens da experiência moderna: nós, cientistas sociais, achamos as teorias europeias, apesar se sua ignorância empírica sobre nós, eminentemente uteis para a compreensão de nossas sociedades (CHAKRABAR,TY, 2000).

Em termos analíticos, cabe questionar se o duplo enfrentamento com uma teoria social europeia e uma empiria colonial-periférica teria potencial heurístico para a produção de categorias teóricas específicas que poderiam compor o conjunto da teoria sociológica. Na síntese de João Marcelo E. Maia, trata-se de "reabrir o universo teórico a partir do reconhecimento de outras matrizes de organização do político"(MAIA, 2009, p. 159) justamente porque é necessário reconhecer a existência de "um espaço crítico produzido pela própria expansão colonial da modernidade" (MAIA, 2009, p. 159).

Espaço crítico que não está apoiado na oposição modernidade e colonialismo, mas sim no *reconhecimento da relação intrínseca entre modernidade e colonialismo*. Se a tarefa de "pensar o pensamento" (BRANDÃO, 2007) não está referida a uma historiografia das ideias, mas sim a um esforço de analisar como as ideias, reflexivamente, compõem e integram a dinâmica da sociedade, vale refletir que o debate sobre as relações entre *centro e periferia* não são estranhas às discussões da Sociologia e Economia brasileiras e são enfrentadas pelo pensamento social como uma forma de interpretação da realidade histórica nacional, justamente porque diferentes inte-

---

grado nos estudos produzidos pela CEPAL, em especial nas obras de Raul Prebisch e Celso Furtado e não implica a homogeneidade cultural e política das regiões assim denominadas, mas tão somente a percepção de um lugar histórico subalterno na geopolítica global do conhecimento e da riqueza (que, aliás, vem sendo desafiado pela emergência dos chamados BRICS)". Cf. MAIA, 2011, p. 72.

lectuais e obras ao lidarem questões colocadas pelo desenvolvimento social nas margens da experiência de modernidade produziram categorias para pensar processos de modernização que não falam apenas sobre o Brasil, mas lidam com "dilemas modernos globais a partir de um ponto de vista distinto daquele formulado no mundo europeu e anglo-saxão" (BRANDÃO, 2007, p. 161).

No bojo da reflexão sobre a formação nacional e da construção das feições modernas da sociedade brasileira, o tema da diversidade regional e de sua variedade étnica se torna constitutivo da reflexão sobre o moderno. Importa observar, então, o longo acúmulo teórico que vem permitindo ao pensamento brasileiro *reconstruir, teórica e analiticamente, a modernidade a partir da heterogeneidade*. Assim, entre os anos de 1920 e 1940 importantes obras foram escritas e publicadas, entre as de maior circulação *Populações meridionais do Brasil*, de Francisco José Oliveira Vianna, que em 1920 abre a produção do período, seguido, na mesma década, por *Retrato do Brasil*, de Paulo Prado, lançado em 1928. Em 1933 vieram a público *Casa-grande & senzala*, de Gilberto Freyre, e *Evolução política do Brasil*, de Caio Prado Jr.; três anos depois, *Sobrados e mucambos*, também de Freyre, e *Raízes do Brasil*, de Sergio Buarque de Holanda. Na década seguinte, Caio Prado publica *Formação do Brasil contemporâneo*, em 1942, e Oliveira Vianna, *Instituições políticas brasileiras*, em 1949.

Circunscrevendo-nos às reflexões de Gilberto Freyre, Caio Prado Júnior e Sérgio Buarque de Holanda e longe de dirimir as polêmicas em torno do ensaísmo clássico de interpretação do Brasil, recuperamos aqui a provocação de Franco Moretti segundo a qual leitores e não professores fabricam cânones[6], observamos que se o estatuto de obra clássica deriva de uma complexa intersecção entre leitores, ideias e processos sociais, é possível recuperar não apenas o acúmulo teórico acerca do moderno realizado a partir do pensamento brasileiro, mas, especialmente, apostar na capacidade de interpelação contemporânea às Ciências Sociais e à sociedade brasileiras presente em tais reflexões (BOTELHO, 2010). Vejamos o que isto pode render analiticamente.

Desde sua atuação como editor do jornal *A Província*, Gilberto Freyre se empenhou em afirmar que *o recurso a elementos nativos e tradicionais permitiria qualificar a modernidade como experiência social singular* e, portanto, incapaz de orientar a efetivação de processos universais de racionalização e burocratização da vida social.

---

6   "Readers, not professors, make canons: academic decisions are mere echoes of a process that unfolds fundamentally outside the school: reluctant rubber-stamping, not much more", (MORETTI, 2013, p.67).

Se, num primeiro momento, o autor parece lançar as bases do que muitos controversamente entenderam como uma versão pernambucana da modernidade, o desdobramento de sua obra demonstrará que o recurso à tradição como elemento qualificador da modernidade opera como elemento que esvazia o conflito social minimizando o sentido cognitivo e normativo do debate sobre a universalização de direitos sociais e políticos (FREYRE, [1933]2002; FREYRE, [1936]2004; FREYRE, 1942).

Sérgio Buarque de Holanda, por sua vez, procura acompanhar, em *Raízes do Brasil*, o movimento da sociedade brasileira a fim de orientar a construção de seu argumento sobre os direitos na chave do debate sobre a relação público/privado. Apontando a *dificuldade de efetivação tanto de uma ordem democrática, quanto da universalização dos direitos numa ordem social marcada pelo privatismo*, o autor acentua a presença de tensões cruciais entre formas de sociabilidades tradicionais e modernas na sociedade brasileira em seu devir histórico (HOLANDA, [1936]1995).

Caio Prado Júnior observa que a atividade colonizadora que tanto caracteriza a história dos países europeus a partir do século XV, integra um novo continente à órbita de uma porção do Velho Mundo acabando por *conectar o Novo Mundo em uma nova ordem, qual seja, o mundo moderno*. Uma modernidade forjada na circulação de mercadoria e pessoas, no tráfico, violência e exploração. A consequência do argumento indica, portanto, que ao integrar diferentes partes num mesmo todo, a colonização torna-se elemento chave para a compreensão da metrópole e da colônia, uma entendida em relação em outra. Com a categoria central, o "sentido da colonização", o autor entende que a reprodução da 'dinâmica colonial' na estrutura social representa um importante impasse para a construção da nação (PRADO Jr., [1942]2011).

Vemos, assim, que temas relativos o vasto tema da construção nacional encontra equacionamentos diversos que, no entanto, compartilham o esforço de explicar a heterogeneidade do moderno, desafio teórico e político que parece orientar um amplo conjunto de debates e reflexões acerca da complexa gramática que articula modernidade e colonialismo. No entanto, a partir dos anos de 1950, a explicação da heterogeneidade ganha um novo elemento: a reflexão sobre a desigualdade.

Nomes como Florestan Fernandes ou Celso Furtado – membros de uma fração geracional que tinha a mudança social planejada e democrática como uma tarefa reflexiva e política (VILLAS-BÔAS, 2006, p. 83-94) – devem ser rememorados como intelectuais que há pouco mais de meio século refletiam sobre os sentidos da histórica condição colonial brasileira, de onde deveriam se extrair consequências sobre possibilidades de realização democráticas de mudança e efetivação dos direitos (civis, sociais e políticos).

Pode-se recuperar algo dessa aposta de um debate realizado por Fernandes em 1978. Nele, o sociólogo intenta realizar um balanço sobre a experiência política e teórica da fração geracional de intelectuais da qual fez parte que, entre os anos 1950 e 1960, para além de uma forma de interpretação da história social brasileira, em contexto periférico, se engajaram na construção de possibilidades analíticas e práticas da mudança social democrática. Segundo o autor, em um diálogo tenso com os projetos desse grupo e suas falhas:

> O propósito desta discussão não consiste em isentar a *geração perdida* de culpas e fraquezas.[...] O que está em jogo é antes o estabelecimento de limites e explicar por que uma ordem social burguesa, na periferia do mundo capitalista, enfrenta na esfera cultural as mesmas impossibilidades que se concretizam na esfera econômica. [...] Ao fechar o tempo histórico no plano da economia, ela também fecha o tempo histórico no plano da cultura. As classes burguesas cerram os olhos diante das duas realidades ou lançam-se ao combate para que ela se tornem possíveis, pois lhes cabe esse triste papel de associar a anulação da revolução nacional à industrialização maciça, à aceleração do desenvolvimento capitalista e à absorção de empresas multinacionais. [...] é [necessário] repor o intelectual no circuito das relações e dos conflitos de classes, para descobrir *como* e *por que* numa sociedade capitalista dependente mesmo a *intelligentsia* crítica e militante é impotente, enquanto as forças de transformação ou de destruição dessa sociedade não chegam a constituir-se e a operar revolucionariamente, engendrando ou uma ordem burguesa efetivamente democrática ou uma transição para o socialismo. [...] o intelectual não cria o mundo no qual vive. Ele já faz muito quando consegue ajudar a compreendê-lo e a explicá-lo, como ponto de partida para sua alteração real. (FERNANDES, 1978, p. 230-231).

A ideia de uma modernidade com características heterogêneas, que é importante para o pensamento social brasileiro no início do século XX, avança em questionamento crítico após o golpe de 1964, em particular após o AI-5 em 1968. O heterogêneo conserva o que é comum do princípio da modernidade burguesa: sua desigualdade e realização diferenciada para as classes sociais na periferia do capitalismo. Não se trata de oposição entre *cultura* e *base material* mas sim tarefa para o esforço de compreender a íntima articulação de sentidos entre esses nexos de realização na periferia. Eis um desafio de enorme monta, a que se tem dedicado o pensamento social brasileiro em sua vertente mais crítica. A nossa modernidade periférica opera simultaneamente nos dois campos, legando consequências políticas e sociológicas que se fazem presentes em nossas relações sociais, em nossa forma de operar com os direitos e a cidadania, nos mecanismos de produção e distribuição de riquezas.

O tema do desenvolvimento social sob a perspectiva periférica

Em "Ao sul da teoria: a atualidade teórica do pensamento social brasileiro", João Marcelo Maia sugere que é possível emergir um debate frutífero da história do pensamento social brasileiro na perspectiva do descentramento teórico, o que permite reler suas formulações como contributos à história da sociologia.[7] O autor promove uma discussão interessante em três movimentos de seu texto: apresentando uma bibliografia crítica do eurocentrismo que defende o descentramento teórico; sugerindo contribuições contemporâneas do pensamento social brasileiro àquele debate; e, decorrente da marcha das ideias, apresenta seu programa de investigação transnacional, a partir da periferia, comparando aspectos dos trabalhos dos sociólogos Alberto Guerreiro Ramos e do malaio Syed Hussein Alatas ou do argelino Anouar Abdel-Malek.

Seguindo aspectos da proposição de Maia, acreditamos, sem a pretensão de esgotar o assunto, que a releitura de autores do pensamento social brasileiro nessa direção possa ainda ser provocativo, especialmente para tratar de questões sociais irresolutas. Destarte, se a teoria social e organismos transnacionais dos anos de 1950 se debruçou sobre a reflexão acerca das condições sociais, econômicas e institucio-

---

7 "A ideia defendida é razoavelmente simples: sustento que o processo de descentramento teórico que vem ocorrendo ao longo das últimas décadas na sociologia fornece aos estudos de pensamento social brasileiro um instigante enquadramento analítico. Esse descentramento refere-se ao conjunto de textos e trabalhos que questionam o fundamento eurocêntrico da sociologia e afirmam a necessidade de se levar em conta lugares de discurso intelectual tidos como alternativos e/ou "periféricos". Esse debate contribuiu para dois procedimentos que encontram ressonância com o que é feito atualmente no campo do pensamento brasileiro: a) a crítica de conceitos sociológicos a partir de outros lugares de discurso; e b) a refutação ou retificação de teorias de médio alcance, levando-se em conta a falsa universalidade das mesmas. Argumento também que esse trabalho teórico deve ser complementado por uma abordagem que articule a história do pensamento social brasileiro e a história da sociologia global, evitando a separação desses campos em dois universos distintos. Para tanto, recorro a trabalhos recentes que adotam uma abordagem transnacional para o estudo da história das ciências sociais. Afirmo que essa é a melhor forma de incluir o estudo do pensamento social brasileiro numa história global da sociologia. Finalmente, apresento brevemente um estudo de caso como forma de ilustrar a fecundidade de uma abordagem transnacional da história do pensamento brasileiro." (Cf. MAIA, 2011, p. 72-73).

nais do desenvolvimento, ao rumar para o Sul, o debate ganhou novas dimensões analíticas e novas formulações teóricas, posto que às margens da experiência moderna a questão não parecia ser explicar o atraso como resistência à mudança (uma resistência cultural), mas sim, refletir sobre a produção social da desigualdade, observando em que medida democracia política e desenvolvimento econômico poderiam se associar (BASTOS, 2012, p. 51-70).

Momento chave deste encontro entre a empiria pós-colonial e a teorização sociológica sobre o moderno é o já mencionado seminário *Resistências à mudança: fatores que impedem ou dificultam o desenvolvimento*, de 1959. De *obstáculo* à *resistência à mudança*, a inversão teórica de Luiz de Aguiar Costa Pinto permitiu que se abrisse espaço para a reflexão sobre a dinâmica histórica e processual do desenvolvimento, bem como para a ação dos atores sociais. Na esteira desta formulação, Florestan Fernandes observou que a reflexão sobre a mudança social não podia ser pensada a partir de uma concepção de ordem social preestabelecida, aplicável a todas as sociedades, ou seja: tanto a mudança social, quanto a ordem social seriam conceitos historicamente construídos. Ao refletir sobre essa questão, o autor a repõe sob a chave da relação centro-periferia, demonstrando a diferença do local da reflexão, do papel do sociólogo periférico e de suas tarefas, científicas e morais, em tal condição:

> [...] Por motivos diferentes, os alvos de desenvolvimento social, valorizados tanto nos "países adiantados" (como a Inglaterra, a Alemanha, a França, os Estados Unidos etc.) quanto nos "países subdesenvolvidos" (da América, da Ásia, da Oceania ou da África), incentivam mudanças sociais ou indiretamente subordinadas aos interesses e aos valores sociais das camadas dominantes na estrutura do poder. Medidas formuladas em nome dos "interesses da Nação" raramente correspondem, de fato, às necessidades vitais da comunidade como um todo.[...] Nos países subdesenvolvidos, em particular [...] *o sociólogo deve aceitar, passivamente, a condição de apologista das "tendências de desenvolvimento", que, no fundo, asseguram vantagens certas apenas às camadas que se beneficiam diretamente da ordem social existente?* O que interessa a tais camadas, em regra, não é tanto o "progresso social", como a continuidade de sua posição na estrutura de poder em transformação (FERNANDES, 1959, p. 224-225).

Para responder à sua pergunta, o autor realiza uma aposta difusa na sociedade e sua capacidade de realização democrática, bem como no papel a desempenhar pelo cientista social nessas condições. No espírito do seminário, posterior à

Declaração dos Direitos Humanos da ONU, de 1948, explicita: "*A expansão orgânica da civilização baseada na ciência e na tecnologia científica requer, essencialmente, a universalização e o respeito pelos direitos fundamentais da pessoa humana, a democratização da educação e do poder, a divulgação e a consagração de modelos racionais de pensamento e ação, a valorização e a propagação do planejamento em matérias de interesse público, etc.*" (FERNANDES, 1959, p. 226).

A seguir, o autor se dedicará a perscrutar aspectos da sociologia clássica e contemporânea ao seu tempo, visando discutir as atitudes e motivações favoráveis e contrárias ao desenvolvimento social. Para tanto, encetará um debate sobre a emergência histórica da sociedade de classes, argumentando que ela deve ser compreendida numa análise sincrônica e, portanto, não replicável em toda e qualquer circunstância, uma vez que "*Apenas no plano simbólico os ideais de vida e segurança social da sociedade de classes possuem* universalidade e eternidade" (FERNANDES, 1959, p. 233). Desta maneira, o desenvolvimento social só pode ser compreendido tendo em vista, simultaneamente, a análise histórica dos interesses das classes envolvidas em seu processo, em particular, as classes dominantes e o controle que elas possam exercer, para manutenção ou transformação da ordem social.

Numa sociedade periférica, este é um aspecto crucial da análise, chegando a um ponto alto as formulações do autor acerca dos significados positivos do conflito social[8]. Ao afirmar isso, Florestan Fernandes realizará praticamente sua análise, expondo o desenvolvimento social como um problema de todas as sociedades [o que o torna *universal* no regime da ordem social competitiva], mas que se processa desigualmente no centro e na periferia do capitalismo, assumindo sentidos distintos. Isso o levará a refletir também sobre aspectos do colonialismo, do qual era contemporâneo, no limiar da década de 1960:

> Nos "países subdesenvolvidos", as atitudes e motivações tendem a ser inadequadas, quando respondem às exigências da situação histórico-social, por transcenderem à capacidade de atuação racional socialmente organizada do homem, de funcionamento normal das instituições e às vezes, até, de cresci-

---

8 "Dessas interpretações decorre, claramente, um conceito de *desenvolvimento social* como "categoria histórica". Ele traduz, literalmente, a forma histórica pela qual os homens lutam socialmente, pelo destino do mundo em que vivem, com os ideais correspondentes de organização da vida humana e de domínio ativo crescente sobre os fatores de desequilíbrio da sociedade de classes. *Daí resulta o sentido objetivo peculiar desse processo, que se apresenta, de modo variável mas universal, como um valor social, tanto no comportamento dos indivíduos, quanto nos movimentos sociais*" (FERNANDES, 1959, p. 241. Grifos em itálico, nossos.)

> mento equilibrado das bases ecológicas, demográficas e econômicas da vida social. Assimiladas por via da imitação de "povos adiantados", produzem, simultaneamente, *progresso social* e desorganização social[...] Quando os franceses defendem seus interesses coloniais na Argélia, é claro que se apegam a comportamentos abertamente ligados a atitudes e motivações inconsistentes com os princípios da democracia, com a prosperidade dos "povos coloniais" e com a segurança internacional.[...] No entanto, essas atitudes e motivações atuam positivamente: a) de modo direto, na defesa aberta e consciente da posição da França na estrutura internacional de poder; b) de modo indireto, na constituição e na dinamização de uma contra-ideologia, pela qual as populações nativas da Argélia desmascaram a dominação colonial e legitimam, moralmente, o uso da violência contra ela (FERNANDES, 1959, p. 249-250).

A correlação *desenvolvimento social* e *colonialismo*, portanto, estabelece dois ângulos distintos de visão: de um lado, justificaria a posição do país central na desigualdade social, mantida pelas classes dominantes periféricas em âmbito local; de outro, explicitadas as insatisfações da sociedade mais ampla, permitiria o surgimento de movimentos contestatórios e revolucionários.

Como consequência, ao rumar ao sul, o conceito se reorganiza e abre espaço para uma fabulação teórica que destaque não apenas a historicidade dos processos de desenvolvimento econômico, social, político etc., mas, especialmente indicar que se o desenvolvimento é histórico, o atraso também o é.

Desse modo, há um desdobramento teórico chave: a centralidade da desigualdade como categoria que oferece a mediação entre desenvolvimento e desigualdade, pensada, por sua vez, não apenas como condição econômica, mas como um processo de construção social e simbólica da exclusão. Teríamos, assim, que a historicidade do desenvolvimento e do atraso seria visível a partir do debate sobre a desigualdade que, por sua vez, se converte na mediação teórica e histórica da democracia.

Por um lado, está o argumento da historicidade desencontrada de sociedades que aceleravam seu desenvolvimento econômico, mantendo intactos padrões tradicionais de cultura, formas de vida e práticas políticas. No entanto, o ponto decisivo para a análise aqui proposta é observação de que o autor adensa um ponto de partida metodológico que começava a se desenhar em *A integração do negro na sociedade de classes*:

> Em sentido literal, a análise desenvolvida é um estudo de como o Povo emerge na história. Trata-se de assunto inexplorado ou mal explorado pelos cientistas sociais brasileiros. E nos aventuramos a ele, por intermédio no negro e do

mulato, porque foi esse contingente da população nacional que teve o pior ponto de partida para a integração ao regime social que se formou ao longo da desagregação da ordem social escravocrata e senhorial e do desenvolvimento posterior do capitalismo no Brasil (FERNANDES, [1964]2008, p. 21).

Aqui, temos a afirmação de que o elo mais fraco da corrente social, o grupo social negro, ilustraria o funcionamento da sociedade, onde negro é metonímia de povo. Isso leva à formulação acerca da democratização do sistema social como elemento chave da definição da modernização e, no limite, via de acesso à modernidade como projeto capaz de garantir a universalização dos direitos sociais e a efetivação dos direitos civis e políticos. Tal proposta será levada a cabo por Florestan Fernandes e por diferentes pesquisadores ligados a cadeira I de Sociologia da USP sob sua orientação por meio de uma opção metodológica comum (BASTOS, 2002, p. 183-230): a partir do ponto mais periférico do processo de elaboração da ordem social competitiva seria possível perceber melhor o movimento da sociedade, possibilitando, assim, a percepção dos princípios que a articulam.

Abre-se, assim, um espaço teórico e metodológico para pensar a heterogeneidade do processo de modernização e, no limite, da própria modernidade a partir da elucidação da dinâmica social em que se inserem os marginalizados/subalternizados, bem como por meio das suas possibilidades de ação. Ponto chave do argumento do autor, "a ordem social competitiva emergiu e se expandiu, compactamente, como um autêntico e fechado mundo dos brancos"(FERNANDES, [1964]2008, p. 568).

Assim, se no âmbito das relações sociais concretas, sempre estaria aberta a possibilidade de manipulação deste universo simbólico pelas camadas com posições estratégicas na estrutura de poder, o que lhes conferiria a possibilidade de graduar ou reter o fluxo das inovações e seus efeitos, cumpre observar que na periferia do capitalismo, institucionaliza-se a adulteração da ordem social competitiva, elemento chave para o esforço teórico e metodológico de formular a heterogeneidade como esquema analítico para interpretação da sociedade brasileira e de seus processos.

Uma análise empírica da sociedade de classes na periferia

Tomando São Paulo como unidade empírica de análise de *Integração*, a hipótese demonstrada foi que, se a cidade não se modificara uniforme e simultaneamente com a ordem social competitiva, os sujeitos sociais, suas instituições e representações coletivas também não. À imagem do *negro cidadão*, na análise de Fernandes, durante muito tempo após a Abolição, esteve inscrita na pele como uma armadura de ferro, a figura do *preto escravo*. E à do *branco, o senhor*. Informado pelas denúncias dos intelectuais negros, que através de seus jornais e associações, escancaravam o estado das coisas, Fernandes afirma que um mecanismo de amortecimento das tensões latentes e de estabilização daquelas imagens se dá através do *mito da democracia racial*. Discussão que se tornou um debate sociológico clássico do pensamento social brasileiro, socialmente polêmico, que ainda alcança os dias correntes em diferentes circunstâncias, seja organização de diferentes visões de frações de movimentos negros (CUTI e FERNANDES, 2002, p. 35-36) ou nas disputas contemporâneas acerca da necessidade de ações afirmativas para o ensino superior, entre outros. Trata-se, portanto, de questão irresoluta.

Em *Integração*,"brancos", "negros", "mulatos" não se realizam como cidadãos completos, se os direitos de uns estiverem tolhidos pelos dos outros, tornando-se limites objetivos de si e da sociedade. Sendo a ordem social competitiva um fato em processo, sua inadiável *reforma* é o que está em jogo; tarefa histórica imposta a Os movimentos sociais no *"meio negro"*, alvo de análise detida de grande parte do segundo volume, observando seu surgimento, ideias, alcances e limites.

Não bastaria que *o negro* denunciasse a democracia racial e a cidadania como falácias: *o branco*, por sua vez, teria que aceitar a denúncia e igualmente desacreditar o mito. Emergido na História e com seus propósitos definidos entre intelectuais orgânicos, quais são os limites de realização do povo, no caso, o negro? Na marcha dos argumentos, o problema da resistência sociopática à mudança, aliada ao mito da democracia racial explicita, para o grupo negro, um duplo aspecto constritor. Do liberto ao cidadão; do eito, mundo rural e lavoura para a fábrica, repartições públicas e cidade; dos cortiços e porões para os bairros periféricos e favelas emergentes: Nos anos 1950, se a ordem social competitiva se expande e o capitalismo tinha operado até então com aspectos emancipatórios, seus custos sociais coletivamente partilhados não são menores. Mesmo que estratificado nas posições subalternas – com as honrosas exceções, confirmantes da regra – o negro penetrou na sociedade de classes.

Aqui aparecem o tema da *metropolização* de São Paulo e o lugar dos sujeitos sociais nela; um longo debate sobre os significados dos associativismos negros face à ascensão individual de indivíduos; o tema das favelas, nascentes no começo dos anos 1940 na capital paulista e que se tornam uma consequência da lógica desenvolvimentista, que se agudizaria em termos de consequências negativas para as décadas seguintes.

Abrindo-se a sociedade de classes, no entanto, pode acontecer *uma modernização sem mudanças* – o que tornaria cada vez mais possíveis os golpes de modernização sem democracia. Esse diagnóstico da realidade está apontado em *Integração* em 1964 e se confirmaria pela realização prática do golpe de estado civil-militar deflagrado naquele ano. Sofrendo pressões pela integração racial – mas não apenas[9] – aquela sociedade não se abria, efetivamente, pela disputa do poder – o que leva a formulação, pelo autor, de que haveria uma *condição quase monolítica* de dominação pelos círculos dirigentes. Dado o tamanho da pressão dos subalternos, passariam alguns temas e indivíduos pelo funil do monolito, mas não se configuraria numa solução grupal dos problemas de concentração de renda, desigualdade de poder ou prestígio social.

Ou seja: chegou-se a um impasse, exigente de um desfecho. Mantidas irresolutas as questões do passado que nos formou, *"não teremos uma democracia racial e, tampouco, uma democracia. Por um paradoxo da história, o "negro" converteu-se, em nossa era, na pedra de toque da nossa capacidade de forjar nos trópicos este suporte de civilização moderna."* (FERNANDES, [1964]2008, p. 576). Desta maneira o autor encerra o livro, sem uma solução precisa que se encontre em outro lugar que não na ação do *povo na História*.

O povo, numa nação periférica plasmada pela colonização europeia e escravização indígena e negra, tem de lidar com as questões impostas historicamente por seus processos de modernização das relações sociais – que no Brasil significam justamente a Abolição e a República entre 1888 e 1889 – nos quais são protagonistas esquecidos e sujeitos submetidos, colocados, na maioria das vezes, em situações de conflito com os projetos das elites dirigentes, reativos aos processos de modernização ou interessados em controlá-los em prol dos seus interesses privados.

As promessas do projeto moderno burguês ocidental – cidadania, igualdade ao respeito dos direitos civis, sociais e políticos, disputa do poder entre cidadãos de maneira democrática etc. - se mostra como uma dupla falácia. Primeiro, por não se realizar plenamente no berços das Revoluções Burguesas dos séculos XVIII e XIX no ocidente; segundo, por na periferia do capitalismo essa falácia estar atrelada ao contexto histórico no qual ela se torna a parte verdadeira do falso (SCHWARZ, 2000, p. 09-33) agregando a isto racismo, discriminação, desigualdade econômica que se reproduzem no quotidiano, na distribuição da riqueza, na ocupação geográfica dos espaços urbanos e rurais, nas relações de trabalho, de gênero etc. Ou seja: desafios que a imaginação sociológica nestes contextos tem de enfrentar, repondo questões às formulações clássicas, estranhas aos problemas formulados pela empiria ao Sul.

---

9 O contexto dá conta dos temas explosivos em que sociedade dos anos 1950 e 1960 se viu imersa: Lutas por direitos no campo (1963), debate sobre a educação pública (1961-62), problema dos excedentes no ensino superior (1964).

Considerações Finais

A matriz epistemológica das Ciências Sociais é eurocêntrica, baseada na história social, política e econômica de países da Europa Ocidental (no século XIX) e, posteriormente, com competição de formulações estadunidenses, no século XX. Aceita essa preponderância, isso não deveria obliterar a crítica desse processo e a tentativa de disputa epistêmica, com viés teórico e político, do mesmo.

Criticar a unilateralidade teórica não significa passadismo ou nativismo. Antes, implica e reivindica o alargamento de um repertório conceitual e de suas visões de mundo, visando outras consequências:

> Ora, se a teoria social é constituída hermeneuticamente por intermédio das releituras de clássicos e se cada fabulação traz consigo um mundo imaginado que relaciona enunciados teóricos abstratos a objetos e a qualidades de espaços sociais delimitados, torna-se absolutamente crucial discutir a universalidade das teorias que consumimos (MAIA, 2011, p.75).

Ao passo que defendemos a necessidade de se pensar sociologicamente a partir de outros pontos de vista, globais, criticamos aqueles que o fazem de uma perspectiva ainda colonizada, especialmente nos dias atuais, subalternizada no pior sentido que o termo possa assumir (diferente da perspectiva histórica apresentada em nossa Introdução). O problema não se encontra em viajar teórica e geograficamente contrastando o Brasil com o mundo. Mas fazê-lo sempre com os mesmos roteiros, que se tornam guias de viagem com passagem de segunda ou terceira classe no debate teórico e político do conhecimento, levando-se a nadar em lagoas provincianas que se pensam oceanos. E não se conectam, de fato, com um mundo mais vasto, sem alterar o ponto de vista ou o centro de gravitação das ideias, para relembrar a provocação de Connell:"Intelectuais na periferia estão constantemente utilizando elementos do pensamento produzido na metrópole, e as preocupações de pesquisadores do Sul obviamente se encontram com aquelas das disciplinas do Norte. Mas o pensamento social na periferia global ocorre sob condições diferentes, tem pressupostos e possibilidades distintas, e suas consequências têm, para utilizar uma metáfora, um centro diferente de gravidade" (CONNELL, 2012, p. 13).

Tentamos demonstrar a possibilidade de revisitar uma longa tradição crítica do pensamento social brasileiro (e mesmo latinoamericano) com o debate sobre o desenvolvimento e a mudança social, que ganhou feições próprias nas décadas de 1950 e 1960, acompanhando um debate transnacional que articulou países identificados com a periferia do capitalismo mundial. Avançamos algo em como essas formulações ainda podem ser fecundas e foram agudizadas pela realização prática da sociedade de classes num país periférico do capitalismo como o nosso. Abre-se uma agenda de pesquisa que precisa ser atualizada permanentemente.

O processo histórico de golpes de estado, lutas de libertação e reveses contínuos, ao sul do mundo, medem a complexidade dos fatos e necessidade de recalibrar argumentos. Isso, no entanto, não invalida a necessidade de reler e repensar a história social dos processos e dos conceitos em Ciências Sociais, complexificados pela condição periférica. A possibilidade de compará-los nesta chave (América Latina, África e Ásia) é um excelente exercício de descentramento teórico, político e epistêmico. Reside aí um projeto de investigação que merece ser realizado futuramente.

Bibliografia

BALLESTRIN, Luciana. "América Latina e o Giro Decolonial". *Revista Brasileira de Ciência Política*, Brasília, n.11, 2013, p. 89-117.

BASTOS, Elide Rugai. "Atualidade do pensamento social brasileiro". *Sociedade e Estado* (UnB), Brasília, n.2, v. 26, , 2012, p. 51-70, 2012.

_____. Pensamento social da escola sociológica paulista. In: MICELI, Sergio (org.). *O que ler na ciência social brasileira: 1970-2002*. São Paulo: Editora Sumaré/ANPOCS, 2002, p. 183-230.

BRANDÃO, Gildo M. *Linhagens do pensamento político brasileiro*. São Paulo: Aderaldo & Rothschild, 2007.

BOTELHO, André. "Passado e futuro das interpretações do país". *Tempo social*, São Paulo, n.1, v. 22, , 2010, p. 47-66.

CÉSAIRE, Aimé. *Discurso sobre o colonialismo*. Lisboa: Sá da Costa, [1950]1978.

CHAKRABARTY, Dipesh. *Provincializing Europe: postcolonial thought and historical difference*. Princeton, New Jersey: Princeton University Press, 2000.

CONNELL, Raewyn. "A iminente revolução na teoria social". *Revista Brasileira de Ciências Sociais*, n.80, outubro, 2012, p. 09-20.

CUTI e FERNANDES, Maria das D. (orgs.) *Consciência Negra do Brasil: os principais livros*. Belo Horizonte: Mazza Edições, 2002.

DÁVILA, Jerry. *Hotel Trópico: o Brasil e o desafio da descolonização africana (1950-1980)*. São Paulo: Paz e Terra, 2011.

FANON, Frantz. *Pele negra, máscaras brancas*. 2ª. ed. Porto: Paisagem, [1952]1975.

_____. *Os condenados da terra*. 2ª.ed. Rio de Janeiro: Civilização Brasileira, [1961]1979.

FERNANDES, Florestan. *A sociologia no Brasil*. Rio de Janeiro: Vozes, 1978.

_____. *A integração do negro na sociedade de classes:* São Paulo: Globo, vol. I e II, [1964] 2008.

FERNANDES, Florestan. "Atitudes e motivações desfavoráveis ao desenvolvimento". In: PINTO, Luiz de A. C. (org.). *Resistências à mudança: fatores que impedem ou dificultam o desenvolvimento*. Rio de Janeiro: CLAPCS, 1959.

FREYRE, Gilberto. *Casa-grande & Senzala: introdução à história da sociedade patriarcal no Brasil – 1*. 46ª ed. Rio de Janeiro, Record, [1933] 2002.

_____. *Sobrados e mucambos. Decadência do patriarcado rural e desenvolvimento do urbano.* 14ª ed. São Paulo: Global, [1936] 2004.

_____. *Região e tradição*. Rio de Janeiro: José Olympio, 1942.

GUHA, Ranajit.; SPIVAK, Gayatri. *Selected subaltern studies*. New York ; Oxford: Oxford University Press, 1988.

HARDT, Michael. "Porto Alegre: Today's Bandung?". *New Left Review*, London, n. 14, mar-abr, 2002, p. 112-118.

HOLANDA, Sérgio Buarque de. *Raízes do Brasil*. 26ª ed. São Paulo: Companhia das Letras, [1936] 1995.

KI-ZERBO, Joseph. Introdução Geral. *História geral da África*. Brasília: UNESCO, volume I, 2a.ed rev., [1981] 2010.

KOCHER, Bernardo. "De Bandung a Bagdá: cinquenta anos de história e economia política do terceiro mundo". *XI Encontro Regional de História ANPUH -RJ*, Rio de Janeiro, 2004, p. 01-10.

MAIA, João M. E. "Ao sul da teoria: a atualidade teórica do pensamento social brasileiro". *Sociedade e Estado*, Brasília, n.02, vol. 26, , 2011, p. 71-94.

_____. "Pensamento brasileiro e teoria social: notas para uma agenda de pesquisa". *Revista Brasileira de Ciências Sociais*, São Paulo, n.71, v. 24, , 2009, p. 155-169.

MEMMI, Albert. *Retrato do colonizado precedido de retrato do colonizador*. Rio de Janeiro: Civilização Brasileira, [1957]2007.

MORETTI, Franco. "The Slaughterhouse of literature". *Distant Readings*. London: Verso, 2013, p. 63-89.

PRADO Jr., Caio. *Formação do Brasil contemporâneo: colônia*. São Paulo: Companhia das Letras, [1942] 2011.

SANTOS, Boaventura de Sousa; MENESES, Maria Paula (org.). *Epistemologia do Sul*. São Paulo: Cortez, 2010.

SANTOS, José Francisco dos Santos. *Movimento Afro-Brasileiro Pró-Libertação de Angola (MABLA) – "Um Amplo Movimento": Relações Brasil e Angola de 1960 a 1975*. Dissertação (Mestrado), PUC-SP, São Paulo, 2010.

SAUVY, Alfred. Trois mondes, une planète. L´*Observateur*, 14 de agosto de 1952, n. 118, p. 14. Disponível: http://www.homme-moderne.org/societe/demo/sauvy/3mondes.html Acessado em 05 jun. 2015.

SCHWARZ, Roberto. "A importação do romance e seus contradições em Alencar" In: *Ao vencedor e as batatas: forma literária e processo social nos inícios do romance brasileiro*. 5ª ed. São Paulo: Duas Cidades: Editora 34, 2000, p. 33-79.

_____. "As ideias fora de lugar". In: *Ao vencedor e as batatas: forma literária e processo social nos inícios do romance brasileiro*. 5ª ed. São Paulo: Duas Cidades: Editora 34, 2000, p. 09-33.

SILVA, Mário Augusto M. da. "Outra ponte sobre o Atlântico sul: descolonização africana e alianças político-intelectuais em São Paulo nos anos 1960", *Análise Social*, Lisboa, n.225, vol. 52, set-dez, 2017, p. 804-826.

VILLAS-BÔAS, Gláucia. "Uma geração de "mannheimianos"". *Mudança provocada: passado e futuro no pensamento sociológico brasileiro*. Rio de Janeiro: FGV, 2006, p. 83-94.

Parte I: Teoria, pensamento social, periferia

Uma sociologia política na periferia e o Estado-nação[1]

André Botelho

A consolidação nas últimas décadas do pensamento social como área de pesquisa no âmbito das ciências sociais praticadas no Brasil permite e suscita o desenvolvimento de novos interesses de pesquisa. Como o voltado para a dimensão propriamente teórica das obras que compõem o seu acervo primário, especialmente os ensaios de interpretação do Brasil e as pesquisas das gerações pioneiras das ciências sociais institucionalizadas. Problemática que permanece praticamente inexplorada nas ciências sociais brasileiras, sobretudo, quando circunstanciada em pesquisas empírico-documentais sobre autores, tradições intelectuais ou obras específicas capazes de enfrentar as generalizações tão comuns às petições de princípios ou às boas intenções dos manifestos, com que mais recentemente o problema vem sendo evocado, mas não efetivamente enfrentado.

Neste artigo, exploro esta problemática a partir da sociologia política, subárea particularmente estimulante, dada a emergência, em diferentes vertentes teóricas contemporâneas, de questões que há muito vinham sendo discutidas no Brasil. Especialmente, as tensões imprimidas pelo Estado-nação sobre a dinâmica da vida social, questão cuja valorização só ocorre após a generalização da apontada "crise" do Estado-nação como eixo político, institucional e cultural da modernidade nas experiências sociais centrais, mas que, no caso brasileiro, uma ex-colônia em processo (descontínuo) de conversão ao nacional, sempre integraram o escopo central da sociologia política. Retomo *Lutas de famílias no Brasil* (1949), de Luiz de Aguiar Costa Pinto, como estudo de caso para avaliar a significação teórica mais ampla da sociologia política brasileira para o entendimento da formação do Estado-nação. Na verdade, entre a intencionalidade do autor, isto é, levando em conta o que tencionava fazer ao escrever no contexto das questões da sua época (SKINNER, 1999) e os significados heurísticos daquilo que acabou por realizar para a sociologia, busco re-

---

1   Este artigo retoma e atualiza a versão original intitulada "Passagens para o Estado-nação: a tese de Costa Pinto" publicada em *Lua Nova. Revista de Cultura política*, em 2009.

discutir o *sentido* de *Lutas de famílias no Brasil* em face da problemática substantiva da construção do Estado-nação no Brasil e visto desde o Brasil.

Para tanto, é crucial que se localize *Lutas de famílias no Brasil* na tradição intelectual em que se inscreve, de modo a se perceber com mais clareza suas continuidades e descontinuidades teóricas em relação à tradição intelectual que integra. Como sugere Skinner é preciso estar atento aos axiomas, ao vocabulário e ao léxico herdados de determinadas tradições intelectuais que tornam possível a formulação de determinadas ideias em determinados momentos da vida social e não noutros. Sua categoria analítica central, nesse sentido, é a de "contexto intelectual", pela qual se deve entender "o contexto das obras anteriores e dos axiomas herdados a propósito da sociedade política, bem como o contexto das contribuições mais efêmeras da mesma época ao pensamento social e político. Pois é evidente que a natureza e os limites do vocabulário normativo disponível em qualquer época dada também contribuirão para determinar as vias pelas quais certas questões em particular virão a ser identificadas e discutidas" (SKINNER, 1999, p. 10-11).

Como discuti noutras oportunidades, *Lutas de famílias no Brasil* integra uma importante tradição de pesquisas que vai desde *Populações meridionais do Brasil* (1920), de Oliveira Vianna, até *Homens livres na ordem escravocrata* (1964), de Maria Sylvia de Carvalho Franco, passando por *Coronelismo, enxada e voto* (1949), de Victor Nunes Leal, e por diferentes pesquisas de Maria Isaura Pereira de Queiroz e Costa Pinto desenvolvidas desde a década de 1950 (BOTELHO, 2007). Ao desenvolver a tese sobre o baralhamento entre público e privado na configuração da dominação política no Brasil, mais do que relacionar genericamente sociedade e política, esses trabalhos ambicionam identificar as bases sociais da política no país. No plano das continuidades, como venho argumentando, as pesquisas da sociologia institucionalizada mantêm, em primeiro lugar, a tese central do ensaio de Vianna sobre a configuração histórica particular das relações de dominação política no Brasil fundada no conflito entre as ordens privada e pública, e não diretamente assimilável ao conflito de classes enraizado no mundo da produção; em segundo lugar, sua tendência teórico-metodológica de relacionar aquisição, distribuição, organização e exercício de poder político à estrutura social com o objetivo de identificar as bases e a dinâmica da política na própria vida social. Com relação, por sua vez, às descontinuidades cognitivas internas entre os diferentes trabalhos destacados, meu argumento tem sido que são distintas, sobretudo, as concepções de sociedade e, nelas, do relacionamento entre ação e estrutura social, que assumem e que procuram conferir verossimilhança com os próprios resultados obtidos no estudo da constituição, organização e reprodução das relações de dominação política (BOTELHO, 2007; 2009; 2013; BOTELHO & CARVALHO, 2011; BRASIL & BOTELHO, 2016).

Assim, essa tradição de pesquisa contraria a divisão, em grande medida, rotinizada nas ciências sociais contemporâneas, entre, de um lado, abordagens voltadas para temas relativos à organização do Estado e às instituições, em geral associadas à ciência política, e, de outro lado, abordagens voltadas para a discussão da demanda por direitos no âmbito do que hoje se vem qualificando como sociedade civil. De fato, os resultados da pesquisa não apenas sobre a bibliografia brasileira (referidos acima), mas também sobre o debate internacional (BOTELHO, 2011 e 2014), indicam claramente essa separação das dimensões social e político-institucional, informando perspectivas teórico-metodológicas disjuntivas. Assim, não raro ao "objeto" instituições (Estado, partidos, legislativo etc.) correspondem, em geral, abordagens que privilegiam o estudo da sua dinâmica interna ou do seu papel ordenador da sociedade como uma variável explicativa independente. Do mesmo modo que nas teses dedicadas às diferentes dimensões da questão social (movimentos sociais, raça, violência etc.) a preocupação recai, em geral, sobre a dimensão da socialização dos grupos e atores sociais para além da lógica estritamente institucional. O problema, contudo, é que sem uma visão integrada sobre o movimento geral da sociedade fica difícil especificar tanto como as instituições se enraízam ou não através da socialização, enquanto dimensão em geral privilegiada no tratamento da questão social; quanto como os sentidos da socialização são afetados e podem ser alterados através das próprias instituições.

A relação Estado/sociedade formaliza, num certo sentido, as vivências individualizadas da sociologia política, uma subárea de pesquisa que se ocupa do "político", visto como histórica e culturalmente construído e cambiável, mas que não deixa, contudo, de buscar componentes nucleares do "político" que perpassam essas variações. Isso não significa, porém, que processos temporais e contextos empíricos, devam ser vistos como uma história de desenvolvimento unificado ou um conjunto de sequências padronizadas; mesmo porque, componentes do político interagem constantemente ao mesmo tempo com escolhas e condições social e historicamente específicas, ainda que não necessariamente idiossincráticas, que ajudam a delimitar a relação Estado/sociedade em cada sociedade.

I

Lutas de famílias no Brasil apresenta os resultados de investigação empírica documental realizada por Costa Pinto na seção de Manuscritos da Biblioteca Nacional do Rio de Janeiro sobre as lutas travadas entre Camargos e Pires, no século XVII, na capitania de São Vicente, e Montes e Feitosas, nos sertões do Ceará, no século XVIII. Como nos prefácios em geral, também no prefácio à primeira edição deste livro, escrito em 1946, encontram-se, entre outras, indicações significativas sobre o que Costa Pinto pretendia ao escrever o livro, particularmente, sobre a natureza do problema que ele tinha em vista e sobre as convenções intelectuais que ele desejava apoiar ou superar.[2] Nele, o então jovem sociólogo baiano procurou situar de modo preciso sua pesquisa sobre as lutas entre certas famílias poderosas que povoam a crônica da vida social da América portuguesa num quadro teórico mais amplo que nos permite tirar consequências, de um ponto de vista analítico, para a discussão da construção do Estado-nação no Brasil.

Costa Pinto começa por circunscrever o interesse sociológico nas lutas de famílias à problemática da "vingança privada", ou vendeta, como forma específica de "controle social" na sociedade colonial. Sustenta, ainda, que, para além do significado histórico "intrínseco" do fenômeno pesquisado, as lutas de famílias constituiriam um ângulo privilegiado para a pesquisa sociológica, como "exemplo e prova", das condições sociais mais amplas em que se desenvolveu o "poder político no Brasil".

Nesse sentido, argumenta, de um lado, que as lutas de famílias deveriam ser entendidas como "um estágio da evolução do direito", porém, dentro do conjunto de relações sociais de que o próprio direito seria parte; mas, de outro, que a própria formulação do problema nesses termos exigia que se buscasse na "formação social do Brasil" como as lutas de famílias haviam se configurado em face das relações entre público e privado no passado da sociedade. A esse respeito, Costa Pinto é categórico: a vingança privada seria a expressão síntese da "hipertrofia" do poder privado e da "atrofia" do poder público na sociedade brasileira, e seriam nessas particulares relações históricas entre sociedade e Estado e nas disputas de poderes concorrentes nelas engendradas que a inteligibilidade sociológica das lutas de famílias deveria ser buscada.

---

2 A primeira versão de *Lutas de famílias no Brasil* foi publicada como artigo na *Revista do Arquivo Municipal* de São Paulo, em 1943. A publicação fora intermediada por Arthur Ramos, ex-professor e amigo de Costa Pinto, que, em carta de 5 de junho de 1942, apresenta o jovem sociólogo e sua pesquisa a Sergio Milliet, então diretor da Divisão de Documentação Histórica e Social do Departamento de Cultura de São Paulo (Ramos, 1943, s. p.). Como livro, *Lutas de famílias no Brasil* apareceu pela primeira vez em 1949 pela Companhia Editora Nacional na *Brasiliana*, uma das mais prestigiosas coleções de "assuntos brasileiros" editadas no país, então sob a direção de Fernando de Azevedo. O livro conheceu ainda uma segunda edição, em 1980, apenas acrescida de uma brevíssima nota do autor intitulada "Na segunda edição".

A tese da superposição entre público e privado como princípios distintos de coordenação social, segundo a qual uma ordem privada vigorosa sobrepõe-se historicamente e redefine o sentido de uma ordem pública frágil, encontra em *Populações meridionais do Brasil* (1920) de Oliveira Vianna uma formulação paradigmática.[3] Inclusive porque a interpretação do Brasil de Oliveira Vianna se mostrou capaz de interpelar, no plano cognitivo, diferentes trabalhos posteriores, não obstante, muitos deles divergirem radicalmente do seu sentido político original. Em *Populações meridionais do Brasil*, como argumentei noutra oportunidade (BOTELHO, 2007), a origem da particularidade das relações entre público e privado se encontraria nas formas sociais assumidas pela propriedade fundiária no Brasil desde a colonização portuguesa, especialmente sua desmedida amplitude, dispersão pelo território e feição autonômica. Fatores que teriam concorrido tanto para a "simplificação" da estrutura social global da sociedade, dificultando a dinamização do comércio, da indústria e dos núcleos urbanos, quanto para definir, ao lado da escravidão, da amenidade dos climas tropicais e da abundância de terras privadamente controladas, mas não incorporadas diretamente à produção agrário-exportadora assegurada pela mão de obra cativa, as mesmas qualidades das relações de solidariedade internamente aos domínios rurais.

Sem ter quem lhes contestasse efetivamente o poder, os "clãs rurais", verdadeira "força motriz" de toda a nossa história política e "causa primeira da sua dinâmica e evolução" (VIANNA, 1973, p. 139), abriam espaços no incipiente domínio público da sociedade brasileira para formular e promover programas que expressassem seus interesses particulares. Mecanismo designado de "anarquia branca", o qual expressa a capacidade de apropriação privada das instituições públicas que acaba por distorcer e redefinir-lhe o sentido, demonstrado no ensaio em relação à justiça, ao recrutamento militar e às corporações municipais. Nessas condições, a fragilidade e a parcialidade a que as instituições públicas estavam sujeitas estimulavam os diferentes grupos sociais subalternos a se refugiarem sob o poder tutelar dos clãs rurais. Seria, pois, em face dessa situação, e a ameaça de fragmentação da sociedade que representaria, que se fazia urgente reorganizar, fortalecer e centralizar o Estado. Único ator considerado como, dotado dessas características, capaz de enfraquecer politicamente as oligarquias agrárias e sua ação corruptora das liberdades públicas e,

---

3   Para uma visão representativa da bibliografia sobre Oliveira Vianna, ver Bastos & Moraes (1993).

desse modo, corrigindo os defeitos da nossa formação social, conferir novos nexos e rumos institucionais à sociedade brasileira.

Em *Casa-grande & senzala* (1933), Gilberto Freyre também identifica a superposição do público e do privado como decorrência do papel desempenhado pela família patriarcal como unidade de formação e reprodução social da sociedade. Ao contrário de Oliveira Vianna, no entanto, Freyre argumenta a favor do equilíbrio operado, também a esse respeito, pela colonização portuguesa na América, donde, para ele, a família ter tornado não apenas exótica a noção ocidental de indivíduo, como adjetivo o papel do Estado nesse processo (BASTOS, 2005). Situação sem dúvida abalada a partir da transferência da Corte portuguesa para o Rio de Janeiro, discutida em *Sobrados e mucambos* (1936) como o marco decisivo de reorientação da vida social no sentido da sua modernização/ocidentalização. Processo que também se fez acompanhar, no plano político, pelo progressivo declínio do poder privado, representado pelo patriarca, em face do progressivo "aumento do poder político público, encarnado por órgãos judiciais, policiais, ou militares ou simplesmente burocráticos do governo monárquico" (FREYRE, 1981, p. LXXI).

Todavia, como a decadência do patriarcado rural não implicou totalmente o desaparecimento do seu poder, também a interpenetração entre público e privado não é rompida, ainda que as relações entre esses domínios tenham se alterado em face do peso relativo que as instituições teriam passado a assumir; como expressa o fato de a ascensão social do bacharel e do mulato, e sua inserção no próprio domínio público, estar condicionada a suas relações tradicionais com a família patriarcal (FREYRE, 1981, p. 574-575). Não por acaso são eles, o bacharel e o mulato, os personagens sínteses desse processo de mudança social que, segundo Freyre, não se operaria através de rupturas, mas, antes, por meio de processos de "acomodação", como o que garantiu a inserção daquelas criaturas da família patriarcal no Estado, que havia, originalmente, se organizado para contrapor-se ao poder privado. A minimização por parte de Freyre das consequências do baralhamento entre público e privado na definição da ordem social moderna está associada, contudo, não apenas à perspectiva positiva que manifesta em relação à ordem social tradicional fundada na família patriarcal, como ainda ao fato de não enfrentar diretamente a questão das instituições políticas na configuração da democracia, limitando-se a defender a superioridade da "democracia social" atingida justamente com a concorrência também daquele baralhamento (BASTOS, 2005).

Outra é a perspectiva de *Raízes do Brasil* (1936) de Sergio Buarque de Holanda que, embora também constate "uma invasão do público pelo privado, do Estado pela família" na formação da sociedade brasileira, não apenas nega qualquer gradiente entre público e privado (HOLANDA, 1995, p.82), como ainda considera que a ruptura entre esses diferentes princípios de coordenação social representaria condição prévia para a constituição de uma ordem social moderna no Brasil (Bastos, 2005). Entendida fundamentalmente como legado da colonização portuguesa, a precedência do privado em relação ao público configuraria uma restrição da solidariedade social aos círculos domésticos, cujos laços afetivos seriam "forçosamente restritos, particularistas e antes inimigos que favorecedores das associações estabelecidas sobre plano mais vasto" (HOLANDA, 1995, p.39). Também em *Raízes do Brasil*, o baralhamento entre privado e público assume importância crucial na discussão sobre a transição do rural ao urbano e da sociedade brasileira que se seguiria, mas, ao contrário dos ensaios de Gilberto Freyre, as consequências daquele baralhamento seriam fundamentais no desenho das instituições democráticas no Brasil. Como bem expressa a discussão de Sergio Buarque sobre a "cordialidade", numa sociedade onde, "as relações que se criam na vida doméstica sempre forneceram o modelo obrigatório de qualquer composição social", as formas particularistas de orientação das condutas tendiam a permanecer rivalizando com as instituições democráticas que, "fundadas em princípios neutros e abstratos, pretendem assentar a sociedade em normas antiparticularistas" (Idem, 1995, p. 146).

Mas porque, segundo a concepção do ensaio, o Estado "não é uma ampliação do círculo familiar e, ainda menos, uma integração de [...] certas vontades particularistas, de que a família é o melhor exemplo", não poderia existir entre o círculo familiar e ele "uma gradação, mas antes uma descontinuidade e até uma oposição" (Idem, 1995, p. 141). Por isso, ao contrário de Gilberto Freyre, para Sergio Buarque, "só pela transgressão da ordem doméstica e familiar é que nasce o Estado e que o simples indivíduo se faz cidadão, contribuinte, eleitor, elegível, recrutável e responsável, ante as leis da Cidade" (Ibidem).

Embora com sentido político oposto, *Raízes do Brasil* aproxima-se a respeito da descontinuidade entre privado e público de *Populações meridionais do Brasil* que, em verdade, logrou fixar um programa intelectual de investigação da formação social brasileira a partir das relações entre aqueles domínios sociais. De fato, Sergio Buarque recusa a solução autoritária apresentada por Oliveira Vianna, primeiro mediante a centralização e fortalecimento do Estado e mais tarde na associação deste Estado às corporações profissionais, mas compartilha a representação de que a hipertrofia da ordem privada constituiria não apenas elemento central da formação da sociedade brasileira, como também representaria problema crucial para a sua modernização. Todavia, em *Raízes do Brasil*, público e privado permanecem numa relação tenaz de dilema ou mesmo de impasse. Isso ocorre, em parte, porque o ensaio de Sergio Buarque é desprovido, de um lado, de uma perspectiva normativa e teleológica mais definida, como o de Oliveira Vianna, manifesta no próprio caráter "aberto" da sua resposta às possibilidades efetivas da democracia no Brasil; mas também de uma explicação mais consistente sobre as formas sociais de efetivação e, portanto, de possível rejeição do legado cultural ibérico na sociedade brasileira, como expressa a sugestão da "cordialidade" como extensão da "cultura da personalidade dos ibéricos" e ambas como expressões sínteses das tentativas de recriar, na ordem pública, formas de orientação das condutas próprias à privada. Certamente, em *Populações meridionais do Brasil*, as relações entre público e privado só não permanecem em dilema na medida em que, no limite, não se rejeitar o caráter autoritário da proposta política que encerra constitutivamente, ou ao menos se houver concordância quanto ao caráter transitório do seu autoritarismo. Ainda assim, no entanto, pode-se reconhecer que o caráter autoritário da proposta de Oliveira Vianna está, sociologicamente, subordinado ao reconhecimento primeiro da possibilidade de mudança social, ainda que apenas através do Estado e não através de instâncias societárias (BOTELHO e BRASIL, 2005).

Perspectiva convergente, em parte a de *Raízes do Brasil*, em parte a de *Populações meridionais do Brasil*, origina *A ordem privada e a organização política nacional* (1939), de Nestor Duarte. Neste ensaio, o impasse do surgimento do Estado como fenômeno político moderno diferenciado também ganha inteligibilidade em face de uma sociedade dominada pelo poder privado, como em Vianna e Buarque, mas a solução autoritária do primeiro também é, como no segundo, claramente rejeitada. Tampouco incorre Duarte, por outro lado, exatamente numa concepção que mantém público e privado numa relação de dilema, ainda que a sua interpretação não seja livre de ambiguidades já que o determinismo privado da sociedade se apresenta como obstáculo à constituição via sociedade de um Estado democrático como propõe (PIVA, 2000). Como Sergio Buarque, também Duarte reconhece a fragilidade do caminho societário de construção da cidadania democrática no interior da cultura política brasileira (vista, em ambos os autores, como uma continuidade em relação à cultura portuguesa), e sustenta que, nem por isso, ele fosse menos necessário. Mas Duarte recusa não apenas a ideia do Estado como princípio ordenador da sociedade (como Buarque), mas também a da própria existência de um Estado como expressão da nação no Brasil (como Vianna); por isso, enfatiza claramente a tarefa política de formar na sociedade um "espírito público" de matriz democrática capaz de construir (e não apenas transformar) o Estado brasileiro em verdadeira comunidade política. Sua posição democrática, mas não antiestatista, manifesta-se, por exemplo, na defesa do próprio Estado democrático como, acima da defesa da difusão do ensino propugnada por vários dos seus contemporâneos, a forma de "poder educacional mais vivo e direto para interessar uma população tão alheia e indiferente como a nossa, nos acontecimentos políticos e problemas de uma nação" (DUARTE, 1966, p. 7).

Em *Lutas de Famílias no Brasil*, a importância da tese de Oliveira Vianna é confirmada pelo lugar que ocupa na economia interna dos argumentos mobilizados por Costa Pinto, valendo lembrar que a vingança privada havia sido claramente assinalada pelo ensaísta fluminense em termos de "rivalidades de clãs" (VIANNA, 1973, p. 177 e ss.). De fato, embora sejam feitas recorrentemente referências a *Casa-grande & senzala*, *Raízes do Brasil* e *A ordem privada e a organização política nacional*, assim como a outros ensaios representativos do pensamento social, esses são citados, sobretudo, para corroborar ou ilustrar aspectos centrais já formulados na interpretação do Brasil de Oliveira Vianna. [4] Tais como o caráter *quase* autárquico da grande propriedade fundiária, sua dispersão pelo território, seu papel na organização e simplificação da sociedade rural, o papel do rural modificando desde as origens da sociedade o sentido possível assumido pelo urbano, o papel crucial da família extensa em todo esse processo entre outros (PINTO, 1949, p. 47-59). Nesse sentido, pode-se dizer que, no uso que faz dos ensaios de Vianna, Freyre, Buarque e Duarte, Costa Pinto acaba mais por enfatizar uma linha de continuidade entre as interpretações do Brasil destacadas do que por demarcar e aprofundar as diferenças de sentido existentes entre elas – como procuramos assinalar anteriormente.

Do ponto de vista da questão substantiva que nos interessa aqui mais de perto, no entanto, em todos ensaios anteriormente destacados com os quais Costa Pinto dialoga impõe-se, como vimos, o reconhecimento da precedência do privado em relação ao público e a restrição da solidariedade social aos círculos domésticos e aos laços afetivos. À exceção, no entanto, de Gilberto Freyre que não vê problema no *continuum* privado/público, os demais autores, rejeitando essa posição, tendem

---

4   O diálogo de Costa Pinto com o pensamento social inclui ainda, mas de modo secundário, outros autores como Alcântara Machado, Roberto Simonsen e Caio Prado Júnior. Rohden (1999) situa de perspectiva diferente as formulações de *Lutas de famílias no Brasil* em relação aos ensaios aqui destacados de Oliveira Vianna, Gilberto Freyre, Sergio Buarque e Nestor Duarte (dentre outros trabalhos) com o objetivo de identificar o "modelo de família" que concebem como fundamento da organização social da colônia e um "código de honra" orientador das condutas nele baseados.

a ver a sociedade brasileira como fragmentada e corrompida pelo privatismo historicamente dominante. E, por isso, Sergio Buarque e Nestor Duarte acabam por colocar em dúvida a capacidade de, dessa mesma sociedade, emergir a constituição do Estado democrático que defendem. Problema que o autoritarismo de Oliveira Vianna, instrumental ou não, contorna ao sugerir a centralização e o fortalecimento do Estado como meio de contraposição ao poder privado. Ao recolocar o problema, Costa Pinto compartilhou com Oliveira Vianna, Sergio Buarque e Nestor Duarte, mas não com Gilberto Freyre, a recusa à ideia de *continuum* entre privado/público; mas ao contrário desses seus predecessores, no entanto, abordando o tema da vingança privada, Costa Pinto identifica de uma perspectiva não dualista as interações históricas entre público e privado mostrando, fundamentalmente, que, se essas ordens sociais não se encontravam inteiramente separadas, já não estavam totalmente indistintas. Vejamos a proposição em detalhes.

Embora sua contraposição às interpretações do Brasil destacadas possa ser analiticamente reconstituída, é preciso assinalar, em primeiro lugar, que é ao seu conterrâneo Nestor Duarte, nomeado de "erudito professor baiano" (Idem, 1949, p. 44, nota 37), que cabem as críticas mais explícitas e diretas de Costa Pinto ao dualismo público/privado. Com relação ao ensaio *A ordem privada e a organização política nacional*, Costa Pinto observa, basicamente, que a hipertrofia da ordem privada em detrimento da organização política na formação da sociedade brasileira é tratada como "resíduos históricos [...] trazidos na cultura do povo colonizador"; tese que, a despeito do "enquadramento, às vezes forçado, da realidade aos limites das proposições *a priori* estabelecidas", poderia ser confirmada de modo mais adequado com a pesquisa de "fatos" sequer abordados – justamente a vingança privada –, mas "cuja simples enunciação diria muito mais que muita frase sobre o tema abordado" (Ibidem). O problema, neste caso, parece estar mais relacionado ao estatuto de "legado cultural" da hipertrofia da ordem privada que seria, senão desmentido, ao menos matizado pela investigação sociológica de "fatos sociais" como a vingança privada. Costa Pinto, com efeito, não explora a dimensão e os recursos simbólicos envolvidos na vingança privada como forma de controle social, tal como sugeriria a perspectiva de Nestor Duarte, e também a de Sergio Buarque de Holanda, nas quais a herança cultural do colonizador português desempenha papéis centrais na explicação da relação entre Estado e sociedade. Mas Costa Pinto se concentra, antes, no que considera o conjunto fundamental de recursos materiais de que disporia a sociedade colonial para tentar assegurar a conformidade do comportamento de seus membros às regras socialmente prescritas. Verifica-se nesse aspecto uma descontinuidade crucial em relação às preocupações manifestas pelos ensaios dos anos 1920-30 com o papel do legado cultural ibérico na orientação das condutas dos "brasileiros", bastante característica da ênfase dada pela sociologia brasileira dos anos 1950 às "relações sociais" como domínio cognitivo sociológico por excelência, além de principio autônomo explicativo da vida social.

Em *Lutas de famílias* isso fica claro no capítulo dedicado às razões do desaparecimento "progressivo" da vingança privada no Brasil. São eles: o "medo ante a violência das retaliações", o "enfraquecimento dos laços de família e de clã", o "aparecimento dos neutros dentro da comunidade que se desenvolve" e o "fortalecimento da organização política" (Idem, 1949, pp.35-41). E é em meio a esse processo que, em face da ascensão de formas mais racionalizadas de sanção, de "fator de ordem" que a vingança privada era, vai se tornando "germe de desordem e, de mantenedora da segurança e do equilíbrio sociais, transforma-se em sua negação" (Idem, 1949, p. 11). Justamente como "instituição em declínio" no mundo ocidental e, portanto, com as características acima apontadas, é que a vingança privada teria surgido na sociedade colonial (Idem, 1949, p. 35). E embora não negue a centralização da autoridade pública operada pelo Estado imperial, tal como já discutido em *Populações meridionais do Brasil* (VIANNA, 1973, p. 167-262), Costa Pinto considera que, apesar das mudanças então em curso, a consolidação daquele processo não teria se dado "tanto pelo enfraquecimento do poder privado, mas, essencialmente, pela fusão das duas ordens – o que foi a coluna-mestre da monarquia" (Pinto, 1949, p. 11). Voltaremos a essa questão da "fusão" entre público e privado adiante.

II

Para Costa Pinto, o que estava em jogo com a expressão "lutas de famílias" era, fundamentalmente, a dimensão ao mesmo tempo de ação e conflito coletivos na sociedade brasileira, uma vez que compartilhava da tese, segundo afirma, tomada a Durkheim, de que seria, "em ultima análise, na própria vida humana associativa que os produtos sociais e culturais, encontram explicação" (PINTO, 1949, p. 42). Nesse sentido, sem explicitar sua discordância, contrapõe-se igualmente, em segundo lugar, à perspectiva, também proposta no ensaio de estreia de Oliveira Vianna, segundo a qual o poder das famílias na colônia, ou a hipertrofia dos núcleos privados de autoridade, pudesse ser explicado em função do "insolidarismo" ou debilidade das práticas associativas advindas da formação rural da sociedade brasileira. Para Costa Pinto, como foi observado, a vingança privada sintetiza as formas de ação coletiva vigentes na sociedade colonial. Baseada na solidariedade de parentesco, como ação coletiva a vingança privada realizava-se na busca de punição socialmente legítima de delitos das mais diferentes ordens: do adultério, como no caso da luta entre Camargos e Pires, aos conflitos pela posse de terras, como no caso da luta entre Montes e Feitosas. Comparando-a com a lei de Talião descrita no *Êxodo*, por exemplo, Costa Pinto constata que, enquanto esta se caracterizaria tanto por um ideal "superior de justiça e de proporcionalidade da pena" (olho por olho, dente por dente...) quanto pela "individualização da responsabilidade", a vingança privada seria, ao contrário, de uma violência brutal e ilimitada, além de necessariamente coletiva (Idem, 1949, p. 20 e ss.).

A noção de "responsabilidade coletiva" da vingança privada é crucial e também a de "obrigações coletivas" que acarretava. Obrigava, em primeiro lugar, todo o grupo a sofrer as consequências por uma transgressão ou delito cometido por um de seus membros (o que Costa Pinto chama de "solidariedade passiva") e, em segundo, todo o grupo a se unir para vingar a transgressão cometida por um de seus membros ("solidariedade ativa"). Noutras palavras, a solidariedade familial traduz-se em duas modalidades principais: "ativa", quando o grupo familiar é obrigado a punir um delito cometido contra um de seus membros, e "passiva", quando deve sofrer a represália ao delito praticado por um de seus membros (Idem, 1949, pp.23 e ss.). Ilustrativa dessa lógica coletiva da vingança privada numa "sociedade de parentes", segundo a qual a individualização da responsabilidade constituiria verdadeiro "rebaixamento para o individuo" (Idem, 1949, p.26), é a indiferença em face dos atentados cometidos contra os estrangeiros neutros, pois ela "também revela que os direitos e deveres, em tais sociedades, não ultrapassam o âmbito da família" (Idem, 1949, p.25). As lutas de famílias, portanto, expressariam a lógica da ação coletiva numa sociedade constitutivamente marcada pela solidariedade familiar, o que certamente implica relações diretas, pessoalizadas e violentas entre os grupos sociais, e não a sua insolidariedade social.

Não se poderá compreender a caracterização teórica que Costa Pinto faz da vingança privada como forma de "controle social" sem levar em conta que, segundo ele, a família não apenas constituía a unidade central na sociedade, como também, da posição que nela se ocupasse, advinha diretamente o *status* do próprio indivíduo. É a isso que Costa Pinto chama de "sociedade de parentes" (Idem, 1949, p.23), cuja caracterização como dimensão hipertrofiada diante do público e multifuncional nas dimensões econômica, política e social é muito próxima do "regime de clã" feita por Oliveira Vianna (1973, pp.138 e ss.). Próxima, mas não equivalente, pois na formulação de Costa Pinto, a "sociedade de parentes" constituiu "centro e núcleo, *quase* absoluto, da vida social" (Pinto, 1949, p.48, grifos meus). *Lutas de Famílias* poder-se-ia argumentar está *todo* neste *quase*, e também sua diferença fundamental em relação a *Populações meridionais do Brasil* e aos ensaios que se lhe seguiram. Afinal, lembrando aqui especialmente do primeiro ensaio, é esta ponderação que permite a Costa Pinto contrapor-se frontalmente à afirmação de Oliveira Vianna, segundo a qual, em face das lutas de famílias, as autoridades públicas "não aparecem senão como simples espectadoras do tumulto. Em regra, recuam, cautelosas e tímidas, diante desse poder formidável, que os latifúndios elaboram" (VIANNA, 1973, p.179).

Quase significa, em *Lutas de famílias no Brasil*, que, no plano histórico, apesar da hegemonia da ordem privada e suas formas correspondentes de solidariedade social, a autoridade pública não estava de todo ausente na sociedade. Por mais impotente que pudesse ser para monopolizar a violência de forma legítima, já que no Brasil, "o Estado foi sempre instituição precária" (Pinto, 1949, p.51), argumenta Costa Pinto, a autoridade pública era sim constantemente chamada a intervir nas "pendências privadas", pondo "fora da lei os vingadores, exercendo pressão pacificadora, aplaudindo os perdões (escrituras) em separado" (Idem, 1949, p.87). Mais ainda, no plano analítico, *quase* significa que Costa Pinto não concebeu as ordens pública e privada de um modo dualista, mas, antes, soube valorizar as tensões constitutivas entres esses domínios para investigar, através da ação coletiva, a dinâmica conflituosa e ambígua da vida social. [5] Demonstra-o o sociólogo baiano com os capítulos dedicados aos estudos de casos e, sobretudo, com a transcrição de documentos históricos oficiais cujo conteúdo aponta, invariavelmente, para a presença decisiva, ainda que incipiente, do Estado na definição da legitimidade ou não das lutas de famílias na sociedade colonial.

A esse propósito deve-se atentar ainda para a relevância da perspectiva histórico-comparada presente em *Lutas de famílias no Brasil*. Como diz o Autor: "Se, porém, ao encararmos historicamente a repressão privada como um estágio da evolução do direito, dissemos que a fraqueza do poder público resulta do fato de ele ainda estar em formação", no caso da América portuguesa, "as debilidades da organização política, se explicam, entretanto, como produtos da situação material e social"

---

5   Para Glaucia Villas Bôas, embora inscrita em Lutas de famílias, a hipótese de um "entrelaçamento conflituoso e dinâmico de condutas sociais referidas a ordens sociais distintas" (no caso público e privado) que assinalava um "caminho próprio e singular de constituição do País", seria aperfeiçoada por Costa Pinto em pesquisas posteriores. Especialmente em *Recôncavo. Laboratório de uma experiência humana*, (1958) no qual o sociólogo teria logrado relacionar aquele entrelaçamento à conjugação de temporalidades diferentes (VILLAS BÔAS, 2006, p. 113).

próprias à nossa vida colonial (Idem, 1949, pp.56-57). No contexto da colonização, argumenta Costa Pinto, "a estrutura administrativa, jurídica e política trazida e implantada pelos colonizadores" acaba por sofrer "uma como que *retificação* de sua história, atravessando etapas que mal conhecera" (Idem, 1949, p.57, grifos no original). Afirmação na qual se manifesta, mais uma vez, a convicção sociológica de que, como as instituições transplantadas da Metrópole para a Colônia não caem num vazio em termos de relações sociais, seu sentido será definido justamente a partir das suas interações com a estrutura e as relações sociais vigentes na sociedade colonial.

Assim, se a distinção clássica entre público e privado não se aplica diretamente ao período estudado, isso se deve justamente ao fato de que, em sua interação com a sociedade colonial, as estruturas europeias de Estado importadas tinham que lidar com outras exigências sociais. O que nos particularizaria, argumenta Costa Pinto, já não era, desde a sociedade colonial, exatamente a ausência de instituições públicas, como na Europa feudal, mas o uso a que desde então estas foram socialmente submetidas entre nós (PINTO, 1949, pp.57 e ss.). Interpretação que, num certo sentido, encontra correspondência na historiografia brasileira contemporânea que tem mostrado que, se na Europa Moderna o privado se define em relação à formação do Estado, na Colônia, no mesmo período, ele se associa, por sua vez, fundamentalmente, à própria "passagem da colônia para a nação, ou melhor, à própria gestação da nação no interior da colônia" (NOVAIS, 1997, p.17).

III

É verdade que Costa Pinto não afirma que a vingança privada encontraria plena vigência no presente, tal qual se apresentava no passado investigado. Todavia, não afirma igualmente que este, o passado colonial, estivesse exatamente morto na sociedade brasileira. Justamente porque a "antinomia dialética" entre público e privado seria, "em nossa história, fato que vem dos primeiros tempos aos nossos dias, numa constância que revela estarem suas causas entranhadas nos fundamentos mesmos de nossa formação como sociedade" (PINTO, 1949, pp.51-2). Tal como para os ensaístas que o precederam, as consequências previsíveis ou inesperadas do fenômeno abordado na sequência de formação da sociedade justificam para Costa Pinto a pesquisa sociológica do passado, mesmo num momento em que, como nos anos 1950, muitos acreditavam viver plenamente a transição do rural ao urbano e o fortalecimento das instituições públicas democráticas (Botelho et all., 2008; Brasil e Botelho, 2016).

O singular entrelaçamento entre público e privado identificado em *Lutas de famílias no Brasil* desempenha ainda papel crucial em certos desafios tenazes da sociedade brasileira relacionados à identidade e à ação coletivas próprias ao Estado-nação. Sobretudo se levarmos em conta, como vários estudos tem chamado atenção, que o modelo de cidadania historicamente institucionalizado no Brasil pode mesmo se mostrar potente o suficiente para tornar mais estreita e indiscriminada a esfera pública e a participação democrática ainda mais reduzida na atualidade[6]. E a passagem para o Estado-nação, isto é, a reconquista legítima das lealdades tradicionais às formas de autoridade e solidariedade próprias aos círculos privados originalmente ligados à família, sua centralização e reconstrução social em instituições impessoais e universais que pudessem justamente controlá-las e limitá-las não é processo que se realize sem violências, tensões e sequer em direção unívoca. Afinal, como lembrou entre nós Sergio Buarque de Holanda, ao evocar o conflito entre Antígona e Creonte, as *leis da casa* sempre podem ser reivindicadas contra as *leis da cidade* (HOLANDA, 1995, p. 139 e ss.).

Ao destacar o tema da "vingança privada" como forma de controle social, Luis de Aguiar Costa Pinto problematiza um aspecto específico, mas central, do processo de construção do Estado-nação: a dificuldade que o próprio Estado brasileiro apresentou - e talvez ainda hoje apresente - para "pacificar" internamente a sociedade; isto é, conquistar o poder dos grupos privados e estender territorialmente a "autoridade pública" que representa por meio da reivindicação bem sucedida do monopólio do uso legítimo da violência como construção normativa e racional--legal, ao lado de outras formas cruciais de coerção econômica, administrativa e simbólica (WEBER, 1992; ELIAS, 1993; BENDIX, 1996; TILLY, 1996; GIDDENS, 2001). Mas a identificação da família como agência social vigorosa da formação da sociedade em contraste com a fragilidade que o Estado teria demonstrado em centralizar o princípio de autoridade pública e, desse modo, de controlar e limitar o poder privado permite a Costa Pinto uma compreensão sociológica original da violência privada como forma de controle social. A violência endêmica na vida social brasileira desde o período colonial passa a ser entendida, da sua perspectiva, como um código regente das relações sociais e das condutas numa sociedade marcada pela dominação política de base pessoal, problemática que conheceria desdobramentos cruciais noutras pesquisas contemporâneas e posteriores, a exemplo de *Homens li-*

---

6 Como sugere, por exemplo, Reis em análise comparativa da América Latina e do Leste europeu, quanto mais "orgânicas e holistas foram as concepções tradicionais das identidades coletivas, mais provável se torna hoje em dia encontrar sentimentos de alienação, e mais razões existem para que as pessoas se refugiem em suas redes privadas de relações" (REIS, 1998, p. 130).

vres na ordem escravocrata (1969) de Maria Sylvia de Carvalho Franco (BOTELHO, 2013). Com efeito, embora contraponha "vingança privada" a "autoridade pública", tomando-a como expressão mesma das dificuldades históricas de seu assentamento numa sociedade tão profundamente marcada por "solidariedades" restritas (Pinto, 1949: 11), isso não leva Costa Pinto, no entanto, como procuramos mostrar, a tratar a relação público/privado de uma perspectiva disjuntiva.

Mais do que isso, Lutas de famílias no Brasil acaba por contribuir para desestabilizar a própria oposição dualista com que a relação público/privado havia sido lançada na interpretação de Oliveira Vianna e, em grande medida, recebida, ainda que com sentidos políticos distintos, em ensaios paradigmáticos posteriores, como acompanhamos.[7] Fundidos, público e privado encontrar-se-iam, como mostra a análise de Costa Pinto, numa relação de interdependência histórica no sentido de que nenhum dos dois princípios de coordenação social isoladamente teria conseguido determinar o processo social na base dos seus valores ou interesses específicos. Tal como a ideia de "marginalidade estrutural" que Costa Pinto forjaria anos depois de Lutas de famílias no Brasil para explicar, mais uma vez contra a perspectiva dualista, a situação social singular na qual um padrão arcaico, "embora ainda permaneça, não mais domina, e o emergente, embora já presente, ainda não predomina" (PINTO, 1970, p.37).

É certo que Costa Pinto não se deteve de modo deliberado na análise do processo de "nacionalização" da vida social brasileira e, salvo engano, sequer chegou a empregar a expressão "Estado-nação" em sua vasta e diversificada obra, preferindo sempre os conceitos mais genéricos de "Estado" e "sociedade". Mais do que isso, Costa Pinto mostrou-se mesmo cético, como discutiu noutro trabalho, quanto à possibilidade do "nacionalismo" poder oferecer uma base social para a construção de sentimentos de pertencimento, repertórios de ação coletiva e mesmo legitimidade para as instituições independentes da estrutura social de classes na sociedade moderna (PINTO, 1975). Mas talvez por isso, justamente, ao destacar o vigor da vingança privada, não objetivasse evidenciar os impasses para a construção do Estado no Brasil de uma perspectiva normativa, privilegiando antes a questão das tensões imprimidas por esse processo histórico à dinâmica da vida social e ao contexto da ação coletiva no Brasil. Tensões que, como sugere a análise empreendida,

---

7 O empenho de Costa Pinto na crítica ao dualismo público/privado não é isolado; como discuti noutra oportunidade, ele estrutura igualmente as pesquisas de alguns dos seus contemporâneos, como Victor Nunes Leal, Maria Isaura Pereira de Queiroz e Maria Sylvia de Carvalho Franco (BOTELHO, 2007).

são, segundo o sociólogo baiano, ao mesmo tempo historicamente contingentes e sociologicamente constitutivas da própria vida social.

Assim, mais do que simplesmente no tema, considerado em si mesmo, é nessa compreensão histórico-sociológica singular sobre ele lançado que a significação teórica heurística de *Lutas de famílias no Brasil* para o entendimento do Estado-nação deve ser reconhecida: a valorização das *tensões contingentes* imprimidas na vida social pelo processo de sua "nacionalização" operado pelo Estado-nação, antes que os *impasses estruturais* que qualquer sociedade deveria vencer caso desejasse modernizar-se (visão em geral vinculada à adoção teleológica de modelos de construção nacional, mas eles mesmos, por sua vez, igualmente historicamente circunscritos). Processo de "nacionalização" da vida social, com suas formas de autoridade e solidariedade características, sem dúvida, de proporções mundiais, além de simultaneamente econômico, político e cultural e que se estende da estrutura social às condutas individuais, mas que não se realiza de modo homogêneo, e sim a partir de configurações históricas particulares colocando questões igualmente próprias. O que certamente não significa, necessariamente, que não se possam buscar regularidades sociológicas comparativas entre diferentes processos de construção nacional, ainda que, até mesmo para atingir esse objetivo, seja preciso antes reconhecer que "vários modelos de mudança são necessários, e são preferíveis a qualquer tentativa de forçar todos os tipos de mudança no leito de Procusto da experiência europeia" (BENDIX, 1996, p. 364).

Interpelado, como outros intelectuais brasileiros, a responder por que a "sua" sociedade parecia não se encaixar inteiramente nos modelos teóricos e políticos hegemônicos, já que, no caso pesquisado, o vigor da vingança privada mostrava-se historicamente relacionado à fragilidade do Estado em monopolizar legitimamente a violência, Costa Pinto não sucumbiu, contudo, a explicá-la em termos de *atraso*, *desvio* ou *patologia*. Soube antes, em suma, explorar as consequências sociológicas do fato de que a própria implantação da autoridade pública moderna e sua forma de solidariedade social correspondente não ocorrem num "vazio" de relações sociais e sim de modo tenso e potencialmente conflituoso com outras formas mais antigas, persistentes, ou mesmo, apenas mais verossímeis de controle social do que aquelas pautadas por critérios abstratos e racionais que definem a noção de monopólio legítimo da violência como prerrogativa do moderno Estado-nação, como a *vendeta* em *Lutas de famílias no Brasil*.

As tensões imprimidas pelo Estado-nação sobre a dinâmica da vida social integram centralmente o escopo de questões teóricas cruciais que vêm sendo recolocadas por diferentes vertentes da sociologia contemporânea. Críticas contemporâneas voltam-se, sobretudo, contra os aspectos normativos e teleológicos das teorias que pressupunham que a construção do Estado-nação configuraria um modelo universal definido a partir de certas experiências europeias, na realidade, historicamente muito diversificadas e contingentes (TILLY, 1996; BALAKRISHNAN, 2000); ou que a construção do Estado-nação pudesse, de fato, engendrar laços puramente civis, minimizando-se, neste caso, a persistência de formas mais primordiais de solidariedade – dadas, por exemplo, pelo próprio parentesco - na sociedade moderna (Busquet, 1980). Mas, bem pensado, essa valorização teórica das tensões imprimidas pelo Estado-nação sobre a dinâmica da vida social só ocorre após a generalização da apontada "crise" do Estado-nação como eixo político, cultural e institucional da modernidade. Quando então o caráter contingente de construto histórico desse tipo de ordenamento se torna, enfim, mais evidente nas próprias experiências sociais que até então pareciam muito bem-sucedidas e mesmo acabadas a esse respeito, e que, desse modo, serviram de *referência*, na melhor das hipóteses, ou de *modelo* para a construção da inteligibilidade sociológica da passagem de *uma* sociedade concreta para *o* Estado-nação abstrato, ainda que, como no caso brasileiro, uma ex-colônia em processo (descontínuo) de conversão ao nacional. E como recomenda um dos seus analistas contemporâneos, não por acaso no "Prefácio à edição brasileira" de seu livro, o programa sociológico crucial para pesquisadores "não europeus" da construção nacional é hoje – e aqui deveríamos insistir: *continua sendo* - o de entender de que modo "a exportação de estruturas europeias de Estado produziram Estados tão diferentes em regiões de colonização europeia" (TILLY, 1996, p.37); programa para cuja boa execução o importante, como sugere, não é "aplicar mecanicamente modelos europeus, mas examinar os tipos de causas e efeitos que produziram coisas diferentes quando foram aplicados nos ambientes distintivos" (Idem, 1996, p. 40). Programa sociológico, a seu modo, consistentemente presente em *Lutas de famílias no Brasil* e ao qual o livro deve, em parte, seu interesse teórico contemporâneo.

Bibliografia

ALEXANDER, Jeffrey. C. "Core solidarity, ethnic outgroup and social differentiation: a multidimensional model of inclusion in modern societies". In: DOFNY, J.; AKIWOWO, A. (eds.). *National and ethnic movements*. London: Sage, 1980.

BALAKRISHNAN, Gopal. (Org.). *Um mapa da questão nacional*. Rio de Janeiro: Contraponto, 2000.

BASTOS, Elide Rugai.; MORAES, João Quartim de. (orgs.) *O Pensamento de Oliveira Vianna*. Campinas: Ed. Unicamp, 1993.

BASTOS, Elide Rugai. "Raízes do Brasil – Sobrados e mucambos: um diálogo". *Perspectivas – Revista de Ciências Sociais da UNESP*. São Paulo, 28, 2005, p. 19-36.

BENDIX, Reinhard. *Construção nacional e cidadania*. São Paulo: Editora da Universidade de São Paulo, 1996.

BOTELHO, André. "Sequências de uma sociologia política brasileira". *DADOS Revista de Ciências Sociais*. Rio de Janeiro, IUPERJ, vol. 50, n. 1, 2007, p. 49-82.

_____. Passagens para o Estado-nação: a tese de Costa Pinto. Lua Nova (Impresso), v. 77, 2009, p. 147-177.

_____. Political Sociology (Sociopedia.ISA). London: Sage, 2011.

_____. Teoria e história na sociologia brasileira: a crítica de Maria Sylvia de Carvalho Franco. Lua Nova, 2013, p. 331-366.

_____. Political sociology: State-society relations. Current Sociology, v. 23, 2014, p. 0011392114533211.

_____; BASTOS, Elide Rugai; VILLAS BOAS, Glaucia. (Orgs). *O moderno em questão. A década de 1950 no Brasil*. Rio de Janeiro: Topbooks, 2008.

_____. CARVALHO, Lucas Correia. "A sociedade em movimento: dimensões da mudança na sociologia de Maria Isaura Pereira de Queiroz". *Sociedade e Estado* (UnB. Impresso), v. 26, 2011, p. 209-238.

BRASIL JR, Antonio. BOTELHO, André. "Passagens do rural ao urbano e participação social: a sociologia política brasileira dos anos 60". *Caderno CRH*, v. 29, 2016, p. 209-227.

BUSQUET, Jean. *Le droit de la vendetta es les paci corses*. Paris: Editions du CTHS, 1994.

CARVALHO, José Murilo de. "Mandonismo, coronelismo, clientelismo: uma discussão conceitual". In: *Pontos e Bordados: escritos de história e política*. Belo Horizonte: Ed. UFMG, 1998.

DUARTE, Nestor. *A ordem privada e a organização política nacional*. 2ª ed. São Paulo: Companhia Editora Nacional, 1966.

ELIAS, Norbert. *O processo civilizador*. Rio de Janeiro: Jorge Zahar. 2º vol. 1993.

FREYRE, Gilberto. *Sobrados e mucambos*. Rio de Janeiro: José Olympio, 1981.

GIDDENS, Anthony. *Política, sociologia e teoria social*. São Paulo: Ed. Unesp, 1998.

_____. *Capitalismo e moderna teoria social*. 5ª ed. Trad. Maria do Carmo Cary. Lisboa: Editorial Presença, 2000.

_____. *O Estado-nação e a violência*. São Paulo: Editora da Universidade de São Paulo, 2001.

HOLANDA, Sergio Buarque de. *Raízes do Brasil*. São Paulo: Companhia das Letras, 1995.

LAMBERT, Jacques. *Os dois Brasis*. Rio de Janeiro: CBPE/INEP-MEC, 1959.

NOVAIS, Fernando. "Condições da privacidade na colônia". In: MELLO E SOUZA, Laura de. (org.). *História da vida privada no Brasil: cotidiano e vida priva privada na América portuguesa*. São Paulo: Companhia das Letras, 1997.

PINTO, Luís de Aguiar Costa. "Lutas de famílias no Brasil". *Revista do Arquivo Municipal*, ano 8, vol. LXXXVIII, 1943, p. 7-125.

_____. *Lutas de Famílias no Brasil (Introdução ao seu estudo)*. São Paulo: Cia. Editora Nacional (Coleção Brasiliana), 1949.

_____. *Desenvolvimento econômico e transição social*. 2ª edição revista e aumentada. Rio de Janeiro, Editora Civilização Brasileira, 1970.

_____."O entorpecimento do nacionalismo e suas conseqüências". In: FERNANDES, Florestan. (Org.): *Comunidade e sociedade no Brasil: leituras básicas de introdução ao estudo macro-sociológico do Brasil*. São Paulo: Editora Nacional, 1975, p. 572-587.

_____. *Lutas de Famílias no Brasil (Introdução ao seu estudo)*. 2ª ed. São Paulo: Cia. Editora Nacional/Brasília: Instituto Nacional do Livro, 1980.

_____. "Entrevista". Arquivo do Núcleo de Pesquisa em Sociologia da Cultura do IFCS/UFRJ. Mimeo. 1995.

PIVA, Luis Guilherme. *Ladrilhadores e semeadores*. São Paulo: Departamento de Ciência Política da USP/Editora 34, 2000.

RAMOS, Arthur. *Carta a Sergio Milliet datada de 05/06/1942*. Fundação Biblioteca Nacional. Acervo de Manuscritos – Fundo Arthur Ramos, 1943.

REIS, Elisa Pereira. "O Estado nacional como ideologia: o caso brasileiro". In: *Processos e escolhas. Estudos de sociologia política*. Rio de Janeiro: Contra Capa, 1998.

_____. "A transição do Leste e do Sul: o desafio teórico". In: *Processos e escolhas. Estudos de sociologia política*. Rio de Janeiro: Contra Capa, 1998.

ROHDEN, Fabíola. "Honra e família em algumas visões clássicas da formação nacional". *BIB – Revista Brasileira de Informação bibliográfica em Ciências Sociais*. Rio de Janeiro, n. 48, 2º semestre, 1989, p. 69-89.

SKINNER, Quentin. *As fundações do pensamento político moderno*. São Paulo: Companhia das Letras, 1999.

TILLY, Charles. *Coerção, capital e estados europeus, 990-1992*. São Paulo: Edusp, 1996.

VIANNA, Francisco José de Oliveira. *Populações meridionais do Brasil*. Rio de Janeiro: Paz e Terra, Governo do Estado do Rio de Janeiro: Universidade Federal Fluminense, 1973.

VIANNA, Luiz Werneck. "Weber e a interpretação do Brasil". In: SOUZA, J. (org.): *O malandro e o protestante. A tese weberiana e a singularidade cultural brasileira*. Brasília: Ed. UNB, 1999, p. 173-193.

VILLAS BÔAS, Glaucia. *Mudança provocada. Passado e futuro no pensamento sociológico brasileiro*. Ed. FGV, 2006.

WEBER, Max. *Economia y sociedad*. México, DF: Fondo de Cultura Económica, 1992.

Qual a relevância teórica do pensamento social no Brasil?

João Marcelo E. Maia

O que é exatamente o chamado "pensamento social no Brasil" e qual o seu lugar na nossa vida intelectual? Como os estudos feitos nessa área podem ter um interesse teórico mais amplo, estabelecendo pontes com debates centrais das ciências sociais contemporâneas? Essas duas questões vêm me instigando desde algum tempo (MAIA, 2009; MAIA, 2012) e são motivadas tanto por conhecidas críticas feitas às pesquisas sobre intelectuais e obras clássicas da tradição ensaística brasileira, que alguns reputam como simples "antiquarismo", como por uma genuína vontade de lançar um novo enquadramento analítico para um campo de notável tradição em nossa comunidade científica.

No já citado artigo de 2012, eu definia o pensamento social brasileiro como "o campo de estudos contemporâneo voltado para a investigação de nossa tradição intelectual erudita" (MAIA, 2012, 78), campo este que vive um momento de forte institucionalização, com a consolidação e a expansão de grupos de trabalho, eventos e linhas de pesquisa em programas de pós-graduação bem reputados. Pode-se mencionar também o próprio perfil público de seus principais praticantes, que têm publicado biografias de intelectuais e escritores, além de ensaios ou livros de grande repercussão, sendo o caso mais recente a obra "Brasil: uma biografia", escrita por Lilia Schwarcz e Heloísa Starling (SCHWARCZ e STARLING, 2015), duas cientistas sociais que desenvolveram boa parte de suas pesquisas no âmbito do GT de Pensamento Social na ANPOCS.

Essa relativa história de sucesso da área não esconde o fato que a mesma é severamente questionada, em especial por colegas que veem nas nossas pesquisas uma falta de conexão com as questões e os problemas mais amplos que ocupam os cientistas sociais atualmente. Essas críticas, embora não sejam de todo improcedentes, não percebem que a área de pensamento social sempre teve ambição teórica, embora nem sempre essa ambição fosse reconhecida e explicitada pelos próprios praticantes no campo.

O presente texto procura avançar nesse debate por meio de dois movimentos: inicialmente, aponto que o campo do pensamento social no Brasil constituiu-se como uma forma empregada pelos cientistas sociais para debaterem problemas contemporâneos da sociedade brasileira. Essa forma refere-se tanto a um horizonte cognitivo específico, como também a um determinado modo de escrita e de trabalho intelectual. Na segunda seção, tento explicar por que a produção teórica nas ciências sociais pode ser fertilizada por esse tipo de trabalho. Para tanto, argumento que os estudos de pensamento social devem se articular aos debates contemporâneos sobre sociologias periféricas e não eurocêntricas. Também sustento que essa articulação deve ser baseada em trabalhos empíricos de corte historiográfico que nos permitam identificar histórias intelectuais compartilhadas que forneçam lastro para a ideia de uma imaginação periférica global.

O lugar do pensamento social

À primeira vista, o estudo de ideias e textos clássicos não é idiossincrasia das ciências sociais brasileiras. O constante retorno à herança intelectual compartilhada é traço comum em diferentes comunidades sociológicas, como evidenciam os livros-textos publicados nos Estados Unidos e na França, para ficarmos em dois países ciosos de suas respectivas heranças. Na própria International Sociological Association (ISA), há um grupo dedicado à história da sociologia (Research Committee on the History of Sociology) no qual são discutidos trabalhos de cunho historiográfico sobre correntes intelectuais, pensadores e livros exemplares.

Do mesmo modo, produzir teoria a partir de um diálogo crítico com predecessores, nacionais ou não, é prática disseminada, como evidenciam dois exemplares clássicos do que hoje chamamos de "teoria social": "The Constitution of Society" (GIDDENS, 1984) e "Theory of Communicative Action" (HABERMAS e McCARTHY, 1984), ambos marcados pela recriação do famoso esforço parsoniano de síntese de teorias diversas, procedimento que atrai fascínio e repulsa na mesma intensidade. Porém, tanto o esforço historiográfico como a ambição teórica dos grandes "sintetizadores" diferenciam-se do que fazemos no Brasil por alguns fatores que demandam esclarecimento, e que revelam algumas particularidades de nossa forma de trabalho.

O primeiro fator refere-se à forma como o nacional é pensado. Giddens e Habermas estão cientes das profundas diferenças que delimitam o universo intelectual anglo-saxão e germânico, mas, em nenhum momento se veem produzido teoria "anglo-saxã" ou teoria "alemã". Como cientistas sociais radicados no coração do Velho Mundo, assumem a clássica posição eurocêntrica que naturaliza o suposto universalismo de seus escritos. Tal fato, exaustivamente tratado na literatura pertinente (CONNELL, 2007; KEIM, 2008 e 2011), faz com que esse esforço teórico hegemônico se dê sob a rubrica de uma "teoria social" etérea e desprovida de maiores reflexões sobre a geopolítica da produção de conhecimento. No caso dos estudiosos do pensamento social no Brasil, a própria nomeação da área já é sintoma claro da maneira de enquadrar o problema: trata-se de investigar *uma* tradição intelectual à luz de sua inscrição num horizonte histórico marcado pela expansão global do capitalismo e suas principais instituições.

Tomemos trabalhos tão díspares e representativos como "A Revolução Passiva: iberismo e americanismo na formação brasileira", de Luiz Werneck Vianna (WERNECK VIANNA, 1997) e "Intelectuais e classe dirigente no Brasil (1920-1945)", de Sérgio Miceli (MICELI, 1979). A primeira vista, não poderiam ser mais diferentes em estilo, retórica e forma de trabalho sociológico. Porém, ambos se voltam para o estudo da tradição intelectual nativa com um olho sobre os impasses da constituição da forma moderna na periferia. Não à toa, os autores de referência de cada um – Gramsci e Bourdieu – não surgem como instâncias de controle de autoridade, mas fontes teóricas que permitem a reflexão dos autores. No caso de Werneck Vianna, os conceitos de Gramsci são utilizados para trazer o debate de ideias clássico do Brasil para uma reflexão de longa duração sobre os impasses da ordem capitalista numa sociedade periférica. No caso de Miceli, a sociologia dos intelectuais à Bourdieu tem como finalidade desvendar as formas assumidas pela vida intelectual em um país em que a cooptação é a marca da relação entre Estado e sociedade.

Como se vê, a reflexão na área não tem ambição puramente historiográfica e nem se pretende uma síntese teórica avançada, mas é pautada pela tentativa de "pensar junto" com os autores à luz de questões mais amplas sobre a forma da vida intelectual na periferia. Assim, a tradição intelectual nacional não é apenas o objeto da análise, mas o horizonte contemporâneo que permite aos praticantes do campo discutir os dilemas de um processo social mais amplo.

O segundo fator que singulariza a área de pensamento social refere-se ao estilo de trabalho intelectual predominante, baseado num diálogo incessante com o formato do ensaio que marcou as gerações de 1920 a 1940. Ou seja, não é incomum que os estudiosos da área tenham uma forte identificação com seus objetos, o que se traduz num apreço pelo artesanato das ciências humanas, pela tradição humanística, pela literatura e pela cultura brasileira. É comum que os praticantes se vejam também como ocupando um lugar de resistência diante de formas mais alienantes de ciência social ou de processos de institucionalização que ameacem o estatuto da nossa formação clássica mais ampla. Aliás, esse é um dos motivos pelos quais a área reivindica ser portadora de um olhar macro sobre um objeto – o Brasil – que parece cada vez mais escapar aos olhos dos praticantes da ciência social fortemente especializada que nos marca hoje.

Porém, esse retrato relativamente otimista e confortável que faço aqui não ignora as críticas e a própria necessidade de trabalharmos mais adequadamente essa mediação entre os estudos de pensamento social e as questões teóricas mais amplas das ciências sociais. Afinal, o fato de estudarmos autores tidos como canônicos não significa que necessariamente esse trabalho será de interesse, e nem mesmo que esse grandes autores tenham criado conceitos ou teorias que magicamente respondam a desafios que não são de seu tempo. A segunda parte do texto é justamente uma tentativa de lidar com esse desafio.

Pensamento social e discussão teórica

A questão a ser enfrentada nesta seção pode ser colocada de forma relativamente simples: *a discussão teórica tal como feita no Brasil deve obrigatoriamente recorrer ao acervo clássico do pensamento social?*

A resposta exigiria esclarecer sobre que tipo de discussão teórica está se falando. Afinal, para os cientistas sociais que lidam com generalizações mais amplas a partir da testagem de modelos formais, obviamente não faz sentido recorrer a autores clássicos, sejam eles brasileiros ou alemães. Para esses cientistas sociais, a boa teoria é construída a partir de cumulatividade de descobertas e da possibilidade de falsificar afirmações.

Mas, há os que labutam na grande tradição da "teoria social", na qual o recurso a autores clássicos é constante, com notável preferência pelas tradições norte-americana, francesa e alemã. Seria obrigatório que um teórico brasileiro recorresse ao acervo de nossa tradição intelectual? A resposta é negativa. Muitos cientistas sociais brasileiros organizam pesquisas que procuram contribuir para discussões teóricas mais amplas sem necessariamente inventariar genealogias de nossas linhagens intelectuais ou de nossas matrizes formadoras da discussão, o que não significa que não as conheçam e, eventualmente, até as admirem.

Ainda assim, gostaria de sugerir que há um lugar relevante para os estudiosos do pensamento social nessa discussão teórica, mesmo que tal participação não seja imprescindível para a construção de debates na área. A principal razão que sustenta essa hipótese refere-se à articulação entre pensamento social no Brasil e geopolítica global da produção de conhecimento. Explico-me.

O debate teórico, por vezes, pode parecer excessivamente abstrato, girando em torno de conceitos e tradições filosóficas que são compartilhadas amplamente pelos seus praticantes. A literatura pertinente aponta que há uma geopolítica global na produção de conhecimento que faz com que determinadas regiões, instituições e revistas científicas ganhem projeção no mundo, ao passo que outras são subordinadas no circuito internacional (BEIGEL, 2013; COLLYER, 2014). Isso tem reflexos no modo como se constroem hierarquias de relevância entre autores e temas, e também na eleição de tradições filosóficas e conceituais que informam esses debates. O que estou dizendo é que muitas discussões são construídas a partir de autores e conceitos de tradições intelectuais nem sempre explicitadas, e que formam o campo de jogo discursivo e político. Ou seja, todo teórico também está fazendo o que entendemos por "pensamento social", apenas não o faz de modo explícito e nem o trata como um caso nacional e circunscrito, mas, sim, como parte de um legado cultural e cognitivo da sociologia como ciência. Esse é um conhecido problema do eurocentrismo, exposto com detalhes na primeira parte do livro da Raewyn Connell sobre as teorias do Sul, dedicado à crítica às fontes empíricas e intelectuais da sociologia europeia e norte-americana (CONNELL, 2007). Em outro artigo, este publicado em português, a mesma autora argumenta de forma ousada que o que chamamos de "teoria" é o trabalho intelectual feito nos grandes centros do Hemisfério Norte (CONNELL, 2012). Isto é, a definição do que seja um trabalho "teórico" seria função de hierarquias e padrões que organizam a divisão internacional da sociologia global, e não uma simples qualificação relacionada à natureza do texto em si.

Essa marcação eurocêntrica do debate teórico constitui razão poderosa para invocar os estudos do pensamento social no Brasil como recurso intelectual. Afinal, se a questão é redefinirmos o estoque cognitivo que organiza tais debates, é imperioso incorporar tradições intelectuais alternativas que nos deem novos espaços de experiência e novos modos de "dizer" fenômenos extremamente contemporâneos. Não por acaso, há um interesse crescente por tais tradições intelectuais alternativas, sendo que a própria International Sociological Association editou recentemente um livro intitulado "Diverse Sociological Traditions" (PATEL, 2009), em que diferentes cientistas sociais apresentam um balanço das linhagens sociológicas em lugares usualmente não associados ao coração da formulação teórica, tal como Irã, Palestina, Israel e mesmo América Latina em geral.

Sustento que é possível aproximar os estudos contemporâneos no campo do pensamento social desse debate. Trata-se, portanto, de analisar nossas tradições intelectuais como parte de conjunto periférico mais amplo que foi sendo forjado por intermédio de numerosas interações entre centros e periferias, numa relação que nunca foi de mão única. Afinal, a percepção da existência de uma dinâmica centro-periferia na estruturação da circulação global de ideias, intelectuais e conceitos não implica postular a velha tese do centro irradiador que difunde ciência e conhecimento para uma periferia passiva, já amplamente contestada pela melhor historiografia latino-americana da ciência, que demonstrou como as sociedades coloniais lograram produzir suas próprias formas de conhecimento e ter papel ativo na circulação de artefatos culturais e simbólicos (KROPF e HOCHMAN, 2011). Aliás, curioso notar que apenas recentemente essa constatação ganhou corpo na sociologia pós-colonial feita na Europa, que tem questionando a suposta endogenia da modernidade europeia e enfatizando as "histórias conectadas" que forjaram a modernidade colonial global (BHAMBRA, 2014).

A hipótese de uma imaginação periférica geral não implica afirmar uma homogeneidade de estilo ou de ideias entre comunidades intelectuais díspares que, em muitos casos, pouco se comunicavam entre si. Tal hipótese, na verdade, demanda reconhecer que há uma divisão internacional do trabalho intelectual que forjou o sistema-mundo capitalista, e que tal divisão constitui um dado estruturante de relações desiguais entre sociedades centrais e periféricas. Tal fato é ainda hoje confirmado por pesquisas empíricas focadas na geopolítica da produção de conhecimento (KEIM 2011; GINBRAS e MOSBAH-NATANSON, 2010; BEIGEL, 2013; MEDINA, 2014). Ao mesmo tempo, a produção historiográfica vem enfatizando a existência de redes periféricas mais densas do que jamais imaginávamos, o que permite pesquisar conexões reais ou mesmo afinidades cognitivas novas, outrora encobertas seja pelo eurocentrismo, seja por uma ênfase excessiva nas tradições sociológicas nacionais (DEVÉS-VALDEZ, 2012; MAIA, 2014).

Como se vê, é possível, portanto, que nossos estudos de pensamento social atuem de forma subsidiária na discussão teórica, analisando de forma reflexiva esse estoque de conhecimentos, conceitos e interpretações produzidos no seio de uma tradição intelectual alternativa à teoria tida como hegemônica e ampliando sua interlocução com os estudos contemporâneos da imaginação periférica. Gostaria de dar alguns exemplos concretos a respeito.

Em um artigo publicado em 2009 (MAIA, 2009), procurei levar a sério a ambição teórica do pensamento social, mostrando como alguns dos trabalhos exemplares nesse campo poderiam contribuir para um conjunto de questões mais gerais que surgiram na sociologia a partir dos processos de descentramento da teoria social. Esse processo, analisado em conhecido artigo de Sérgio Costa (COSTA, 2006), era baseado numa forte crítica ao eurocentrismo das ciências sociais e na consequente necessidade de reabrir a teoria social a partir de outros conceitos e experiências que contribuíssem para a superação do problema. Naquela ocasião, tentei delinear alguns tópicos da crítica dita pós-colonial que me pareciam centrais, estabelecendo pontes com áreas do pensamento brasileiro.

Entre esses tópicos, destaquei a dinâmica entre Estado e sociedade em contextos não centrais e a relação entre modernidade e colonialismo. Meu caminho foi traçar os contornos gerais desse debate e apontar como estudos contemporâneos de pensamento social podiam contribuir, se não com conceitos novos, ao menos com hipóteses de médio alcance com algum grau de generalização. Na ocasião, sugeri que o debate sobre iberismo na formação brasileira poderia ser inspirador para debate de sociologia política em contextos periféricos, nos quais há evidente insatisfação com o repertório weberiano que informou (e ainda informa) boa parte dos estudos comparativos (MAMDAMI, 1996). Mais recentemente, explorei as possibilidades de enquadramento do pensamento social no Brasil à luz da história geral da sociologia nas periferias, por meio de um estudo comparado das práticas sociológicas do brasileiro Alberto Guerreiro Ramos e do malaio Syed Hussein Alatas (MAIA, 2014). O objetivo foi evidenciar que é possível traçar espelhamentos entre cientistas sociais periféricos de contextos nacionais distintos que nunca se leram propriamente. Minha hipótese de trabalho para explicar essa sincronia de perspectivas críticas foca-se na dinâmica mais geral do trabalho intelectual no Sul Global, em que os nexos entre ciência sociológica, instituições políticas e vida social não foram similares aos que produziram a sociologia hegemônica da Euroamérica.

Porém, para a continuidade desse tipo de estudo, é preciso reconhecer que há um conjunto de obstáculos que devem ser enfrentados por quaisquer pesquisadores interessados em aprofundar essa relação entre estudos de pensamento brasileiro, perspectivas periféricas e debate teórico global.

O primeiro obstáculo refere-se à própria diversidade da discussão teórica mobilizada nesse debate feito a partir do Sul Global, cuja força está mais na crítica ao eurocentrismo do que na reconstrução efetiva de esquemas analíticos próprios da sociologia. Como se sabe, muitas das críticas pós-coloniais nutrem notória desconfiança da ciência social como empreendimento explicativo do mundo social, por conta de sua identificação com o projeto modernista e por sua epistemologia supostamente colonialista e instrumental, o que prejudicaria a própria possibilidade de efetivação de um novo projeto intelectual integrador e não puramente ideográfico. Além disso, parte significativa dos trabalhos mais relevantes que vem atacando o eurocentrismo na sociologia ainda não conseguiu produzir formulações teóricas alternativas que sejam efetivas para a pesquisa empírica e para a produção de inferências mais gerais. O livro de Raewyn Connell é exemplar dessa lacuna, que atinge outros trabalhos na área. A primeira parte dessa obra, como já indiquei na seção anterior, é uma excepcional crítica à teoria social hegemônica em diversos campos de investigação, em que Connell mostra como autores do porte de Pierre Bourdieu e Ulrick Beck produzem conceitos e esquemas com exíguo lastro empírico e falta de uma real perspectiva global sobre outros contextos sociais. Já a segunda parte centra-se em autores e tradições intelectuais alternativas, tais como a teoria da dependência latino-americana e as reflexões sociológicas feitas em África sobre a centralidade da relação entre terra e colonialismo. Ao final, o leitor tem a impressão de que essa reconstrução realiza importante trabalho de cunho historiográfico, mas sem efetivamente transformar essas contribuições intelectuais em teorias ou esquemas mais gerais que sejam empiricamente operacionalizáveis.

O segundo obstáculo é a excessiva identificação entre o pensamento social no Brasil e a própria construção do Estado-Nação no país, o que pode nos levar a um nacionalismo metodológico excessivo. Explico-me: como os praticantes da área estudam ideias e tradições intelectuais nacionais que são adjetivadas como "brasileiras", não é incomum que os marcos analíticos adotados nas interpretações sejam circunscritos a processos nacionais, o que se traduz, por vezes, na afirmação de que a sociedade brasileira seria singular, particular e/ou idiossincrática. Tal problema tem sido alvo de discussão crítica contemporânea, particularmente na obra de Sérgio Tavolaro (TAVOLARO, 2005). Tavolaro argumenta que a tese da singularidade criada e disseminada por numerosos pensadores clássicos como Gilberto Freyre e Sérgio Buarque de Hollanda afirma uma ideia de modernidade "peculiar", como se houvesse uma lógica puramente endógena que conduziria a articulação das ideias e das práticas que forjaram a experiência brasileira. Eu acrescentaria a essa crítica outra questão: se a tese da singularidade for atualizada nas próprias análises contemporâneas feitas sobre esses intelectuais e conceitos, corremos o risco de produzir conhecimento que não seja visto como sendo útil para cientistas sociais de outros quadrantes, que talvez estejam lutando para visualizar alternativas teóricas novas ao eurocentrismo.

Há diferentes formas de lidar com esses problemas, mas sugiro um caminho que relacione a necessidade de construção teórica mais ampla ao imperativo de superar o nacionalismo metodológico presente em muitas das histórias intelectuais periféricas. Esse caminho implica articular a história do pensamento social brasileiro (tema que nos interessa mais diretamente) à história global da sociologia, o que possibilita enquadrar nossa trajetória intelectual como parte dos processos de produção de conhecimento em contextos não centrais ou não hegemônicos (MAIA, 2014; MAIA, 2017). Isso significa, por um lado, reconhecer que o pensamento social no Brasil se formou a partir do influxo global da modernidade e do colonialismo, não sendo propriamente um pensamento puramente autóctone e, portanto, supostamente autêntico. Por outro lado, isso também nos obriga a reconhecer que tal formação se deu de forma subordinada e periférica, gerando conhecidas assimetrias, mas também uma potência criativa e questionadora, aproximando-se de outras tradições intelectuais nas quais a reflexão sobre a condição periférica foi fundamental também. Essa ideia já foi bem explorada na vida intelectual brasileira, motivando um clássico ensaio de Roberto Schwarz (SCHWARZ, 1992) sobre os nexos entre o liberalismo brasileiro, a escravidão e o processo capitalista global. Mais recentemente, essa temática tem sido analisada por meio de outras formulações teóricas, como se pode ver em artigo recente do já citado Sérgio Tavolaro, no qual se argumenta que o debate sobre a experiência brasileira pode se beneficiar de abordagens próprias do paradigma das "histórias conectadas", que permitiria superar o nacionalismo metodológico que marcaria as diferentes interpretações clássicas e contemporâneas do Brasil (TAVOLARO, 2014).

O esforço empírico-comparativo, por sua vez, tem sido menos explorado, particularmente nas suas ressonâncias mais propriamente teóricas e sociológicas, embora haja exemplos interessantes no campo da teoria social, como no caso dos trabalhos de José Maurício Domingues (DOMINGUES, 2013), que recuperam insights importantes da sociologia brasileira e latino-americana para pensar problemas da modernidade global e suas formas periféricas. Ainda assim, carecemos de mais estudos históricos empiricamente orientados que explorem as redes e as conexões entre estilos de reflexão, conceitos e teorias produzidas em diferentes periferias, o que permitiria construir um horizonte intelectual compartilhado que vá além das fronteiras nacionais. Esse horizonte, por sua vez, forneceria lastro empírico para as reflexões teóricas contemporâneas feitas a partir de contextos não hegemônicos. Alguns autores na área de pensamento social (ou próximos a ela) têm procurado fazer tal esforço recentemente, como se pode ver no trabalho de Antônio Brasil sobre as sociologias de Florestan Fernandes e Gino Germani e suas relações com a teoria sociológica norte-americana (BRASIL Jr., 2013) e nos recentes estudos de Breno Bringel e sua equipe sobre a formação do Centro Latino-Americano de Pesquisa em Ciências Sociais (BRINGEL, NÓBREGA, MACEDO, MACÊDO e MACHADO,

2015). No primeiro caso, o trabalho de Brasil Junior permitiu reconstruir o horizonte intelectual da sociologia da modernização a partir da constatação da riqueza da formulação teórica latino-americana. Já o texto de Bringel et al, que apresenta pesquisa em andamento, permite aos estudiosos verificar a própria existência de um horizonte institucional comum nessa região, o que permitiu a construção de agendas de pesquisa e tipos de interlocução teórica que podem ser relevantes ainda hoje.

Ressalto que sugerir uma proximidade entre o pensamento brasileiro e outras formas de imaginação periférica não significa dizer que todo autor identificado como parte da tradição intelectual nacional seja, necessariamente, periférico, pós-colonial ou algo similar, mas, sim, que podemos pensar diversos capítulos de formação de nosso pensamento social como parte de uma rede mais ampla na qual circularam conceitos, intelectuais, livros e redes institucionais. Só a partir desse trabalho empírico mais fino será possível encontrar novas sugestões teóricas que nos possibilitem reabrir nosso pensamento social e inscrevê-lo no cerne de debates que hoje agregam cientistas sociais de todo mundo, o que contribuiria para borrar a conhecida distinção entre "teoria" e "pensamento" que tanto naturalizamos em nossa academia (LYNCH, 2013). Tal ambição implica trabalho coletivo, estudos comparativos e, fundamentalmente, persistência. Esta coletânea decerto é passo fundamental para tamanha empreitada.

Bibliografia

BEIGEL, Fernanda. *The politics of academic autonomy in Latin America*. Londres: Ashgate, 2013.

BHAMBRA. Gurminder. *Connected Sociologies*. Londres: Bloomsbury, 2014.

BRASIL JUNIOR, Antônio. *Passagens para a teoria sociológica: Florestan Fernandes e Gino Germani*. São Paulo: HUCITEC, 2013.

BRINGEL, B. MACEDO, L. MACEDO, F. MACEDO, L.M e MACHADO, H. "Notas sobre o CLAPCS na 'era Costa Pinto' (1957-1961): construção institucional, circulação internacional e pesquisas sobre América Latina no Brasil". *Sociologia latino-americana 2: desenvolvimento e atualidades. Dossiê Temático*. V.5,2015. P.10-18. Disponível em https://s3.amazonaws.com/academia.edu.documents/41400104/ NETSAL__2015_Dossie_5_Socio_AL.pdf?AWSAccessKeyId=AKIAIWOWYY GZ2Y53UL3A&Expires=1507743001&Signature=bmZyJ8nWiQJsVeC4z9dy1U BYDE4%3D&response-content-disposition=inline%3B%20filename%3D2015_ Sociologia_latino-americana_desenv.pdf#page=10. Aceso em: 11 de outubro de 2017.

COLLYER, Fran. "Sociology, sociologists and core-periphery reflections". *Journal of Sociology.* 50, 3, 2014, p. 252-268.

CONNELL, Raewyn. "A iminente revolução na teoria social". In: *Revista Brasileira de Ciências Sociais.* São Paulo, 27, 80, 2012, p. 09-20

_____. *Southern theory: the social sciences and the global dynamics of knowledge.* Londres: Polity. 2007.

COSTA, Sérgio. "Desprovincializando a Sociologia: a contribuição pós-colonial". *Revista Brasileira de Ciências Sociais.* São Paulo, 21,60, 2006, p. 117-134.

DEVÉS-VALDÉS, Eduardo. *Pensamiento periférico: Ásia-África-América Latina- Eurasia y algo más – uma tesis interpretativa global.* Santiago: Idea-USACH. 2012.

DOMINGUES, José Maurício. *Modernidade global e civilização contemporânea: para uma renovação da teoria crítica.* Belo Horizonte: editora UFMG, 2013.

GIDDENS, Anthony. *The Constitution of Society.* Londres: Polity Press, 1984.

GINBRAS, Yves; MOSBAH-NATANSON, Sebastien. "Where are social sciences produced?" Disponível em: http://www.worldsocialscience.org/documents/where-are-the-social-sciences-produced.pdf. Acesso em: 3 fev. 2015. 2010.

HABERMAS, Jürgen; MCCARTHY, Thomas. *Theory of Communicative Action.* Boston Press: Beacon Press, 1984.

KEIM, Wiebke. "Conceptualizing circulation of knowledge in the social sciences". In: KEIM, Wiebke et al. (Org.). *Global knowledge production in the social sciences:* made in circulation. Farnham: Ashgate. 2014.

_____. Pour une modèle centre-périphérie dans la science sociale: aspects problematiques des relations internationales en sciences sociales. *Revue dês Anthropologies des Connaissances,* v.4, n.3, 2010, p.570-598.

_____. "Social sciences internationally: the problems of marginalization and its consequences for the discipline of sociology." *African Sociological Review,* v.12, n.2, p.22-48. 2008.

KROPF, Simone; HOCHMAN, Gilberto. "From the beginnings: debates on the history of science in Brazil." *Hispanic American Historical Review,* v.91, n.3, 2011, p.391-408.

LYNCH, Christian E. "Por que pensamento e não teoria? A imaginação político-social brasileira e o fantasma da condição periférica (1880-1970)". *Dados-Revista de Ciências Sociais,* vol. 56, n.4, 2013, p.727-767.

MAIA, João M.E. "História da Sociologia como campo de pesquisa e algumas tendências recentes do pensamento social brasileiro". *Manguinhos – História, Ciências e Saúde*. Rio de Janeiro, vol.24, n1, 2017, p. 111-128.

_____. "History of sociology and the quest for intellectual autonomy in the Global South; the cases of Alberto Guerreiro Ramos and Syed Hussein Alatas". *Current Sociology*. 62, 7, 2014, p. 1097-1115.

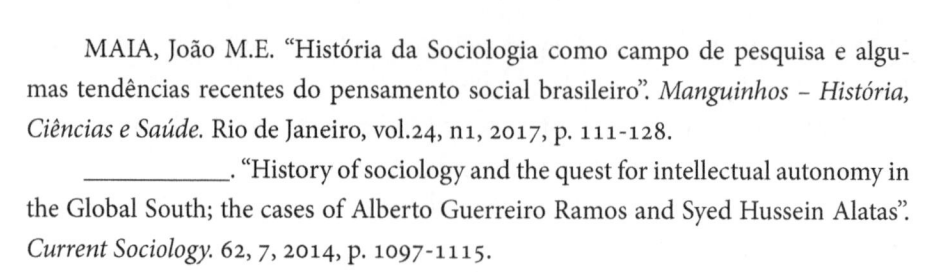

_____. "Ao sul da teoria: a atualidade teórica do pensamento social brasileiro". *Sociedade e Estado*. Brasília, 26, 2, 2012, p.71-94.

_____. "Pensamento brasileiro e teoria social: notas para uma agenda de pesquisa". *Revista Brasileira de Ciências Sociais*. São Paulo, 24, 71, 2009, p. 155-168.

MAMDANI, Mahmood. *Citizens and subjects: contemporary Africa and the legacy of late colonialism*. Princeton: Princeton University Press, 1996.

MEDINA, Leandro R. *Centers and peripheries in knowledge production*. Londres: Routledge, 2014.

MICELI, Sérgio. *Intelectuais e classe dirigente no Brasil (1920-1945)*. São Paulo: DIFEL, 1979.

PATEL, Sujata (org). *The ISA Handbook of Diverse Sociological Traditions*. Londres: Ashgate, 2009.

SCHWARZ, Roberto. "As ideias estão fora do lugar". In R. Schwarz. *Ao vencedor, as batatas*. São Paulo: Duas Cidades, 1992.

SHWARCZ, Lilia; STERLING, Heloísa. *Brasil: uma biografia*. São Paulo: Companhia das Letras, 2015.

TAVOLARO, Sérgio. "A tese da singularidade brasileira revisitada: desafios teóricos contemporâneos". *DADOS – Revista de Ciências Sociais*. Rio de Janeiro, 57, n.2, 2014, p. 633-673.

_____. "Existe uma modernidade brasileira? Reflexões em torno de um dilema sociológico brasileiro." *Revista Brasileira de Ciências Sociais*. São Paulo, 20, 59, 2005, p. 5-22.

WERNECK VIANNA, Luiz J. *A Revolução Passiva: iberismo e americanismo na formação do Brasil*. Rio de Janeiro: REVAN, 1997.

Epistemologia do Sul como Teoria Crítica? Nota crítica sobre a teoria da emancipação de Boaventura de Sousa Santos[1]

Josué Pereira da Silva

Introdução

O texto aqui proposto contém no título uma pergunta um tanto genérica. Para tentar respondê-la vou, num primeiro momento, desdobrá-la em temas, para os quais procuro respostas mais ou menos parciais; só em um segundo momento, eu tento alcançar uma resposta mais consistente para a pergunta principal. Para isto, no entanto, preciso partir de uma definição preliminar de teoria crítica.

As teorias críticas da sociedade contêm duas características principais: uma que se refere a seu objetivo, a emancipação humana; e outra que trata do método de análise, a crítica imanente. Na busca da emancipação, o recurso à crítica imanente sempre parte de um diagnóstico de época, que pode ser considerado uma terceira característica da teoria crítica. Essas três características relacionam-se mutuamente, formando uma totalidade dialética. O diagnóstico de época, alcançado por meio da crítica imanente, envolve tanto a crítica da sociedade injusta, assimétrica, quanto a crítica do conhecimento que a legitima. Dessa dupla crítica, devem emergir as condições e as possibilidades que orientam a busca de formas emancipadas de vida. Essa orientação para a emancipação, por outro lado, é o que dá à teoria crítica o tra-

---

1 Uma versão preliminar deste texto foi apresentada no *40º. Encontro Anual da ANPOCS, ST 33: teoria social: quais agentes?*, em outubro de 2016. Agradeço aos coordenadores do ST Carlos Eduardo Sell e Sérgio Barreira de Faria Tavolaro, ao comentador Frédéric Vandenberghe e aos demais participantes do seminário pelos comentários ao texto por ocasião apresentação. Tive também a oportunidade de discutir uma segunda versão deste texto, em março de 2017, no grupo de pesquisa Teoria Crítica e Sociologia, IFCH, UNICAMP, do qual faço parte. Ainda que não tenha podido incorporar os comentários e críticas, aproveito para agradecer às e aos colegas do grupo de pesquisa pela leitura cuidadosa do texto.

ço de normatividade, geralmente ausente nas teorias tradicionais ou quando muito presente nestas apenas de forma abstrata.[2]

Ora, em que medida as formulações de Boaventura de Sousa Santos preenchem esses requisitos, uma vez que ele se propõe a construir ou reconstruir a teoria crítica?

Para responder a esta questão, faço a seguir uma breve exposição dos traços principais de sua Epistemologia do Sul. Começo, no item I, por sua concepção de teoria crítica; continuo, no item II, com seu diagnóstico de época, e, no item III, completo a exposição, apresentando sua teoria da emancipação. Por fim, no item IV, eu concluo o texto com algumas considerações críticas sobre a Epistemologia do Sul.

Teoria crítica moderna

> Por teoria crítica entendo toda teoria que não reduz a 'realidade' ao que existe. A realidade, qualquer que seja o modo como é concebida, é considerada pela teoria crítica como um campo de possibilidade e a tarefa da teoria consiste precisamente em definir e avaliar a natureza e o âmbito das alternativas ao que está empiricamente dado. A análise crítica do que existe assenta no pressuposto de que a existência não esgota as possibilidades da existência e que, portanto, há alternativas susceptíveis de superar o que é criticável no que existe. O desconforto, o inconformismo ou a indignação perante o que existe suscitam impulso para teorizar a sua superação (SANTOS, 1999, p. 197).

Com esta definição de teoria crítica, Boaventura de Sousa Santos procura colocar suas formulações na mesma tradição da teoria crítica iniciada, na década de 1930, em Frankfurt, na Alemanha, entre outros, por Max Horkheimer.

No mesmo texto, Santos se refere explicitamente à tradição frankfurtiana, em especial ao conhecido texto de Max HORKHEIMER (1989), o autor que, segundo Santos, melhor definiu a teoria crítica – "Max Horkheimer definiu-a melhor que ninguém" (SANTOS, 1999, p. 199) – , realçando tanto a ambição de superar o dualismo burguês entre *teoria e prática*, quanto enfatizando a luta por *emancipação* como uma característica intrínseca à teoria crítica.

Santos chama a atenção para "a influência de Marx na concepção horkheimeriana de teoria crítica" (SANTOS, 1999, p. 200), em especial para a ideia de conce-

---

2   Com esta definição preliminar espero ter deixado claro que defendo aqui uma concepção de teoria crítica mais ampla do que aquela geralmente associada à tradição frankfurtiana, embora considere esta última como a referência principal.

ber a sociedade como uma totalidade.³ Isto, para Santos, é uma dificuldade porque ele entende que "o conhecimento totalizante é um conhecimento da ordem sobre o caos". A propósito, ele afirma que o que distingue a sociologia funcionalista da sociologia crítica é o fato da primeira pretender a "ordem da regulação social", enquanto a sociologia crítica pretende a "ordem da emancipação social". Mas, para ele, na virada para o século XXI, encontramo-nos perante a desordem de ambas, regulação e emancipação. Assim, a despeito de declarar sua filiação à tradição da teoria crítica, ele deixa claro que aquela teoria crítica, que ele define como moderna, já não o satisfaz.

Por isso, ele propõe uma teoria crítica pós-moderna, mas define seu pós-modernismo como inquietante, rebelde e de oposição:

A teoria crítica pós-moderna constrói-se a partir de uma tradição epistemológica marginalizada e desacreditada da modernidade, o conhecimento-emancipação. Nesta forma de conhecimento, conhecer é reconhecer, é progredir no sentido de elevar o outro da condição de objeto à condição de sujeito" (SANTOS, 1999, p. 205).

Segundo Santos, sua teoria crítica pós-moderna desvia-se da teoria crítica moderna em três aspectos. Em primeiro lugar, a teoria crítica moderna é subparadigmática porque procura desenvolver as possibilidades emancipatórias dentro do paradigma dominante, tarefa que, para Santos, é impossível porque no âmbito deste último as estratégias emancipatórias estão condenadas a transformar-se em estratégias regulatórias. Para ser eficaz, afirma ele, o pensamento crítico tem de ser uma posição paradigmática, isto é, partir de uma crítica radical do paradigma dominante, seja ele regulatório ou emancipatório. O segundo desvio da teoria por ele proposta em relação à teoria crítica moderna refere-se aos objetivos da crítica: enquanto para a teoria crítica moderna o objetivo do trabalho crítico é criar desfamiliarização, aí residindo seu caráter vanguardista; o objetivo da teoria crítica pós-moderna é transformar-se, ela própria, em um novo senso comum emancipatório. Em terceiro lugar, ele afirma que sua teoria desvia-se da teoria crítica moderna no que diz respeito à autorreflexividade. Ao identificar e denunciar as opacidades, fal-

---

3   É aí que Santos identifica a dificuldade em se construir uma teoria crítica. Para ele, "a concepção de sociedade como totalidade é uma construção como qualquer outra" e o que distingue a teoria marxista de outras concepções "são os pressupostos", que ele indica a seguir: "uma forma de conhecimento ele próprio total como condição de abarcar credivelmente a totalidade social; um princípio único de transformação social, e um agente coletivo, igualmente único, capaz de a levar a cabo; um contexto político institucional bem definido que torne possível formular lutas credíveis à luz dos objetivos que se propõem" (SANTOS, 1999, p. 201).

sidades e manipulações do que critica, a teoria crítica moderna, segundo Santos, é acrítica em relação a si própria: "a teoria crítica moderna não se vê ao espelho da crítica com que vê o que critica" (SANTOS, 2000, p. 17). A teoria crítica que Santos propõe, afirma ele, "parte do pressuposto de que o que dizemos é sempre mais do que o que sabemos acerca do que dizemos. Neste excesso reside o limite da crítica", embora saiba que "não é fácil aceitar que na crítica há sempre algo de autocrítica" (SANTOS, 2000, p. 17). Mas há ainda, acrescenta ele, o problema adicional de que o autor da crítica está tão situado numa dada cultura quanto o que ele critica.

Diagnóstico de época

> O que mais nitidamente caracteriza a condição sócio-cultural deste fim de século é a absorção do pilar da emancipação pelo da regulação, fruto da gestão reconstrutiva dos déficis e dos excessos da modernidade confiada à ciência moderna e, em segundo lugar, ao direito moderno. A colonização gradual das diferentes racionalidades da emancipação moderna pela racionalidade cognitivo-instrumental da ciência levou à concentração das energias e das potencialidades emancipatórias da modernidade na ciência e na técnica. Não surpreende que a teoria social e política que mais sistematicamente explorou o potencial emancipatório da modernidade – o marxismo – tenha descoberto esse potencial no desenvolvimento das forças produtivas e tenha mobilizado a racionalidade cognitivo-instrumental para se legitimar a si mesmo (o marxismo como ciência) e para legitimar o modelo de sociedade por si pensado (o socialismo científico) (SANTOS, 2000, p. 55-56).

O ponto de partida de seu diagnóstico de época é a relação entre regulação e emancipação, que de uma tensão entre ambas resultou na colonização da segunda pela primeira (SANTOS, 2000, p. 54-117). Vinculada à transformação dessa tensão em colonização está a crise do contrato social da modernidade, que antes se assentava na tensão entre experiências e expectativas, mas que acabou por dar lugar ao que Santos denomina fascismo social (SANTOS, 2006, p. 317-340).[4]

---

[4] Na verdade, Santos caracteriza a modernidade a partir da ideia de contrato social. Para ele, "o contrato social é a metáfora da racionalidade social e política da modernidade ocidental", e fundamenta-se em "três critérios de inclusão que são... também critérios de exclusão". O primeiro dos três critérios diz que "o contrato social inclui apenas indivíduos e suas associações", excluindo a natureza; "o segundo critério determina a cidadania territorialmente fundada, distinguindo, no espaço geopolítico, entre cidadãos de não cidadãos"; o terceiro critério, por sua vez, separa, no comércio de interesses, entre espaço público e espaço privado (SANTOS, 2006, p. 318).

Em linha com a tradição da teoria crítica, seus diagnósticos críticos incluem sempre tanto uma análise da sociedade quanto uma análise do campo intelectual com o qual criticamente dialoga.[5] No livro *Pela mão de Alice: o social e o político na pós-modernidade*, de 1995, já podemos ver de forma bastante clara esse duplo diagnóstico de época, que combina análises críticas de teorias com análises críticas da realidade (SANTOS, 1995). A mesma forma de trabalhar diagnósticos de época tem prosseguimento em livros posteriores como *A crítica da razão indolente: contra o desperdício de experiências*, de 2000; e *A gramática do tempo: para uma nova cultura política*, de 2006, nos quais Santos amadurece muitas das formulações presentes no livro de 1995, e apresenta seu diagnóstico do capitalismo contemporâneo e as linhas gerais de sua teoria da emancipação. Embora Boaventura de Sousa Santos tenha uma obra vasta, com mais de duas dezenas de livros, além de outras publicações como artigos e entrevistas, o essencial de suas formulações teóricas pode ser encontrado de forma mais ou menos sintética em dois de seus livros principais: *A crítica da razão indolente* e *A gramática do tempo*.[6] Eles não esgotam o estoque de suas formulações, mas se completam na construção de sua teorização a respeito de uma Epistemologia do Sul. Por esta razão, antes de entrar propriamente em seu diagnóstico de época, vou apresentar a seguir, de forma resumida, o que considero os objetivos e argumentos centrais desses dois livros, cujos detalhes podem ser enriquecidos com outras de suas publicações.

---

5   E isto pode ser observado já seu livro *Um discurso sobre as ciências*, de 1987, no qual apresenta pela primeira vez seu diagnóstico a respeito do que denomina paradigma dominante, como se pode ver no polêmico texto citado abaixo: "Os pressupostos metafísicos, os sistemas de crença, os juízos de valor não estão antes nem depois da explicação científica da natureza ou da sociedade. São parte integrante dessa mesma explicação. A ciência moderna não é a única explicação possível da realidade e não há sequer qualquer razão científica para a considerar melhor que as explicações alternativas da metafísica, da astrologia, da religião, da arte ou da poesia. A razão por que privilegiamos hoje uma forma de conhecimento assente na previsão e no controlo dos fenômenos nada tem de científico. É um juízo de valor. A explicação científica dos fenômenos é a autojustificação da ciência enquanto fenômeno central da nossa contemporaneidade. A ciência é, assim, autobiográfica" (SANTOS, 1987, p. 52). Ver também a respeito NUNES (2003; 2008).

6   Seu livro *O direito dos oprimidos* (SANTOS, 2014) é, conforme seu autor, uma espécie de complemento empírico a esses dois livros que concentram as formulações teóricas. Ainda segundo Santos, o livro de 2014, que inicialmente fora pensado como dois volumes, ganhou autonomia e desdobrou-se numa série de cinco volumes denominada Sociologia crítica do direito, que concentra suas pesquisas nesse campo, sendo *O direito dos oprimidos* o primeiro dos cinco volumes (SANTOS, 2014a, p. 11-18).

O livro *A crítica da razão indolente* é, em sua estrutura, formado por três partes, além de uma introdução, cujo título, formulado como pergunta – "Por que é tão difícil construir uma teoria crítica?" – indica claramente em qual campo seu autor pretende se inserir. Os dois capítulos da primeira parte são dedicados às análises epistemológicas e históricas tendo como focos, respectivamente, a ciência e o direito, ambos considerados por Santos como os "guardadores do olhar moderno". Vale destacar que o capítulo 1, intitulado "Da ciência moderna ao senso comum", sobressai-se em relação ao outros por se dedicar ao que talvez seja o mais polêmico e mais persistente tema entre os que ocupam as reflexões de Santos, que é a crítica da ciência moderna. Isto porque nesse capítulo, além de sintetizar suas reflexões críticas sobre a ciência moderna, ele desenvolve e atualiza, incorporando críticas de interlocutores, as teses já apresentadas em seu ensaio *Um discurso sobre as ciências*, de 1987. A segunda parte do livro, formada pelos capítulos 3 e 4, é dedicada ao que ele denomina metáforas espaciais, onde ele lida, respectivamente, com "uma cartografia simbólica das representações sociais", tendo ainda uma vez o direito como referência; e com "uma epistemologia da cegueira", cujo foco é a economia. Na terceira parte, capítulos 5 e 6, Santos oferece o "esboço de uma reconstrução teórica", que pavimenta a passagem da teoria da regulação, tratada no capítulo 5, para uma teoria da emancipação, objeto do capítulo 6, que pretende responder à pergunta colocada na introdução do livro. Em seu conjunto, o livro constitui-se num diagnóstico crítico da modernidade capitalista, endereçado tanto ao contrato social da modernidade, quando à ciência moderna que lhe dá suporte.

Em *A gramática do tempo*, cujo objetivo central, conforme Santos, "é lançar os fundamentos de uma nova cultura política que permita voltar a pensar e a querer a transformação social e emancipatória" (SANTOS, 2006, p. 14), ele desenvolve a teoria da emancipação esboçada no livro anterior. Embora explicitamente mais propositiva que no livro *A crítica da razão indolente*, a argumentação desenvolvida em *A gramática do tempo* também se fundamenta em diagnósticos críticos de época. As três partes que o constituem se dedicam, respectivamente, à Epistemologia do Sul, à construção de mundos pós-coloniais e a uma nova cultura política. Nos quatro capítulos que formam a primeira parte, dedicada ao tema da Epistemologia do Sul, merecem destaque as formulações apresentadas no capítulo 2, no qual Santos fornece as linhas gerais de seu projeto teórico, sintetizado pelo tripé: sociologia das ausências, sociologia das emergências e trabalho de tradução. De certa forma, pelo papel estratégico que tem em relação ao conjunto do livro, o texto intitulado "Uma sociologia das ausências e uma sociologia das emergências" ocupa em *A gramática do tempo* um lugar semelhante ao que ocupava o já mencionado texto "Da ciência moderna ao novo senso comum" em *A crítica da razão indolente*. Embora não sejam os únicos com tal perfil, os dois são textos densos que sintetizam um amplo conjunto de reflexões, que conseguem individualmente nos dar uma visão abrangente da obra teórica de Santos. Se os capítulos da primeira parte de *A gramática do tempo* estão voltados para o tema da Epistemologia do Sul, os capítulos que formam as outras duas partes dedicam-se a esboçar alternativas ao que Santos denomina pensamento abissal, i.e, o paradigma científico dominante. Assim, apoiado na noção de *Nuestra América*, de José Martí, ele avança a ideia de "construção de mundos pós-coloniais" e a de formular uma nova teoria política crítica, voltada para os movimentos e instituições sociais e culturais que podem servir de apoio a uma globalização contra-hegemônica, formulada a partir do Sul global (SANTOS, 2014b).[7]

***

Para fazer o diagnóstico de época, Santos constrói um *mapa da estrutura-ação*,[8] composto de *seis espaços-tempo*, definidos abaixo, nos quais podemos ver como ele realça a forma de poder associada a cada um deles. Os espaços-tempo são, assim, concebidos como

> formas de sociabilidade que implicam lugares mas também temporalidades, duração, ritmos: o espaço-tempo *doméstico*, onde a forma de poder é o patriarcado, as relações sociais de sexo; o espaço-tempo *da produção*, onde o modo de poder é a exploração; o espaço-tempo *da comunidade*, onde a forma de poder é a diferenciação desigual entre quem pertence à comunidade e quem não pertence; o espaço-tempo *do mercado*, onde a forma de poder é o fetichismo das mercadorias; o espaço-tempo *da cidadania*, o que normalmente chamamos de espaço público: aí a forma de poder é a dominação, o fato de que há uma solidariedade vertical entre cidadãos e o Estado; o espaço-tempo

---

7   Para Santos, a globalização contra-hegemônica tem duas características principais: uma positiva, relacionada com as políticas de igualdade (redistribuição) e de diferença (reconhecimento); e uma negativa que se refere à prevalência das teorias da separação sobre as teorias da união nas relações entre movimentos, associações, campanhas e iniciativas. Ele aposta na sociologia das ausências, das emergências e no trabalho de tradução para superar essa dimensão negativa (SANTOS, 2006; 2014b).

8   O termo estruturação faz lembrar a teoria de mesmo nome desenvolvida por Anthony GIDDENS (1984).

mundial em cada sociedade, que está incorporado em cada país, onde a forma de poder é o intercâmbio desigual" (SANTOS, 2007, p. 61-62).[9]

Com base na análise desse mapa, ele distingue o Estado, o mercado e a comunidade, como os três princípios que constituem o *pilar da regulação*. Em sua avaliação, este último teve, nos últimos três séculos, um desenvolvimento desequilibrado, com o "desenvolvimento excessivo do princípio do mercado em detrimento do princípio de Estado e do princípio da comunidade" (SANTOS, 2000, p. 56). Mas, por outro lado, desses três princípios da regulação, o princípio da *comunidade* foi o mais negligenciado, e também é, dos três, o "menos obstruído por determinações e, portanto, o mais bem colocado para instaurar uma dialética positiva com o pilar da emancipação". Assim, ao contrário do Estado e do mercado, "o princípio da comunidade resistiu a ser totalmente cooptado pelo utopismo automático da ciência". E isto também permitiu que ele se mantivesse "aberto a novos contextos em que a sua diferença pode ter importância" (SANTOS, 2000, p. 75). E para explorar suas "virtualidades epistemológicas", Santos indica duas de suas dimensões: a *participação* e a *solidariedade*. Em relação a estas dimensões, a despeito da colonização da primeira pela teoria política liberal e da segunda pelo Estado de bem-estar, ainda restariam em ambas muitos domínios que podem ser reapropriados, a exemplo da democracia participativa (orçamento participativo[10]) e da solidariedade comunitária (economia solidária[11]).

No *pilar da emancipação*, por outro lado, ele aposta no potencial da *racionalidade estético-expressiva*, pois acredita que foi a que melhor resistiu à cooptação total diante das investidas da racionalidade instrumental e performativo-utilitária da ciência. Segundo Santos, "a racionalidade estético-expressiva é, por 'natureza', tão permeável e inacabada como a própria obra de arte e, por isso, não pode ser encerrada na prisão flexível do automatismo técnico-científico". Sua natureza inacabada e aberta, afirma ele, "reside nos conceitos de prazer, de autoria e de

---

9   No livro *Pela mão de Alice*, de 1995, o mapa continha apenas quatro espaços-tempo: doméstico, da produção, da cidadania e mundial. Em livros posteriores, ele adicionou mais dois espaços – do mercado e da comunidade, desdobrados respectivamente do espaço da produção e do espaço da cidadania. Por um lado, essa adição tornou mais clara, no diagnóstico, a percepção sobre a expansão da lógica da mercadoria (predomínio do mercado); por outro, Santos tornou o espaço da comunidade um lócus importante para sua reconstrução normativa da ideia de emancipação.

10 Sobre orçamento participativo ver SANTOS, 2002, p. 455-559.

11 Sobre economia solidária ver SANTOS e RODRÍGUEZ, 2002, p. 23-77.

artefactualidade discursiva". A racionalidade estético-expressiva possibilitou que o **prazer** permanecesse semiaberto e semienclausurado. Pode-se dizer o mesmo em relação à noção de *autor*, "conceito que subjaz à organização do domínio artístico e literário da modernidade", embora esta noção também esteja relacionada à de sujeito individual. No entanto, enquanto a autonomia do sujeito baseia-se na ideia de desempenho, a autonomia do autor baseia-se na diferença entre ação e condições de desempenho. Ou seja, ambas são precárias, mas a precariedade do sujeito decorre da alienação, a do autor se dá pela marginalização. Quanto à *artefatualidade discursiva*, Santos escreve que como "todas as obras de arte têm de ser criadas ou construídas", com uma intenção específica, elas "são estabelecidas por meio de um discurso argumentativo", que é potencialmente interminável. Assim, a racionalidade estético-expressiva une causa e intenção e legitima a qualidade e a importância da obra de arte através do conhecimento retórico (SANTOS, 2000, p. 75-78).

Por isto, conclui Santos:

> O princípio da comunidade e a racionalidade estético-expressiva são, assim, as representações mais inacabadas da modernidade ocidental. Por esta razão, deve dar-se prioridade à análise das suas potencialidades epistemológicas para restabelecer as energias emancipatórias que a modernidade deixou transformar em *hubris* regulatória. Depois de dois séculos de excesso de regulação em detrimento da emancipação, a solução procurada não é um novo equilíbrio entre regulação e emancipação. Devemos, sim, procurar um desequilíbrio dinâmico que penda para a emancipação, uma assimetria que sobreponha a emancipação à regulação. Se a pós-modernidade de oposição significa alguma coisa, é justamente esse desequilíbrio dinâmico ou assimetria a favor da emancipação, concretizado com a cumplicidade epistemológica do princípio da comunidade e da racionalidade estético-expressiva" (SANTOS, 2000, p. 79).

Teoria da emancipação

Desse diagnóstico, emerge uma teoria da emancipação cujos contornos eu delineio a seguir. Ao considerar que é necessário reinventar a emancipação social e que para tal não há soluções modernas, Santos propõe, como alternativa, uma teoria crítica pós-moderna, que ele denomina Epistemologia do Sul.[12]

---

12 Já há uma bibliografia considerável sobre o tema da Epistemologia do Sul, que vai além da obra de Santos. Para o debate recente sobre o tema, ver também KNÖBEL (2015); ROSA (2014) e BALLESTRIN (2013).

O princípio fundamental da Epistemologia do Sul é que não há justiça social global, sem justiça epistemológica global entre os conhecimentos. Porque considera que a diversidade do mundo é inesgotável, Santos defende a ideia de que não há teoria geral que possa organizar toda essa realidade. Mas, embora considere que não é possível uma teoria geral, ele argumenta que necessitamos de uma teoria sobre essa impossibilidade de uma teoria geral. É a partir desta tese geral que ele articula sua teoria da emancipação, que se funda nos três seguintes pilares: sociologia das ausências, sociologia das emergências e trabalho de tradução. Enquanto as duas primeiras estão voltadas para a crítica da razão indolente, o trabalho de tradução procura dar sentido à emancipação de forma a contemplar a diversidade, mas sem cair no relativismo.

A chave para a abordagem do que Santos denomina ciência social dominante é a crítica da *razão indolente*. Para ele, a razão indolente manifesta-se, principalmente, de duas formas: como razão metonímica e como razão proléptica.[13]

A *razão metonímica*, conforme Santos,

> é uma racionalidade que facilmente toma a parte pelo todo, porque tem um conceito de totalidade feito de partes homogêneas, e nada do que fica fora dessa totalidade interessa. Então, tem um conceito restrito de totalidade construído por partes homogêneas. Esse modo da razão indolente (...) é um dos dois aspectos do desperdício de experiência: contrai, diminui, subtrai o presente (...). Então esse conceito de razão metonímica contrai o presente porque deixa de fora muita realidade, muita experiência, e, ao deixá-las de fora, ao torná-las invisíveis, desperdiça a experiência (SANTOS, 2007, p. 25-6).

Ao contrair o presente, a razão metonímica toma a parte pelo todo; e usa um conceito restrito de totalidade, construído por partes homogêneas. Um dos aspectos do desperdício de experiências daí decorrente é que ela contrai, subtrai o presente, deixando de fora muita realidade e muita experiência, que são tornadas invisíveis.

Em contraposição a esse desperdício de experiência propiciado pela razão metonímica, Santos propõe uma sociologia das ausências. Ao contrário da razão metonímica que contrai o presente, a sociologia das ausências pretende expandir o

---

13 Na verdade, segundo Santos, a razão indolente se apresenta sob quatro formas: razão impotente, razão arrogante, razão metonímica e razão proléptica. Ele não dedica, no entanto, muito espaço à crítica da razão impotente (associada ao determinismo e ao realismo) e da razão arrogante (associada ao livre-arbítrio e ao construtivismo). Mas a crítica da razão metonímica e da razão proléptica é o objeto principal da sociologia das ausências e da sociologia das emergências.

presente, para incluir nele mais realidade e mais experiência. A *sociologia das ausências* é, segundo Santos,

> o procedimento através do qual aquilo que não existe (...) é concebido como resultado ativo de um determinado processo social (...). Visa revelar as experiências, iniciativas e concepções (...) suprimidas enquanto expressão de necessidades ou aspirações emancipatórias pelos instrumentos hegemônicos da globalização (...). Permite identificar as condições que criam a aparente fatalidade da inadequação das lutas contra-hegemônicas locais num mundo globalizado (SANTOS, 2006, p. 197).

Assim, se a razão metonímica produz ausências por meio de *monoculturas* – monocultura do saber e do rigor científico, monocultura do tempo linear, monocultura da naturalização das diferenças, monocultura da escala dominante e monocultura do produtivismo capitalista, é preciso contrapor a elas uma sociologia das ausências, cujas bases são *ecologias* dos saberes, das temporalidades, do reconhecimento, da transescala e das produtividades.

Se a razão metonímica contrai o presente, a *razão proléptica*, por sua vez, é aquela que, fundada numa concepção de tempo linear, expande o futuro:

Nossa razão ocidental é muito proléptica, no sentido de que já sabemos qual é o futuro: o progresso, o desenvolvimento do que temos. É mais crescimento econômico, é um tempo ideal linear que de alguma maneira permite uma coisa espantosa: o futuro é infinito. A meu ver, expande demais o futuro (SANTOS, 2007, p. 26).

Ao expandir o futuro, a razão proléptica supõe que já sabemos qual é o futuro; é o progresso, o desenvolvimento, principalmente o econômico; ou seja, o futuro é infinito.

Da mesma forma que se contrapôs à razão metonímica, com uma sociologia das ausências, Santos rechaça a razão proléptica com sua sociologia das emergências. Portanto, contra a razão proléptica, ele propõe uma *sociologia das emergências,* assim definida:

> A sociologia das emergências consiste em proceder a uma ampliação simbólica dos saberes, práticas e agentes de modo a identificar neles as tendências de futuro (o Ainda-Não) sobre as quais é possível actuar para maximizar a probabilidade de esperança em relação à probabilidade da frustração. Tal ampliação simbólica é, no fundo, uma forma de imaginação sociológica e política que visa um duplo objectivo: por um lado, conhecer melhor as condições de

possibilidade da esperança; por outro, definir princípios de acção que promovam a realização dessas condições (SANTOS, 2006, p. 118).

Assim, em vez de expandir o futuro como faz a razão proléptica, ele entende que é preciso contrair o futuro para melhor prepará-lo. É por meio dessa sociologia das emergências que, expandindo o presente, podemos ver os sinais, as pistas, as latências e as possibilidades que existem no presente e que são sinais do futuro, sem romantismos.

***

Para Santos, a multiplicação e a diversificação das experiências, decorrentes do fenômeno da modernidade, geraram os problemas da fragmentação do real e da impossibilidade de lhes conferir sentido. Se esses problemas foram resolvidos pela razão metonímica e pela razão proléptica através de um conceito de totalidade, que toma a parte pelo todo, e por uma concepção de tempo linear que atribui à história um sentido e uma direção, isto se deu ao custo do desperdício de experiências. Sua diversidade e sua amplitude não podem ser contempladas por tal concepção de totalidade, pelo universalismo abstrato e por uma teoria geral.

Por isso, Santos propõe, com base no que denomina razão cosmopolita, um **trabalho de tradução** que possibilite "novas formas de pensar essas totalidades e novos processos de realizar convergências éticas e políticas":

> A tradução é um processo intercultural, intersocial. Utilizamos uma metáfora transgressora da tradução linguística: é traduzir saberes em outros saberes, traduzir práticas e sujeitos de uns aos outros, é buscar inteligibilidade sem 'canibalização', sem homogeneização (...). Por quê? Porque é preciso criar inteligibilidade sem destruir a diversidade (...). Cremos que esse é o princípio fundamental da epistemologia que lhes proponho e que chamo de Epistemologia do Sul, que se baseia nesta ideia central: não há justiça social global sem justiça cognitiva global, ou seja, sem justiça entre os conhecimentos (SANTOS, 2007, p. 40).

As duas tarefas, daí decorrentes, que a *razão cosmopolita* deve enfrentar, referem-se às respostas que deve dar aos dois blocos seguintes de questões: (A) 1 – "Como dar conta da diversidade inesgotável do mundo? 2 – Qual é a alternativa à teoria geral?"; (B) 3 –"Se o sentido e a direção da transformação social não estão pré-definidos, o que nos legitima e motiva a agir como se soubéssemos? 4 – Qual é o sentido das lutas pela emancipação social?" 5 – Enfim, para que traduzir? (SANTOS, 2006, p. 122-135)

São esses dois conjuntos de questões que Santos pretende responder sem capitular perante o que ele denomina razão indolente. Trata-se, inicialmente, de criar uma alternativa à teoria geral; e essa alternativa, já iniciada com a sociologia das ausências e a sociologia das emergências, completa-se com o trabalho de tradução. Se a sociologia das ausências e a sociologia das emergências captam os dois momentos – desconstrutivo e reconstrutivo – da relação hegemônica produzida pelo colonialismo, o trabalho de tradução é, para ele, o próximo passo necessário.

Mas há dois tipos de trabalho de tradução, uma vez que a tradução incide tanto sobre os saberes quanto sobre as práticas sociais e seus agentes. Assim, ao complementar as sociologias das ausências e das emergências, o trabalho de tradução objetiva "criar inteligibilidade, coerência e articulação num mundo enriquecido pela multiplicidade e diversidade" nos âmbitos intelectual, político e moral.

O primeiro tipo de trabalho de tradução refere-se aos *saberes*. Aqui, o trabalho de tradução significa uma *hermenêutica diatópica* que possibilite a interpretação de duas ou mais culturas incompletas. Se as culturas são incompletas, afirma Santos, a hermenêutica diatópica contribuirá para que, ao interagirem, elas se enriqueçam mutuamente.[14] O pressuposto dessa hermenêutica diatópica é um *universalismo negativo*, espécie de teoria geral residual, que ele define como uma "teoria geral sobre a impossibilidade de uma teoria geral". O segundo tipo de trabalho de tradução remete às práticas sociais e seus agentes. Neste âmbito, das práticas e dos agentes, afirma Santos, o trabalho de tradução busca a *inteligibilidade* recíproca *entre formas de organização e objetivos de ação*.[15]

A segunda tarefa a ser enfrenta pela razão cosmopolita, base de sua Epistemologia do Sul, é aquela, explicitada no segundo bloco de questões e que procura, fundamentalmente, responder à questão "para que traduzir?"; ou seja, revelar aquilo que pretende dar sentido às lutas por emancipação social. Neste caso, Santos considera que o trabalho de tradução é "o procedimento que nos resta para dar sentido ao mundo". Trata-se, para ele, de um trabalho de imaginação epistemológica e de imaginação democrática, que objetiva construir concepções novas e plurais de

---

14 Sua discussão sobre direitos humanos é bastante ilustrativa a respeito; ver especialmente SANTOS, 2006, p. 433-470.
15 Ver a respeito sua análise do Fórum Social Mundial, de Porto Alegre, que é, para Santos, um lócus privilegiado para o exercício do trabalho de tradução (SANTOS, 2005; 2006).

emancipação social. Em outras palavras, ele "objetiva criar constelações de saberes e de práticas suficientemente fortes e credíveis" que possam fornecer alternativas a um capitalismo global, cujo sentido é sujeitar a totalidade inesgotável do mundo à lógica mercantil (SANTOS, 2016, p. 171-212).

Isto explica, segundo Santos, por que a razão cosmopolita "prefira imaginar o mundo melhor a partir do presente". Por isso, propõe dilatar o presente e contrair o futuro, uma vez que "dilatando o campo das experiências é possível avaliar melhor as alternativas que são hoje possíveis e disponíveis". A diversificação das experiências, por sua vez, permite recriar a tensão entre experiências e expectativas, que estava presente no início da modernidade. Mas pretende recriá-la não como no contrato social da modernidade, quando restringia o presente e alargava infinitamente o futuro; agora a tensão entre experiências e expectativas deve ser criada "de modo tal que" as expectativas "aconteçam no presente", porque ele considera que "hoje e não amanhã é possível se viver melhor" (SANTOS, 2006, p. 122-135).

***

Como pudemos ver nas páginas anteriores, ao se propor a construir (ou reconstruir) uma teoria crítica, Boaventura de Sousa Santos segue mais ou menos os mesmos passos das teorias críticas que o antecederam, porém introduzindo em sua formulação novos elementos naquilo que ele considera ausentes nas versões, ditas modernas, de teoria crítica, denominadas também teorias da emancipação. São essas ausências que permitem a Santos tratar as teorias críticas que considera modernas da mesma forma que elas (as teorias críticas modernas) trataram as teorias tradicionais, estas últimas denominadas por ele como teorias da regulação. Ou seja, em seu diagnóstico de época, ele também faz uma crítica imanente da sociedade capitalista em seu estado atual e dos conhecimentos que lhe dão legitimidade. Mas coloca as teorias críticas, que ele define como modernas, em situação semelhante às teorias tradicionais porque acredita que elas, as teorias críticas, foram ressignificadas e de certa forma colonizadas pelas teorias tradicionais. E isso contribuiu para bloquear o ideal emancipatório da teoria crítica.[16]

---

16 Para Santos, todo conhecimento se distingue por ser um tipo de trajetória entre dois pontos, que vai da ignorância (A) ao saber (B). E os saberes e conhecimentos se distinguem pela definição das trajetórias e pelos pontos A e B. Assim, entre os dois modelos de conhecimento, o conhecimento regulação (CR) e o conhecimento emancipação (CE), a trajetória do primeiro vai do caos (A) à ordem (B); a do segundo vai do colonialismo (A) à solidariedade (B). Mas se durante a modernidade capitalista, sempre houve uma tensão entre essas duas formas de conhecimento, com o passar do tempo

Por isso, Santos vê a necessidade de reinventar também a emancipação, já que a maneira como esta foi formulada pelas teorias críticas modernas não responde mais às necessidades do presente. Mas, para ele, não se trata apenas de uma atualização da teoria crítica para o tempo presente. É mais que isto. Porque ele considera que, em sua formulação clássica, a teoria crítica manteve-se restrita ao contexto de sua criação – Europa ocidental e EUA – ignorando o resto do mundo, assim como os problemas que lhe diziam respeito, como o colonialismo. Ao ignorar, junto com a ciência dominante, o resto do mundo, a teoria crítica contribuiu para tornar irrelevante o que se fazia e o que se pensava fora de seu contexto de origem.

Daí, ele sustentar que o desperdício de experiências e a marginalização dos conhecimentos não científicos e não ocidentais dizem respeito não apenas ao conhecimento regulação, mas também à teoria crítica moderna. Fato que, em sua concepção, contribuiu para enfraquecer a teoria crítica moderna, que de conhecimento-emancipação acabou por se tornar parte do conhecimento-regulação, perdendo com isto grande parte de seu potencial emancipatório. Assim, ele considera que, para reconstruir a teoria crítica e reinventar a emancipação social, é preciso romper com o etnocentrismo e com o cientismo tanto da teoria tradicional (conhecimento-regulação), como da teoria crítica moderna (conhecimento-emancipação).

Reconstruir a teoria crítica e reinventar a emancipação social é, pois, o objetivo de sua Epistemologia do Sul, embora esta última não disponha (ainda) de aparato conceitual próprio e por isso precisa apropriar-se criticamente de categorias elaboradas pela ciência dominante. Portanto, construir ou reconstruir uma teoria crítica como Epistemologia do Sul envolve, de um lado, o recurso à reconstrução crítica e normativa, como faz a teoria crítica moderna. Mas, de outro lado, envolve também a incorporação da diversidade das experiências do mundo, em especial do Sul global, e dos conhecimentos rivais, transformados em ignorância pela ciência dominante.

Para completar, deve-se acrescentar que entre os temas que são objetos de crítica da Epistemologia do Sul destacam-se o eurocentrismo, o colonialismo e o racismo, que, segundo Santos, são os grandes temas ausentes no repertório da teoria

---

o conhecimento regulação dominou e recodificou em seus próprios termos o conhecimento emancipação, com a autonomia solidária convertendo-se em caos. Com isso, "o que era conhecimento-saber (autonomia solidária) passou a ser no CE uma forma de caos (a solidariedade entre as classes é perigosa, a solidariedade no povo é uma forma de caos que é necessário controlar), portanto o que era 'conhecimento' passou a ser no CR 'ignorância'. E, ao contrário, o que era 'ignorância' no CE passa a ser 'saber' no CR, ou seja: o colonialismo passa a ser uma forma de ordem" (SANTOS, 2007, p. 53).

crítica moderna.[17] Só assim, acredita ele, seria possível construir um novo senso comum (cosmopolita e emancipatório) e não só científico e europeu.

Considerações finais

Boaventura de Sousa Santos assume uma instância crítica em relação à teoria geral, afirmando que nenhuma teoria geral é capaz de dar conta da complexidade do mundo. Por isso, não se propõe a elaborar uma teoria geral, embora considere que precisamos de uma teoria sobre a impossibilidade de uma teoria geral; sua teoria da emancipação é apresentada por ele como uma ecologia dos saberes, cujo estatuto é tomado como mais aberto do que o de uma teoria (SANTOS, 2006; 2010). No entanto, suas formulações teóricas e suas análises da sociedade capitalista, moderna ou pós-moderna, têm todas as características de uma teoria geral, seja no diagnóstico de época, seja na mobilização do que denomina razão cosmopolita para criticar a razão indolente e formular o trabalho de tradução (SANTOS, 2000; 2006; 2007; 2011). Estas considerações me levam a concluir que sua teoria é também uma teoria geral no mesmo estilo daquelas de autores que ele critica, como Habermas e Foucault. Claro que isto não invalida ou diminui a importância de suas contribuições críticas ao que ele nomeia como pensamento abissal e ciência moderna, mas grande parte dessas críticas pode ser encontrada também em autores como Horkheimer, Adorno, Habermas e Foucault.

Sua recusa do conceito de totalidade, por outro lado, tem pertinência a meu ver no que diz respeito ao desperdício de experiências, sobretudo quando toca na relação entre colonialismo e eurocentrismo (SANTOS, 2000; 2008). Mas isto só vale se o conceito de totalidade for concebido apenas em termos de abrangência, isto é, no sentido da pretensão de abarcar todo o sistema social em suas diversas manifestações; não vale, porém, quando se concebe totalidade como mediação, como aparece nas formulações de autores como ADORNO (1967, p. 17-34; 2007, p. 97-112) e LUKÁCS (1974).[18] A propósito, seu apelo à figura de Ariel, personagem da peça *A tempestade*, de SHAKESPEARE (1964), vai bem ao encontro desta segunda acepção de totalidade (SNTOS, 2006, p. 223-225).[19]

---

17 Para tais ausências, vale consultar também o interessante texto "Hegel and Haiti", de BUCK-MORSS (2009).

18 Ver a respeito ARATO, 1982, p. 197-207; JAY, 1984.

19 Além da figura de Ariel, Santos refere-se também ao mulato de Aimé CESAIRE (1969), ao intelectual orgânico de Antonio GRAMSCI (1971), como figuras de intermediação, assim como a países que ocupam uma situação intermediária no sistema mundial (SANTOS, 2006). Tudo isso faz com que ele se aproxime da acepção de totalidade

Parece-me também muito interessante sua crítica da razão indolente e sua tomada de posição a partir de uma razão cosmopolita. E nisto ele se aproxima de outros autores que postulam uma concepção ampliada de racionalidade, recusando se limitar às versões mais restritas de racionalidade instrumental ou funcionalista, como, aliás, também fazem HORKHEIMER e ADORNO (1985) e HABERMAS (2012). Assim, sua ideia de universalismo negativo pode muito bem contribuir para complementar outras formulações correntes, mas não necessariamente para substituí-las.

Passar do diagnóstico de época, onde trata da tensão entre regulação e emancipação e buscar uma saída dialética para a polarização entre os sistemas de desigualdade e o sistema de diferença, cujas melhores análises ele atribui, respectivamente, a Marx e Foucault, exige um discurso teórico articulado que também pode perfeitamente ser compreendido como teoria geral (ALEXANDER, 1987; PARSONS, 1959). Além disso, exige também um recurso metodológico, crítica imanente ou reconstrução normativa (HONNETH, 2009), capaz de ampliar o presente, conforme postulado por Santos, e identificar potenciais emancipatórios (e utópicos) aqui e agora (SANTOS, 2000; 2006; 2007). E isto, por outro lado, faz com que as formulações de Santos mantenham alguma proximidade com as formulações de alguns teóricos críticos contemporâneos (SILVA, 2008; 2009; 2017).

O mesmo se pode dizer em relação a sua concepção de democracia, definida como democracia de alta intensidade, que guarda semelhanças com as concepções de democracia radical de diversos autores que veem a democracia como fim. Por outro lado, ter os movimentos sociais como destinatários de sua teoria faz também com que sua teoria se aproxime, pelo menos em alguns aspectos, das teorias de muitos outros teóricos contemporâneos do reconhecimento.

Por fim, a não ser que se atribua importância excessiva ao lugar onde as teorias são formuladas (CONNEL, 2012), a teoria proposta por Boaventura de Sousa Santos pertence ao mesmo campo que é objeto de sua crítica, mesmo que ele reivindique para sua teoria maior grau de falibilidade e reflexividade do que ele atribui às teorias de seus interlocutores.

---

como mediação. Mas vale ressaltar que, aproximando-se de Adorno, Santos não parece partilhar com Lukács a crença em um macrossujeito coletivo capaz de unificar a diversidade dos movimentos sociais; mas, por outro lado, também parece mais otimista que Adorno em relação às possibilidades de emancipação. Para as diferenças entre Lukács e Adorno nesse quesito, ver ARATO, 1982; BUCK-MORSS, 1977, p. 24-62.

Bibliografia

ADORNO, Theodor W. *Prisms*. Cambridge, Ma., MIT Press, 1967.

_____. *Introdução à Sociologia*. São Paulo, Editora Unesp, 2007.

_____; HORKHEIMER, Max. *Dialética do esclarecimento*, Rio de Janeiro, Jorge Zahar Editor, 1985.

ALEXANDER, Jeffrey C. "O novo movimento teórico", *Revista Brasileira de Ciências Sociais*, no. 4, vol. 2, 1987, p.5-28.

ARATO, Andrew. "Esthetic Theory and Cultural Criticism". In: Andrew ARATO; Eike GEBHARDT (editors.), *The Frankfurt School Reader*, New York, Continuum, 1982, p.185-224.

BALLESTRIN, Luciana. "America Latina e o giro decolonial", *Revista Brasileira de Ciência Política*, no. 11, 2013, p.89-117.

BUCK-MORSS, Susan. *The Origin of Negative Dialectics*, New York: The Free Press, 1977.

_____. *Hegel, Haiti, and Universal History*, Pittsburgh, Pittsburgh University Press, 2009, p.3-75.

CÉSAIRE, Aimé. *Une tempête*, Paris, Éditions du Seuil, 1969.

CONNEL, Raewyn. "A iminente revolução na teoria social", *Revista Brasileira de Ciências Sociais*, vol.27, no. 80, 2012, p. 9-20.

GIDDENS, Anthony. *The Constitution of Society*, Berkeley: University of California Press, 1984.

GRAMSCI, Antonio. *Selections from the prison notebooks*, (edited and translated by Quentin Hoare; George Nowell Smith), New York, International Publishers, 1971.

HABERMAS, Jürgen. *Teoria do Agir Comunicativo*, São Paulo: Martins Fontes, 2012.

HONNETH, Axel. "Reconstructive Social Criticism with a Genealogical Proviso: On the Idea of 'Critique' in the Frankfurt School": In: *Pathologies of Reason*, New York, Columbia University Press, 2009, p.43-53.

HORKHEIMER, Max. "Traditional and Critical Theory". In: *Critical Theory: Selected Essays*, New York, Continuum, 1989, p. 188-243.

KNÖBL, Wolfgang. "Reconfigurações da teoria social após a hegemonia ocidental", *Revista Brasileira de Ciências Sociais*, Vol.30, no. 87, 2015, p. 5-18.

LUKÁCS, Georg. *História e Consciências de Classe: estudos de dialéctica marxista*, Porto, Publicações Escorpião, 1974.

NUNES, João Arriscado. "*Um discurso sobre as ciências* 16 anos depois", in Boaventura de Sousa SANTOS, org. *Conhecimento prudente para uma vida decente*, 2ª. edição, São Paulo: Cortez, 2003, p.59-83.

_____. "O resgate da epistemologia", *Revista Crítica de Ciências Sociais*, 80, 2008, p.45-70.

PARSONS, Talcott. "General Theory in Sociology", in Robert K. MERTON et all (editors), *Sociology Today: Problems and Prospects*, New York: Basic Books, 1959, p.3-38.

ROSA, Marcelo C. "Sociologias do Sul", *Civitas*, v.14, n.1, 2014, p.43-65.

SANTOS, Boaventura de Sousa. *Um discurso sobre as ciências*, Porto: Edições Afrontamento, 1987.

_____. *Pela mão de Alice: O social e o político na pós-modernidade*, São Paulo: Cortez Editora, 1995.

_____. "Porque é tão difícil construir uma teoria crítica?", in *Revista Crítica de Ciências Sociais*, n.54, junho de 1999, p. 197-215.

_____. *Crítica da razão indolente: contra o desperdício de experiência*, São Paulo: Cortez Editora, 2000.

_____. "Orçamento Participativo em Porto Alegre: para uma democracia redistributiva". In: Boaventura de Sousa SANTOS, *Democratizar a democracia*. Rio de Janeiro, Civilização Brasileira, 2002, p.455-559.

_____. *O Fórum Social Mundial: manual de uso*, São Paulo: Cortez Editora, 2005.

_____. *A gramática do tempo: por uma nova cultura política*, São Paulo, Cortez Editora, 2006.

_____. *Renovar a teoria crítica e reinventar a emancipação social*, São Paulo: Boitempo Editorial, 2007.

_____. "A filosofia à venda, a douta ignorância e a aposta de Pascal", *Revista Crítica de Ciências Sociais*, 80, 2008, p. 11-43.

_____. "Para além do pensamento abissal: das linhas globais a uma ecologia dos saberes", in Boaventura de Sousa SANTOS; Maria Paula MENESES, orgs. *Epistemologias do Sul*, São Paulo: Editora Cortez, 2010, p. 31-83.

_____. *O direito dos oprimidos*, São Paulo: Cortez Editora, 2014a.

_____. *A difícil democracia. Reinventar as esquerdas*, São Paulo: Boitempo Editorial, 2016.

_____, org. *Conhecimento prudente para uma vida decente: 'Um discurso sobre as Ciências' revisitado*, São Paulo, Cortez Editora, 2006a.

_____. *Reconhecer para libertar: os caminhos do cosmopolitismo multicultural*, Rio de Janeiro, Civilização Brasileira, 2003.

_____. (2014), *A Globalização e as ciências sociais, 4ª. edição*, São Paulo, Cortez Editora, 2014b.

_____; RODRÍGUEZ, César. "Para ampliar o cânone da produção", in Boaventura de Sousa SANTOS, org. *Produzir para viver*, Rio de Janeiro, Civilização Brasileiro, 2002, p. 23-77.

SHAKESPEARE, William. *The Tempest*, New York, The new American Library Inc, 1964.

SILVA, Josué Pereira da. *Trabalho, cidadania e reconhecimento*, São Paulo, Annablume, 2008.

_____. "Reconhecimento, redistribuição e as ambivalências do discurso sobre o Bolsa Família", *Ciências Sociais Unisinos*, vol.45, no. 3, 2009, p. 196-205.

_____. "O que é crítico na sociologia crítica?", *Revista Brasileira de Ciências Sociais*, vol. 32, no. 97, 2017, p. 1-18.

Sociologias do Sul e ontoformatividade: questões de objeto e método

Marcelo C. Rosa

Sendo a sociologia compreendida como um conjunto de conhecimentos e tradições heterogêneas, como ela poderia se beneficiar do atual debate na teoria social sobre o papel do Sul e de suas teorias? O objetivo principal deste capítulo é o de esboçar certas questões que as críticas ancoradas na noção de Sul trazem para uma possível renovação e ampliação da disciplina. Mais especificamente, pretende-se observar esta questão a partir do diálogo com perspectivas teóricas que têm criticado os limites de quais objetos e processos são tomados como dignos de serem tematizados globalmente para o entendimento do mundo social.

Uma maneira razoavelmente decente de se introduzir estes esforços seria percebê-los como uma saudável disputa por construção de relevância temática e metodológica, que produz consequências teóricas para quem se considera parte do Sul e pensa em fazer sociologia.

Qual ou quais seriam estas relevâncias e consequências do Sul? O caminho para se iniciar este debate não pode fugir de uma discussão sobre os princípios teórico- metodológicos nos quais se assentam as diferentes perspectivas que pensam o Sul, seja como teoria ou metodologia. Como pretendo demonstrar ao longo do texto, tais escritos têm sido eficazes em produzir evidências das dimensões coloniais (institucionais e subjetivas) da noção de modernidade, por exemplo. No entanto, enquanto pertinentemente colocam estas questões na linha de frente de nossas discussões, estas tendências emergentes estão ainda a procurar por métodos e modos de fazer pesquisa que possam revelar existências, agências e, portanto, ontologias, que ainda não sejam parte do escopo tradicional da sociologia como conhecemos. Ou seja, que caminhem para além do que conhecemos em termos de objeto.

Do diálogo com esta literatura soam pertinentes ao menos três questões:
1. que a noção de social e, portanto nossos objetos, não tem sido definida ou estabilizada sem que a vida no norte seja o parâmetro principal;
2. que a sociologia e as ciências sociais deveria ser ativas na produção de coletivos e existências que estejam fora de nossas agendas atuais;

3. de que para isso é necessária uma política metodológica que dentro da sociologia parta da constatação de dominância de certas formas de existência sobre outras em termos valorativos.

Ao final do texto, estas questões serão articuladas para dar ênfase a proposta de que as sociologias do Sul poderiam, temporariamente, desempenhar um papel importante no debate global da sociologia se assumissem como tarefa a construção teórico-metodológica de existências ainda sem definição na disciplina. Estas ontologias emergentes seriam fundamentais para expandir e contestar as formas atuais de produção e reprodução de conhecimento em ciências sociais.

Sociologias do Sul?

É ainda muito difícil, senão impossível, falar de uma única "sociologia do sul", "epistemologia Sul" ou mesmo "teoria do sul". Como apresentarei adiante, essas classificações representam uma tentativa relativamente recente de trabalhar críticas existentes sobre a geopolítica do conhecimento em ciências sociais (CANAGARAJAH, 2002; HOUNTONDJI, 1997, AMIN, 1988). Mais do que um movimento teórico, a sociologia do sul seria um projeto contra-hegemônico heterogêneo que reflete o desconforto contemporâneo com a história teórico-metodológica da disciplina.

Em um trabalho anterior (ROSA, 2014), procurei demonstrar que os autores e autoras que utilizam essas terminologias ligadas ao Sul tendem a olhar para questões e objetos diferentes. Para autores como COMMAROFF E COMMAROFF (2011), é a teoria prática dos marginalizados e sua criatividade que importam, enquanto para SANTOS E MENESES (2009) são as epistemologias subjugadas que estão no centro da análise. Para CONNELL (2007), o foco está na articulação entre as construções teóricas e seus desafios empíricos. Utilizando o termo "Sul" estes três trabalhos compartem com outras tradições a crítica da geopolítica do conhecimento nas ciências sociais em relação a produção, circulação e distribuição de nossas grandes teorias. Nessas perspectivas há uma patente exclusão de certos processos, objetos, métodos e teorias, por elas terem como origem lugares que estão fora do circuito acadêmico e das linguagens Euro-Americanas.[1]

---

[1] A expressão Euro-América é adotada por pesquisadores como LAW (2004), COMAROFF and COMAROFF (2011) e ANZALDÚA and REUMAN (2000). De um lado o termo poderia ser rejeitado por ser amplo e indefinido (já que existem muitas coisas heterogêneas na Europa, por exemplo. Por outro, o termo parece apropriado para ser usado estratégicamente para apontar caracteristicas predominates no modo predominante de fazer sociologia contemporânea.

É preciso ressaltar também que apesar da conotação geográfica do termo, o Sul nestes trabalhos recentes não se refere a uma região específica. Uma teoria feita fora da Euro-América não necessariamente problematiza a geopolítica do conhecimento, nem o fato de uma autora ter nascido ou viver no Sul delimita sua produção a este ponto de vista. NYAMNJOH (2012), por exemplo, chama criticamente este tipo de intelectuais baseados na periferia de "mudas de estufa", pois seriam nutridos e alimentados no ambiente artificial de uma metanarrativa teórica que sustenta geopoliticamente o cânone da disciplina. No genérico Sul geográfico, podem ser produzidas boas teorias tradicionais (assim como boas mudas) que em nada reivindiquem as questões acima elencadas ou que sejam afetadas pelo ambiente distinto.

Do meu ponto de vista o termo Sul ganha força analítica relevante nas ciências sociais somente quando argumentos/actantes/atores/processos/histórias estrategicamente apresentados como locais, são mobilizados para criticar os padrões dominantes, métodos e narrativas das disciplinas. Seriam, portanto, significativos ao terem seus efeitos construídos na vida coletiva. Do contrário estaríamos lidando com a sociologia como já conhecíamos com seus problemas e avanços já conhecidos.

O Sul e Norte (ou a Euro-América) são, neste texto e para os autores aqui citados, metáforas razoavelmente dinâmicas e limitadas para compreender a história das disciplinas e o tipo de crítica recente que emerge desta literatura. Nela, apesar das diferenças, podemos encontrar três tipos gerais de argumento:
1. aquele que foca os efeitos do colonialismo/capitalismo/modernidade na produção, distribuição e circulação das teorias e práticas do Sul ;
2. aquele que indica a existência de atores/processos/histórias que emergiram do encontro colonial e que não receberam a devida atenção das teorias Euro-americanas;
3. aquele que indica a existência de agências e ontologias, ainda indefinidas porque pouco estudadas, no Sul que seriam razoavelmente independentes dos efeitos dos processos causados pelo Norte como colonialidade e modernidade, por exemplo.

Mais adiante, o texto defende que a segunda e, principalmente, a terceira proposição ainda precisam de maior desenvolvimento e trabalho para que possam serem vistas como desafios significantes para a teoria social dominante.

O sul na economia política do conhecimento global

Um dos problemas mais complexos deste desafio é o de como trazer esses objetos indeterminados para dentro do escopo da disciplina. Reconhecendo como a vida no Sul seria afetada pela renovada experiência da violência geopolítica da expansão colonial, seu foco serão em certas obras as agências que emergem do encontro entre o ocidente, a modernidade e certos processos e enraizados nas existências do Sul (Quijano, 2000; Mignolo, 2000; Walsh, 2002)

Autores e autoras como os acima citados situam esses sujeitos emergentes e indeterminados em lugares sociológicos tais como as bordas do sistema mundo ou da modernidade, frequentemente evocando termos como privação e apagamento. Neste registro, o retrato das vidas no sul presentes na sociologia mais tradicional é, do meu ponto de vista, pouco desafiado. Na melhor das hipóteses, estas obras dão espaço para certas ênfases na criatividade de certos lugares do Sul para lidar com temas conhecidos como pobreza, exclusão, racismo e patriarcalismo recrudescidos pelo encontro colonial (e.g. COMMAROFF E COMAROFF, 2011).[2]

Assim, o Sul é relegado, em diversos casos, ao papel de vítima diante das poderosas agências e histórias do Norte. Esta estratégia tende a levar a criação de Outros que de início são ontológica e metodologicamente dependentes ou derivados da modernidade e de suas matrizes de conhecimento[3]. Estaria uma socióloga ou qualquer outra produtora de conhecimento no Sul satisfeito com o papel de vítima nesta história de produção do conhecimento?

Neste tipo de argumento, encontramos ainda pouco espaço para possíveis "Outros" autônomos ou sociologicamente independentes da dualidade modernidade/colonialidade e das suas emergentes ontoformas hibridas (CONNELL, 2012).

O sul como desafio ontológico

Se há aquelas vivendo ou produzindo conhecimentos no Sul "do outro lado" ou na "fonteira" - como afirma MIGNOLO (2007) em um modelo interpretativo que, apesar de critico, não deixa de ser dualista -, isto implica pensar que há formas de existências ainda não exploradas pela disciplina. A noção de coetaneidade consagrada por FABIAN (1983) e reproduzida por COMAROFF e COMAROFF (2011), MIGNOLO (2007) e SANTOS e MENESES (2009), representa uma das alternativas

---

2   Em uma tentativa de definir o termo "sul-global" afirmam CONNELL e DADOS (2012, p. 12) afirmam que o termo " sul global" funciona mais do que como metáfora para o subdesenvolvimento. Ele se refere a uma história inteira de colonialismo, neoimperialismo e a mudanças econômicas e sociais específicas, por meio das quais desigualdade de padrões de vida, expectativa de vida e acesso a recursos são mantidas.

3   No seu já clássico texto sobre as vozes subalternas SPIVAK (1988) demonstra que a própria produção de "outros" pode ser mais importante para o ocidente do que os próprios outros que estão fora dele.

viáveis para lidar com objetos e existências que desafiam as bordas espaço-temporais dos marcos teóricos hegemônicos, dentre os quais situa-se a modernidade. A questão fundamental que emerge dos usos correntes da coetaneidade, se refere a impossibilidade da adoção de uma narrativa histórica linear e singular que disponha temas e questões de pesquisa numa cartografia evolutiva ou desenvolvimentista. A alternativa metodológica seria considerar a possibilidade de que nossos temas, objetos e sujeitos de pesquisa não estejam necessariamente encompassados por um único princípio analítico, seja ele temporal ou espacial.

Neste conjunto de propostas teóricas que se valem da noção de Sul, a agenda mais desafiadora seria dada pela pesquisa sobre formas de existência deixadas de lado no atual quadro analítico da sociologia, mas que seriam potencialmente ativos produção e reprodução da vida coletiva em certas partes do mundo. Neste ponto, um dos maiores obstáculos para se seguir adiante é a própria noção largamente difundida sobre o que é sociologia e sua necessária unicidade. Este dilema foi tema central de publicações e debates de presidentes da Associação Internacional de Sociologia como podemos ver na pioneira intervenção de ARCHER (1991) e no afiado debate entre SZTOMPKA (2011) e BURAWOY (2011).

Ontoformas e políticas ontológicas

Tomando as demandas de LAW (2004) e MOL (1999) de uma "política ontológica", nos parece importante retornar ao diálogo com noção de ontoformatividade esboçada por R. Connell em algumas de suas obras. Na perspectiva da autora (CONNELL, 2011; 2012), relações de gênero e encontros coloniais são situações privilegiadas para se observar empiricamente essas novas ontologias e seus processos de formação. Se interpreto corretamente o uso desta noção pela autora, sua utilização inicial tende a ser teoricamente limitada ao entendimento de novas formas de existência (corpos, por exemplo). Existências que se tornaram parte do mundo social do Sul por meio de ações específicas e típicas de cada realidade local nesses encontros nem sempre tão frutíferos para o lado colonizado.

De la Cadena (2015, p. 208) fez algo semelhante ao descrever a vida de um ativista político e xamã peruano. Por meio deste caso, a autora chama atenção para o fato de o também ativista nas lutas por terra em seu país, desempenhar aquilo que os norte-americanos chamavam de "práticas religiosas indígenas", mas que analiticamente ele nunca seria somente isso (em inglês "not only"). Na perspectiva de DE LA CADENA, ele não poderia ser reduzido apenas a aquilo que os norte-americanos, ou cientistas sociais tradicionais, já conheciam ou ao modo hegemônico como se relacionavam com os indígenas andinos que era por meio de sua religião e não sua política.

Reforçando o argumento deste texto, se há uma demanda para uma sociologia que seja especificamente do Sul, suas propriedades deveriam se diferenciar daquelas consagradas pelo Norte, mesmo no tocante ao modo como ela classifica seus sujeitos (xamã ou ativista política são apenas duas possibilidades). Ao fazer isto o Sul, se for relevante como unidade analítica, também seria continuamente produzido no interior da disciplina, na medida em que consiga trazer novas fronteiras para o conhecimento da vida coletiva que esgarcem termos como religião, política e campesinato, por exemplo.

Desafios metodológicos: o global, a comparação e exemplaridade

Quando apresentei a primeira versão deste texto, utilizei o exemplo da Sociologia da Religião de Max Weber para discorrer sobre os limites intrínsecos da comparação em Sociologia. Meu ponto era simples. Quando lemos as volumosas obras do clássico alemão da sociologia sobre a religião na China e na Índia nós tendemos a compreendê-las por sua maior ou menor diferença em relação às formas cristãs cristalizadas típica-idealmente na "Ética Protestante". Ao final aprendemos muito sobre as peculiaridades, ou afinidades eletivas do ocidente com o capitalismo, mas continuamos a saber pouco sobre o oriente. Como soe ser, o não ocidental – que contém uma parte importante do que hoje poderíamos chamar de Sul – é lido e interpretado a partir da normatividade judaico-cristã ocidental. A mesma lição valeria para as formas elementares da vida religiosa de Durkheim, tão bem problematizadas por BUTLER (2006; 2009). Recentemente ARJOMAND (2017), retoma o papel fundacional da sociologia comparativa, atentando para potencialidades e prováveis limites deste método-teoria.

Neste ponto, a questão central não seria se posicionar *a priori* contra a comparação, mas problematizar a relação entre a pesquisa e as teorias no e do Sul. Como podemos desenvolver, a partir do sul, teorias razoavelmente inovadoras, se nossos pontos de partida e de chegada (no mais da vezes) são objetos e questões já consagrados pelas construções teórico-metodológicas Euro-Americanas? Nestes casos, a comparação tende a não desafiar e transformar os modelos teóricos, e a teoria atuaria, quando abusada como centro imutável, como uma forma de violência epistemológica.[4]

---

4 Devo a uma palestra recente da professora Elias Reis (UFRJ) a lembrança sobre os efeitos violentos mas necessários, da teoria em certos casos de comparação.

Ao tomarmos a posição reivindicada por LAW (2004), métodos nas ciências sociais são performativos. Eles literalmente fazem certas coisas existirem, enquanto obscurecem e destroem violentamente outras. Em sendo assim, nosso principal desafio seria de lidar com o Sul não somente (DE LA CADENA, 2015) como algo que já foi performado como consensual pelas interpretações Euro-Americanas dominantes em nossas teorias. Uma agenda de pesquisa neste tema deveria tomar como necessária a tarefa desenvolver metodologias eficientes para performar esse desejado Sul isso.

De meu ponto de vista, o sul poderia ser visto não como um espaço ou tempo delimitado ou congruente. Ele deveria ser colocado como uma nova e temporária fronteira para as ciências sociais. Uma fronteira na qual surge a oportunidade geopolítica de que teorias e métodos estejam em debate.

A própria aposta não comparativa contribuiria assim para que, em ultima instância, chegássemos, com estas novas formas de fazer pesquisa e ciências sociais, a termos possivelmente muito melhores que Sul (querendo ou não ainda uma comparação dependente do norte).

No atual momento da disciplina, me parece que o trabalho de diversos colegas aqui citados já nos faz a todos cientes das questões ligadas a esta geopolítica do conhecimento sociológico. Como um pesquisador nascido e vivendo no Sul não me agrada a pesquisa que nos rotula simplesmente como vítimas desta conjuntura histórica encompassadora. Para muito além de vítimas, nos todos fazemos coisas que as grandes teorias que usamos não cobrem totalmente. Inclusive teorias.

Comparação

Uma das maiores dificuldades da noção de Sul, como apontado anteriormente é o próprio contexto no qual ela surge e se desenvolve. Em boa parte da literatura o Sul tende a ser compreendido e descrito como o lugar no qual certas características tidas como desejáveis no norte estariam em falta ou não existiriam. Nesta chave, termos como Norte e Sul, são comparativamente diferentes porque muitas partes do mundo ainda não teriam sido transformadas em lugares próximos aos exemplares desejados da modernidade ou secularização, por exemplo.[5]

---

5   Eu ainda lembro que em meu primeiro concurso de para professor universitário de sociologia o ponto sorteado para minha aula foi Racionalização, Secularização e Revolução. Não por acaso estas são narrativas centrais na construção e desenvolvimento da diferença entre a Europa e o resto do mundo.

O dilema acima pode ser entendido também por meio das metáforas: global como comparação (com um escopo limitado) *versus* global como expansão do escopo, do métodos e dos objetos.

Para aquelas que chegaram até aqui está claro que a arquitetura deste texto defende a segunda forma de pensar uma sociologia global. Comparações, da maneira como têm sido usadas em muitos casos, repousam em parâmetros e escalas que contribuem diretamente para a construção de um centro analítico normal disciplinar (ou que assim deveria ser). Este é um problema para as ciências sociais em todo o mundo. A noção de global tende a ser vista como espraiamento de uma noção homogeneizante de tempo e espaço. Quem tende a se beneficiar deste forma de caracterizar o global, nas ciências sociais, são, não por acaso, aqueles que consagraram certas noções desejáveis de sociedade e civilização. O indesejável tende a ser produzido como o Outro.

Mesmo nas narrativas de cientistas sociais do Sul esses espaços tendem a não ser vistos ou descritos como parâmetros para um futuro desejável *vis-à-vis* o Norte (a menos que aceitemos como desejável o futuro caótico e de crise continua construído por COMMAROFF E COMMAROFF, 2011). Neste último caso, o Sul é promovido a condição de exemplar em relação ao resto do mundo que agora evoluiria forçadamente para lidar sua já conhecida improvisação e crise.

Metodologicamente existem aqui dois tipos de situação em que a comparação caminha *pari-passu* com a noção de exemplaridade: a) a descrição de uma ordem desejável; b) a descrição de uma existência como desordenada e, portanto, indesejável.

As reações a versão original deste texto foram em geral formadas por agudas críticas que emergem de preocupações genuínas sobre nossas capacidades de realizar generalizações de alcance global. Como fazer algo global sem que se use a comparação? Esta é uma das perguntas mais frequentes que enfrento.

Não-exemplaridade

Este texto defende que sim é possível ter uma disciplina de alcance global, sem que a comparação seja o único método analítico. Para isso, é preciso que levemos a sério a possibilidade de estudos não-exemplares para lidar com questões como diversidade e pluralidade (em geral pluralidade e diversidade de algo transformado em central), mas também com a coetaneidade - coisas que existem ao mesmo tempo que outras tidas como centrais para a narrativa metodológica da disciplina (Fabian , 1983). De certa forma, a proposta seria combinar processos historico-metodotologicamente tidos como grandes ou de longa duração, com outros que tendem a ganhar o rótulo de locais e de curta-duração.

A noção de coetaneidade ajudaria a questionar a aparente necessidade de um encopassamento singular global para descrevermos o que chamamos de sociedade ou social. Em princípio ela permitiria existências dentro e fora do que é considerado global, ao mesmo tempo (ADESINA, 2002).

O exemplo mais claro deste dilema emerge também de certas perspectivas usadas nas chamadas teorias do sul. Como vimos, termos como modernidade e colonialidade criam um encompassamento que tem como parâmetro principal o domínio actancial do Norte e a maneira pela qual os países do Sul o receberam, interpretaram e sofreram. Obviamente se trata de uma clássica questão comparativa, mas o centro da análise e o parâmetro metodológico é o efeito da ação do Norte e as possíveis reações no sul.

Apoiado no que já havia descrito anteriormente, uma proposta razoavelmente inovadora do Sul deveria se distanciar do que já é exemplarmente descrito no Norte, na tentativa de dar lugar a possíveis existências ainda não mapeadas ou não contidas nas bulas teóricas que nos orientam. Tal proposta caminharia no sentido de ampliar os objetos/sujeitos e processos da disciplina aumentado o volume do que é considerado relevante para nós como pesquisadores. Esse aumento implicaria transformações em nosso próprio trabalho de ensino e pesquisa, uma vez que tanto os cursos como as referências bibliográficas teriam que lidar com um leque maior de possibilidades.

Não se trata de ignorar ou substituir os debates já consagrados como globais. Uma das possibilidades, seguindo movimentos emergentes na sociologia contemporânea, é ser mais generoso com a noção de ontologia, que pode deslocar o foco de nossas atenção para existências ainda não estudadas. Em um momento de contestação da geopolítica do conhecimento, talvez seja necessário produzir – pensando na força performativa dos métodos – deliberadamente dissonâncias e objetos incomensuráveis para os atuais parâmetros que temos ao tentar falar do sul (OYEWUMI, 2002; DE LA CADENA, 2015).

Considerações finais: para além do Sul

Para além de elencar formas de existência expressas na relação com a terra, na poesia, na religião, gêneros e cosmologias, como faz a literatura trabalhada ao longo do texto, é necessário que nossas pesquisas trabalhem para marcar seus efeitos específicos em certas vidas coletivas no mundo. Problematizar os efeitos relevantes, se torna fundamental para uma sociologia que queira demarcar aquilo que chamamos abertamente de Sul a partir de suas agências.

Como ressaltado anteriormente, esta seria um condição necessária para reabrir as disputas sobre o sentido do termo social admitindo que se trata de um objeto necessariamente impreciso e, por isso, precário e limitado (LATOUR, 2005; LAW and URRY, 2004). Tão importante quanto isso, é reconhecer o "social" e o "Sul" dos quais tanto escrevemos e, por vezes, abusamos são intrinsecamente resultado das nossas opções teóricas e metodológicas (CHAKRABARTY, 2000). A política metodológica resultante destas reflexões estaria ligada a produção pelos cientistas sociais de renovadas alternativas que tenham ancoragem empírica densa o suficiente para serem vistas como existentes e convincentes. A busca pela ontoformatividade (ROSA, 2016) como método e identidade dos projetos sociológicos do Sul, contribuiria assim para o adensamento da topografia do social como conhecemos hoje.

Este adensamento de atores, actantes e, portanto, de ontologias dependeria da capacidade de pesquisadores resistirem à tentação de descrever e classificar seus objetos emergentes como falhas, incompletudes ou exemplares de algo que já é conhecido e, portanto, controlado. O desafio ontoformativo aqui proposto permitiria que pensássemos aquilo que hoje tratamos como o sul não somente como uma diferença e um efeito da Euro-América, mas como um terreno ainda pouco explorado nesta área do conhecimento.

Bibliografia

ADESINA, Jimi. Sociology and Yorùbá Studies: epistemic intervention or doing sociology in the 'vernacular'? *African Sociological Review* n. 6 , vol. 1. 2002, p. 91-114.

ALATAS, Syed Farid. 'Ibn Khaldu In and Contemporary Sociology'. *International Sociology* vol. 21, n. 6. 2002, p. 782-795

_____. On the Indigenization of Academic Discourse. *Alternatives: Global, Local, Political* vol. 18, n. 3. 1993, p. 307-338

ALATAS, Syed Hussein. 'Intellectual imperialism. Definitions, threats and problems'. *Southeast Asian Journal of Social Sciences* vol. 28, n. 1. 2000, p. 23-45.

AMIN S. *L'eurocentrisme: critique d'une idéologie*. Paris: Anthropos; 1988.

ANZALDÚA, Gloria. and Reuman, Ann. "Coming into play: an interview with Gloria Anzaldúa". *Melus*, vol. 25, n. 2. 2000, p. 3-45.

ARCHER, Margareth. "Sociology for one world: unity and diversity". *International Sociology*. Vol. 6, n. 2. 1991, p. 131-47.

ARJOMAND. Said Amir. "Multiple Modernities and the Promise of Comparative Sociology". In: Arjomand, S. A. e Reis, E. *(eds) Words of difference.* New Delhi: Sage, p. 15-39.

_____. "The rise of interdisciplinary studies in social sciences and humanities and the challenge of comparative sociology". *European Journal of Social Theory vol.* 20, n.2. 2017, p. 292-306.

BUTLER, Kathleen. *Teaching an indigenous sociology: a response to current debate within Australian sociology.* PhD dissertation. Newcastle: University of Newcastle, 2009.

_____. "(Re)presenting indigeneity: The possibilities of Australian sociology". *Journal of Sociology,* vol. 42 , n.4. 2006, p. 369-381.

CANAGARAJAH, A. S. *A geopolitics of academic writing.* Pittsburgh: University of Pittsburgh Press, 2002.

_____. Dipesh *Provincializing Europe: post-colonial tough and historical difference.* Princeton: Princeton University Press, 2000.

COMAROFF, Jean e Comaroff, John. *Theory from the South. Or how Euro-America is evolving toward Africa.* London: Paradigm Publishers, 2011

CONNELL, Raewyn. *Southern Theory: the global dynamics of knowledge in social sciences.* Cambridge: Polity, 2007.

_____. "Sociology for the whole world". *International Sociology,* vol. 26, n.3, 2011, p. 288-291.

_____. "Gender and Social Justice: Southern Perspectives", *South African Review of Sociology,* vol. 42, n. 3, 2011a, p. 103-115.

_____. "A eminente revolução nas ciencias sociais". *Revista Brasileira de Ciencias Sociais,* vol. 27, n. 80, 2012, p. 9 – 20.

_____ e DADOS, Nour. "The Global South". *Contexts vol.* 11, n. 1, 2012, p. 12-13.

CURIEL, Ochy. "Critica poscolonial desde las prácticas políticas del feminismo antirracista". Nómadas, n. 26, 2007, p. 92-101.

DE LA CADENA, M. *Earth beings: Ecologies of practice across Andean worlds.* Duke: Duke University Press. 2015.

FABIAN, Johannes. *Time and the other: How anthropology makes its object.* Columbia, Columbia University Press, 1983.

HOUNTONDJI, Paulin. J. *Endogenous Knowledge: Research Trails.* Dakar: Codesria, 1997.

LATOUR, Bruno. *Reassembling the social: an introduction to actor-network theory*. Oxford: Oxford University Press, 2005.

LAW, John. "What's wrong with a one-world world?" *Distinktion: Scandinavian Journal of Social Theory*, vol. 16, n. 1, 2015,p. 126-139.

_____. *After method: mess in social Science research*. New York, Routledge, 2004.

_____; BENSCHOP. R., 'Resisting Pictures: Representation, Distribution and Ontological Politics' in Hetherington, K. and Munro, R. (eds), *Ideas of Difference: Social Spaces and the Labour of Division, Sociological Review Monograph*. Oxford: Blackwell, 1997, p. 158-182

_____; URRY, John. "Enacting the social". *Economy and Society* vol. 33. n.4, 2004, p. 390-410.

MAFEJE, Achie. "Africanity: A combative ontology". *CODESRIA Bulletin* n. 1, 2000, p. 66–71.

MIGNOLO, Walter. 'Epistemic Disobedience, Independent Thought and Decolonial Freedom'. *Theory, Culture & Society*, vol. 26 , n. 7-8, 2009, p. 159-181.

_____. Delinkig', *Cultural Studies*, vol. 21, n. 2, 2007, p. 449 – 514.

_____. *Local Histories/Global Designs: Coloniality, Subaltern Knowledges, and Border Thinking*. Princeton, Princeton University Press, 2000.

MOL, Annemarie. "Ontological politics. A word and some questions". *The Sociological Review*, vol. 47, n. 1, 1999, p. 74-89.

NYAMNJOH, Francys. 'Potted plants in greenhouses': A critical reflection on the resilience of colonial education in Africa. *Journal of Asian and African Studies* vol. 47, n.2, 2012, p.129–154.

OYEWUMI, Oyeronke. "Conceptualizing gender: the eurocentric foundations of feminist concepts and the challenge of African epistemologies". *Jenda: A Journal of Culture and African Women Studies*, vol. 2, n. 1, 2002, p. 1-9.

PATEL, Sujata. "Afterword: doing global sociology, issues problems and challenges". *Current Sociology* vol. 62, n.4, 2014, p. 603-613.

QUIJANO, Anibal. "Coloniality of power and eurocentrism in Latin America". *International Sociology*, vol. 15, n. 2, p. 215-232.

ROSA, Marcelo C. "Theories of the South: Limits and perspectives of an emergent movement in social sciences". *Current Sociology* vol. 62, n. 6, 2014, p. 851-867.

_____; Marcelo C. "Sociologies of the South and the actor-network--theory: Possible convergences for an ontoformative sociology". *European journal of social theory*, 2016, vol.19, n. 4, p. 485-502.

SANTOS, Boaventura. and Menese, Maria Paula. *Epistemologias do Sul.* Coimbra: Almedina/CES, 2009.

SPIVAK, Gayatri. "Can the subaltern speak". In: Nelson, C. and Grossberg, L (eds). *Marxism and interpretation of culture.* London: Macmillan, 1988.

Sztompka, Piotr. "Another sociological utopia". *Contemporary Sociology*, vol. 40, n. 4, 2011, p. 388-397.

VERRAN, Helen. "Anthropology as ontology is comparison as ontology". *Fieldsights. Theorizing the contemporary. Cultural anthropology online* n. 13, 2014. Acesso em: 15 nov. 2017.

WALSH, Catherine. E. "The (re) articulation of political subjectivities and colonial difference in Ecuador: Reflections on capitalism and the geopolitics of knowledge". *Nepantla: Views from south*, vol. 3, n. 1, p. 61-97.

Parte II: Colonialismo e trânsito das ideias

Rabindranath Tagore e a Nação Universal: comunidade e nação discutidas a partir de escritos de um espírito indiano[1]

Cláudio Costa Pinheiro

Sometimes legends make reality, and become more useful than the facts.
Salman Rushdie, *Midnight's Children*, 1981, p. 47

Introdução

O nome do poeta, artista e ativista político indiano *Rabindranath Tagore* é razoavelmente conhecido no Brasil, embora jamais tenha estado ali durante sua vida (salvo por uma breve passagem a caminho de Buenos Aires). Tanto quanto na maioria dos países ocidentais, algumas de suas principais obras foram traduzidas para o português. Tanto quanto na maioria dos países ocidentais, todas as suas obras editadas no Brasil consistiam de traduções desde o inglês (e em menor caso, de outras línguas europeias), mas jamais do bengalês (onde haviam sido originalmente escritos). Alguém pode imaginar que tudo o que se conhece sobre o famoso poeta chegou ao Brasil através da Europa. Mas nem tudo foi assim.

Em 1947, um pequeno livro inédito de poemas intitulado *Canções da Imortalidade* foi publicado em São Paulo. O livro havia sido escrito por Pedro Machado e também assinado por *Rabindranath Tagore*. Esse não era o primeiro livro do poeta indiano publicado em língua portuguesa e no Brasil, mas era muito provavelmente o primeiro que ele teria escrito após sua morte, seis anos antes, em 1941.

Naquele ano de 1947, o mesmo da independência da Índia, Tagore já era um autor supostamente conhecido no Brasil, com nove de seus livros editados no país. Mas aquele obscuro livro de menos de cem páginas, seria o primeiro de muitos pretensamente escritos pelo poeta indiano após sua própria morte. Entre 1947 e 2011, foram publicados no Brasil mais de vinte livros, cuja autoria foi

---

[1] O presente capítulo é uma versão mais avançada de apontamentos que publiquei em Pinheiro, 2016, p. 283-308.

atribuída ao "espírito do poeta Rabindranath Tagore". Todos esses livros eram inéditos e alguns deles foram inclusive traduzidos para outras línguas: como o alemão, o esperanto e o italiano.

A curiosa historia da escrita e publicação de mais de duas dezenas obras co--produzidas *espirito de Rabindranath Tagore* oferece uma interessante oportunidade para considerar aspectos relacionados a circulação de ideias e a produção de imagens relacionadas a Índia e ao "Oriente" no Brasil. Analisar a forma pela qual os escritos de Tagore (ou sobre ele) transitaram ao longo do século XX e XXI, ajuda a considerar como se deu a circulação do conhecimento sobre o Oriente. Também ajuda a observar que temas foram associados ao Oriente ao longo do tempo, contrastando estruturas de poder do colonialismo imperialista e seus legados para os Estados nacionais à outras redes que existiram por fora destes quadros – contrastando centros e periferias coloniais e pós-coloniais.

Boa parte daquilo que se escreveu a respeito do Oriente nos últimos quarenta anos dialoga, forçosamente, com o debate sobre o conceito de *Orientalismo* – inaugurado pelo goês José Frederico Ferreira Martins (1950), sacramentado por Anouar Abdel-Malek (1963) e finalmente conceitualizado por Edward Said (1978). O argumento fundamental da ideia de *Orientalismo* – como uma forma de imaginação (política, econômica, social e culturalmente) ocidental ulteriormente associada a uma estrutura de poder à serviço da ação colonial – marcou profundamente a intelectualidade internacional e contribuiu para consolidar campos de conhecimento sobre o outro. O debate sobre orientalismo também foi uma influencia fundamental para a consolidação de campos como os *estudos pós-coloniais* e suas adjetivações (estudos subalternos, decoloniais etc).

Deste debate podemos derivar o argumento de que, na Modernidade, a prerrogativa da imaginação sobre contextos coloniais (seus povos, territórios e a constituição da nação) consolidou-se como prerrogativa dos próprios colonizadores, seus descendentes e aparatos de Estado. Esta circunstancia reforça uma clivagem que opõe centros que imaginam e periferias que são produtos da imaginação (politica, cultural, econômica e social), enquanto atributos de poder do primeiro.

Nesse quadro, Rabrindranath Tagore oferece um bom mote para pensar o colonialismo e a agenda do debate pós-colonial, assim como seus pontos cegos. A forma como os escritos e as imagens do poeta circularam é, ademais, útil para pensar o imperialismo britânico e a *anglomania* (BURUMA, 2001) que assolaram o mundo a partir do século XVIII, mas também ajuda a refletir sobre espaços de *pensamento autônomo* (ALATAS, 2006) que se produziram para além da estrutura da dita colonialidade ou que dialogam com ela em outras instancias.

O presente capitulo pretende oferecer uma contribuição à história de como Tagore, e a Índia, foram produzidos pela imaginação brasileira, observados desde o mercado editorial e do contexto religioso local, durante o século XX.

Tagore e o Ocidente

Rabindranath Tagore (1861-1941) foi uma das figuras mais conhecidas do século XX. Juntamente com Mahatma Gandhi, Jawaharlal Nehru ou Aurobindo Ghosh, está entre os primeiros nomes que vem a cabeça de qualquer um quando pensamos na Índia. Suas obras literárias foram extensamente publicadas em vários idiomas e em diversas partes do mundo.

No ocidente, seus escritos despertaram imenso interesse e não é difícil seguirmos a evolução dessa curiosidade ao longo do século XX. A história desse interesse ocidental é mais facilmente observada através dos caminhos pelos quais Tagore foi traduzido e publicado – inicialmente em inglês, daí algumas das principais línguas europeias, como francês ou alemão e, posteriormente, em outros idiomas e contextos culturais e intelectuais periféricos, a América Latina (e o Brasil) e partes da Ásia.

Nascido em uma importante família da Bengala – simultaneamente Brâmane e abastada – Rabindranath já era um personagem extremamente conhecido dos círculos intelectuais, artísticos e políticos indianos quando foi "descoberto" na Europa. Contribuiu definitivamente para sua fama no Ocidente, ter sido laureado com o Premio Nobel de Literatura, em 1913, por *Gitanjali* (escrito em bengalês, 1908, e versado para o inglês, 1912). O Nobel evidentemente aguçou a curiosidade de comunidades literárias ao redor do mundo para aquele que seria o primeiro autor não--europeu e, ademais, um *colonizado* a receber essa premiação – e continuaria a ser o único até 1945, quando a chilena Gabriela Mistral foi premiada.

Nessa altura, aos 52 anos, Rabindranath era uma grande referência na própria Índia. Havia publicado diversos livros e peças de teatro sendo uma presença constante na cena artística de sua Bengala natal. Também já havia inaugurado Visva-Bharati (mais tarde uma das universidades mais importantes da Índia), além de assumir vários dos negócios da família – principalmente, mas não apenas, no mercado editorial. Igualmente relevante era o fato de que ele fosse uma das vozes ativas da arena política indiana (BHATTACHARYA, 2011, p. 90-7).

A projeção advinda do Nobel criou um verdadeiro frenesi sobre sua figura e aumentou exponencialmente o interesse internacional (e mesmo indiano) por conhecê-lo e a outras de suas obras. Parte de suas primeiras publicações em inglês reiteravam uma mensagem de compaixão, amor e a valorização de uma unidade universal do Homem e chegaram ao ocidente, especialmente à Europa, no exato momento que eclodia a 1ª Guerra Mundial. A receptividade (positiva e negativa) que seus escritos tiveram foi baseada nessa circunstancia (HAY, 1962 e 1970; Bhattacharya, 2011, p. 108; Sanyal, 2010, p. 2). Especialmente nos anos que seguiram 1914, pronunciou várias conferencias e escreveu contra um tipo de ideologia nacionalista do período, a que ele atribuía os males de origem da 1ª Guerra Mundial (TAGORE, 1917; CHATTERJEE, 2011).

Não gratuito então que a maior parte das publicações de Tagore nas principais línguas europeias tenha acontecido logo após a premiação por *Gitanjali*. Esse livro em particular inaugurou uma verdadeira *Tagoremania*, inicialmente na Inglaterra – aonde teve treze diferentes edições apenas entre março e novembro de 1913 (SANYAL, 2009, p.1). Na sequência da premiação do Nobel, houve uma verdadeira enxurrada global de traduções e publicações de suas obras em vários países do mundo.

O próprio Rabindranath gostava de considerar que sua contribuição para a literatura ocidental era parte de outra existência social, parte de sua "encarnação estrangeira", como escreveu a seu amigo William Rothenstein (*apud* SEN, 1961, p. 275, e DALVAI, 2008). Seguir a forma pela qual seus escritos foram recebidos por diferentes audiências, em diferentes idiomas e contextos regionais e nacionais ajuda a perceber que deveríamos considerar a existência social de Tagore no Ocidente a partir de sua pluralidade. A partir de suas várias "encarnações".

A ideia de *encarnação*, central para a reflexão que se segue, remete inicialmente a esta metáfora usada pelo próprio Tagore para tratar da recepção de *Gitanjali* e compreendia e incorporava a bidimensionalidade de sua obra: a maneira diferente como havia sido produzido no Oriente e no Ocidente. Esta metáfora foi recorrida por vários autores que analisaram sua obra ratificando a dita bidimensionalidade, como veremos em seguida. No caso brasileiro, a ideia de reencarnação assume um duplo registro: a mesma metáfora (considerando como a obra de Tagore foi traduzida, publicada e lida no Brasil) e outra não-metáfora. Esta se refere ao fato que mais de vinte livros publicados no Brasil, e atribuídos ao poeta, correspondem a psicografias produzidas por seu espírito, canalizado por diferentes médiuns, ao longo de mais de sessenta anos.

Sobre traduções e reencarnações de Tagore pelo mundo

As traduções não são a única forma de compreendermos as circunstancias da recepção das obras de Tagore em diferentes partes do mundo. No entanto oferecem uma chave de observação de diversas variáveis que ajudam a comparar sua recepção em diferentes línguas, e contextos regionais, nacionais, coloniais e pós-coloniais.

A recepção ao poeta no ocidente nos anos que seguiram 1913 se marcou por longas discussões sobre quem ele era, a natureza de seus escritos e a qualidade de suas traduções. Mesmo com a inexistência de uma comunidade literária capaz de compreender bengalês fora da Índia, a sensação em várias partes da Europa era de que nas traduções de Tagore para o inglês muito da qualidade do texto original se havia deteriorado (SEN, 1961). Os editoriais de diversos jornais europeus enfatizam essa circunstancia que era complementada pela forma como reagiram intelectuais e escritores do velho continente ao texto do poeta indiano. Não houve indiferença. Houve leitores entusiasmados (W. B. Yeats e Ezra Pound, particularmente), duvidosos (tal como E. M. Foster), curiosos (como Stefan Zweig) e céticos (Herman Hesse).[2] Houve, claro, ainda, aqueles seguros de que os poemas representam uma literatura frágil e superficial e que o poeta era uma espécie de místico charlatão – Georg Lukács (1922) foi um desses.[3]

De fato, o próprio Tagore não era alheio a nada disso. Ele sabia que suas traduções para outras línguas – mesmo aquelas que ele próprio realizou em inglês com ajuda de Yeats, de seu sobrinho Surendranath Tagore e outros – representavam um grande empobrecimento dos originais em bengalês, constituindo quase outros textos (SEN, 1961; BHATTACHARYA, 2011; DALVAI, 2008, p. 20). Isso, claro, contribuiu para que sua imagem e sua mensagem fossem recebidas de forma diferente do original. O próprio poeta reconhecia que os textos mudam com a tradução, assim como as expectativas dos leitores em diferentes línguas e contextos.

Portanto, tomar a existência social de Tagore no ocidente e no oriente como diferentes *encarnações* requer atentar para as circunstancias nas quais o poeta foi publicado, tanto em relação a comunidades literárias locais, como também em relação a contextos políticos e religiosos. Em vários países europeus a recepção de Tagore dialogava com um campo de produção de conhecimento sobre a Índia em particular, e o "oriente" em geral, marcado pela empreitada colonialista na Ásia.

Na primeira metade do século XX, Tagore e a Índia jamais tiveram existências autônomas – falar de Tagore era falar de Índia e vice-versa. Nesse sentido, a Inglaterra foi decisiva na mundialização de Rabindranath Tagore. Seus escritos começaram a ser publicados ali em 1912 e ganharam o mundo. De fato, as traduções inglesas de Tagore foram a origem desde onde se produziram quase todas as tradu-

---

2   Para as reações de Zweig y Hesse a Tagore, ver Kämpchen, 2003. http://www.parabaas.com/rabindranath/articles/pMartin1.html

3   Kämpchen y Das Gupta (2014), organizam um volume que mapeia grande parte da circulação das traduções de Tagore em distintos contextos.

ções para todos os demais idiomas e contextos do mundo, o que se justifica pela centralidade política e cultural da Inglaterra (grande império colonial do período) e da língua inglesa. Augustín Blanco (2000, p. 125 e 1985, p. 159-71) sugere que mostrar interesse por ler e traduzir Tagore na Espanha das primeiras décadas do século XX supunha não apenas um interesse pelo orientalismo e pelo exótico, "fenômeno da moda em todo o ocidente de sua época, se não também interesse pelo mundo anglo-saxão, incluindo o conhecimento do inglês como língua de cultura."

O impacto de sua intensa acolhida em contextos intelectuais centrais da Europa como França (CHARTIER, 2004)[4], Alemanha (KÄMPCHEN, 1997)[5] e fundamentalmente, a Inglaterra inspiraram a sua recepção em contextos menos centrais, justificando o entusiasmo com que foi recebido em lugares como Itália (FLORA, 2008 e PAPPACENA, 1952), Holanda (DASGUPTA, 2002), Espanha (BLANCO, 1985

---

[4] Na França, André Gide – e, depois, Romain Rolland – foi um dos primeiros autores renomados a se impressionar por Tagore, tendo ele mesmo traduzido Gitanjali vários de seus textos para o francês em 1913. Gide e em muito maior grau Rolland foram autores particularmente dedicados interessados pelo oriente. Gide prefaciou as obras do egípcio Taha Hussein (GITON, 2003-4, p. 48), enquanto Rolland escreveu várias obras sobre Índia e temas ligados ao oriente.

[5] Na Alemanha, as obras de Tagore começaram a ser publicadas no ano de 1914 (*Chitra, o Jardineiro e Gitanjali*). Até 1930, ano em que Tagore visita a Alemanha, cerca de trinta e cinco obras são publicadas, com exceção de uma tradução direta do bengalês, todas as demais, desde o inglês. Até 1997, mais de cento e dez títulos são editados e reeditados em alemão, no total vinte e quatro traduzidos diretamente do bengalês. O interesse despertado por Tagore na Alemanha pode ser também percebido pela quantidade de livros, artigos e comentários (de diversas naturezas e publicados em diferentes veículos) a respeito do poeta, quase trezentos textos entre 1914 e 1997 (KÄMPCHEN, 1997).

e 2000)⁶, Portugal (SANYAL, 2010; MASCARENHAS, 1943) ou Suécia⁷, e tantos outros. A forma como a figura e a obra de Tagore circularam mundialmente ilustra muito bem uma estrutura de dependência cultural construída a partir do colonialismo e de sua influencia cultural. Na sequência de suas primeiras traduções na Inglaterra em 1912, foi traduzido na França (*Gitanjali*) no mesmo ano; em 1913, na Alemanha (*Chitra, o Jardineiro e Gitanjali*), na Holanda (*Gitanjali*), na Espanha (*Gitanjali*); em 1914, no Brasil (*Gitanjali*), em Goa (*Chitra*), na Suécia (*o Jardineiro e a Lua Crescente*); em 1915, em Portugal (*Lua Crescente*), entre tantos outros.

A publicação na Inglaterra também garantiu a circulação global de seus escritos e seu consumo por outros públicos; assim, comunidades intelectuais que não eram tão politicamente centrais começaram a ter versões das obras de Tagore no vernáculo local, logos após 1914 – na Áustria, nos países Nórdicos ou nos Estados Unidos ou na América Latina. Em um tempo aonde a velocidade da comunicação era bastante menos intensa, a maioria dos países ocidentais e várias de suas ex-colônias já podia ler Tagore em seu vernáculo local, menos de cinco anos depois de seu *debut* europeu.

---

6   Na Espanha, embora as primeiras publicações sejam creditadas ao casal Juan Ramón Jiménez e Zenobia Camprubi Aymar que traduziu o poeta indiano intensamente – do inglês ao espanhol – entre 1915 e 1922, alguns dos poemas de *Gitanjali* já haviam sido publicadas no jornal *La Tribuna*, de Madri, em agosto de 1913, antes da premiação do Nobel. Esses poemas de *Gitanjali* haviam sido traduzidos pelo novelista Ramón Pérez de Ayala, a partir do inglês (Blanco 2000, p. 119). Toda a primeira geração de tradutores espanhóis de Tagore compartilhavam um ambiente intelectual e literário altamente anglófilo. Muitos desses, além de escritores e poetas conhecidos, também eram tradutores de outros clássicos da literatura de língua inglesa, de Dickens a Shakespeare e Oscar Wilde (BLANCO 2000, p. 126-ss). Seja como for, mesmo no caso espanhol, a recepção de Tagore se via condicionada ao sucesso que havia feito na Inglaterra, mais do que ao Nobel. O sucesso da receptividade de Tagore na Espanha foram tamanhos que, em 1927, uma pesquisa realizada com leitores do jornal madrileno *El Sol* o apontava como o segundo autor estrangeiro mais lido do país, ficando apenas um voto atrás do francês Anatole France (BLANCO: 2000, 119). Na poesia espanhola do principio do século XX, por exemplo, teve uma forte influência, especialmente na obra de Juan Ramón Jiménez (1881-1958), também nobel de literatura (GANGULI, 1989), o que, de resto, se espraia em outros contextos e na obra de outros autores importantes, como Pablo Neruda, Gabriela Mistral e Octávio Paz (LOUNDO, s/d).

7   Na Suécia, o interesse pela Índia e o conhecimento de Tagore não eram pequenos e precediam sua "encarnação ocidental". Além da Academia Sueca haver laureado o Nobel de literatura ao poeta em 1913, o príncipe William (duque de Sörmland) havia visitado Calcutá em 1911, conhecido a família Tagore e publicado sobre esse episódio em suas memórias. A partir de 1914, P.A.Norstedt & Söner förlag publicou vinte e seis diferentes títulos de Tagore, dois dos quais foram traduzidos do francês, o restante diretamente do inglês.

É importante esclarecer que praticamente todas as publicações de Rabindranath Tagore em quaisquer outras línguas que se fizeram a partir de 1912, derivavam das edições britânicas. As raras traduções diretamente dos originais em bengalês justificaram-se por razões bastante circunstanciais. Houve também um processo de retraduções (traduções das traduções) razoavelmente relevante – como do russo ao alemão, do espanhol ao português, do francês ao sueco e ao português etc.

Houve também, além disso, um processo de adaptações dos textos em inglês para outros contextos que, antes de se comprometerem à tarefa de uma tradução fidedigna, procuravam um compromisso com a proposta ontológica do homem universal que Tagore enfatizou em sua "encarnação ocidental".[8] Nesse processo, seus tradutores foram bastante importantes, não apenas na recriação dos textos, mas na construção de legitimidades locais para Tagore.

Seus tradutores tiveram um papel fundamental na forma pela qual sua obra foi recebia e reconhecida. Muitos estavam interessados em traduzir essa figura exótica que ganhava rápida projeção internacional a partir de textos que constroem a pertinência de um Homem Universal em um período de fortalecimento de nacionalismos e de etnicização do debate político, sobretudo na Europa. Ao mesmo tempo, seus tradutores emprestam autoridade e pertinência à figura e constroem espaços de enunciação para a obra do poeta indiano. Parte importante dos tradutores de Tagore ao redor do mundo foram figuras cultural, política e intelectualmente relevantes de seu tempo e países, como os casos W. B. Yeats e Ezra Pound na Inglaterra, André Gide na França, Frederik van Eeden na Holanda, Juan Ramón Jiménez na Espanha, entre tantos outros. Vários dos tradutores ou dos escritores que estiveram envolvidos com a circulação de suas obras na Europa foram, eles mesmos, prêmios Nobel de literatura – Gide (1947), Yeats (1923), Juan Jiménez (1956), Rolland Romain (1915), Frederik van Eeden (nomeado em 1928) e outros.

Leituras de Tagore desde as margens

Tagore foi, muito provavelmente, o primeiro autor "não ocidental" a circular mundialmente. Embora as razões de seu sucesso global possam ser muito mais entendidas em termos do lugar de enunciação de onde ele se projeta – o coração do império britânico, a língua inglesa e o premio Nobel – isso não diminui a importância de ter sido o primeiro autor "periférico" a ser lido em outras "periferias". Novamente, poder-se-ia argumentar que as circunstancias em torno de sua esfuziante na Europa

---

8   DAS GUPTA (2002, 456-ss) reforça isso para o caso das traduções holandesas realizadas por Van Eeden e outros.

ocidental ajudem a explicar seu impacto no resto do mundo, sobretudo em contextos intelectuais periféricos. Isso pode, em parte, se aplicar à forma como seus escritos impactaram ambientes literários, intelectuais e políticos em lugares como Suécia, Europa Ibérica (HESPANHA, 1999; BARRETO, 1999, MASCARENHAS, 1943; BLANCO, 2000), Ásia central, China (HAY, 1970 e CHUNG ET AL, 2011), Japão (HAY, 1970), Tibet (ROBIN, 2005)[9] ou América Latina (CHACON, s/d; LOUNDO, s/d, GASQUET, 2008).

Certamente a recepção europeia foi inspiradora. Na América Latina foi lido diretamente em edições inglesas, francesas ou alemães, como também nas traduções locais a partir das publicações britânicas. Essa forma de circulação de ideias, imagens e publicações reforça o que Said (1978) marcou a respeito do orientalismo como uma forma de poder prioritariamente produzida a partir do colonialismo e onde as periferias coloniais (e pós-coloniais) compareciam como predicados da imaginação de suas metrópoles (e ex-metrópoles).

Não obstante a forte influencia de leituras orientalistas produzidas pela *anglofonia* e *francofonia*, a recepção de Tagore na "periferia" colonial e pós-colonial não foi nem homogênea, tampouco exclusivamente dependente de tradições literárias das metrópoles europeias. As formas de ler Tagore e o impacto que o poeta teve nesses contextos não se explicam somente por um mecanismo de emulação da periferia pelo centro. As consequências e os desdobramentos (como a influencias de Tagore em cada um desses contextos em particular) também escapam grandemente a uma lógica da circulação de ideias por adição ou por imitação à sua encarnação europeia.

Se considerarmos o contexto Ibérico, há um contraste importante entre a *hispanofonia* e a *lusofonia*, aonde Brasil e Portugal, contrastam com a forma pela qual os mesmos temas circularam entre a América do Sul e Central aonde havia grande dialogo e circulação de edições entre México, Chile, El Salvador, Guatemala e Argentina conforme marcam ARZÚ (2001, 2002, 2011) e GASQUET (2008).

No caso da lusofonia, o quadro político faz ainda maior diferença na forma como Tagore foi lido e publicado. Portugal ainda era um império (com possessões coloniais na própria Índia) e o Brasil, embora já não mais uma colônia continuava fortemente

---

9   Em lugares como Tibet, os escritos de Tagore chegaram apenas nos anos 1980. Em 1984, Gitanjali é traduzido para o tibetano por Angrup Lahuli professor do Instituto Central de Estudos Superiores de Sarnath, em Varanasi (Índia), e a publicação foi editada em Delhi para a distribuição no Tibet. As traduções de Tagore nesse contexto são interessantes pois abrem caminho para outros autores indianos como Naipul e Narayan e são editadas em revistas literárias chinesas cuja circulação é destinada ao Tibet (ROBIN, 2005, p. 23-4).

identificado com a Europa, política e culturalmente. As duas circunstancias interferem decisivamente nas formas como o autor circulou no contexto da lusofonia.

O sucesso europeu e a premiação do Nobel também foram importantes motivações para a tradução dos textos de Tagore em língua portuguesa. Entre 1914 e 2010, pouco mais de trinta obras foram traduzidas e publicadas em língua portuguesa, ao longo de mais de centro e trinta edições e reedições – quase quarenta em Portugal e perto de noventa no Brasil. Embora trate-se do mesmo idioma, as circunstancias da tradução portuguesa e brasileira apontam tanto para semelhanças como para diferenças e, em ambos os casos, para um contexto multifacetado da recepção do autor indiano.

Em 1914, enquanto a peça Chitra (*Chitraganda*), era impressa em português em Nova Goa (SANYAL, 2010, p. 350-ss), *Gitanjali* era publicado no Brasil. Embora editadas no mesmo ano e na mesma língua, as duas obras ilustram diferenças significativas que marcariam a *encarnação* lusófona de Rabindranath Tagore – os caminhos das traduções e leituras do poeta no Brasil e em Portugal ao longo do século XX.

A circunstância da tradução de *Chitraganda* ilumina bem o contexto no qual Tagore é, ao menos inicialmente, recebido em Portugal. A peça foi publicada em um periódico de Nova Goa (atual Panjim) a partir de uma tradução da versão inglesa de 1913 pelo historiador e escritor goês José Frederico Ferreira Martins (1874-1960). Martins foi um autor prolifico que publicou mais de trinta obras ao longo de sua vida: umas poucas traduções de textos clássicos indianos, e uma boa quantidade de livros de cunho épico glorificando os feitos do colonialismo português em Ásia.
Neste sentido, Martins não é exatamente uma figura excepcional. Grande parte das memórias portuguesas a respeito da Índia se organizam a partir de uma experiência colonial que se estende do século XV ao XX, numa longa tradição de pensamento sobre o "oriente", especialmente sobre a Índia. Essas memórias sobre a Índia/Ásia/Oriente ensejam aquilo que o historiador português Antonio Hespanha, inspirado pela reflexão de Edward Said (1978), chamaria de *Orientalismo Português* (1999)[10] organizando a forma como se produzia conhecimento sobre esse "outro".

Ironicamente, portanto, a primeira edição de Tagore em língua portuguesa, havia sido publicada na própria Índia, traduzida desde o inglês (e não do original em bengalês) por um autor profundamente comprometido com o colonialismo

---

10 Conforme sobredito, o próprio José Frederico Ferreira Martins escreveria sobre esse orientalismo português anos mais antes de Hespanha (MARTINS, 1950).

português. Igualmente, uma das primeiras manifestações da imprensa portuguesa a respeito de Tagore reforçam a circunstancia de que sua recepção só poderia se fazer a partir da compreensão colonialista do que a Índia representava para a Europa. Segundo Sanyal (2010, p. 347) o *Diário de Notícias* de Lisboa recebia assim o anuncio do premio Nobel de Literatura de 1913: "O premio Nobel da literatura de 1913 foi concedido ao poeta anglo-hindu Rabindranath Tagore". Apresentar Tagore como anglo-hindu (etnônimo também usado para classificar os goeses, "indo-portugueses") é produto, diria Antonio Hespanha, de um olhar europeu enviesado sobre o outro, marcado por uma experiência histórica que produzia "campos de observação e instrumentos de analise criados pela prática colonial" (1999, p.16).

As traduções de Tagore realizadas por José Martins também exemplificam outro aspecto. Esse era um momento – fins do século XIX e princípios do XX – aonde a importância de Portugal como império colonial era profundamente diminuída e quando a compreensão lusitana a respeito da Índia confiava na mediação britânica. Tanto no caso de Tagore quanto de traduções de textos clássicos indianos realizadas por José Martins sempre se faziam desde as versões da língua inglesa e nunca dos idiomas originais (do sânscrito ou do bengalês, por exemplo) nos quais essas obras haviam sido escritas. Ou seja, o que se recebia em Portugal sobre a Índia era sempre produto de um consumo indireto.

Após a edição de *Chitra* (1915), a próxima edição portuguesa de uma obra de Tagore viria com *O Jardineiro do Amor (The Gardner)*, publicada no Porto em 1922. *Lua Crescente*, publicada em Lisboa em 1915, era uma reimpressão da edição brasileira do mesmo ano (com tradução de Plácido Barbosa), e *Poemas em Prosa* consistia de uma coletânea de poesias dispersas (extraídas de *Gitanjali* e *Shishu*, igualmente traduzidos por José Martins) que havia sido publicada em 1916 no jornal goês *O Heraldo* e também um numero especial da Revista da Faculdade de Letras de Lisboa.

Certamente o ambiente literário e intelectual da Índia portuguesa não se resumia a publicações que louvassem o colonialismo e suas benesses. Sobretudo após 1910, com a proclamação da república em Portugal e o retorno das discussões a respeito da emancipação da colônia indiana, o ambiente literário-intelectual goês ganha novo brilho com a tradução de autores indianos modernos ao português (SANYAL, 2010; PINTO, 2007). Essa circunstancia vai paulatinamente se acirrando e, ao longo das décadas de 1920 e 1940, um grupo de intelectuais goeses organizados ao redor de um grêmio acadêmico em Coimbra (o *Instituto Indiano*), em cujo jornal (ÍNDIA NOVA, 1928-29), publicaram as primeiras traduções de autores indianos (Aurobindo, Sarojini Naidu, Chandra Bose e outros) diretamente de suas línguas maternas. Destacam-se nesse grupo Adeodato Barreto (1904-1936) e Telo de Mascarenhas (1899-1979) que tiveram um papel particularmente ativo na resistência cultural e politica ao colonialismo português na Índia. Mascarenhas foi o responsável pelas edições mais importantes de Tagore em língua portuguesa, tendo sido o primeiro e único a traduzir o poeta diretamente do bengalês, logrando, ademais editá-lo em Lisboa na década de 1940 (SANYAL, 2010, p. 349). As traduções de Mascarenhas – *A Casa e o Mundo* (1941), *Çaturanga* (1942), *O Naufrágio* (1942), *A Chave do Enigma e outros contos* (1943) – se produzem em um contexto de debate nacionalista de uma elite intelectual goesa que procura criar conexões entre a Índia portuguesa e o restante da Índia sob domínio britânico, em um contexto de acirramento do debate a respeito da independência que aconteceria poucos anos depois (em 1947). Sanyal (2010, p. 350) considera as traduções de Mascerenhas no escopo de iniciativas de resistência política ativa promovidas por esses intelectuais goeses contra o colonialismo português, desde Portugal.

Assim, inicialmente as primeiras edições de Tagore no contexto português foram publicadas na própria Índia dentro dos quadros do colonialismo luso, mas realizadas a partir de traduções do inglês. Ironicamente, aquelas mais tardias e marcantes se publicaram em Portugal, a partir de traduções do original em bengalês, inspiradas pelo debate em torno da independência de Goa. A recepção de Tagore em Portugal e na Índia portuguesa, inspiram-se portanto, da tensão de um campo intelectual e politico comprometido com a manutenção de um colonialismo decadente e das memorias de seus tempos gloriosos, como também das tentativas de uma *intelligentsia* goesa de promover um dialogo amplo com o restante da Índia colonizada.[11] Desde a independência da Índia até hoje apenas cinco outros títulos de Tagore foram publicados em Portugal, traduzidos majoritariamente de edições inglesas e do espanhol. Mas isso não é, ainda, todo o quadro que respeita a lusofonia.

O contexto brasileiro é bastante tanto distinto. No Brasil, as primeiras publicações locais (de autores brasileiros ou estrangeiros) a respeito a Índia datam de fins do século XIX e princípios do século XX.

Por um lado, as memorias do colonialismo português no oriente não eram estranhas – e até lembradas positivamente.[12] Isso se reflete inclusive na constituição

---

11 Para uma analise mais detalhada da recepção de Tagore em Portugal, ver os trabalhos de SANYAL (2010) e para uma compreensão do contexto intelectual e de publicações de Goa, ver ROCHELLE PINTO (2007).

12 Alguns importantes autores brasileiros escreveram relembrando os feitos do império ultramarino, como o famoso escritor Coelho Neto que publicou *A descoberta da Índia*,

do acervo das principais bibliotecas brasileiras a respeito da Índia – a maior parte do que se encontra disponível para se conhecer sobre o subcontinente no Brasil, se remete ao colonialismo (português e britânico). Por outro lado, começam a aparecer publicações que sugerem outro tipo de interesse e curiosidade brasileira a respeito da Índia. Embora apareçam menções ao subcontinente associado ao "oriente" em alguma literatura de viagem (PRADO, 1902), a Índia surge como um tema muito mais fortemente identificado à uma literatura de cunho religioso, moral, espiritual, esotérico etc. Cumpre um papel importante nesse quadro a influencia marcante do espiritismo Kardecista de origem francesa (LEWGOY, 2008), da maçonaria, da ordem Rosacruz e da a posterior entrada da teosofia e outras sociedades secretas, que aportam no Brasil entre o século XIX e princípios do XX (POLLETTO, 2012). Em todas essas práticas há uma presença importante de determinados repertórios de conceitos (de reencarnação, karma etc) e imagens inspirados em uma certa religiosidade genericamente associada ao hinduísmo e à Índia (aspectos que, para as audiências brasileiras, se confundiam).

A publicação de *Gitanjali* em São Paulo, em 1914, ilustra bastante bem essa circunstância. Pode parecer natural que o primeiro texto de Tagore publicado no Brasil tenha sido aquele pelo qual ele havia sido laureado com o Premio Nobel – afinal esse foi um de seus primeiros a ser quase universalmente traduzido – e que deu origem à *Tagoremania* que assolou o mundo depois de 1913. Uma observação apressada das circunstancias em torno da edição brasileira de *Gitanjali* poderiam sugerir que, acima de tudo, um autor indiano seria mais facilmente aceito no Brasil depois de ter ganhado fama na Europa. Afinal a elite letrada local – abertamente francófona e simpaticamente anglófila – estaria mais inclinada a ler Victor Hugo, Rabelais, Stendhal ou mesmo Yeats em primeiro lugar. O próprio Tagore decepciona-se com esse aspecto em relação aos intelectuais argentinos que conheceu em sua estadia em San Isidro, em 1924, na sua opinião, excessivamente dependentes da Europa (DYSON, 1988).

Um olhar mais detido sobre a edição brasileira oferece outros elementos para compreender a forma como o poeta foi, desde o início, lido no Brasil. A publicação consistia dos poemas originais, do prefácio original de W. B. Yeats e ilustrações, de Tagore (em posturas contemplativas, com um olhar num horizonte infinito), e por símbolos ocultistas. O texto foi publicado pela editora *O Pensamento* e traduzido por

---

em 1898, em comemoração aos quatrocentos anos da chegada de Vasco da Gama ao subcontinente.

Bráulio Prego. Embora tenha sido o primeiro tradutor brasileiro de Tagore, Prego não traduziu nenhuma outra de suas obras, mas sim diversas outros livros sobre ocultismo e maçonaria, e era apresentado no frontispício de *Gitanjali* como o "Diretor do Circulo Esotérico da Comunhão do Pensamento". A editora O Pensamento, fundada em São Paulo em 1907, foi precursora no Brasil em temas como: esoterismo, yoga, ocultismo, meditação, *karma*, medicina alternativa, filosofia indiana e outros temas genericamente associados a um oriente místico. Seu publico era composto preferencialmente de adeptos da maçonaria, teosofia, do espiritismo kardecista e de pessoas interessadas por ocultismo. Além de Rabindranath Tagore, O Pensamento foi a primeira a publicar autores como H. Blavatsky, Annie Besant, C. Leadbeater, Ernest Wood, Arthur Powell, Geoffrey Hodson, Radha Burnier, J. Krishnamurti e o Yogui Ramachakara em língua portuguesa (RAMACHANDRA 2007).

Como parte de uma investigação mais ampla, recompilei e cataloguei todas as obras relacionadas a Índia realizadas no Brasil – sendo consideradas as publicações de autores brasileiros e estrangeiros editados no Brasil e de autores brasileiros em outros idiomas. Nessa investigação foram identificadas e observadas todas as publicações de Tagore no Brasil e foi possível comprovar que as primeiras edições do autor nesse pais, sobretudo até a década de 1950, cumprem um papel muito importante no quadro geral das publicações relacionadas à Índia, tanto quanto na codificação do que eram as representações brasileiras quanto aquele país. Do século XIX até 1948, quando Brasil e Índia trocam embaixadas, Rabindranath Tagore é o único autor indiano publicado no Brasil. Além disso, suas publicações constituem dois terços de todas as edições relacionadas a Índia no Brasil. Dele são publicados nove títulos ao longo de vinte e cinco edições e reedições – *Gitanjali* (em 1914, reeditado em 1929 ainda na tradução de Bráulio Prego e, outras a partir de outros tradutores), *Lua Crescente* (publicado inicialmente em 1915 e reeditado em 1917, 1920 e 1923), uma coletânea *Poemas Escolhidos* (1925), *O Jardineiro* (1927), *A Religião do Homem* (1931), *Chitra* (1936), e *A colheita dos frutos* (1945), *Memórias* (1946) e *Pássaros Perdidos* (1946).

No mesmo período, são publicados no Brasil outros treze livros relacionados à Índia, três deles de autorias de brasileiros e os demais de norte-americanos. Se incluímos as obras do poeta indiano nesse quadro, vemos que mais de noventa por cento das publicações relacionadas a Índia no Brasil são traduzidas da língua inglesa a partir de edições britânicas e norte americanas. Apenas uma parte muito pequena desses (quase 7 %) corresponde à textos originais de autores brasileiros. Essas publicações lidam com história (fundamentalmente do colonialismo português e britânico), literatura de viagem e, majoritariamente, religião e ocultismo (aproximadamente 90% dos títulos). Até a primeira metade do século XX, portanto, quase tudo o que chega ao Brasil a respeito da Índia depende, quase invariavelmente, da mediação europeia, marcadamente britânica. O fato das edições brasileiras serem realizadas nessas circunstancias demonstrariam também que a influencia cultural de Portugal já se desvanecia dando lugar à Inglaterra e também, possivelmente, ajudaria a corroborar o argumento de que periferias somente consomem conhecimento sobre outras periferias, a partir da mediação dos centros.

Até 2004, quando é publicada *Uma canção pra meu filho*, são editados um total de vinte e dois diferentes títulos de Tagore, publicados ao longo de quase noventa edições e reedições. Com exceção de *A Morada da Paz* (traduzida do francês), todas as demais edições brasileiras do poeta indiano realizaram-se a partir de traduções de edições britânicas. Embora no Brasil tenha sido mantida uma certa constância tanto na tradução de novos títulos, quanto na reedição de obras anteriores do poeta, sua representatividade no contexto das publicações relacionadas a Índia no Brasil, diminuiu consideravelmente ao longo do tempo. Quanto mais caminhamos para o fim século XX e para o momento atual, maior o numero de autores brasileiros e mesmo indianos são publicados diretamente no Brasil. No entanto, a hegemonia da língua inglesa na circulação de conteúdos temáticos associados a Índia continua imperativa.

As publicações de Tagore no Brasil e a forma como o autor foi recebido pelo ambiente literário e religioso criou a primeira efetiva produção de um pensamento autônomo e local a respeito da Índia que extrapolava o contexto do colonialismo português e britânico, que impactava o Brasil até ali. Mesmo não sendo mais publicadas em editoras abertamente esotéricas ou ocultistas, as obras de Tagore continuaram associadas à mensagem da compaixão e da universalidade do homem e lidas como parte de um conteúdo orientalista e de espiritualidade. Ainda tendo sido publicado por editoras laicas ou católicas, a reedição de suas obras é ilustrada por imagens de devoção espiritual, ascese, de ensinamentos morais etc. No Brasil, tanto quanto em outros lugares, as publicações de Tagore precisam dialogar com alguns contentores locais que circunscrevem a forma como seus textos foram recebidos. Ali, o contexto da espiritualidade e da religião foram decisivos na recepção da mensagem da compaixão e da universalidade do homem que os escritos do poeta indiano enfatizaram no ocidente.

Embora a recepção de Tagore em Portugal tenha sido marcada pelo tensionamento político ao redor do colonialismo português (SANYAL, 2010), um certo orientalismo místico associado à Índia também era familiar em Portugal. Nesse sentido, as traduções e a recepção de Rabindranath nos dois contextos inspiravam-se de históricos completamente diferentes, embora em razoável dialogo. Em Portugal, vários autores escreveram sobre Tagore a partir dos anos 1920, boa parte deles enfatizando o caráter espiritual e universal da obra do poeta (NORTON DE MATTOS, 1924; CARAÇA, 1939; SALDANHA, 1943, entre outros). O próprio Telo de Mascarenhas, tão identificado com tradução dos escritos de Tagore enquanto ação política, produz uma das importantes referencias sobre o caráter espiritual da mensagem do poeta, no mesmo período em que traduzia suas poesias diretamente do Bengali, "Rabindranath Tagore e sua mensagem espiritual", editado em Lisboa, em 1943.

O Homem espiritual e outras encarnações de Rabindranath Tagore

No momento de sua morte, em 1941, Tagore era uma figura francamente associada a imagem de "poeta místico" e "sábio oriental", como ilustram seu obituário em vários jornais europeus (SEN, 1966, p. 281-283). Nabaneeta Sen argumenta que Tagore se encantou tanto pelas críticas, quanto pelos elogios associados a sua imagem. Alguns autores chegaram a reforçar a ideia de que a construção dessa persona, dessa encarnação ocidental espiritualizada, turvou completamente sua existência indiana politicamente comprometida, convertendo-as em existências antitéticas (Sen, 1966; BHATTACHARYA, 2011).

Sua primeira publicação em inglês – *Gitanjali* – é central nesse sentido. O livro que o transforma em autor mundialmente conhecido também o inventa como um interlocutor da universalidade do homem e representante de um tipo de misticismo espiritual que condicionariam sua recepção em vários lugares do mundo, e na própria Índia (SANYAL, 2010; BHATTACHARYA, 2011; SEN, 1966; MASCARENHAS, 1943).

Para Nabaneeta Sen – comprometida em associar as razões do ostracismo literário do poeta no ocidente a sua invenção como autor de uma espiritualidade mística oriental – Tagore se converte em refém de sua própria imagem. Para fundamentar seu argumento a autora propõe uma divisão de sua obra literária em três categorias: a) obras dedicadas exclusivamente a assuntos religiosos/espirituais e ao enfrentamento Ocidente-Oriente; b) obras que incluem estes temas parcialmente, em sessões ou tópicos; c) obras que tratam sobre outros assuntos e que mencionam estes tópicos apenas incidentalmente. Segundo Sen, entre as mais de 250 obras de Tagore em bengalês, somente 15% se identificariam com a categoria "A", 28% com a "B" e nenhuma com a com a categoria "C". Em suas traduções a línguas europeias como inglês, alemão ou francês, Sen sugere que todas as publicações de Tagore se identificam a temas da espiritualidade ou religião, assim como ao embate entre Ocidente-Oriente.

Este aspecto haveria condicionado de forma decisiva o modo como Tagore podia e queria ser visto no Ocidente, e também haveria criado um cisma em relação a sua existência indiana. O argumento é interessante, mas difícil de sustentar e termina induzindo a um certo essencialismo orientalista da figura de Rabindranath.[13]

A década de 1909-1919 foi decisiva na trajetória de Tagore. É o período no qual, vários autores insistem, ele próprio investiu na autoconstrução da figura do "sábio de Santiniketan", "um poeta místico, um homem com uma mensagem espiritual" (BHATTACHARYA, 2011, p. 112).[14] Ao mesmo tempo, nesse período Tagore produziu alguns de seus mais importantes ensaios sobre nacionalismo (CHATTERJEE, 2011, p. 94-126), criticando a compreensão da ideia europeia de nação e desenvolvendo uma nova concepção e um programa para o que deveria ser a nação na Índia. De fato, Tagore era um crítico consistente do modelo ocidental de nacionalismo e afirmava que a Índia não necessitava converter-se em uma nação. Para ele, a diversidade histórica (de raças e castas) que compõem a Índia se identificariam com o conceito de *samāj*, que acomodaria diferenças dentro de uma "unidade" e que se estrutura, independentemente da unidade política, comprometida com uma "harmonia social". A "preservação da harmonia", que deve ser característica particular e fundamental da organização social indiana" (CHATTERJEE, 2011, p. 101) eram também postulados filosóficos centrais de Tagore.

Para Tagore a organização política da nação no Ocidente estaria condenada ao fracasso, já que o povo estaria organizado a partir de pressupostos mecânicos e objetivos egoístas. Em seu "Nacionalismo no Ocidente", Tagore sublinha que a tarefa da construção do Estado integraria técnicas de poder material incompatíveis com a valorização de ideais espirituais da vida humana. O ideal de "harmonia", central no pensamento de Tagore (GANGOPADHYAYA et alli, 1969) e profundamente associado ao principio de "harmonia universal que governa toda a criação" (CHATTERJEE, 2011, p. 101), está amparado por sua leitura dos *Upanishades*. Essa ideia de "harmonia universal" do conceito de *samāj* não apenas não aparece

---

13 Compare-se este contexto com as observações de Sen (2005) na mesma direção.
14 "A tradução de seus poemas 'espirituais', a exclusão de outros de seus trabalhos e, de fato, sua própria escolha de tradução e auto apresentação, construíram uma imagem de uma persona santificada e spiritual que pertencia a um Ashram, e não ao mundo contemporâneo." (BHATTACHARYA, 2011, p. 112).

em dissonância com os escritos espirituais ocidentais de Tagore, como aparece descrita em *Gītā*.

A hipótese de Nabaneeta Sen, de que a mensagem espiritual de Tagore produziu outra encarnação do autor no ocidente, teve, no Brasil, uma dimensão ainda mais dramática e complexa, aonde o homem espiritual e ativista politico podem se haver fundido nos escritos do "espírito de Tagore".

A partir de fins dos anos 1950, mesmo antes de sua morte, Tagore havia caído em um ostracismo literário no ocidente (SEN, 1966). O mesmo acontece no Brasil. Os escritos do "espírito", no entanto, experimentam um fenômeno inverso. Entre 1947 e 2012 "espírito de Rabindranath Tagore" publicou no Brasil quase tanto quanto as edições (e reedições) dos escritos originais de Tagore. O ápice desse quadro acontece entre os anos 1970-80, quando as publicações de psicografias superam as dos textos originais publicados em Brasil e Portugal juntos. Nessa altura, ironicamente, o espírito termina sustentando o nome do poeta no cenário de publicações em língua portuguesa.

Aparentemente, o Brasil teria produzido uma hipérbole daquele Tagore ocidental que, distante do ator político que foi na Índia, também foi lido como um profeta místico e guru da orientalidade. Ali, seu espirito deu continuidade a sua obra de espiritualidade, retomando também alguns dos conceitos centrais dos escritos políticos sobre a nação. A partir das publicações dos textos originais do poeta no Brasil, outros conteúdos associados a Índia passam a ser consumidos no Brasil – a maioria dos quais, ligados a temas da espiritualidade e a religiões espiritualistas. A partir das publicações das psicografias de Rabindranath, outros "espíritos indianos"[15] passam a ser corriqueiros nos santuários e publicações de diferentes religiões de matriz espiritualistas no Brasil. Em alguma medida, as fronteiras entre os escritos originais do poeta e aqueles de seu espírito se fizeram turvas no Brasil. Se consultarmos os repositórios da Biblioteca Nacional no Rio de Janeiro (a maior do país) a respeito do autor Rabindranath Tagore, podemos nos surpreender ao ver que tanto os textos originais (em português ou em diversas outras línguas), quanto os escritos do espirito (em português ou diversas outras línguas) aparecerão como parte da seleção.[16]

---

15 Outros espíritos associados a Índia são conhecidos nesse contexto espírita-kardecista brasileiro – talvez o mais famoso seja "Ramatis", patrono de diversos santuários kardecistas, cuja narrativa atribui-se uma existência como um personagem do épico Ramayana.

16 Mesmo em Portugal onde recepção de Tagore havia sido marcada por um conteúdo político, pro-colonialismo y anticolonialismo português (SANYAL, 2010), um certo orientalismo místico associado à Índia também era familiar. Ali, vários autores escreveram sobre Tagore a partir de dos anos 1920, boa parte deles enfatizando o carácter

A mensagem espiritual de Tagore produziu, ademais, outra encarnação do autor. Desde a publicação *Canções da Imortalidade*, em 1947, *o espirito de Rabindranath Tagore* tem publicado de forma constante no Brasil. Além de Pedro Machado, outros cinco autores (homens e mulheres) psicografaram poemas, textos, pinturas e livros que, até 2011, haviam totalizado vinte títulos diferentes publicados (não é inoportuno lembrar que são publicados vinte e dois títulos de Tagore no Brasil e quinze em Portugal). Estes textos e autores participam do contexto religioso do espiritualismo kardecista, religião chegada no Brasil no século XIX, profundamente baseada na escrita e leitura, que construiu um mercado editorial sólido e um público leitor expressivo e sempre em expansão (LEWGOY, 2000, p, 11-12).

Os livros assinados pelo "espirito de Tagore" tratam-se fundamentalmente de poesias, textos em prosa, que fazem referencias a um imaginário dispersamente associado a Índia a partir de termos, conceitos religiosos, e de uma iconografia que acompanha as publicações. A rigor, muitas das poesias escritas pelo *espirito de Tagore* não possuem uma mensagem intrinsecamente espirita, mas tal como em outros escritos kardecistas (LEWGOY, 2000, p. 132-4) ganham o caráter espiritualista a partir da identificação do "espírito" com a autoridade dos médiuns que canalizam os escritos e da interpretação da mensagem perante um universo de fieis-leitores. Essa característica é comum ao gênero de escrita de romances e poesias espiritas, aonde há um compromisso com uma moral que pretende ensinar. De fato, a escrita espiritual obedece a cânones bastante específicos. O médium funciona como "um compilador, um editor ou 'codificador' de uma mensagem revelada por um ou mais espíritos" (LEWGOY, 2000, p. 117). Esses autores não representam simplesmente receptáculos da escrita de um espírito, mas uma autoria compartilhada, na qual não se pressupõe a manutenção do estilo daquele escritor em vida, mas a produção de uma escrita que introduz influências mútuas, do espirito e do médium. Os leitores dos escritos do espírito de Tagore não estão em busca de traços de estilística claros aonde se identifique o que ele escreveu no passado com aquilo que ele escreve agora, mas sim a identificação de um conteúdo da mensagem. Assim as obras espirituais não existem autônomas em relação ao médium, "é ele quem empresta o seu carisma de modo a marcar a individualidade, o valor e a notoriedade do autor espiritual"

---

espiritual y universal da obra do poeta (NORTON DE MATTOS, 1924; CARAÇA, 1939; SALDANHA, 1943, entre outros). O próprio Telo de Mascarenhas (1943), tão identificado com a tradução dos escritos de Tagore enquanto atividade política, produz uma das mais importantes referências sobre o carácter espiritual da mensagem do poeta. Ao mesmo tempo em que traduzia suas poesias diretamente do bengalês, escreveu "Rabindranath Tagore e sua mensagem espiritual".

(LEWGOY, 2000, p. 143). O principio da inter-autoria pressupõe, portanto, um sacrifício mutuo do ego-autoral aonde a mensagem (moral e espiritualmente edificante) é o elemento mais importante.

A maioria dos escritos espirituais de Tagore publicados no Brasil tem sido psicografados por Divaldo Franco, considerado um dos dois nomes mais importantes do espiritismo brasileiro (LEWGOY, 2008, p. 89). Os leitores brasileiros que buscam os livros psicografados de Tagore nem sempre estão em busca do poeta indiano, mas do médium que o psicografou. Ou seja, leem Tagore a partir da chancela e da credibilidade de seus médiuns, especialmente Divaldo Franco. Isso se assemelha, em parte, ao processo que ocorreu com as traduções de Tagore a vernáculos europeus, em princípios do século XX, quando seus tradutores emprestavam prestigio a um poeta até então desconhecido na Europa. Este é um processo aonde ambos constroem prestigio e relevância recíprocos.

O conteúdo dos escritos do espirito de Tagore no Brasil incide em um conjunto de temas bastante específico, mas que reitera, a um primeiro olhar, sua agenda de publicações no ocidente: compaixão, universalidade do homem, amor divino, da sabedoria e do misticismo orientais etc. Por outro lado, essa agenda temática também não está tão distante dos temas que caracterizam os escritos políticos de Tagore a respeito da critica ao nacionalismo. De fato, o próprio Divaldo Franco, médium que psicografou o maior numero de livros do espírito de Tagore, dá uma importante contribuição a esse debate sobre universalidade do Homem e diferenças nacionais. Franco é um dos médiuns brasileiros mais famosos e um dos missionários que mais advoga pela transnacionalização do espiritismo brasileiro (LEWGOY, 2000, p. 138-9). Conta com uma produção impressionante, com mais de duzentos e cinquenta livros publicados, de autoria individual ou psicografias de outros espíritos – entre eles Sor Juan de Inéz de la Cruz[17] e Victor Hugo, ambos identificados com o cerne do discurso sobre nacionalismo e identidade nacional nos contextos que existiram em vida. O conteúdo das publicações de Divaldo através desses três autores-espíritos

---

17 Como menciona uma das biografias espirituais de Divaldo Franco sobre Joana de Angelis, ela teria tido diversas reencarnações, sempre femininas, e sempre associadas a movimentos de independencia e construção da nação. Primeiro como *Joana de Cusa* (vivendo no século I e sendo ssacrificada junto com os primeiros cristãos em Roma), depois como *Juan de Inéz de la Cruz* (no México, 1651-1695, tendo sido uma das maiores poetisas da lingua espanhola, e tendo escrito sobre as necessidades da independência de uma nação mexicana) e, finalmente como *Sór Joana Angélica de Jesus* (1761-1822), mártir da independencia do Brasil ao defender a honra das jovens de seu convento contra as investidas de um soldado português.

reforça um dos temas mais importantes dessa agenda: o conceito de *harmonia* – uma harmonia universal, que promove a acomodação de diferenças da criação divina.

Revisando a ideia de nação desde o conceito de harmonia social

Tagore teve uma existência social na Índia, a partir de seus escritos e da sua construção como interlocutor na arena política local (o que incluía a poesia, a arte e a política). No ocidente, aparentemente, Tagore produziu outra "encarnação", construída a partir da tradução de suas obras, inicialmente para o inglês e dali para dezenas de idiomas. Em geral sua recepção ocidental se viu condicionada por características que, de forma bastante consciente, o poeta construiu, valorizando sua obra e sua figura como expressões de um discurso sobre a universalidade do homem e sobre a espiritualidade. Sua figura e suas publicações ocidentais aparentam, para a maioria dos analistas, como estruturas discursivas e performáticas completamente distintas daquelas que marcaram sua existência indiana. Geralmente, seus textos e sua figura no ocidente são apontados como una paródia medíocre daquilo que ele e seus textos representavam na e para a Índia. Contrastam um nacionalista engajado com um guru esotérico.

Ademais, há outro aspecto relevante. Todas as edições de Tagore realizadas após 1912 para as línguas ocidentais e várias das línguas orientais se produzem a partir das edições em língua inglesa – do russo ao alemão, do espanhol ao português, passando pelo sueco, indonésio, japonês etc. Isso sugere a centralidade política e cultural da Inglaterra como lugar de onde emanava uma leitura autorizada sobre Tagore produzida tanto pelas suas traduções para a língua inglesa, como pela preexistência de um orientalismo que conformava a maneira pela qual se construía a figura de Tagore em dialogo com o conhecimento colonialista sobre a Índia. Nessa equação, tudo o que se falava a respeito do oriente, em geral, e da Índia em particular (Tagore, Aurobindo, Gandhi, a musica e a comida indianas, incluídos) era realizado desde uma estrutura que associava conhecimento sobre o outro e poder sobre ele. Reforça ademais, a observação de que em um contexto colonial ou pós-colonial, a circulação de leituras sobre a periferia depende decisivamente das estruturas semânticas e cognitivas produzidas pelo colonialismo, no caso, o orientalismo. Tagore dependeu da Inglaterra para ganhar o mundo, da mesma forma que o mundo, aparentemente dependia da Inglaterra e da forma como ela concebia Tagore para conhecer o poeta. Ou seja, as periferias apenas podem conhecer outras periferias (pós-coloniais) pela graça da mediação dos centros e da forma como seu aparato epistêmico apreendia o "outro(s)" epistemológica e ontologicamente.

Por outro lado, nem tudo aconteceu dessa maneira. Ou seja, o Tagore espiritual do ocidente e o Tagore nacionalista da Índia não são duas encarnações diferentes. Ou seja, o Tagore espiritual do ocidente e o Tagore dos escritos sobre nacionalismo não são encarnações tão diferentes. Um conceito central para Tagore é o de *samāj* – próximo a ideia de comunidade, baseada em "harmonia social" e capaz de incorporar a diversidade étnica e religiosa que caracterizava a Índia – em oposição a ideia de "nação".

Como sugere Partha Chatterjee (2011), Tagore é um dos principais atores que sedimenta a imagem de um homem espiritual (e a si próprio como tal, nesse movimento) que é parte de seu projeto nacional para a Índia e para um mundo assolado pela ideologia nacionalista e seus efeitos nocivos. A universalidade do homem que Tagore reforça em seus escritos ocidentais tem amparo em sua visão de que tipo de sociedade a Índia precisa construir, a partir de que modelo de nacionalismo. Essa leitura Tagore constrói desde princípios do século XX, em reação ao que ele percebe que eram as características nocivas do nacionalismo ocidental, sobretudo europeu, que justificaram a 1ª Guerra Mundial. Assim, o discurso sobre espiritualidade e universalidade do homem de Tagore é um discurso fundamentalmente afinado com uma ideia de comunidade universal e espiritual, ulteriormente traduzida como uma forma da nação. Ali, também a ideia de unidade está debatida, mas não a unidade do Estado, se não que a harmonia social da comunidade, do *samāj* (CHATTERJEE, 2011, p. 103). Ademais disso, claro, nos anos que se desenrolaram após 1909 Tagore investe fortemente na autoconstrução de uma figura de sábio e porta-voz global do homem universal construído espiritualmente.

A recepção de Tagore em língua portuguesa – em Portugal, na Índia Portuguesa, mas sobretudo no Brasil – oferece um quadro bastante interessante que alude ao esse Tagore nacionalista-espiritualista antes do que a antítese entre esses dois aspectos como existências sociais e politicas distintas. Um argumento que podemos defender é de que a construção da figura espiritual não apenas não invalida, como dialoga com os escritos de Tagore sobre nacionalismo. Assim, contrariamente ao que propõe Sen e outros autores, não se tratam de outras encarnações (distintas personas, ou diferentes ontologias) do poeta, mas de uma mesma que propõe um diálogo entre sua existência ocidental e indiana. A mensagem reforçada pela maioria destes escritos do espirito de Tagore no Brasil procura reforçar elementos de uma harmonia universal e unidade e universalidade de um homem espiritual que se encontra para além de fronteiras nacionais ou étnicas.

Em um sentido, as publicações de Tagore no Brasil e a forma como o autor foi recebido pelo ambiente literário e religioso criou a primeira efetiva produção de pensamento autônomo e local a respeito da Índia que extrapolava o contexto do colonialismo português e britânico, que impactava o Brasil até aquele momento. Ao mesmo tempo, as publicações seu "espirito" constroem um espaço de renovação e releitura de sua mensagem de harmonia universal que sugerem uma aproximação entre a incomunicabilidade de suas encarnações ocidental e oriental, tal como foi consagrada por alguns autores.

Evidentemente que não se trata aqui, reiterando o que já havia sido dito acima, de comparar e encontrar semelhanças na agenda de Rabindranath Tagore (nos seus escritos em vida e naqueles do "espírito") de forma a provar que são uma mesma persona. Certamente também se pode reconhecer o tema da construção da nação na agenda do espiritismo brasileiro, talvez essa sim, uma dimensão menos explorada. Um objetivo preliminar desse texto (a ser explorado em outro que está sendo preparado sobre o mesmo contexto) é considerar como a sociologia poderia habilitar outros interlocutores autorizados a escrever sobre a sociedade e a nação a partir de balizadores que aproximam sociedades periféricas, estruturadas a partir de contentores e experiências históricas particulares. Exemplo bem sucedido desse tipo de esforço é o do sociólogo malaio que vem reabilitando a figura de Ibn Khaldoun (e, em menor grau de Jose Ritzal) como interlocutores da sociedade magrebina dos séculos XIV-XV (e filipina do século XIX), respectivamente (ALATAS, 2006; 2010).

Bibliografia

Publicações do Espírito de Tagore

COUTINHO, Helaine. *Fanal de Bençãos*. Itaperuna (RJ): Damará, 2001.

FRANCO, Divaldo Pereira. *Aspekte der erneuerung*. Salvador: Leal Editora (em alemão), 1999.

_____. *Filigranas de Luz*. 3ª edição. Salvador: Livraria Espírita Alvorada, 1986 [1965].

_____. *Filigranoj el lumo Diktita*. Salvador: Livraria Espírita Alvorada (em esperanto), 1986 [1965].

_____. *Estesia*. 3ª edição. Salvador: Livraria Espírita Alvorada, 1987 [1985].

_____. *Oferenda do Amor*. Salvador: Leal Editora, 1994.

_____. *Momentos de renovação*. 3ª edição. Salvador: Livraria Espirita Alvorada, 1996 [1984].

_____. *Pássaros livres*. 4ª edição. Salvador: Livraria Espírita Alvorada, 1998 [1990].

_____. *Momenti di Rinnovamento*. Salvador: Livraria Espirita Alvorada. (em italiano), 2003.

_____. *Sementeira da Fraternidade*. 5ª edição. Salvador: Livraria Espírita Alvorada, 2008 [1972].

_____. *Caminhos do Amor*. Salvador: Leal Editora, 2008.

_____. *Free Birds*. Salvador: Leal Editora (em inglês), 2008.

_____. *O iluminado*. 2009

_____. *Aesthesis*. Salvador: Leal Editora (em inglês), 2010.

MACHADO, Pedro. *Canções da imortalidade*. São Paulo: Livraria Allan Kardec Editora, 1947.

MENEZES, Frederico. *Oferenda de amor*. s/editora, 1994.

TELES, Ariston S.. *O mundo de Francisco de Assis*. Sobradinho (DF): Livree, 1987.

_____. Tagore: *Além das Estrelas*. Sobradinho (DF): Livree, 1987.

_____. *Grãos de amor*. Sobradinho (DF): Livree, 1985.

XAVIER, Chico. *Louvor*. Matosinhos (manuscrito fac-símile publicado em Franco: 1985), 1958.

Outras publicações

ABDEL-Malek, Anuar. "Orientalism in Crises". *Diogenes 11*, 103-140, 1963.

ALATAS, Syed Hussein. "The Autonomous, the Universal and The future of Sociology". *Current Sociology* 54 (1), 7-23, 2003.

_____. "A Khaldunian Exemplar for a Historical Sociology for the South". *Current Sociology* 2006; 54; 397-411.

_____. 2010. "A Definição e os Tipos de Discursos Alternativos". *Estudos Históricos,* vol. 23 (46): 225-245, julho-dezembro de 2010.

ARZÚ, Marta Helena Casaús. La influencia de la teosofía em la emancipación de las mujeres guatemaltecas: la Sociedad Gabriela Mistral". *Anuario de Estudios Centroamericanos*. V. 27. N. 001, 31-58.

_____. "La creación de nuevos espacios públicos em centroamérica a princípios del siglo XX: la influencia de las redes teosóficas en la opinión pública centroamericana". *Revista Historia*. N. 46, p. 11 – 59, Julio – diciembre, 297-332, 2002.

_____. El vitalismo teosófico como discurso alternativo de las elites intelectuales centroamericanas en las décadas de 1920 y 1930. San José (Costa Rica): Universidad de Costa Rica, 82-120, 2001.

BARBA Jacob, Carlos Wyld Ospina y Alberto Masferrer. *Revista de Estudios Historicos de la Masoneria Laatinoamericana y Caribena.* V. 3, N. 1, p. 82-120, 2011.

BARRETO, Luís Filipe. "Apreender a Ásia (séculos XVI e XVII)". in: Hespanha, A. M (org). *O Orientalismo em Portugal.* Porto: CNCDP, p.59 – 75, 1999.

Bhattacharya, Sabyasashi. *Rabindranath Tagore: An Interpretation.* New Delhi: Viking, 2011.

BLANCO, Agustin Coletes. "Pérez de Ayala y la Generación de 1914", *Boletín del Instituto de Estudios Asturianos* 114 (1985): 159-71, 1985.

_____. "Más sobre Tagore en España: una traducción olvidada (inglés-español) de Martínez Sierra". *Archivum: Revista de la Facultad de Filología*, Tomo 50-51, 2000-2001, págs. 119-148.

BURUMA, Ian. *Anglomania: a European Love Affair.* New York: Vintage Books, 2000.

CHACON, Alfonso. "The Forgotten Stone: On Rabindranath Tagore and Latin America". s/d. Disponível em: <http://www.parabaas.com/SHEET3/LEKHA16/forgotten.html> Acesso em 20.04.2017]

CHARTIER, Fabien. *Réception britannique et française du poète indo-anglais Rabindranath Tagore (1912-1930): utilization d'un symbole et genèse d'un mythe.* Universidade de Rennes (dissertação de mestrado), 2004.

CHATTERJEE, Partha. *Lineages of Political Society: Studies in Postcolonial Democracy.* New Delhi: Permanent Black, 2001

DALVAI, Marion. "A 'Foreign Reincarnation' – The Controversial Afterlife of Rabindranath Tagore's *The Home and the World*". In: Doyle, E. & Le Juez, B. (eds). *Proceedings of the First Graduate Symposium.* Dublin: Dublin City University. *19-28,* 2008.

DYSON, Ketaki Kushari. 1988. *In Your Blossoming Flower-Garden: Rabindranath Tagore and Victoria Ocampo.* New Delhi: Sahitya Akademi, 2008

GASQUET, Alex. "El orientalismo argentino (1900-1940). De la revista Nosotros al Grupo Sur". *Working Paper, N. 22. Latin American Studies Center.* College Park, MD: University Maryland, 2008.

GANGOPADHYAYA, Sachindranath; Ray, Pabitrakumar; Bandyopadhyaya, Nripendranath. 1969. Rabīndradarśan. Santiniketan: Centre for Advanced Study in Philosophy. 1969

GUPTA, Arun das. "Rabindranath Tagore in Indonesia: An Experiment in Bridge-Building." *Bijdragen tot de Taal-, Land- en Volkenkunde*, Vol. 158, No. 3 (2002), p. 451-477.

HAY, S. 1962. "Tagore in America". *American Quarterly*, Vol. 14, No. 3 (Autumn, 1962), p. 439-463.

_____. "Asian Ideas of East and West: Tagore and His Critics in Japan, China, and India". *The Journal of Asian Studies*, Vol. 30, No. 1 (Nov., 1970), p. 209-211

HESPANHA, A. M. "O Orientalismo em Portugal" (Séculos XVI-XX). IN Hespanha, A. M. (org.). O Orientalismo em Portugal. Porto: CNCDP / Câmara Municipal do Porto / INPA, p. 15-37, 1999.

KÄMPCHEN, Martin. Rabindranath Tagore and Germany: a bibliography. Santiniketan: Rabindra-Bhavana, Visva-Bharati, 1997.

_____. 2003. Rabindranath Tagore in Germany. Disponível em: <http://www.parabaas.com/rabindranath/articles/pMartin1.html> Acesso em 20.04.2017]

KÄMPCHEN, Martin y Das Gupta, Uma (eds.) Rabindranath Tagore: One Hundred Years of Global Reception. New Delhi: Black Swan, 2014.

LEWGOY, B. "Os espiritas e as letras". Porto Alegre: UFRGS (tese de doutoramento), 2000.

_____. "A transnacionalização do espiritismo kardecista brasileiro". *Religião e Sociedade*, Rio de Janeiro, 28(1): 84-104, 2008.

LOUNDO, D.. "A Praia dos Mundos Sem Fim. Os Encontros de Rabindranath Tagore com a América Latina". *Aletria* (UFMG), v. 21, p. 40-56, 2011.

LUKÁCZ, Georg. Review of Rabindranath Tagore: The Home and the World. *Die rote Fahne (Berlin)* e George Lukács, *Essays and Reviews*, Merlin Press, London 1983[1922]. Disponível em:

<http://www.marxists.org/archive/lukacs/works/1922/tagore.htm> Acesso em 20.04.2017]

MARTINS, José F. Ferreira. "Orientalismo português e ocidentalismo asiático". *Separata do XIII Congresso luso-espanhol para o progresso das ciências*, 1950, tomo VIII (7.ª secção), p. 373-381.

MASCARENHAS, Telo de. Rabindranath Tagore e sua mensagem espiritual. Lisboa: Edições Oriente, 1943.

PAPPACENA, Enrico. "Tagore and Italy". *East and West*, Vol. 3, No. 2 (JULY 1952), p. 100-104.

PINHEIRO, Cláudio C. Las muchas encarnaciones de Tagore y los escritos de su espíritu. In: Klengel, Susanne & Wallner, Alexandra (org) Sur/South: *Poetics and*

Politics of Thinking Latin America – India. Madrid: Iberoamericana Vervuert Verlag, 2016, p. 283-308.

POLETTO, C. *A construção e circulação de imaginários sobre a Índia no Brasil por meio da sociedade teosófica do final do século XIX até a primeira metade do século XX*. Rio de Janeiro: Projeto de doctorado inédito, 2011.

PRADO, Eduardo. *Viagens*. São Paulo: Typografia Salesiana, 1902.

RAMACHAMDRA, Adilson. *Pensamento em mutação: a trajetória de uma editora. Pensamento-Cultrix 100 anos*. São Paulo: Pensamento, 2007.

ROBIN, Françoise. Tagore au Tibet. In: *Revue d'Etudes Tibétaines*, n. 7, 22-40, 2005.

SAID, E.. *Orientalism*. New York: Vintage Books, 1978.

SANYAL, S. Universalism of Tagore: The Specificities of Portuguese Reception. 2009. Disponível em: <http://www.parabaas.com/rabindranath/articles/pSovon.html> Acesso em 20.04.2017]

_____. A brief note on three Portuguese translations of Tagore's poem "Where the mind is without fear", 2010. Disponível em: <http://www.parabaas.com/rabindranath/articles/pSovon.html> Acesso em 20.04.2017]

SEN, Nabaneeta. "The "Foreign Reincarnation" of Rabindranath Tagore". *The Journal of Asian Studies*, Vol. 25, No. 2 (Feb., 1966), p. 275-286.

TAGORE, Rabindranath. *Nationalism*. San Francisco: The Book Club of California, 1917

Difamação, periferia e resistência no rastro do canto imperial

José Luís Cabaço e Rita Chaves

Em um instigante texto denominado "O nome difamado da África", Chinua Achebe recorda a contradição que se pode ver no fato de que "a África, cujo território está mais próximo que qualquer outro do continente europeu africano (...) seja na verdade a antítese da Europa" (ACHEBE, 2012, p. 82). Na sequência, ao ressaltar que Londres, a poderosa capital do mais poderoso império, e Acra, "o acampamento rústico e rebelde da insurreição colonial" (ACHEBE, 2012, p. 83) são cortadas pelo mesmo meridiano, o que nos levaria a vislumbrar identidades entre esses espaços, o escritor nigeriano coloca-nos diante desse "paradoxo da proximidade", visto como uma ironia da história e da geografia. Sem dúvida, a história permite compreender como a convergência da longitude acaba por ser confrontada pela divergência de latitudes e anima a reflexão sobre o conjunto de experiências que daí decorre. A diversidade de temperaturas ao meio-dia nas duas cidades poderia, assim, aludir simbolicamente à diferença dos processos históricos vividos pelos dois lados da expansão imperial e à distância efetiva entre os dois continentes.

Na formulação de Achebe, pode-se ler a impossibilidade de uma análise das mudanças vividas pelo planeta sem se levar em conta os caminhos da expansão europeia e o seu significado no processo histórico que alterou, inclusive, a própria concepção de homem ainda em vigor. A transformação mobilizada pela Modernidade envolveu paradigmas que ainda hoje são ativados quando se examina a situação que vivemos - seja no centro, onde se tomam decisões, seja na periferia, onde tais decisões se projetam e impulsionam alterações de fundo. O curioso é que se os habitantes do universo periférico aprendem desde cedo que a sua história é atravessada pelas "trocas" realizadas na dureza dos contatos, os habitantes do centro parecem refratários à possibilidade de uma reflexão que incorpore a densa relação entre esses dois espaços. Em outras palavras, a dinâmica dos impérios, vista na maior parte das vezes em uma perspectiva parcial, insiste em apagar o seu reflexo nas áreas invadidas, gerando, desse modo, um estranho desenho no qual ao protagonismo das nações imperiais corresponde o apagamento dos territórios ocupados, cuja visibilidade está condicionada pela formulação de imagens que produzem uma "invenção de África", para usar a expressão que dá título ao consagrado livro de V. Y. Mudimbe (2013).

Diante dessa trajetória orientada para a "difamação", a que alude Achebe, uma preocupação tem sido decisiva para os intelectuais africanos: a tentativa de recuperação do direito à voz e da capacidade de contrapor-se a essa tônica que condena o seu passado e tende a inviabilizar o seu presente. Na luta contra a negação de sua história, impõe-se a necessidade de retirar do silêncio a resistência à dominação que se fez sentir em muitos momentos. Até recentemente, a África sem história, na célebre formulação de Hegel, tinha sido inaugurada pelo homem branco e passivamente tinha aceitado a sua presença. Isso significa apostar na ignorância dos diversos levantes apenas calados pela força das armas. Como se fosse possível desconhecer que quando o colonialismo passou à fase da conquista territorial, muitos desses impérios e reinos organizaram sua defesa militar. Em tal roteiro podemos situar a primeira grande guerra contra a ocupação iniciada nos anos 30 do séc. XIX, na atual Argélia que os franceses procuravam anexar ao território metropolitano e só viria a ser derrotada 13 anos mais tarde. Outros conflitos, referidos na história ocidental como "campanhas de pacificação", se multiplicaram. Ki-Zerbo chama a atenção para o fato de que a tenacidade era maior nos povos menos estruturados politicamente, porque eles defendiam diretamente a própria terra e a própria sobrevivência como comunidades.

Na esteira dessas ações de contestação, em finais do século XIX, desenvolve-se um diálogo entre a diáspora africana e os primeiros intelectuais de formação ocidental na África. Segregados e marginalizados pela sua condição de "negros", propõem como objetivo político-cultural a unidade de África e de todos os africanos, consagrado no Movimento Pan-Africano. Com o avanço das lutas pela independência política, torna-se cada dia mais premente a necessidade de uma libertação cultural do homem africano que ganha expressão no movimento literário, filosófico e cultural da Negritude. Reivindicando sua identidade, os africanos, na diáspora e em casa, procuravam caminhos para uma contraposição, investindo em estratégias que propiciassem a superação do lugar de objeto da História. Através de ações de vários tipos e variado alcance, era indispensável transmutar-se em sujeito do próprio destino. Formava-se ali uma etapa importante para as mudanças que viriam no pós-guerra.

Sob muitos aspectos, a II Guerra teve decisivos efeitos no continente africano. À expressão "crepúsculo do homem branco", utilizada por Elikia M´Bokolo (M´BOKOLO, 2007, p.491) corresponde um conjunto de fatos que no campo do concreto e do simbólico favoreceu a interrogação a respeito da superioridade do europeu. Reeditando, em certa medida, a atmosfera que vigorava no período que se seguiu à I Guerra, vamos encontrar dados que colocariam em causa a invencibilidade dos brancos, possibilitando a emergência de um debate positivo para grandes mudanças. O cariz racial que tinge os conflitos, sobretudo pela relevância que o anti-semitismo assume na ideologia nazista, teria repercussão na leitura do acontecimentos feita pelos africanos.

As sucessivas derrotas – expressas, por exemplo, na invasão da Bélgica, na ocupação da França e em sua divisão entre dois governos que se afirmavam legítimos, na vitória dos japoneses ("um povo de cor!") sobre os ingleses – vinham abalar profundamente a ideia de supremacia que havia elevado a imagem do homem branco na qual apoiava-se o regime colonial. Esse processo de desmantelamento do imaginário combinou-se à decepção diante do incumprimento das promessas feitas aos africanos quando de sua incorporação aos exércitos aliados. Ao regressarem às suas terras, após os combates de que participaram, viram-se fraudados em suas expectativas. O ponto extremo das tensões daí derivadas pode-se localizar nos diversos motins de africanos que no regresso às suas terras percebem o logro de que foram vítimas. A insurreição de Thiaroye, no Senegal, é apenas um exemplo do acirramento da situação que também explodia em territórios como o Congo e Uganda. O desencanto alimentaria a consciência anticolonial e reforçaria as lutas pelo fim do colonialismo. A Conferência de Bandung, em 1955, seria um passo fundamental para marcar a alteração da correlação de forças, e a independência do Gana em 1957 consolidaria o caminho aberto. Entre 1957 e 1975, por negociação ou pela luta armada, quase todo o continente se emancipou politicamente.

O desenvolvimento econômico, político e socio-cultural que se seguiu às independências dos territórios coloniais e o radicalismo patriótico que caracterizou o discurso, e em alguns casos a prática, dos primeiros dirigentes nacionais foram abalando os equilíbrios entre os poderes mundiais criados na década de 1950. As potências sentiram, por um momento, no crescente protagonismo das periferias um risco aos seus desígnios hegemônicos. E a reação não tardaria. A impressionante capacidade de se reorganizar que o capitalismo tem demonstrado também se revelou na forma como enfrentou essa ousadia e impôs limites à transformação que as independências poderiam significar. Constituído como uma face da construção ideológica do capitalismo desde o seu surgimento, o eurocentrismo acentua suas marcas e consolida, com a força dos meios de comunicação que se desenvolvem vertiginosamente, a legitimação de uma ordem baseada na espoliação. Para Samir Amin, a dimensão eurocêntrica é fundacional do sistema capitalista, uma vez que:

> Las cosas se modifican a partir del Renacimiento porque em los europeos se forma uma conciencia nueva. Poco importa, entonces, que en este estádio, y durante largo tiempo todavia, esta conciencia no se ala que tenemos hoy en dia, es decir que el fundamento de la superioridad de los europeos que efectivamente han conquistado al mundo residía en el modo capitalista de organización de su sociedad. (...) Tambien atribuyen la superioridad cuya conciencia ha adquirido, a otra cosa, a su 'europeidad', a su fe cristiana, a sus ancestros griegos que redescubren em esta época – no por azar." (AMIN, p. 75)

Articulam-se, desse modo, o poder econômico e o poder simbólico para inviabilizar a emergência de outras vozes. A luta seria multiplicada por várias arenas, deslocando-se entre o concreto e o imaginário. Consagrada nas milhares e milhares de páginas escritas, nas diversas modalidades, a subalternização dos africanos foi passando da fábula a fato e, com o entusiasmado apoio de missionários, exploradores e outros escribas, consolidou-se a visão de uma gente amorfa, primitiva, violenta, inadaptada às ideias de futuro que dominavam o pensamento e a ação dos supostos civilizados. Para Achebe, ainda no presente, se já não temos as narrativas de viagem – uma face dos relatos dos exploradores – e os tratados de história natural que complementados por obras literárias (e algumas de grande prestígio, como procura demonstrar na ácida leitura que faz de Conrad) – "descreviam" as terras africanas como o centro das trevas, os jornais e o cinema continuam a alimentar a reificação das gentes (ACHEBE, 2012, p. 84). A consequência é a definição do continente africano como uma espécie de lugar apoteótico da periferia, condição que o mantém como um dos objetos fundamentais da deformação de consciências que o centro promove, perseguindo e reformulando a justificação da pilhagem que ganha novos contornos, mas preserva a sua força apoiada nas noções e no sentido de superioridade que se disseminam.

Nesse processo um dos conceitos mais insidiosos é exatamente o conceito de "universalismo", termo com que se procura naturalizar o desequilíbrio. Apresentado como um somatório de sentimentos e procedimentos que seriam naturais do homem, o termo universal corresponde na verdade a um modo de estar no mundo que se localiza nos limites de um ocidente identificado com o avanço do capital e sob o seu domínio. Para Mbembe:

> Na sua ávida necessidade de mitos destinados a fundamentar o seu poder o hemisfério ocidental considerava-se o centro do globo, o país da razão, da vida universal e da verdade da Humanidade. Sendo o bairro mais civilizado do mundo, só o Ocidente inventou um "direito das gentes". (...) Só ele deu ori-

gem a uma ideia de ser humano com direitos civis e políticos, permitindo-lhe desenvolver os seus poderes privados e públicos como pessoa, como cidadão que pertence ao gênero humano e, enquanto tal, preocupado com tudo o que é humano. Só ele codificou um rol de costumes, aceites por diferentes povos, que abrangem os rituais diplomáticos, as leis da guerra, os direitos de conquista, a moral pública e as boas maneiras, as técnicas do comércio, da religião e do governo. (MBEMBE, 2014, p. 27-28)

Fora do código desse "rol de costumes", instala-se ou é instalado "o outro", o ser que em alguma medida constitui uma espécie de ameaça e deve, portanto, ser alvo da dominação ou da cooptação - que não deixa de ser uma forma de submissão. Em contrapartida, alguns acontecimentos históricos e certas desarticulações que se verificam nos espaços de onde se devia esperar um alto grau de harmonia interditam a aceitação pacífica da equação pautada pela associação direta entre universal e ocidente, ou entre ocidente e superioridade. Do coro da contestação emerge um debate inquietante e produtivo, que ganha novos contornos com a participação de intelectuais africanos que, ainda que vivam fora do continente uma parte de suas vidas, ocupam um decisivo lugar de fala e elaboram outras visões do mundo que habitam. O camaronês Achille Mbembe, de quem transcrevemos as palavras acima, é uma dessas vozes, mas está longe de ser a única.

Em todo esse cenário o que importa, de fato, reter é o jogo que se arma entre a dimensão eurocêntrica e a natureza do capitalismo e ainda o modo como o pensamento hegemônico ao longo dos séculos vai lidando com as margens. No plano do concreto, a exploração se reinventa e no plano do simbólico a deformação faz o seu papel. Aqui é essencial perceber a função da linguagem que produzindo seus processos de efabulação concorre para a consolidação da desigualdade. E se é verdade que os territórios da periferia se espalham, introduzindo marcas nos desenhos do centro, também é verdade que no continente africano vemos plasmar o desenho indelével de um terreno marcado pela ambiguidade e pela obscuridade. O binômio África/negro parece condensar os signos da marginalidade e da contradição que povoam os imaginários. O argumento de que nem todos os negros são africanos e nem todos os africanos são negros dilui-se na reiteração de um discurso que classifica, associa, hierarquiza e reduz, mantendo firme o vínculo entre raça e uma certa geografia.

Consolidada no universo do senso comum como uma área que transita entre o idílio original e as sombras do demoníaco, a África é apresentada como um território especialmente demarcado, com temporalidades apontadas para um passado pouco disponível para as mudanças necessárias; em certa medida, um espaço aterrado pelo imobilismo. Sua população, como refém de um conjunto de tradições a que estão coladas as marcas do atraso, não conseguiria aceder a uma modernidade para além dos limites de um ilusório desenvolvimento. Na verdade, o que a dimensão eurocêntrica, em que se ancoram o ocidente e o seu apego a um suposto universalismo, quer impedir é um debate mais sério sobre a ideia de desenvolvimento e o enorme perigo que a sua imposição tem significado para os africanos. Impossível não notar que, tantos séculos após a chegada dos europeus á África, verifica-se uma assimetria maior entre as condições de vida na maior parte do continente africano e na Europa, situação que tem como um dos resultados a crescente emigração de populações africanas, por um lado, e por outro, a desarticulação de certas relações mesmo no interior de sociedades dentro do continente, motivada pela intervenção direta de agentes externos, perigo para o qual chama-nos a atenção Ruy Duarte de Carvalho:

> Populações, sociedades inteiras, veem-se condenadas, em nome do progresso, a abdicar dos seus sistemas de relação com o meio e a colaborar em perfeitas campanhas de destruição das suas defesas a favor de interesses, lógicas, objecções, estratégias que não são os seus e em nome, às vezes da proposta abstracta, improvável e quiçá mesmo sem qualquer espécie de fundamento, de um bem geral que logo se revelaria a logo termo e a troco de sacrifícios de gerações sucessivas de 'atrasados'... (CARVALHO, 2003, p. 168)

Percebe-se no procedimento, que está longe de ser episódico, mais uma vez, a intransigência diante da alteridade. Numa dinâmica sistêmica, a diferença é no máximo catalogada, para em seguida ser diluída em atitudes que têm em conta a possibilidade do lucro ou se veem mediadas por pretensões salvacionistas que não ultrapassam a barreira da hipotética boa-intenção. Estamos, assim, diante de uma outra forma de invasão, aquela que já pode dispensar as armas e agir pela via dos financiamentos e/ou da imposição de um certo conhecimento produzido pelas academias e veiculados por organizações de natureza variada. De qualquer forma, o resultado é sempre o mesmo: seja pela via da exploração que requer "eficiência" do explorado, seja pela via da cooptação, temos a reiteração de modelos que, desconsiderando o terreno, impõem sobre os que o constituem modos de estar, fazendo tábula rasa das experiências que acumularam e do repertório de saberes que a partir daí produziram. Sem cerimônia, reencenam-se atos do texto imperial.

De certo modo, no reverso dessa intervenção no centro das sociedades em seu próprio espaço, poderíamos ver o movimento de migração, que tanto se realiza no próprio continente, provocando alterações no interior dos países, como para fora dele. Mesmo se nos restringimos aos dados imprecisos dos noticiários ou redes sociais, as imagens levam a pensar na força dos deslocamentos e em seus efeitos na figuração da África e nos ecos que se projetam no imaginário. Ainda que de maneira inconsciente, as pessoas vão em busca da riqueza que é levada cotidianamente de suas terras, e atravessam distâncias, cruzando limites e refazendo fronteiras, palavra que tem seu sentido muitas vezes questionado pelo discurso da globalização. Assim como a constituição da Modernidade está associada à possibilidade de ampliar fronteiras, cujo ápice foi sintetizado no velho slogan "mostrar mundos ao mundo", cunhado pelos expansionistas lusitanos para cantar sua glória, a chamada pós-modernidade difundiu a ideia de seu apagamento, alardeando uma hipotética abertura dos territórios à livre circulação, como se, nesse compasso, estivessem desfeitos os limites condicionadores dos deslocamentos. Se é verdade, e é, que a explosão do turismo tem possibilitado às classes mais privilegiadas viajarem cada vez para além de suas fronteiras, indo na direção do que se reconhece como outras culturas, tal circulação não tem se desdobrado no cosmopolitismo desejável. Muito raramente, o turista consegue avançar no conhecimento do outro que visita e na troca real de experiências. O encontro é superficial e quase sempre mediado pelo código do desequilíbrio. Nas palavras de Marc Augé: "(...) nossa época caracteriza-se por um constante surpreendente e trágico, pois os turistas partem voluntariamente aos países de onde os emigrantes saem em condições difíceis e às vezes em risco de vida". (AUGÉ, 2010, p.73). Esse contraponto ilustra uma das particularidades mais violentas da globalização e tem um de seus vetores na África, de onde continua a sair um número excepcional de homens e mulheres em busca da sobrevivência.

Vale entretanto, observar o que ocorre nos lugares de chegada dos africanos, esses passageiros da exclusão, fenômeno que está na ordem do dia do atual estágio do capitalismo. Eles movem-se, transferindo-se de periferia em periferia, enfrentando outras formas de dominação, submetendo-se à degradação dos espaços que vão habitar. Evidentemente, a precariedade torna-se uma das notas dominantes de suas vidas e pouco seria possível esperar desses condenados da terra, para lembrar a tragicamente atual expressão de Fanon. Para Marc Augé, a condição dessas pessoas define-se também pela dimensão espacial que caracteriza algumas palavras a que seu destino está ligado. Além de *exclusão*, que traz inscritos os sentidos de interior e exterior, ele destaca, por exemplo, *clandestino*, ambas carregadas de imagens que nos falam de fronteiras físicas e sociológicas, ambas associadas a uma linha de corte. (AUGÉ, 2010, p. 48-90).

Além dos riscos das travessias que precisam fazer e que raramente permitem ultrapassar certos limites, a contabilidade das perdas não deixa margem para a ilusão: é deles, os menos contemplados na distribuição de bens e direitos, que se cobra a conta maior para assegurar o desenvolvimento neoliberal. Mais uma vez, no plano concreto e no terreno do simbólico. Mais uma vez, todavia, é dessa parcela que vem também o investimento maior de resistência ao massacre cultural que o avanço capitalista tem significado. Afastados de seu local de origem, condenados a lidar com marcos espaciais e temporais que muitas vezes não reconhecem, os habitantes das periferias, entendendo aqui o conceito como espaços em oposição aos centros, sejam os países dominantes, sejam as cidades de onde emanam os discursos da dominação, veem-se desafiados a encontrar respostas para questões que nem sempre se colocaram, mas que demandam uma reação que seja capaz de se contrapor a desagregação que o universo de tensões tende a gerar. No caso da maior parte dos africanos, talvez se possa dizer, que em graus variados, a diáspora constitui uma experiência diária.

A expansão europeia e o processo de ocidentalização, a que no plano cultural ela corresponde, impuseram aos habitantes do continente o desterro espacial que se iniciou com o tráfico de escravizados e tem sua continuidade nos frequentes movimentos migratórios. Há entretanto, voltamos a recordar, aquela outra modalidade de exílio, aquela que decorre da supremacia de valores externos e da subalternização dos elementos que compõem o código local. A substituição de uma ordem, alicerçada no tempo daquele espaço, por outra que ali se insere, assegurada por outras forças, determina, na verdade, uma desordem, centrada na dissolução também dos mitos e ritos que estruturam o pensamento e a interpretação do mundo. Se compreendemos, como Balandier, que o "rito é, por natureza, ordem em si mesmo" (BALANDIER, 1997, p. 31), logo podemos deduzir que a sua desvalorização para um grupo traduz-se na quebra da ordem na qual ele se move. Uma das projeções desse problema evidencia-se na questão da língua. Como local de estruturação do pensamento, a língua é um traço fundamental do processo identitário do indivíduo e da comunidade a que pertence, portanto a necessidade de exprimir-se em um idioma que não é o seu, quando essa troca não deriva de uma escolha mas sim da secundarização do código que o forma, interfere não só na sua capacidade de comunicação como comumente reduz a sua autonomia criativa.

Em nenhum outro continente o campo linguístico foi e continua tão sujeito a mudanças como na África ou entre as suas populações que migraram. A oficialização das línguas europeias como línguas nacionais pelos governos no momento da independência dos países foi uma resposta que considerou a urgência do pragmatismo, contudo não pôde impedir, como era óbvio, os dramas que se colocam às pessoas. A escolha, quase sempre condicionada por fatores históricos, significou para milhões e milhões de falantes a subalternização da língua materna, o que fecunda uma sensação de exílio em sua própria terra. Nesses casos, não é a pessoa que se desloca no mundo, mas é parte importante de seu mundo que é deslocada, e para um lugar inferior no seu próprio mundo. O problema ganha complexidade se levarmos em conta a dimensão ritualística que marca as sociedades africanas e o fato de que no rito, como liturgia, aos símbolos e ícones que se associam às suas fases, também se ligam as palavras (BALANDIER, 1997, p. 32). Completa-se a complexidade do quadro no qual podemos localizar a conexão entre língua e identidade e compreender a emergência da desordem na qual essa forma de exílio se concretiza.

Quando se trata de emigração tout court, o fenômeno ganha outros componentes. A distância material da terra de origem é naturalmente acompanhada da imposição de outra vegetação, outro clima, outros mitos e ritos. Aqui, o contato com outra língua é previsível, mas isso não atenua a sensação de estranhamento e a indubitável necessidade de adaptação que o lugar determina, ainda que certamente o lugar de chegada seja outra periferia. Com efeito, da periferia do planeta ele sai para habitar a periferia das cidades que estão no centro do poder. Trata-se, pois, de uma espécie de ciclo que condena o emigrante a, em nome da sobrevivência, deixar uma área de carência para chegar a outra e ali enfrentar outros graves problemas, entre os quais a perda de certos vínculos que ajudariam a amenizar a aspereza que a condição de estrangeiro impõe.

Na terra estrangeira o confronto com a cultura hegemônica assume outras proporções. O que vem de longe, clandestino ou não, como subalterno, estará fadado a conviver com outros códigos e, para evitar sua total despersonalização, tem que procurar formas de negociação. Convertida em *área de contato* (PRATT, 1999), isto é, espaços onde as culturas se encontram, se chocam e se misturam sob o signo de uma radical assimetria, a periferia vai abrigar relações condicionadas pela força de um poder insofismável. A negociação, portanto, nunca será paritária, e sim em termos de "sobrevivência" daquele que luta por aceder a uma modernidade na qual as regras do jogo são exógenas, ditadas pela cultura hegemônica. Para negar que sua cultura seja condenada a ser apenas um simulacro, o migrante precisará fazer do diálogo com os materiais que lhe são transmitidos a base para a reinvenção de sua alteridade. A desigualdade que aí emerge é, em última análise, também resultante da "lógica disjuntiva que a colonização e a modernidade ocidental introduziram no mundo", expressão utilizada por Stuart Hall ao abordar o caso caribenho. (HALL, 2003, p.32)

No processo de instauração dessa lógica disjuntiva, o colonizador lançou mão da proposta de assimilação, que era, ao fim e ao cabo, uma maneira de afastar o colonizado de sua base cultural vetando-lhe de muitos modos o acesso a outro código. Na interessante acepção de Fanon, ofereciam-lhe apenas máscaras brancas para que ele cobrisse, sempre parcialmente, sua pele negra. A possibilidade de resposta que no presente se vislumbra do choque é diversa, apontando para um processo de apropriação, que, ainda que não se realize integralmente, marca uma ruptura. Em outras palavras, talvez pudéssemos dizer que o processo de "recomposição cultural", um momento de liberdade/libertação do cidadão da periferia, é, simultaneamente, o momento dialético de desestruturação contínua em busca de uma nova síntese cultural. Cabe ressaltar, entretanto, que também essa resposta guarda a sua dose de precariedade porque materializa-se em trânsito para novas periferias. Em síntese, em cada temporária recomposição o cidadão periférico se confronta com o dedo recriminador do poder hegemônico que a acusa de "inferior" porque associada ao estigma do "mestiçamento". Na realidade, infetados pelo vírus da hierarquização dos saberes, os centros de poder político, econômico e cultural recusam, a troca e o diálogo.

Tal processo, já referimos, atinge a África na sua relação com os centros detentores do poder e atinge particularmente os originários desse continente nas periferias das grandes cidades, inclusive em algumas situadas nos próprios países africanos, nas quais o desenho da desigualdade se implanta com muito vigor. A existência dessa linha demarcatória entre centro e periferia em cidades africanas faz emergir argumentos que tentam diluir a conexão África/negro/exclusão que procuramos abordar aqui como um legado da rede expansão colonial/ocidente na qual se fermenta a ideia de universalidade. Não é preciso, contudo, um grande esforço para a percepção dessas fronteiras como um reflexo da continuidade colonial, como uma projeção multiplicada da "modernidade", aqui tomada como "o outro nome para o projeto europeu de expansão sem limites que se desenvolve a partir dos últimos anos do século XVIII" (MBEMBE, 2014, p. 104), cuja nota dominante é dada pela violência do capitalismo, apoiado nas contribuições que soube extrair do cristianismo e, principalmente, do racismo para estruturar o seu poder, "poder predador, poder autoritário e poder polarizador". (MBEMBE, 2014, p. 199).

No interior desse relacionamento que teve como eixo a insana tentativa de despojar uma imensa parte da população de sua humanidade, está instalada a contradição e já não são poucas as respostas desde os combates pela resistência dos argelinos nas primeiras décadas do século XIX. No plano político, a emergência do

Pan-Africanismo e o movimento da Negritude indicaram caminhos, que ganharam a necessária radicalidade nas lutas pelas independências nacionais a partir dos anos de 1960. As revoltas nos subúrbios de Paris em 2005 fizeram explodir a crença de que é possível conter os conflitos que se acumulam no contexto dos chamados países civilizados. No plano cultural, segregados nos terrenos destinados ao "outro", os habitantes da periferia protagonizam movimentos de apropriação por meio dos quais buscam recompor as suas identidades, como defende Stuart Hall na sua análise sobre as culturas caribenhas e da diáspora.

A partir de cacos e resíduos, o subalternizado procura falar e elaborar um contradiscurso que se deve voltar também contra as imagens com que a mídia, aliada fiel do capital, constantemente o bombardeia, disseminando o discurso de sua inferioridade, atribuindo-lhe a culpa de sua própria exclusão. Como é óbvio, contra tamanha desigualdade, a luta é desigual. Trata-se, sem dúvida, de uma luta que exige investimento diário, que exige uma vigilância sem par. Mas faz-se e vem sendo feita com a consciência de quem sabe que não está só no mundo e precisa absolutamente ter em conta a presença desse outro que insiste em reduzi-lo. E talvez aí resida a hipótese de viragem. Privado do autocentramento que o ocidente por sua prática imperial converteu em direito exclusivo, o habitante da periferia vê-se na interrelação. É desse lugar que precisa organizar a sua defesa e preparar os seus combates. E a confrontação potencializa-se em batalhas que se desvelam na dinâmica de novas configurações culturais que vemos surgir nas margens dos espaços hegemônicos, de que cidades como Londres e Paris são ótimos exemplos; assim como na produção de um pensamento que cultiva a autonomia e procura se distanciar da vertigem de conceitos como neutralidade e universalismo que durante séculos serviram muito bem a narrativas muito pouco neutras ou universais. Na sua diversidade, vozes como a de Fanon, a de Mudimbe, a de Amin, a de Ruy Duarte de Carvalho, de Hall e a de Mbembe, entre outras que se associam à periferia, vem desestabilizando o afinado coro do centro e nos ajudam a interrogar a sua legitimidade. Na defesa da diferença que eles, cada um a seu modo, fazem, encontramos argumento para a reparação do nome difamado de África, metonímia tão bem composta por Chinua Achebe, com que esse artigo começou.

Bibliografia

ACHEBE, Chinua. *A educação de uma criança sob o protetorado britânico.* Tradução de Isa Mara Lando. São Paulo: Companhia das Letras, 2012.

AMIN, Samir. *El eurocentrismo. Critica de una ideologia*. Cidade do México: Siglo XXI Editores, 1989.

AUGÉ; Marc. *Por uma antropologia da mobilidade*. Tradução de Bruno César Cavalcanti, Rafael Rocha de Almeida Barros. Maceió:EDUFAL/ UNESP, 2010.

BALANDIER, Georges. *A desordem. Elogio ao movimento.* Rio de Janeiro: Bertrand Brasil, 1997.

CARVALHO, Ruy Duarte de. *Actas da Maianga... dizer das guerras em Angola.* Lisboa: Cotovia, 2013.

FANON, F. *Os condenados da terra.* Tradução de Enilce Albergaria Rocha e Lucy Magalhães. Juiz de Fora: Edições da UFJF, 2005.

HALL, Stuart. *Da diáspora. Identidades e mediações culturais.* Org. de Liv Sovik. Tradução de Adelaine La Guardia Resende... et all. Belo Horizonte: Editora da UFMG/Brasília: Representação da Unesco no Brasil, 2003.

MBEMBE, Achille. *Crítica da razão negra.* Tradução de Marta Lança. Lisboa: Antígona, 2014.

MUDIMBE, V. Y. *A invenção de África. Gnose, filosofia e a ordem do conhecimento.* Tradução de Ana Medeiros. Mangualde: Edições Pedago/ Luanda: Edições Mulemba, 2013.

M´BOKOLO, Elikia. *África Negra. História e civilizações do século XIX aos nossos dias.* Tomo II. Lisboa: Colibri, 2007.

PRATT, Mary-Louise. *Os olhos do império. Relatos de viagem e transculturação.* Bauru: EDUSC, 1999.

Alianças periféricas?
Saberes e poderes nas margens do Índico[1]

Maria Paula Meneses

Introdução

A realidade africana é retratada, com frequência, como um espaço periférico, marcado por fracassos políticos e culturais. No entanto, uma leitura detalhada dos trabalhos que avançam tais posições revela que a relação centro-periferia é reflexo de uma dada construção social e política de uma relação hierárquica da alteridade. A periferia é, sobretudo, um exercício de criação de um lugar de exceção – inventado por um dado centro – e que, a partir deste seu lugar de 'poder' categoriza os outros locais como periferia (MBEMBE e NUTTALL, 2004, p. 351).

Uma das características da modernidade eurocêntrica consiste na criação de uma hierarquia intelectual, onde as tradições culturais e intelectuais do Norte global são impostas como o cânon, porque autodefinidas como superiores porque mais desenvolvidas (TROUILLOT, 2002, p. 221-222). Este processo envolve a redução do 'outro' periférico a símbolo de atraso, a partir de uma perspetiva evolucionista do mundo globalizado. Ou seja, a construção da periferia é, de facto, um exercício político gerador de uma determinada definição política do espaço geográfico e epistemológico. E o continente africano tem sido, nos últimos séculos, o símbolo da periferia do mundo, porque 'subdesenvolvida e atrasada' na senda do progresso civilizador (FOÉ, 2011, p. 63). Esta periferização é fruto do projeto geopolítico que define como modelo o Atlântico Norte, epicentro gerador de 'referenciais universais legítimos'. Assente nesta premissa, o pensamento científico moderno insiste em impor uma fratura abissal que divide o mundo entre o Norte global e os Suis locais – ou seja, espaços cujos sabe-

---

[1] Agradeço aos organizadores do colóquio *A atualidade da periferia no pensamento social*, o convite para participar. A versão atual do texto beneficiou dos comentários recolhidos em vários momentos. Na sua origem está um projeto de pesquisa financiado pela Fundação para a Ciência e Tecnologia (FCT / MEC) Portugal (com fundos nacionais e cofinanciado pelo FEDER através do Programa Operacional Competitividade e Inovação COMPETE 2020), especificamente pelo projeto PTDC / CVI-ANT / 6100/2014 - POCI-01-0145-FEDER -016859.

res têm valor local, tradicional, sinônimo de atraso e subdesenvolvimento (SANTOS, MENESES e NUNES, 2005, p. 33-34). Esta proposta explicativa do mundo tenta impor-se como forma única ou pelo menos a mais importante e legítima forma de saber, uma proposta que mostram como o projeto colonial epistêmico continua a funcionar para além das independências políticas (SANTOS, 2007, p. 71).

Num primeiro momento este texto procura fazer sentido da construção teórica moderna do sentido de periferia para a realidade africana, com enfoque no contexto de Moçambique. Procurarei discutir como no espaço-tempo do colonialismo português (CASTELA et al., 2012), se procurou construir uma África fora do progresso, ocupando simultaneamente uma posição de atraso e de periferia em relação aos processos civilizatórios eurocêntricos. Esta distinção temporal e geográfica dos espaços e saberes africanos assenta numa ontologia colonial, geradora de hierarquias do sentido de ser (MALDONAO-TORRES, 2008, p. 79). Neste sentido, a noção de periferia como conceito analítico ajuda a debater a dinâmica sociopolítica contemporânea nalgumas partes do continente africano.

Como construir perspetivas alternativas sobre a produção de conhecimento sobre a 'história do mundo'? Quais as promessas e os limites de uma história universal? Haverá só uma história ou o mundo estará repleto de relatos, frequentemente contraditórios entre si? As receitas culinárias exibem mais saberes, apar além do conjunto de produtos alimentares; cada receita é reveladora de uma história com várias camadas, tal como o é a história das mulheres que as transportam (COLLINGHAM, 2006). E muitas destas histórias continuam por revelar, pela força do colonialismo e do patriarcado. Na segunda parte, a partir de um cruzamento entre os testemunhos da oralidade e os laboratórios que são a cozinha, procuro trazer ao centro saberes que as mulheres transportam no seu corpo, saberes que nos abrem portas para outros centros em rede, muito além das perspetivas lineares dominantes sobre os centros e periferias de produção de saber.

O texto encerra com uma discussão mais ampla sobre as possibilidades de ampliar a justiça cognitiva, explorando a cozinha e a confecção de alimentos como laboratórios, onde a comida é vista para além das funções sociais que cumpre (MINTZ, 2001) e do local periférico que ocupa na construção de saberes. O objetivo desta última parte é contribuir para os debates em torno dos desafios da descolonização do saber, reconhecendo o impacto crítico da violência do encontro colonial, e alargando a análise dos saberes culinários e sobre comida a comida, saberes portadores de múltiplos sentidos, conjugando aprendizagens, questões, étnico-raciais, de gênero, entre muitas outras (MENESES, 2016a, p. 41-42).

Sobre centros e periferias?

A imagem do continente africano, parte do Sul global, está marcada por representações forjadas no centro de um saber de matriz eurocêntrica, as quais reforçam a permanência das perspetivas do Norte sobre o Sul (RAMOSE, 2003, p. 600). Este posicionamento teórico, político e metodológico procura impor, como já assinalado, uma única ontologia, apoiada numa epistemologia exclusiva. A construção do continente africano como símbolo de periferia é reflexo deste projeto, o qual insiste na construção de África como um espaço político à margem da 'rica' experiência cultural, econômica e política das metrópoles europeias. Estas metrópoles, concebidas como mais avançadas, porque detentoras de um saber e de culturas mais sofisticadas, reclamaram desta forma a legitimidade para se considerarem simultaneamente o centro e o farol do progresso civilizador.

Em paralelo desenvolveu-se a ideia de periferia. A ideia de que as periferias são um vácuo político e epistemológico, que precisa ser ocupada por pessoas vindas de fora, e dotada de saberes superiores, é essencial ao projeto colonial. O colonialismo não é apenas um conjunto de instituições e práticas políticas; o colonialismo é um paradigma, um conjunto de axiomas, conceitos e discursos através dos quais as potências coloniais buscam ocupar e representar o mundo através de uma perspetiva particular - no caso do colonialismo moderno através da racionalidade eurocêntrica. A insistência nesta racionalidade é primordial ao discurso da missão civilizadora: [Reclamam] *que o Ocidente inventou a ciência. Que só o Ocidente sabe pensar; que nos limites do mundo ocidental começa o tenebroso reino do pensamento primitivo, o qual, dominado pela noção de participação, incapaz de lógica, é o tipo acabado de falso pensamento* (CÉSAIRE, 1978, p. 58).

Nesta senda, a história do projeto da modernidade eurocêntrica assenta, num primeiro momento, na criação do 'seu' espaço-tempo como excecional, o que resultou, ao espelho, na emergência do mundo colonial como externo e anterior ao momento do progresso da Europa (THIONG'O, 1993, p. XVI). Esta fratura abismal assume o 'resto' do mundo como periférico e anterior aos processos histórico-mundiais que ocorriam no centro. Concretamente, os processos coloniais e os violentos episódios de violência a estes associados são apagados, ou silenciados. É disso exemplo os trabalhos de Fernand Braudel sobre a 'Civilização material, economia e capitalismo' (1995) ou ainda, a teoria de sistema-mundo de Immanuel Wallerstein (1984). As propostas analíticas destes autores pecam por dar seguimento à leitura kantiana da história, vista como um processo linear que supostamente se desloca de oriente para ocidente. Mas esta história tem de ser recontextualizada devido, por exemplo, à importância dos fluxos comerciais internacionais no Índico desde o início da nossa era (ABU-LUNGHOR, 1989; BOSE, 2006).

Um estudo mais sofisticado da história da globalização revela que o contacto entre distintas zonas do globo terrestre não foi produto patenteado pela Europa; a Europa[2] chegou, de facto, bem atrasada ao sistema mundo, tendo-se, no caso do Índico, integrado num um complexo sistemas de trocas comerciais que aí funcionavam desde há muito (ALPERS, 2014, p. 2-4). Estes com tactos globais afirmaram a presença de diversas ligações marítimas, onde a troca de saberes e de culturas produziu cidades cosmopolitas como o Cairo, Malabar, Zanzibar, Goa ou Ilha de Moçambique. Nestes espaços, transacionavam-se especiarias, sabores e saberes, fermentando diálogos para além da homogeneidade, essencialismo ou conquista.

Este alerta reflete a necessidade de se lerem as histórias do Índico com outras lentes, distintas das desenvolvidas para o Atlântico norte. Por exemplo, a entrada da costa oriental de África, onde hoje se situa Moçambique, no imaginário europeu não aconteceu através de uma apropriação do espaço – dos territórios e os seus habitantes – pela proposta epistêmica da Europa, ao contrário do que aconteceu com as Américas (MENESES, 2009). Os próprios portugueses (e posteriormente, outros europeus) utilizaram as redes comerciais preexistentes no circuito do Índico para obter mercantilizar os produtos desejados. Ao longo deste período de com tactos da Europa com o Indico assiste-se à transição do controle comercial e de saberes por parte de vários grupos sociais presentes no Índico para grupos europeus (ALPERS, 2014). Um dos episódios de mudança radical acontece com a conferência de Berlim (1984-85),[3] e que se traduziu na obrigatoriedade das potencias colonizadoras ocuparem 'efetivamente' os seus territórios coloniais em África. Isto significou a apropriação efetiva da terra pelas potências coloniais e a transformação dos habitantes em súbditos colonizados, sem direitos porque não-cidadãos (MENESES, 2016b). No caso de Moçambique, assistiu-se à transladação de um sistema de administração política e científica que se traduziu na implantação da moderna colonização, a partir da segunda metade do século XIX.

---

2   Incluindo regiões tão diversas como Portugal, Espanha ou a cidade estado de Veneza, alguns dos principais entrepostos marítimos de contactos estabelecidos durante a primeira etapa da modernidade.

3   O mapa de África que resultou desta conferência, e que se mantém em grande medida nos nossos dias, não respeitou nem a história, nem as relações étnicas e políticas do continente.

A criação da alteridade como espaço/tempo anterior, onde circulavam saberes inferiores, foi o contraponto da exigência colonial de transportar a civilização e a sabedoria para povos vivendo supostamente nas trevas da ignorância. Esta estruturação hierárquica está na base da relação de poder-saber do moderno pensamento científico, relação que opera pela permanente imposição de um pensamento abissal, divisão que seciona o mundo entre o espaço civilizado, do Norte, de um lado, e os 'outros' espaços, coloniais, da tradição, dos primitivos, do 'outro' lado. É o resultado desta separação que gera uma África denunciada por Chinua Achebe como um cenário "*que elimina o Africano como fator humano; uma África* [...] *desprovida de qualquer humanidade reconhecível*" (1978, p. 9).[4] Com um golpe mágico de poder, os conhecimentos e experiências existentes do outro lado da linha transformaram-se em saberes locais, tradicionais, circunscritos e periféricos (MENESES, 2005).

Nos dias de hoje, apesar das profundas mudanças que o continente africano conheceu, o projeto político colonial, enquanto paradigma, continua presente. Isto verifica-se através de um conjunto de axiomas, conceitos e discursos através dos quais o continente africano é 'representado e consumido' pelo Norte global, como objeto de conhecimento (MBEMBE, 1992, p. 141). O resultado da apropriação política, econômica e científica do continente africano pela máquina colonial moderna, de que Moçambique é exemplo, assentou na negação do reconhecimento da diversidade que o conceito 'África' esconde e olvida. E é esta representação, gerada pelo imaginário europeu colonial, que define ainda muito do saber presente em bibliotecas (MUDIMBE, 1988, p. 208), reproduzindo a imagem do africano como objeto, como não-ser, situando eternamente num plano temporal anterior aos alcances do conhecimento de matriz eurocêntrica.

A continuidade do processo de colonização epistêmica na atualidade revela-se pela persistência de relações e interpretações coloniais que limitam as leituras sobre o Sul global, quer a nível epistêmico (ou 'outros' não sabem pensar, ou o seu pensar não é tão sofisticado como), quer a nível ontológico (os 'outros' não contam, os 'outros' são coisas, não pensam por si). No próprio continente africano, a predominância de universidades modernas, influenciadas pelo projeto Iluminista têm resultado na quase completa marginalização das tradições intelectuais endógenas e das suas 'bibliotecas' (MENESES, 2016c). A persistência da biblioteca colonial é sinônimo da impossibilidade de racionalidades e histórias plurais. Por exemplo, a expansão dos alimentos cultivados pelo mundo é muito anterior ao processo que hoje é designado

---

4   Minha tradução.

de globalização alimentar (MINTZ, 2001, p. 32-33); inúmeros trabalhos têm vindo a apontar a longa duração dos contatos alimentares, sublinhando o papel dos fluxos globais gerados por estas ligações (INGLIS e GIMLIN, 2009).

Num outro patamar, as bibliotecas coloniais, ao silenciar a agência do saber alimentar, ao privilegiar um 'neutro' masculino, (re)localizam e (re)significam muito do saber das mulheres – especificamente no campo da alimentação – como marginal. Esta dupla marginalização – epistêmica e ontológica – perpetua o silenciamento de saberes que a preparação de alimentos transporta em si mesma: a história, la geografia, os contatos culturais, de classe, de gênero, etno-raciais y identitários.

Na realidade, este silenciamento e privação de autorreferência legítima atua não apenas a nível gnosiológico, é também, e sobretudo, uma perda ontológica: saberes inferiores exclusivos de seres inferiores, sem interesse para a ciência a não ser na qualidade de matéria-prima, como dados ou informações. Todavia, o mundo contemporâneo, apesar dos múltiplos episódios de silenciamento e apagamento de histórias e saberes, continua a apresentar uma enorme diversidade de processos que conferem inteligibilidade e intencionalidade às experiências sociais. Como se discutirá de seguida, neste Sul global, múltiplas epistemologias rivalizam, interpenetram e dialogam entre si (SANTOS, MENESES e NUNES, 2005).

Descolonizar e democratizar, para revelar outros centros

O projeto da modernidade eurocêntrica procurou criar uma única versão da história, mantendo as sociedades coloniais reféns do tempo linear, da ideia de desenvolvimento, de progresso. Enquanto conceito analítico, a descolonização resiste a qualquer interpretação simplista, o que explica, no contexto africano, os debates e contestações que rodeiam este tema. Se para parte significativa do Norte global a descolonização, interpretada de forma superficial, se reduz à transferência da soberania do colonizador para o colonizado (MENESES, 2016a), esta é apenas uma parte da história. Em contraste, em Moçambique, a exemplo de vários outros estados-nação africanos recém-independentes, as narrativas de libertação nacional celebraram a luta pela independência como o mito fundador das novas histórias nacionais, nascidas da luta e alcançadas através da vitória sobre o colonialismo. Muitos dos movimentos nacionalistas invocavam, nos seus projetos políticos, um sentido de libertação amplo, a partir da descolonização do conhecimento, apelando a uma identificação crítica com os movimentos de democratização à abertura social, à justiça cognitiva. Como os debates que caracterizam o contexto africano retratam, a descolonização envolveu mais do que a mera transferência do poder político das metrópoles aos novos países. Escrevendo em 1957, Léopold Senghor refere-se à descolonização como "*a abolição de qualquer preconceito, de qualquer complexo de superioridade na mente do colonizador e também de qualquer complexo de inferioridade na mente do colonizado.*" Esta opção exigiu a abertura a um questionamento mais amplo e profundo e uma participação mais alargada e informada no debate sobre as condições da própria independência e dos sentidos da autodeterminação (MENESES, 2016a).

Democratizar as narrativas históricas, desvelando os projetos políticos em que cada uma assenta, é um passo fundamental para a abertura política da história. No caso de Moçambique, este debate tem conhecido várias vertentes: problematizar a versão 'eurocêntrica' do passado, trazendo ao debate vozes cujos saberes e experiências se situam fora da narrativa dominante, oferecendo possibilidades alternativas de conversar com a realidade gerada pelo violento encontro colonial. Isto obrigada a deslocar-se o sentido de (re)conhecer o mundo, processo que exige outras posições epistêmicas e metodológicas (SMITH, 1999; CONNELL, 2007; SANTOS, 2014). As abordagens, a partir das propostas epistemológicas do Sul global, vêm o conhecimento não como uma construção social abstrata, mas como o produto de formas específicas de práticas sociais e de lutas, desvelando as como a realidade se cria através do tempo histórico.

A abertura ao diálogo entre diferentes formas de compreender e sentir o mundo passa por se reconhecer que se trata de são construções epistemológicas desenvolvidas a partir de vários referenciais, sem se definirem as diferenças como necessariamente boas ou desejáveis (HELDKE, 1988, p. 17). Consequentemente, a relação dicotômica sujeito/objeto, intimamente associada à construção hierárquica de saberes é colocada em causa. Se se pensar apenas sobre a comida, em abstrato, corre-se o risco de se reiterar os dualismos cartesianos – entre o corpo e a mente, entre a teoria e a prática, entre a razão e a emoção –, perpetuando assim os paradigmas originais que subalternizam os saberes gerados nos laboratórios que são as cozinhas em relação ao saber científico.

O século XXI, num mundo crescentemente consciente da sua diversidade, exige uma etnografia mais complexa, capaz de conferir visibilidade a alternativas epistêmicas emergentes, onde outros agentes se expressam de formas diferentes, mas audíveis e sentidas. Para ultrapassar a hierarquia epistemológica de que o saber moderno está refém, importa descolonizar o conhecimento (SMITH, 1999). A partir da ecologia de saberes, proposta por Boaventura de Sousa Santos (2007), proponho uma abordagem em que a comida, os alimentos não são meros objetos de estudo, resgatando os saberes e as agentes dos mesmos. Ou seja, analisar a comida (e a forma de a preparar e consumir) como um campo de questionamento e de produção de saberes, onde a teoria e a prática dialogam em permanência.

No contexto moçambicano, a cozinha reflete a diversidade cultural da região, os encontros e contatos com regiões vizinhas, que no continente, quer para além dele, pelos contatos marítimos (MENESES, 2009). A pesquisa feita em Moçambique, num processo dialógico, tem mostrado como a preparação de alimentos, o ato de cozinhar combina conhecimentos e práticas mutuamente inteligíveis para diferentes sociedades e grupos identitários. O ato de cozinhar é em si mesmo uma forma de saber. A receita encerra a história dos ingredientes, a sua procura e uso na preparação, os estilos de cozinhar e os contextos de apresentação e consumo dos alimentos. O sabor, as texturas e as sequências de pratos são fundamentais para recuperar a história, a geografia e outros saberes partilhados dentro e entre culturas.

Olhar a história através dos sabores permite desafiar radicalmente a subalternidade das mulheres e das suas formas de ser e de estar, no mundo, na luta. Movendo-se através de várias culturas, os sabores e os saberes envolvidos na sua preparação e consumo de alimentos podem ser interpretadas como 'zonas de contacto' (PRATT, 2002, p. 4), espaços de criatividade, de confronto e de contato, onde se articulam distintas relações de poder entre formas de ser e de conhecer.

Na tradição filosófica eurocêntrica, que ainda permanece central a muitos dos trabalhos sobre o continente africano, as atividades realizadas por mulheres, como as atividades culinárias, são consideradas filosoficamente periféricas, porque não se enquadravam em nenhuma das categorias existentes. Tornadas invisíveis, foi fácil silenciar estes saberes, transformando as mulheres em 'fornecedoras privilegiadas de informações' sobre produtos que são transformados nos laboratórios da alta--cozinha do Norte global.

Em múltiplos contextos do Sul global, as mulheres são pilares das lutas, com a sua energia e a criatividade, na prática cotidiana da produção de alimentos para assegurarem a manutenção da sua comunidade. Em Moçambique, tal como noutros contextos, a comida é pensada, preparada e consumida primeiro em casa, no círculo da família, e mais tarde em mercados e restaurantes, ou em eventos políticos onde a comida expressa poder. Comer em conjunto, não representa apenas nutrição; é um ato pedagógico, juntando comunidade, juntando amigos e familiares, num contexto onde se avaliar o prato preparado, ensinado e aprendendo nesse imenso laboratório que é a cozinha. A combinação de texturas, sabores e técnicas de preparação, quem prepara e para quem expressam lutas e oportunidades, parte integrante de processos identitários. A comida, juntamente com a paisagem e o corpo, são os aspetos materiais centrais às identidades coletivas ou individuais (PALMER, 1998, p. 183). A comida simboliza afetos, alianças, histórias e memórias partilhadas.

No contexto moçambicano, tal como noutros locais do mundo, a cozinha é performativa: nela participam quer a cozinheira, quer a audiência (familiares, amigos, convidados), estes últimos comendo, comentando e apreciando o ato. A cozinha é, neste contexto, domínio das mulheres, que controlam estes laboratórios onde se combinam saberes especializados (MENESES, 2009). Como outras formas de performance oral que combinam a criatividade com a consistência da reprodução, a erudição na cozinha ocorre quer por saberes individuais, quer de grupos. Porém, até muito recentemente, estes saberes circularam (e continuam a circular) essencialmente através da oralidade (MCCANN, 2009), articulando experiência, prática e replicabilidade.

Exemplo de outros contextos no continente africano, as práticas das mulheres na cozinha expressam histórias, refletem encontros de culturas, espelhando opções e experiências políticas: por exemplo, as inovações técnicas na adaptação à produção e processamento de novos alimentos (milho, pimentos, mandioca e feijão), bens comercializados (sementes e sal) ou ingredientes perecíveis emprestados dos seus vizinhos (folhas, frutos, especiarias).

As relações que geram desigualdades e dominação estão também expressas na cultura da cozinha. O pão, ou os peixes em conserva, por exemplo, aparecem nas cidades coloniais da África austral com a implantação da moderna colonização europeia. Em paralelo, a narrativa histórica colonial silencia os sabores que refletem profundos contatos no Índico, como os 'caris', os 'achares', etc. (MENESES, 2009).[5]

O sabor, as texturas e as sequências de pratos são fundamentais para recuperar a história, a geografia e outros saberes partilhados dentro e entre culturas. O cozinhar é ele mesmo uma forma de saber. Cada receita encerra uma história dos ingredientes, a sua procura e uso na preparação, os estilos de cozinhar e os contextos de apresentação e consumo dos alimentos. Ao se estudar a preparação dos alimentos a partir das suas agentes, o enfoque desloca-se para as mulheres, expondo-se a persistência de relações econômicas, culturais e epistêmicas que continuam dominando as relações de poder na construção dos saberes presentes no mundo.

---

5   Trata-se de pratos e preparações oriundos dos circuitos de saberes do Índico, de onde se espalham estes sabores.

A cozinha africana mostra as culturas do continente e reflete, em paralelo, os encontros e contatos com regiões vizinhas, desafiando as ideias sobre centros e periferias. Muitas das receitas e os pratos que as mulheres negras das Américas confeccionam contêm informações valiosas sobre a preparação de diferentes pratos de várias regiões do continente africano. Esses saberes, que contêm em si mesmo saberes de outros locais do mundo, atravessaram o Atlântico na bagagem das pessoas traficadas como escravas por mais de 300 anos. Nesta caminhada, as mulheres africanas ajustaram e transformaram as suas receitas para substituir parte dos produtos que não encontravam nesta parte do mundo, utilizando produtos, utensílios e métodos locais desconhecidos, juntamente com ingredientes e abordagens oriundas da Europa e da Ásia. São, em si mesmos, exemplos de como pela cozinha se ampliam diálogos, em condições de extrema violência, democratizando a história (CÉSAIRE, 1978).

As receitas, muitas delas ainda hoje circulando apenas no campo da oralidade, dizem muito sobre encontros de saberes e de culturas, sobre a história destas mulheres como sujeitos históricos das Américas. Para que estas narrativas históricas, escritas e orais, sejam vistas como arquivos que preservam as ligações epistemológicas e estéticas entre as mulheres do continente e da diáspora (CLARK, 2007, p. 151), importa descolonizar muito do saber histórico dominante. Conceptualizar as receitas – parte central da vida destas mulheres – como um registo importante de saberes, permite recuperar a estética de gerações de mulheres desconhecidas, cuja arte se manifestou nos seus jardins, quintais e cozinhas. A cozinha é sobre sabores, sobre ciclos de vida que têm sido ignorados e periferizados durante séculos, combinando dois não seres – as mulheres e a epistemologia dos sabores.

Contribuindo para a descolonização do conhecimento

A descolonização é um dos elementos fundadores do século XX, embora a sua importância tenha sido subestimada pelos múltiplos silêncios e omissões das macro-narrativas históricas. Este conceito – descolonização – condensa múltiplas situações delicadas, associadas a processos de transição política e epistêmica.

Ultrapassar a situação de colonização epistêmica exige, como sublinha Boaventura de Sousa Santos (2014), que se aceite o repto de ir para Sul e aprender com o Sul, não como Sul imperial (que reproduz no Sul a lógica do Norte, assumida como universal); pelo contrário, é preciso aprender do Sul anti-imperial, metáfora das violências impostas, do sofrimento injusto e sistemático causado pelo capitalismo, pelo colonialismo e pelo patriarcado. Dar voz às subalternas, saber escutá-las e traduzi-las interculturalmente não é escrever, de novo, a história no singular; desta forma essencializa-se a diferença de forma radical, impossibilitando-se qualquer tradução intercultural. Pelo contrário, a procura das especificidades dos processos, dar voz e aprender a escutar as vozes silenciadas pela sua diferença radical assume uma importância crucial neste processo de tradução, uma forma de ultrapassar as ratoeiras geradas por qualquer essencialismo que insiste em gerar centros e consequentes margens periféricas.

A descolonização, no plural, integra, para além das lutas políticas, a exploração de sonhos, a libertação da história. É uma ponte política entre anseios e raízes de experiências. Nesta senda, e dando eco aos combates ideológicos que marcaram o continente africanos na segunda metade do séc. XX, o amplificar da democracia só poderá ocorrer se se assumir a descolonização mental, epistêmica, como uma necessária condição prévia e necessária à democratização do mundo.

Os cenários pós-coloniais em presença são extraordinariamente distintos. A diversidade de processos de descolonização na América Latina é distinta do que ocorre em África ou dos contextos europeus. E dentro de cada um destes macro-cosmos, existe uma infinidade de microcosmos todos infinitamente distintos entre si. Contudo, se esta diferença espaço-temporal apela para a diferença dentro do Sul, a experiência colonial comum permite a constituição de um Sul global, onde a condição pós-colonial se impõe cada vez mais na análise e caracterização das condições políticas específicas. Comum a este Sul global é uma crítica que procura identificar e radicalmente ultrapassar a persistência da colonialidade do poder e do saber (dominação, exploração, marginalização e opressão) para além do processo das independências políticas.

As receitas são uma forma das mulheres que carregam às suas costas o 'fardo colonial' reclamarem e recriarem a sua história – pela oratura, pela escrita, pelos cozinhados – produzindo arquivos, reveladores de várias epistemologias. E a função do arquivo é precisamente a de facilitar a recuperação das histórias dos não-seres que enfrentaram múltiplas tentativas de apagamento, em atos de genocídio, escravidão, patriarcado, colonização e erradicação das memórias culturais.

Estas receitas, orais ou escritas, representam um antidoto à produção 'tradicional' de textos na historiografia contemporânea. Inserir as vozes e saberes das mulheres como sujeitos na plenitude dos campos em que estas atuam permite estimular radicalmente os debates em torno à problematização da hegemonia do saber científico moderno.

Desafiar a latência colonial passa por problematizar a hegemonia do conhecimento e dos supostos centros de produção de saber que sustentam este projeto. As correntes teóricas e críticas que têm vindo a desafiar esta hegemonia inscrevem-se no pós-colonial, uma gramática política que procura refletir sobre os processos de descolonização, nas zonas originadas pelo violento encontro colonial. Este questionar deve ser visto como uma possibilidade contingente de mudança em direções que não reproduzem a subordinação cultural, política e econômica, abrindo à descolonização da imaginação e dos sonhos sobre quem somos e qual o nosso contributo à história como narrativa base para projetos de futuro.

Inspirada em Sanjay Subrahmanyam (1997, p. 759-762), nas "histórias interligadas", avanço com a proposta de reclamar e reescrever outras histórias. Outras representações terão, necessariamente, de abordar aspetos polêmicos, contestando a posição e a legitimidade das representações dominantes. Em lugar de generalizações e simplificações, o desafio que se coloca é duplo: explicar a persistência da relação colonial na construção da história mundial, ao mesmo tempo que se propõem alternativas à leitura desta história, no sentido de construir histórias contextuais que - articuladas em rede - permitam obter uma perspetiva cosmopolita sobre o mundo.

Estes processos refletem o espessamento dos projetos de construção de histórias nacionais e regionais, juntando contributos individuais e coletivos à historiografia política dominante. A cozinha, a preparação de alimentos deve também ser vista como elementos concreto de produção de narrativas históricas, de histórias pela autodefinição, a partir dos grupos, dos coletivos subalternizados e silenciados. Pela cozinha, somos lembrados que há outras histórias em rede, produzindo outras formas de presença cosmopolita, combinando o local e o global de forma engenhosa, sugerindo outras formas de ser e estar no mundo. Pela comida, mulheres de Moçambique, do Brasil, emergem como parte de uma gramática que reafirma a sua presença – individual e coletiva – a um espaço mais amplo, ao Sul global, do Pacífico ao Índico. Estes saberes em rede apontam a necessidade de um trabalho conjunto – eivado de profundos debates – sobre a necessidade de produzir novos imaginários. E se aceitarmos estas premissas, será possível 'mover o centro' – dentro dos países e para além dos países do norte – contribuindo para a libertação de culturas do mundo das paredes restritivas de ratoeiras como o nacionalismo, classe, raça etnia e gênero (THIONG'O, 1993, p. XVII).

Bibliografia

ABU-LUGHOD, Janet. *Before European Hegemony: the World-System, AD. 1250-1350*. New York: Oxford University Press, 1989.

ACHEBE, Chinua. "An Image of Africa". *Research in African Literatures*, n. 1, v.9, spring 1978, p.1-15.

ALPERS, Edward. *The Indian Ocean in World History*. New York: Oxford University Press, 2014.

BOSE, Sugata. *A Hundred Horizons: the Indian Ocean in the age of global empire*. Cambridge, MA: Harvard University Press, 2006.

BRAUDEL, Fernand. *Civilização material, economia e capitalismo, séculos XV-XVIII* (3 volumes). São Paulo: Martins Fontes, 1995.

CASTELO, Cláudia; THOMAZ, Omar Ribeiro; NASCIMENTO, Sebastião; SILVA Teresa Cruz e (org). *Os Outros da Colonização: ensaios sobre o colonialismo tardio em Moçambique*. Lisboa: ICS, 2012.

CÉSAIRE, Aimé. *Discurso sobre o Colonialismo*. Lisboa: Sá da Costa, 1978.

CLARK, Patricia E. "Archiving Epistemologies and the Narrativity of Recipes in Ntozake Shange's 'Sassafrass, Cypress & Indigo'". *Callaloo*, n. 1, v.30, winter 2007, p. 150-162.

COLLINGHAM, Lizzie. *Curry: A Tale of Cooks and Conquerors*. Oxford: Oxford University Press, 2006.

CONNELL, Raewyn. *Southern theory. The global dynamics of knowledge in social science*. Malden, MA: Polity Press, 2007.

FOÉ, Nkolo. "A questão negra no mundo moderno". *Sankofa, Revista de História da África e de Estudos da Diáspora Africana*, n. 8, v. 4, dez. 2011, p. 59-82.

HELDKE, Lisa M. "Recipes for Theory Making". *Hypatia*, n. 2, v. 3, jun. 1988, p. 15-29.

INGLIS, David; GIMLIN, Debra (org.). *The Globalization of Food*. Oxford: Berg, 2009.

MALDONADO-TORRES, Nelson. "A topologia do Ser e a geopolítica do conhecimento. Modernidade, império e colonialidade". *Revista Crítica de Ciências Sociais*, v. 80, 2008, p.71-114.

MBEMBE, Achille. "African Modes of Self-Writing". *Public Culture*, n. 1, v. 14, winter 2002, p. 239-273.

_____; NUTTALL, Sarah. "Writing the World from an African Metropolis". *Public Culture*, n. 3, v. 16, fall 2004, p. 347-372.

MCCANN, James C. *Stirring the Pot: a history of African cuisine*. Ohio: Ohio University Press, 2009.

MENESES, Maria Paula. "'Quando não há problemas, estamos de boa saúde, sem azar nem nada': para uma conceção emancipatória da saúde e das medicinas". In: SANTOS, Boaventura de Sousa (org.). *Semear Outras Soluções*. Rio de Janeiro: Civilização Brasileira, 2005, p. 423-467.

_____. "Food, Recipes and Commodities of Empires: Mozambique in the Indian Ocean network". *Oficinas do CES*, v. 335, 2009.

_____. "Os sentidos da descolonização: uma análise a partir de Moçambique". *OPSIS*, n.1, v. 16, jan./jun. 2016a, p. 26-44. Disponível em: https://www.revistas.ufg.br/Opsis/. Acesso em: 22 abril 2008.

_____. "Só revendo o passado conheceremos o presente? Alguns dilemas das descolonizações internas em Moçambique". In: MENESES, Maria Paula; MARTINS, Bruno S. (org.). *Direitos e Dignidade: Trajetórias e experiências de luta*. Coimbra: CESContexto, v. 13, 2016b, p. 56-66.

_____. "As ciências sociais no contexto do Ensino Superior em Moçambique: dilemas e possibilidades de descolonização". PERSPECTIVA, Florianópolis, n. 2, v. 34, maio/ago. 2016c, p. 338-364.

MINTZ, Sidney W. "Comida e Antropologia. Uma breve revisão". *Revista Brasileira de Ciências Sociais*, n. 47, vol. 16, 2001, p. 31-41.

MUDIMBE, Valentin. *The Invention of Africa*. Bloomington: University of Indiana Press, 1988.

PALMER, Catherine. "From theory to practice: Experiencing the nation in everyday life". *Journal of Material Culture*, n. 2, v. 3, july 1998, p. 175-199.

PRATT, Marie-Louise. *Imperial Eyes: travel writing and transculturation*. New York: Routledge, 1992.

RAMOSE, Mogobe B. "African Renaissance: a northbound gaze". In: COETZEE, Pieter H.; ROUX, A.P.J. (org.). *The African Philosophy Reader*. London: Routledge, 2003, p. 600-610.

SANTOS, Boaventura de Sousa. "Para além do pensamento abissal: das linhas globais a uma ecologia de saber". *Novos Estudos CEBRAP*, n. 79, nov. 2007, p. 71-94.

_____. *Epistemologies of the South. Justice against Epistemicide*. Boulder, CO: Paradigm, 2014.

_____; MENESES, Maria Paula; NUNES, João Arriscado. "Introdução. Para ampliar o cânone da ciência: a diversidade epistémica do mundo". In SANTOS,

Boaventura de Sousa (org.). *Semear outras soluções*. Rio de Janeiro: Civilização Brasileira, 2005, p. 25-68.

SENGHOR, Léopold. "La décolonisation: condition de la communauté franco-africaine". *Le Monde*, edição de 4 Setembro de 1957.

SMITH, Linda Tuhiwai. *Decolonizing methodologies. Research and Indigenous Peoples*. London: Zed Books, 1999.

SUBRAHMANYAM, Sanjay. "Connected Histories: Notes towards a Reconfiguration of Early Modern Eurasia". *Modern Asian Studies*, n. 3, v. 31, jul. 1997, p. 735-762.

TROUILLOT, Michel-Rolph. "The Otherwise Modern. Caribbean lessons from the savage slot". In KNAUFT, Bruce M. (org.). *Critically Modern: alternatives, alterities, anthropologies*. Bloomington, IN: Indiana University Press, 2002, p. 220-237.

THIONG'O, Ngugi wa. *Moving the centre: the struggle for cultural freedoms*. London: James Currey, 1993.

WALLERSTEIN, Immanuel. *The Politics of the World-Economy: the states, the movements and the civilizations*. Cambridge: Cambridge University Press, 1984.

Parte III: Produção de conhecimento e periferias

Sobre a "penúria cultural" e outros elementos constitutivos da cultura literária transatlântica no Brasil oitocentista[1]

Alexandro Henrique Paixão

Existe uma assertiva que retrata o Brasil oitocentista como um local em que persiste uma "incultura geral" radicalmente relacionada aos seguintes "fatos de atraso": falta de meios de comunicação e difusão (editoras, bibliotecas, gabinetes de leitura, imprensa etc.); ausências, dispersões e precariedades dos públicos portadores e suportes da literatura, em razão do número restrito de "leitores reais"; analfabetismo e a chamada "dependência cultural" em relação ao estilo de vida europeu, de onde importamos e aclimatamos "formas e valores" (CANDIDO, 2003, p. 143 e p. 146).

A combinação desses fatores resulta naquilo que Antonio Candido (1918-2017) caracterizou como uma "penúria cultural", traço básico de países subdesenvolvidos ou periféricos como o Brasil (CANDIDO, *op. cit.*, p. 148). Trata-se de uma série de condições negativas prévias que desafia todo intérprete da cultura brasileira voltado à compreensão do passado que funde situações locais e internacionais.

Partindo de pesquisas que reúnem novas e múltiplas fontes e dados sobre a cultura brasileira nos contextos transatlânticos do século XIX (ABREU, 2016), vou me apoiar numa perspectiva advinda da micro-história para justificar o impulso de reinterpretar um mesmo fato literário: "... Cada sociedade observa a necessidade de distinguir os seus componentes; mas os modos de enfrentar essa necessidade variam conforme os tempos e os lugares" (LÉVI-STRAUSS *apud* GUINZBURG, 2003, p. 171).

Frente a isso, este estudo toma como ponto de partida a tese da penúria cultural brasileira no século XIX, mas com o objetivo de abarcar outros elementos constitutivos da cultura, eles mesmos refratados nas seguintes variáveis: (1) circulação

---

[1] Originalmente, este texto foi apresentado no seminário internacional intitulado *A atualidade da periferia*, mas sofreu uma série de mudanças e ampliações para esta versão, incluindo o título. O trabalho compõe também parte dos resultados do Auxílio-Pesquisa FAPESP (processo nº 2014/12370-0), intitulado "O público como um problema eminentemente sociológico: problemas relativos à educação, literatura e estratificação social no tempo do romantismo".

transatlântica dos romances, (2) formação de públicos de literatura e (3) ações educacionais de âmbito popular.

Parte-se do pressuposto de que formas mais populares, como o romance-folhetim, ao circular internacionalmente e ao ser vertido para o vernáculo na capital do Império, modificou poucas, mas significativas estruturas, sendo responsável pela formação de públicos leitores mais amplos – para além das elites letradas locais –, pela construção de uma escola noturna e pelo incremento de alguns meios técnicos no Rio de Janeiro. A recepção de obras originais e as traduções de autores estrangeiros, como Alexandre Dumas, Eugène Sue ou Ann Radcliffe, e a produção de autores brasileiros, como José de Alencar ou Joaquim Manuel de Macedo, alteraram parte da fisionomia cultural daquela que podemos chamar de uma "capital literária", Rio de Janeiro, que foi uma das únicas cidades do Brasil Imperial a ter significativa circulação e consumo de literatura nacional e internacional (PAIXÃO, 2016a, p. 255). Reconhece-se, portanto, a existência de alguns processos sociais que engendraram outrora modos de vida específicos e que nos apresentam hoje outras explicações causais do mesmo processo que chamava a atenção de Antonio Candido, embora nossa ênfase seja outra.[2]

Digo isso, porque Candido buscava abarcar a totalidade de nossa cultura literária nacional, enquanto meu ponto aqui é muito mais restrito e localizado. Sua obra e fortuna crítica são de grande extensão e fundamentais para a interpretação do Brasil, isso significa também que não tenho pretensão de envolvê-la como um todo, e nem condições de repassar as matérias e análises decisivas de literatura e sociedade que foram tecidas nos últimos cinquenta anos, tomando, aproximadamente, como marco inicial seu livro-capital *Formação da literatura brasileira – momentos decisivos* (1959).[3] Na verdade, tomarei como parâmetro apenas dois textos de Antonio Candido reunidos em *A educação pela noite e outros ensaios* (2003), a saber "Literatura e subdesenvolvimento" (1970) e "A revolução de 1930 e a cultura" (1980).

---

2   Estou me apropriando, guardadas as proporções, da teoria de cultura de Raymond Williams: "...o conceito de cultura é constitutivo do processo social, criando "modos de vida" específicos e diferentes, os quais podem ser profundamente marcados pela ênfase no processo social material..." (WILLIAMS, 1977, p. 19). E continua: "historicamente, essa ênfase na linguagem como constitutiva, assim como a ênfase correlata no desenvolvimento humano como cultura, devem ser vistas como um duplo esforço de preservar alguma ideia genérica de humano... e de afirmar uma ideia de criatividade humana.... e consequentemente explicações causais de ambos" (*Ibidem*, p. 24).

3   Uma dedicada análise da sociologia e da crítica literária de Antonio Candido está em WAIZBORT, 2007; acerca de sua vida e obra, ver PONTES, 1998; para sua bibliografia, ver DANTAS, 2002.

Ali estão anunciadas as teses que abrem este capítulo, e que nos serviram de ponto de partida para alavancar a seguinte discussão: o problema da penúria cultural oitocentista anunciado por Antonio Candido pode contribuir para novas explanações causais dentro do pensamento social brasileiro se conseguirmos criar outro universo de sentido para a discussão da incultura geral partindo do Rio de Janeiro.

Fato é que nessa mesma localidade, entre as décadas de 1860 e 1880, havia outros processos sociais em movimento: dentro da comunidade de emigrantes e comerciantes portugueses, um grupo estratégico – batizado de "classe caixeiral" -, ele mesmo pertencente a um "apêndice" da sociedade de corte (PAIXÃO, 2017a), criava outras condições para os romances em circulação.

Dentro do Gabinete Português de Leitura, agremiação que no decênio de 1860 possuía uma biblioteca com mais de 33 mil volumes e contava com a presença significativa de públicos leitores, circularam variados romances e foram perpetuadas ações iniciadas em 1837, no ato de fundação da agremiação, tais como: leitura literária, filantropia, saúde, educação e trabalho. Eram, na verdade, bastiões criados no interior do Gabinete de Leitura e realizados pelos seus diferentes ramos: Beneficência Portuguesa, Caixa de Socorros Pedro V e o Liceu Literário Português, que era uma escola para adultos, noturna e gratuita.

Não pretendo contar a história de como esse apêndice da sociedade de corte se formou na década de 1830, mas me debruçar nos anos posteriores, mais particularmente na década de 1860, quando a "classe caixeiral" publica dois extensos catálogos de livros, com centenas de romances brasileiros e estrangeiros, contribuindo para a formação de públicos leitores, cuja média de frequência na biblioteca particular dos portugueses alcança a cifra de 2000 frequentadores anuais no final desse decênio (PAIXÃO, 2016a, p. 259). Nesse mesmo período, mais precisamente em 1864, o grupo responsável pelo Gabinete Português idealiza um projeto pedagógico orientado para a educação de adultos. Passados quatro anos, vemos nascer o Liceu Literário Português (1868), visto como um dos ramos do Gabinete, orientado para o ensino primário, secundário e técnico, com aulas noturnas e gratuitas, firmadas em princípios enciclopedistas, conforme atesta o currículo escolar (PAIXÃO, 2017a).[4]

Dito isso, para prosseguir precisamos nos atentar para a primeira variável a ser estudada, a circulação transatlântica dos romances nos oitocentos, que envolve um fenômeno cultural cuja característica principal é o movimento transnacional

---

4   Dos outros ramos do Gabinete, como a "Beneficência Portuguesa" e, particularmente, da "Caixa de Socorros" não trataremos aqui, mas a discussão aparece em Paixão, 2017a.

de livros impressos, sobretudo, de prosa ficcional. Esse fenômeno funciona como pano de fundo de um debate acerca das transferências ou "transplantações culturais" – o termo é de Florestan Fernandes –, entre oceanos e continentes, envolvendo especialmente locais como Paris, Lisboa e Rio de Janeiro. Para melhor refletir sobre esse problema, vejamos a assertiva de Florestan Fernandes sobre a questão das transferências:

> Tem-se discutido a transplantação como se ela fosse um processo automático, um dar e um tomar, no qual apenas entrariam em jogo imitação, cópia e reprodução. Entretanto, essa focalização do processo é falaciosa, pelo menos no que tange aos povos do Novo Mundo. O aspecto essencial, no caso, não é a transferência de conteúdos e práticas culturais, em si mesmos, mas o modo pelo qual a própria transferência se desenrola historicamente e socialmente. Os europeus que migraram para o Novo Mundo trouxeram consigo uma civilização da qual não se pretendiam descartar e da qual não se separaram. Portanto, a transferência envolvia disposições emocionais, racionais e morais fundamentais, que convertiam a transplantação numa complexa reconstrução das condições exteriores de existência social (FERNANDES, 2009, p. 100).

A questão aqui é o tratamento simultâneo de alguns espaços nacionais, dos seus elementos comuns, indo além da justaposição entre eles. Abarcar as misturas e as trocas está no horizonte dessa perspectiva, que considera que os processos nacionais são diferentes e que as trocas entre eles não só existem, como se dão sempre de maneira heterogênea. Em outro momento, Florestan Fernandes havia discutido através da música de Mario de Andrade como as relações culturais entre a antiga Colônia e a Metrópole estavam inscritas num processo de "reciprocidade de influências", demonstrando como entre a periferia e o centro os processos de dependência cultural eram dinâmicos e recíprocos, logo, o que se revelava era uma interdependência cultural.[5] Portanto, devemos compreender que existem interações dinâmicas entre os espaços nacionais que podem até ser vistos como radicalmente opostos no sentido econômico e político, mas do ponto de vista da cultura, sobretudo dos romances, podem configurar uma reciprocidade de influências (PAIXÃO, 2017b).

Essa reciprocidade de relações entre os espaços nacionais é central, pois estrutura o "capitalismo editorial" oitocentista, sob a "hegemonia cultural" da França. No

---

5   O destaque dado a FERNANDES (2009) e a armação e explicação desse problema das "transferências" foram assunto em PAIXÃO (2017b). Conferir também PAIXÃO e ALMEIDA, 2015.

século XIX, conhecido como o século da "globalização da ficção francesa", circularam em Paris, Lisboa e também na capital do Império brasileiro inúmeros livros, a maior parte romances, graças à existência de um ambiente cultural que contingentes significativos de emigrantes criaram em terras brasileiras.[6] Tais emigrantes, sobretudo homens e mulheres advindos dos estratos médios e das classes trabalhadoras europeias, ao se transferirem para o Brasil, trouxeram consigo não somente sua cultura ou seu modo de vida, mas suas técnicas, seus projetos, seus contatos e amizades (o que mantém laços com o local de origem a partir dos novos destinos), incrementando, assim, a vida cultural de uma cidade colonial como o Rio de Janeiro, em contato direto com Lisboa e Paris.

De 1820 a 1840 foram criadas tipografias, abertas livrarias, fundados jornais (como o *Jornal do Commercio*), surgiram gabinetes de leitura, e romances circularam em grande escala. Houve, enfim, uma série de incrementos e mudanças dos meios técnicos e nos espaços de sociabilidade, criando outro universo de sentido sobre a cultura literária na capital do Império.

No caso particular da transferência cultural dos livros de prosa ficcional, e mais particularmente, dos romances, podemos dizer que esse processo envolve uma dinâmica entre exportação, importação e transplantação da literatura impressa, com destaque para as traduções de alguns romances que acabaram imprimindo outras marcas dentro de locais específicos no século XIX. Sobre isso, destaquei, em outro momento, que o advento da tradução do romance-folhetim francês, aquele que mais circulou no século XIX e que foi vertido para o vernáculo, foi um processo que envolveu uma constelação de interações locais com o espaço estrangeiro, onde se destacaram processos emigratórios e incremento dos meios técnicos (como a imprensa) tanto no local de origem (Paris) como no de destino (Rio de Janeiro). Nesses termos, valeria mencionar novamente que, no mesmo instante em que o romance-folhetim começou a ser publicado nos rodapés dos jornais franceses, na década de 1840, a imprensa brasileira, no Rio de Janeiro, se pôs a traduzir as obras também fatiadas no rodapé dos jornais brasileiros, dando indícios de que a técnica e o manejo da convenção folhetinesca eram ainda incipientes nos dois países. Essa dinâmica entre França e Brasil, segundo Marcia Abreu, pode ser reconhecida observando a produção do primeiro folhetim brasileiro, *O Aniversário de D. Miguel em 1828*, de João

---

6 O termo "hegemonia cultural" vem de THOMPSON (2010). Ele também discute o problema das reciprocidades de relações, mas o sentido é outro e mais localizado. Quanto aos termos, "capitalismo editorial" e "globalização da ficção francesa", a referência é MOLLIER (2015).

Manuel Pereira da Silva. Datado de 1839, o folhetim foi publicado no país com um pequeno intervalo de tempo em relação ao *Le Capitan Paul*, de Alexandre Dumas, impresso em 1838 no *Le Siècle*, e traduzido no rodapé do *Jornal do Commercio* do Rio de Janeiro poucas semanas depois, graças às relações hegemônicas e dinâmicas entre a França e o Brasil (ABREU *apud* PAIXÃO, 2017b, p. 28).

Essa hegemonia se dá graças à influência constitutiva da literatura, especialmente do romance, sobre diferentes nacionalidades que consomem e traduzem a cultura francesa no vernáculo. Nesse contexto, não só os poderes econômicos e políticos contam, mas outras estratégias culturais, pois estamos falando dos estratos médios e baixos interessados na cultura do romance, sendo que quando isso ocorre, há outras determinações (THOMPSON, 2010, p. 46). Tais grupos movimentam uma engrenagem editorial significativa no século XIX, cujos rendimentos simbólicos são grandes, seja para a França, seja para o Brasil, beneficiando aqui grupos advindos de camadas sociais não estabelecidas.

Para aquilatar o que estou afirmando sobre a circulação transatlântica do romance, vamos estudar o exemplo da simultaneidade de edições de Alexandre Dumas a partir dos catálogos do Gabinete, tentando compreender a reciprocidade de relações entre diferentes grupos profissionais – eles mesmos públicos de literatura – e a cultura impressa a partir das versões francesas e traduções portuguesas e brasileiras.[7]

Partindo de algumas fontes primárias, selecionei para matizar o ponto um Catálogo de livros do Gabinete Português de Leitura, datado de 1858.[8] Esse catálogo possui diferentes divisões: "Teologia", "Administração", "Zoologia", "Novellas e Romances" etc., sendo que é essa última a que nos interessa aqui. Nessa divisão da prosa ficcional, os romances estrangeiros e traduzidos no vernáculo de Alexandre Dumas somam mais de 400 volumes (PAIXÃO, 2016a). São dezenas de obras, entre títulos em francês, português e outras línguas (Espanhol, Alemão e Inglês), ainda que menos representativas. Vou me valer de algumas das obras para indicar que

---

7 Devo destacar como estudo pioneiro sobre o caso de simultaneidade editorial de Alexandre Dumas, o trabalho de Maria Lucia Dias Mendes publicado em ABREU, 2016. E por falar em pesquisas pioneiras, é sempre importante lembrar as contribuições de Nelson Schapochnik para discussão do Gabinete Português de Leitura do Rio de Janeiro (1999) e de Hélio de Seixas Guimarães para a discussão dos leitores oitocentistas no Brasil (2004).

8 Entre o fim da década de 1850 e início de 1860, a agremiação publica dois extensos catálogos de livros, sendo o segundo um catálogo suplementar, que não será objeto de análise aqui.

existe uma dinâmica transnacional e simultânea das edições de Alexandre Dumas, visto como um autor de circulação nacional e internacional, graças ao intenso processo de tradução. Busco com isso, vale reiterar, refletir sobre tese da falta de meios de comunicação e difusão no Rio de Janeiro oitocentista.

Partindo da tese da dialética do localismo e do cosmopolitismo (CANDIDO, 2000, p. 15-21, vol II), considero que os romances de Dumas estão inscritos dentro desse processo histórico-cultural, uma vez que se trata de romances originalmente franceses, mas simultaneamente vertidos para o vernáculo, conforme podemos observar:

- *Os mil e um fantasmas*, Lisboa, 1849 – França (Paris), 1849
- *Angelo Pitou*, Lisboa, 1851 – França (Paris), 1851
- *Deus Dispõe*, Lisboa, 1851 – França (Paris), 1851
- *A Condessa de Charny*, Lisboa, 1852 – França (Paris), 1852
- *O Salteador*, Rio de Janeiro, 1854 - Lisboa, 1854 - França (Paris), 1854
- *O Pagem do Duque de Sabóia*, Rio de Janeiro, 1855 - França (Paris), 1855

A título de constatação, nos exemplos de correlações entre Paris-Lisboa e Paris-Rio de Janeiro, são notáveis os vários casos de simultaneidade de edições.[9] Chama a atenção o exemplo do romance *O Salteador* (no original *El Salteador*), editado sincronicamente entre Lisboa e Paris, repetindo a mesma situação entre Rio de Janeiro e Paris. Nesse caso, em particular, temos um exemplo de transferência cultural simultânea entre Paris – Lisboa/Rio de Janeiro. Sobre o sentido de transferência cultural aqui proposto, no lugar de tomar a interação dinâmica entre três espaços nacionais, configurando o que ficou conhecido como "transferência cultural triangular" (COOPER-RICHET, 2000), considero que estamos ante duas unidades linguísticas, uma de língua francesa e outra de língua portuguesa.[10] Para os organizadores do catálogo, os emigrantes portugueses do Gabinete Português de Leitura, parecia não importar se a edição era de Lisboa ou do Rio de Janeiro, haja vista a unidade existente entre a língua e o interesse literário. Nesses termos, para além da interação dinâmica triangular de países, temos também transferências entre duas

---

9 Discuti os fatos de atraso atrelado à questão da simultaneidade de edições de Alexandre Dumas também em PAIXÃO e PAULILO (no prelo).

10 Para uma definição de "língua", conferir as análises de Williams (1977. Op. cit., p. 21-44). Todavia, apenas para matizar o ponto, proponho uma rápida síntese: lendo o autor, a "língua" ou "linguagem" definem os seres humanos no mundo, isto é, trata-se de uma atividade constitutiva da própria humanidade. A linguagem é uma atividade social que perfaz a cultura.

unidades linguísticas, atravessadas pela dinâmica das traduções e das apropriações. Isso implica dizer, que a geografia dos lugares não desaparece, mas nessa atmosfera de simultaneidade de edições, os territórios nacionais ficam num segundo plano de discussão se sobressaindo as unidades linguísticas, vistas como atividades sociais que perpassam a vida cultural de determinados grupos estratégicos, localizados em diferentes espaços das respectivas capitais literárias.

Tais dados, na verdade, confirmam que Dumas é um exemplo de circulação transatlântica da prosa ficcional oitocentista, pois todos esses livros foram recepcionados no Gabinete e impressos no "Catálogo de livros" da agremiação. Na verdade, essa conclusão não é uma novidade, pois nos últimos anos várias pesquisas atestaram a presença marcante de Alexandre Dumas no fenômeno das transferências culturais para o Brasil (ABREU, 2016). Contudo, a novidade fica por conta da simultaneidade de suas edições, o que significa que os meios técnicos de impressão parecem estar no mesmo estágio de desenvolvimento entre Lisboa e Paris, assemelhando-se ao que podemos observar na situação editorial do Rio de Janeiro e de Paris, quando se trata de Alexandre Dumas.

Sobre, particularmente, as edições brasileiras e francesas de Dumas, convém atentar ainda para outros pontos da dinâmica editorial transatlântica. *O Pagem do Duque de Sabóia* foi editado, originalmente, em 1855, em Paris, por Alexandre Cadot, e traduzido e editado no mesmo ano no Rio de Janeiro, por Junius Villeneuve, dono do *Jornal do Commércio*. O outro exemplo é *O Salteador*, publicado no ano de 1854. A edição parisiense é também de Alexandre Cadot, enquanto a brasileira publicada simultaneamente no jornal *Correio Mercantil*, é de responsabilidade de Francisco Octaviano, redator-chefe do jornal.

Identifico, portanto, na situação de simultaneidade editorial dos romances de Dumas demonstrada, um indício de que as edições desse escritor estavam no mesmo estágio de desenvolvimento entre Paris e Rio de Janeiro, indicando que não parecem faltar aqui meios técnicos de comunicação. Quanto à questão da ausência de difusão, o "Catálogo" do Gabinete evidencia tanto um processo de circulação do impresso entre a Europa e o Brasil na virada do meio século XIX quanto novas condições sociais para a transmissão da literatura. Refiro-me a uma nova situação de estratificação social, localizada nos estratos médios e baixos do Rio de Janeiro, que favorece a difusão de uma cultura literária num local que fora caracterizado como atrasado por conta de fatores como a inexistência de um público para além dos círculos dirigentes, o que parece não se aplicar quando o assunto é a "classe caixeiral".

Para discutir a segunda variável, relacionada à questão do público leitor, é preciso destacar que no Gabinete Português de Leitura havia um estrato social que representava a si mesmo e não as altas camadas sociais. Trata-se da "classe caixeiral", que combina o ofício de comerciante e o "princípio não-econômico" (RINGER, 2000, p. 22-31) de cultivar a literatura, filantropia, saúde, trabalho e a educação. Nessa atmosfera social sustentada por um grupo social específico, livros editados simultaneamente entre Paris e Rio de Janeiro são difundidos e gestados dentro de uma biblioteca particular dirigida por um grupo de leitores advindo dos "estratos médios e baixos", não da "elite letrada". Centrados na profissão de comerciante-caixeiro e no alto grau de acesso à cultura literária, essa camada social formada por homens livres trabalhadores colaborou para que se desenvolvesse um ambiente cultural peculiar, onde se formou um público literário de Alexandre Dumas e de outros escritores da prosa ficcional oitocentista: Eugène Sue, Ann Radcliffe, Camilo Castelo Branco, José de Alencar, entre outros. É, portanto, pelo gosto literário e pela fisionomia de grupo que se reconhece um público de literatura (PAIXÃO, 2017b).

Sobre esse público, no final da década de 1860, a frequência de leitores na biblioteca é bastante significativa:

Anos	Nº do Público Frequentador da Biblioteca	Entrada e Saída de Livros
1867	1.315	26.720
1868	2.183	25.760
1869	2.250	31.496
1870	2.295	38.459

Quadro 1: Público frequentador e movimentação dos livros no Gabinete Português de Leitura do Rio de Janeiro (Fonte: PAIXÃO, 2017b).

Partindo da simples constatação, vemos que o número anual de leitores e o movimento dos livros na biblioteca é bastante significativo: a média é de 200 leitores por mês e mais de 2000 leitores por ano. Sobre esses leitores e livros, baseado em pesquisas anteriores (PAIXÃO, 2017b), sabe-se que a maioria é composta pelos próprios membros da agremiação, que eram homens, donos de pequenas lojas (secos e molhados, borracha, materiais de escritório e agrícolas) localizadas nas imediações da rua do Ouvidor. Acerca dos livros, a diretoria do Gabinete testemunha que o grande interesse de leitura do público frequentador são os romances, embora alguns leitores estejam voltados para livros de comércio e administração. Dentre esse montante de livros arrolados no quadro acima, existe grande parte em língua vernácula, mas os romances em língua original, como os franceses, também se destacavam. Como podemos observar nesse exemplo particular e localizado numa agremiação específica, não se trata da fraqueza de públicos especializados disponíveis em alguns espaços específicos. Ao contrário, temos uma camada advinda dos estratos médios e baixos portadora e suporte dos romances e livros técnicos. Sobre a maioria dos leitores serem homens, em minha pesquisa encontrei algumas mulheres frequentando o espaço do Gabinete enquanto membros-acionistas, mas na condição de viúvas. É uma agremiação genuinamente masculina e interessada na cultura geral do romance, embora a prosa ficcional francesa se destaque, conforme assinalei em outro momento. Portanto, há uma lógica econômica e cultural do capitalismo editorial, pois há venda e consumo variado de romances: como disse Edward Palmer Thompson, guardadas as devidas proporções, dentro de um sistema cultural hegemônico é possível criar muitas coisas (2010, p. 78), algo que os estratos médios e baixos em vários lugares do mundo sabiam fazer, porque conseguiram acumular e reservar recursos a partir dos seus bens de propriedade não somente para a sua subsistência, mas para o consumo literário, educação e filantropia, podemos propor.[11] Trata-se de relativa autonomia de um público literário específico, que vive dentro de um apêndice da sociedade de corte brasileira e que gesta um gosto literário particularmente comum no Oitocentos: o romance-folhetim. Mas como Alexandre Dumas caiu no gosto desse público? Na verdade, já mencionamos que havia meios-técnicos de comunicação e difusão da literatura em desenvolvimento que editavam e/ou traduziam os livros de Dumas e de outros autores, sobretudo estrangeiros, para os leitores brasileiros. Trata-se de um "campo de força" que relaciona grupos profissionais nacionais e internacionais (escritores, editores, tradutores) com grupos locais não-econômicos (classe caixeral).[12] Tal tensão, a partir de relações sociais peculiares, faz movimentar um universo cultural inteiro a partir dos impressos que são gestados pelas práticas culturais dos de "baixo".[13]

---

11 É importante destacar que não estamos falando de um comércio local preso a uma situação clientelista, interesseira e patronal, que são marcas das classes médias urbanas europeias (THOMPSON, 2010, p. 81). Aqui vemos camadas médias e baixas ligadas ao comércio local, como expressão de bens de propriedade adquiridos por herança ou ascensão e condicionadas a princípios não-econômicos ligados à troca, favor, beneficência etc. Desenvolvo o ponto em PAIXÃO, 2017b.

12 O sentido de campo de força foi apropriado a partir da leitura de THOMPSON, 2010, p. 84-85.

13 Além da perspectiva dos de baixo de THOMPSON (2010) ou dos vencidos de Williams (2013), destaco, *mutatis mutandis*, o termo "intuição baixa" de Ginzburg, que é

Porém, isso ainda não é tudo. Gostaria de finalizar esta exposição acerca dos outros elementos constitutivos da cultura oitocentista discutindo a terceira e última variável relacionada a uma escola popular do século XIX, também localizada no Rio de Janeiro.

Não foi a sociedade de corte, mas aqueles que estavam localizados nos apêndices dessa sociedade, que inauguraram o Liceu Literário Português, em 1868. A intenção dos comerciantes emigrantes portugueses (classe caixeiral), dentre eles alguns ligados ao Gabinete de Leitura, era abrir as portas para adultos livres com disposição para o ensino e o trabalho, tendo essa escola formando em 16 anos (de 1868 a 1884) 6.500 alunos, com uma média anual de 433 estudantes. Em mais de uma década, a educação de adultos desenvolvida pelo Liceu acolheu estudantes de 15 a 40 anos (às vezes, até mais velhos),[14] em sua maioria solteira, de nacionalidade brasileira (em primeiro lugar), seguido dos portugueses, até os italianos, franceses e alemães frequentaram o Liceu Literário Português.[15] Todos, aparentemente, homens-livres, embora entre os alunos matriculados de 1884 constem 29 estudantes que se apresentam como "serviçais", talvez escravos forros (livres) e/ou de ganho (PAIXÃO, 2017a). Dentre os estudantes, a maior parte dos adultos desempenha algum ofício (mecânico, tipógrafo, eletricista etc.), enquanto os mais novos figuram apenas como estudantes. No início de 1880, o curso conta com cinquenta e oito professores voluntários e distribuídos nas mais diferentes disciplinas, que vão de desenho, passando por matemática, química, física, línguas estrangeiras (francês, italiano, inglês e alemão) até aulas de náutica e astronomia. Mas o que nos chama a atenção é o curso de português, o único com quatro seções, cada qual com um professor específico, voltado para o ensino da língua vernácula e de literatura. Refiro-me, portanto, a um quadro bastante peculiar no Império, no sentido de que o ensino da língua portuguesa só acontecia fora dali no Colégio D. Pedro II, frequentado pela elite brasileira (RAZZINI apud PAIXÃO, 2017a).

Como vemos, trata-se de uma cultura oitocentista geral, mas gestada por setores populares ou frações da população livre que são bastante peculiares, na medida em que souberam, num país estamental de escravizados e analfabetos, reorientar suas "experiências e recursos" de forma a incrementar a vida cultural do século XIX

---

aquela "distante de qualquer forma de conhecimento superior, privilégio de poucos eleitos" (2003, p. 179).

14 O termo "educação de adultos" abarca, no século XIX, tanto adultos quanto jovens.

15 O Liceu foi uma instituição escolar que permaneceu até 1964. Um século de existência que foi discutido por MOURA, 2016.

no Rio de Janeiro. Agora como esse apêndice cultural da sociedade de corte se integrou a ela isso é um assunto que foge ao nosso recorte.

As evidências empíricas apresentadas até aqui apontaram para a existência de frações de públicos leitores advindos dos estratos médios e baixos, bem como a presença de uma escola para a comunidade livre e trabalhadora do Rio de Janeiro e de meios técnicos que nos revelaram que há estruturas temporariamente simultâneas entre a imprensa brasileira e europeia, criando outro universo de sentido sobre o problema da "penúria cultural", indicada nas teses de Antonio Candido. Frente a isso, pergunto: como podemos ressignificar essa questão da escassez cultural no século XIX diante dos outros elementos constitutivos da cultura literária que foram apresentados?

Primeiro, podemos dar novos significados começando por realizar alguns ajustes por meio de novas ênfases que consideram a "história vista de baixo" (THOMPSON, 2012, p. 194 e p. 198); segundo, tentando compreender que as estruturas que se apresentam como "temporariamente simultâneas", como aquelas que podemos reconhecer na circulação transatlântica de Dumas e das edições portuguesas e francesas, carecem de reflexão levando em consideração o "grau de causalidade" desses processos.[16]

Considero imprescindível reconhecermos que existiram modificações culturais graças a determinados grupos estratégicos ligados aos estratos médios e baixos. Todavia, reitero que não podemos deixar de lado o grau de causalidade das estruturas que se apresentavam similares momentaneamente, caso contrário, cairemos num ufanismo patriótico de exaltar os feitos da impressa e da leitura no Brasil oitocentista, o que não é o caso.

Se, por um lado, me posiciono contra a visão de que no Brasil no século XIX as classes leitoras (ou o público especializado) advinham somente das elites letradas, estando atrelados a elas os meios de comunicação e difusão, por outro, reconheço que, a despeito de ter encontrado "outros fatores causais de mudança social", os problemas estruturais do analfabetismo e a escravidão persistiram e foram danosos para a literatura e história do Brasil no século XIX.

---

16 Faço um uso particular daquilo que Perry Anderson, no contexto das entrevistas que fez com Raymond Williams para a *New Left Review*, apresentou como sendo um problema do grau de causalidade das estruturas que se apresentam como temporariamente simultâneas (WILLIAMS, 2013, p. 136). É importante mencionar que é também referência aqui outro livro de Williams que abarca a lógica das causalidades e dos efeitos (*Televisão*, 2016).

Portanto, ainda que apresentemos algumas modificações culturais no passado, vemos que em termos gerais não foi possível resolver o problema da escolarização e da desigualdade social no século XIX no Brasil, porque houve inúmeras assimetrias diante da variabilidade histórica brasileira frente a países como a França, vistos como mais "avançados" que nós. Mas, então, o que significam essas mudanças sociais sem alterações estruturais significativas?

Significa que a despeito da formação de frações de públicos leitores, do advento da educação popular de adultos e incremento dos meios técnicos que resultou nos eventos editoriais simultâneos, essa simultaneidade foi temporária e os efeitos desses processos e desenvolvimentos no Rio de Janeiro e em Paris foram até importantes e significativos, mas causalmente diferentes.

De fato, nós lemos o que os franceses leem. Não obstante, os nexos causais são distintos, pois os efeitos dessa cultura do romance nos dois países foram radicalmente opostos. Enquanto a circulação dos impressos resultou na França no incremento da imprensa, no desenvolvimento do comércio do livro, na popularização da literatura e nos investimentos editoriais variados, como o livro didático nas escolas no final do século XIX (MOLLIER, 2008), no Brasil, o incremento dos meios técnicos, a educação de adultos no Rio de Janeiro, a presença do livro e da leitura, lamentavelmente, não resultaram em alterações da nossa estrutura social escravista e analfabeta.

Teremos que aguardar quase um século, no período do Estado Novo, para começarmos a assistir às mudanças culturais que ansiávamos: expansão dos meios técnicos, escolarização da população, interrupção da ordem escravista-estamental e a tentativa de realizar um estado nacional de direito, embora tudo isso fosse bastante contingente.

A cultura oitocentista brasileira não revolucionou as estruturas econômico-políticas como aconteceu na França. O livro, o romance, a leitura não foram uma "revolução cultural" no Brasil, como teria acontecido em alguns países europeus, conforme sugere Raymond Williams em outro contexto (2011).

Ainda que tenham existido similaridades, o grau de causalidade desses processos foi distinto, vide os efeitos culturais sentidos nas duas capitais literárias, conforme aventamos. De qualquer maneira, fossem as semelhanças, fossem as diferenças, não podemos perder de vista a necessidade da pesquisa histórica "que remonta a uma realidade complexa não experimentável diretamente" (GINZBURG, *op. cit.*, p. 152).

Para um dos maiores intérpretes do Brasil, que recentemente nos deixou, o país, no século XIX, estaria mergulhado numa incultura geral, marca de países periféricos como o nosso. A maioria dos autores reunidos neste livro também nos contam sobre problemas desse tipo e nos mostram quanto é atual a discussão da periferia. Porém, reitero, é importante que ela seja ressignificada.

Sob o efeito dessas interpretações sobre o Brasil, procurei inferir algumas novas causas com base na pesquisa histórico-sociológica do passado. Não para refutar as análises existentes, mas para convidar a compreender, fossem outros elementos constitutivos da nossa sociedade no oitocentos, fosse o grau de causalidade das estruturas que se apresentavam como temporariamente simultâneas. Com essas e outras medidas, penso que podemos fazer emergir outras análises fundadas na sociologia histórica e no pensamento social, combinadas com variações das diferentes vertentes da história e da sociologia da cultura, caso contrário talvez, continuaremos a incorrer, de um lado, naquela "estrutura de sentimento" de que no passado brasileiro só havia ausências, de outro, numa espécie de ufanismo patriótico que, de tanto ouvir falar das perdas e das mazelas sociais, só consegue pintar um passado histórico repleto de acontecimentos culturalmente marcantes.[17]

Os efeitos culturais do século XIX que atingiram Antonio Candido em 1970 e 1980, quando escreveu os ensaios que tomamos como parâmetro, levaram-no a concluir sobre os nossos traços penosos, atrasados e periféricos. É através de nova pesquisa histórica, que perfaz a sociologia histórica, a história cultural e o pensamento social, que se pode criar outro universo de sentido, começando por apresentar novas "causas", ou melhor, outros elementos constitutivos da cultura oitocentista que "temporariamente ordenados" nos deram notícias de outros modos de vida para além das elites letradas oitocentistas (WILLIAMS, 1977, p. 19 e p. 29).

Para concluir, reitero que a existência de meios técnicos que propiciaram simultaneidade de edições, a formação de públicos de literatura e o aparecimento de escolas voltadas para a educação popular testemunharam a existência de processos de formações culturais em andamento e não apenas "malformações" (MORETTI, 2013). Isso significa que são necessárias uma retomada e uma revisão crítica da história cultural no contexto das transferências culturais e da circulação transatlântica dos impressos.

---

17 Estou me servindo e reorientando a assertiva de COSTA LIMA (2007, p. 205) sobre justificar as perdas em função de casos excepcionais, com o detalhe de que não estamos tratando de excepcionalidades ou de situações e documentos individuais – para citar, mais uma vez, GINZBURG (2003, p. 156), mas de formas culturais que estruturaram determinadas camadas sociais da sociedade carioca criando outro universo de sentido em relação ao pensamento e à sociedade, algo assentado na sociologia histórica e no pensamento social.

Toda essa discussão, na verdade, tem me levado a indagar que, a despeito de condições e efeitos negativos chamados de penúria cultural, temos encontrado inúmeros dados e registros que testemunham que nossa história cultural não é uma narrativa fechada, nem apresenta "completude". Representa uma "totalidade aberta" que necessita de "complementos", ajustes e novas ênfases.[18] Considero também que, a despeito do que foi apresentado, as análises de Candido não são nada convencionais e continuam notáveis e instigantes para serem debatidas e aprofundadas através de novas pesquisas críticas.

Um historiador nenhum pouco ortodoxo, E. P. Thompson, nos ensinou, respeitando as devidas proporções, que cada elemento cultural constitutivo de uma sociedade tem seus predecessores e sucessores e quando pendemos para qualquer um dos lados acabamos só identificando os limites sociais. Como é o caso das sucessões, das causalidades da cultura literária oitocentista indicadas acima sobre o caso brasileiro. É evidente que os efeitos da cultura literária no Brasil e França foram completamente distintos e, mesmo não tendo condições de aprofundar aqui como cada cultura construída pelos estratos médios e baixos foi orientada para determinados fins, podemos afirmar que num momento específico da história cultural do Rio de Janeiro houve outros acontecimentos para além da incultura geral. Temos um conjunto estrutural de relações entre grupos não-econômicos (classe caixeiral) e grupos profissionais, ligados à imprensa e à literatura, que nos conta que suas experiências culturais deram outra dinâmica entre o local e o internacional, contrabalançando a hegemonia cultural francesa através das mediações culturais ligadas à imprensa e a um público consumidor de literatura no Rio de Janeiro oitocentista. Tudo isso, dentro dos limites políticos, econômicos e culturais possíveis (THOMPSON, 2010, p. 77).

O fato é que existe no Brasil uma visão consolidada de que a cultura oitocentista estava aprisionada à cultura da elite brasileira. É contra essa visão total de subordinação que queremos depor e incluir uma história que foi deixada de lado, a de que os estratos médios e baixos gestam numa espécie de apêndice da sociedade de corte outras experiências locais e internacionais. Talvez isso possa parecer secundário, mas o convite é para abandonarmos as convenções historiográficas e sociológicas e não "... subestimar o processo criativo de formação da cultura a partir de baixo" (THOMPSON, 2010, p. 54).

---

18 Dou um sentido particular aos termos "completude", "totalidade aberta" e "complementos", que foram apropriados de WAIZBORT (2007, p. 94), quando se propõe a explicar o sistema literário nacional a partir de Antonio Candido.

Na verdade, é sempre importante lembrar que os vencedores são donos também da verdade e podem manipulá-la como lhes convier.[19] Daí a necessidade de uma nova ênfase que nos apresente também a história dos vencidos, não somente dos vencedores, algo que Antonio Candido primorosamente realizou em "Dialética da malandragem" (CANDIDO, 1998), mas isso é outro assunto.[20]

Bibliografia

ABREU, Márcia. "Problemas de história literária e interpretação de romances". *VI Jornada de Estudos ARS – Arte, realidade e sociedade*. Rio de Janeiro: UFRJ, 2013.

ABREU, Márcia (org.). *Romances em movimento: a circulação transatlântica dos impressos (1789-1914)*. Campinas-SP: Editora da Unicamp, 2016.

CANDIDO, Antonio. *Formação da literatura brasileira – momentos decisivos*, 9ª ed. Belo Horizonte: Itatiaia, 2000, vol. II.

_____. *A educação pela noite e outros ensaios*, 3ª ed e 2ª reimpressão. São Paulo: Ática, 2003.

_____. *O discurso e a cidade*, 2ª ed. São Paulo: Duas Cidades, 1998.

COOPER-RICHET, Diana (2001) "Les imprimés en langue anglaise en France au XIXᵉ siècle: rayonnement intellectuel, circulation et modes de pénétration". *In*: MICHON, Jacques e MOLLIER, Jean-Yves (dir.) *Les mutations du livre et de l'édition dans le monde du XVIIIe siècle à l'an 2000: actes du colloque international*, Sherbrooke, 2000. Paris: l'Harmattan; Saint-Nicolas (Québec): Presses de l'Université Laval.

COSTA LIMA, Luiz. *Trilogia do controle*, 3ª ed. Revista. Rio de Janeiro: Topbooks, 2007.

DANTAS, Vinicius. *Bibliografia de Antonio Candido*. São Paulo: Duas Cidades; Editora 34, 2002.

GUIMARÃES, Hélio de Seixas. *Os leitores de Machado de Assis: o romance machadiano e o público de literatura no século 19*. São Paulo: Nankin/Edusp, 2004.

GINZBURG, Carlo. "Sinais: Raízes de um paradigma indiciário". *In*: *Mitos, emblemas, sinais: morfologia e história*. 2ª ed. 1ª reimp. São Paulo: Companhia das Letas, 2003.

MENDES, Maria Lúcia Dias. "Romances-folhetins sem fronteiras: o caso de Alexandre Dumas. In: ABREU, Márcia (org.). *Romances em movimento: a circulação transatlântica dos impressos (1789-1914)*. Campinas-SP: Editora da Unicamp, 2016.

---

19 Frase inspirada em (LEVI, 2016, p. 9).
20 Ocupei-me de Antonio Candido e a "Dialética da malandragem" em PAIXÃO, 2016b.

FERNANDES, Florestan. *Sociedade de classes e subdesenvolvimento*. 6ª ed., São Paulo: Gaudí Editorial, 2009.

LEVI, Primo. *Os afogados e os sobreviventes*. Rio de Janeiro: Paz e Terra, 2016.

MEYER, Marlyse. *Folhetim: uma história*. São Paulo: Companhia das Letras, 1996.

MOLLIER, Jean-Yves. *A leitura e seu público no mundo contemporâneo*. São Paulo: Autêntica, 2008.

_____. "Tradução e globalização da ficção: o exemplo de Alexandre Dumas Pai na América do Sul". In: *Revista da Anpoll*. Vol. 1, n. 38, 2015. Consulta site: https://anpoll.emnuvens.com.br/revista/article/view/862; acesso: março/2017.

MORETTI, Franco. *O burguês na história e na literatura*. São Paulo: Três Estrelas, 2014.

MOURA, Carlos Francisco. *Liceu Literário Português: ensino e cultura 1868-2016*. Rio de Janeiro: Liceu Literário Português, 2016.

PAIXÃO, Alexandro Henrique. "A educação popular no Rio de Janeiro oitocentista: o caso do Liceu Literário Português (1860-1880)". In: *Cartografias da cidade (in)visível: cultura escrita, educação e leitura de populares no Rio de Janeiro Imperial*. VENANCIO, Giselle Martins, FERRERA, Maria Verónica Secreto de e RIBEIRO, Gladys Sabina Ribeiro (Orgs). Rio de Janeiro: Mauad Editora Ltda, 2017a.

_____. *Leitores de Tinte e Papel: elementos constitutivos para o estudo do público literário no Brasil*. Campinas-SP: Mercado de Letras, 2017b.

_____. "O gosto literário pelos romances no Gabinete Português de Leitura do Rio de Janeiro". In: ABREU, Márcia (org.). *Romances em movimento: a circulação transatlântica dos impressos (1789-1914)*. Campinas-SP: Editora da Unicamp, 2016a.

_____. "'Memórias de um sargento de milícias': educação primária e trabalho livre no tempo d'el-rei". In: *Pro-Posições*, vol. 27, n. 3, Campinas Set./Dec. 2016b. Disponível em: http://www.scielo.br/scielo.php?pid=S0103--73072016000300121&script=sci_arttext; consulta site em março/2017.

_____; ALMEIDA, Leandro Thomaz de. "A globalização da cultura impressa no século XIX: apresentação da conferência de Jean-Yves Mollier". *In: Revista da Anpoll*, v. 1, n. 38, 2015. Disponível em: https://revistadaanpoll.emnuvens.com.br/revista/article/view/856; consulta site em março/2017.

_____; PAULILO, André. "Das arcadas aos secos e molhados: a circulação do romance no Colégio Pedro II e no Gabinete Português de Leitura entre 1850 e 1880". In: *Revista Leitura e Prática*. Campinas-SP: ABL (previsão de publicação – Dez/2017).

PONTES, Heloísa. *Destinos mistos. Os críticos do Grupo Clima em São Paulo (1940-1968)*. São Paulo: Companhia das Letras, 1998.

RAZZINI, Marcia de Paula Gregorio. *O espelho da nação: a Antologia Nacional e o ensino de português e de literatura (1838-1971)* – Tese (Doutorado em Teoria Literária), Instituto de Estudos da Linguagem da Universidade Estadual de Campinas, 2000. Disponível em: http://www.unicamp.br/iel/memoria/projetos/tese21.html; consulta site março/2017.

RINGER, Fritz. *O declínio dos mandarins alemães: a comunidade acadêmica alemã, 1890-1933*. São Paulo: Editora da Universidade de São Paulo, 2000.

SCHAPOCHNIK, Nelson. *Os jardins das delícias: gabinetes literários, bibliotecas e figurações da leitura na Corte Imperial*. Tese de Doutorado em História. São Paulo: Faculdade de Filosofia, Letras e Ciências Humanas, Universidade de São Paulo, 1999.

THOMPSON, Edward Palmer. *Costumes em comum*. 4ª reimpressão. São Paulo: Cia das Letras, 2010.

_____. "Historical logic". In: *The Essential E.P. Thompson*. Edited by Dorothy Thompson. New York: The New Press, 2001.

_____. *As peculiaridades dos ingleses e outros artigos*. Campinas-SP: Editora da Unicamp, 2012.

WAIZBORT, Leopoldo. *A passagem do três ao um*. São Paulo: CosacNaify, 2007.

WILLIAMS, Raymond. *A política e as letras*. São Paulo: Editora Unesp, 2013.

_____. *Marxism and Literature*. New York: Oxford University Press, 1977.

_____. *Televisão*. São Paulo: Boitempo; Belo Horizonte: PUCMinas, 2016.

Experiências plebeias e interpretações do Brasil: Florestan Fernandes e Alfredo Volpi

Antonio Brasil Jr.

As especificidades da produção cultural em país periférico e dependente como o Brasil constituem uma questão incontornável e que se impõe, com traços próprios e renovados, a cada geração de intelectuais. Por isso mesmo, já contamos com um considerável repertório de conceitos e métodos que, num processo de acumulação não-linear, isto é, com idas e vindas, com avanços e recuos, veio acompanhando as possibilidades e os limites da produção cultural em contexto periférico, prensada permanentemente entre a necessidade de aprofundar os temas e questões locais e a urgência de acompanhar as últimas inovações dos centros metropolitanos. Deste repertório, o paradigma da "formação" dominou durante muito tempo a análise deste problema, o que nota em uma série de trabalhos dedicados aos mais variados campos culturais.[1] Atualmente, outras formulações sobre este mesmo problema vêm apontando algumas limitações importantes inscritas neste paradigma (NOBRE, 2012; SANTIAGO, 2014).

Neste texto, sem entrar diretamente neste debate crítico em relação ao paradigma da "formação", procuro abordar o tema da periferia desde um outro ângulo. De modo ainda bastante experimental, meu foco é perceber em que sentido os deslocamentos implicados na importação cultural para o contexto brasileiro ganham um timbre próprio quando realizados por intelectuais e artistas socializados em ambientes situados para além dos quadros de reprodução das elites econômicas e culturais, isto é, por intelectuais e artistas marcados um tipo de experiência plebeia claramente dissonante em relação ao perfil típico do produtor cultural no país. Embora não tenha sido incomum a presença de intelectuais e artistas de origem popular desde o Império, este processo se acelerou fortemente nos principais centros urbanos desde meados do século passado, ganhando talvez escala coletiva inédita nas últimas déca-

---

[1] Para ficarmos em alguns exemplos: literatura (CANDIDO, 2006; SCHWARZ, 2000), filosofia (ARANTES, 1994), artes plásticas (NAVES, 1996, 2007). Para uma análise mais ampla do próprio termo, cf. ARANTES & ARANTES (1997).

das, como resultado da democratização cultural do país. Dito de outro modo, a minha intenção é indagar se a produção feita a partir de artistas e intelectuais oriundos das margens do sistema social é capaz de colocar questões novas para o debate cultural de um país ele mesmo localizado nas margens da cultura ocidental dominante.

A fim de demonstrar a pertinência deste ângulo de observação, tomo como caso de referência dois nomes centrais da cena cultural paulistana dos anos de 1950, que lograram reinventar de um modo muito próprio – e "plebeu" – os seus campos de atuação: o sociólogo Florestan Fernandes e o pintor Alfredo Volpi. Apesar da dificuldade envolvida na análise cruzada de meios expressivos tão distintos como a sociologia e as artes plásticas, reputo que ambos conseguiram articular questões novas e inovadoras em suas produções *também* porque souberam mobilizar, com êxito, suas experiências plebeias como recurso decisivo de suas experimentações culturais. Para deixar o ponto mais claro: os casos de Florestan e de Volpi são heurísticos ao problema aqui levantado não só por terem chegado a posições-chave da cena intelectual e artística paulistana e brasileira *a despeito* de suas experiências plebeias; mas sobretudo porque souberam *acionar* esta experiência para realizar inovações teórico-metodológicas ou plástico-expressivas cruciais. Ora, este *acionamento* não é nem automático nem inevitável; e talvez poucos tenham conseguido realizá-lo com a densidade e a consistência das produções de Florestan e Volpi. Daí a importância de tratá-los conjuntamente neste texto.

Não se trata, aqui, de comparar em sentido estrito as experiências plebeias de Florestan e Volpi, o que exigiria o achado de muitas mediações, para além das dificuldades envolvidas no cruzamento entre sociologia e artes plásticas, campos que colocam questões muito próprias e que contam diferentes graus de enraizamento social e institucional nos contextos paulistano e brasileiro. Mais modestamente, trago apenas alguns cruzamentos entre suas experiências plebeias e os modos pelos quais elas foram sendo incorporadas em seus trabalhos, situando aí algumas de suas inovações mais decisivas. Se o uso do termo "plebeu" para qualificar as trajetórias e as perspectivas destes dois autores não é uma novidade,[2] acredito, por outro lado, que o confronto destas duas experiências – atípicas, por definição, tendo em vista

---

2   Para o caso de Florestan Fernandes, a referência mais direta é o trabalho de Gabriel Cohn (2005). Outra referência incontornável, aqui, é o trabalho de Sylvia Garcia (2002), que se dedica a analisar sociologicamente as várias versões de Florestan Fernandes sobre sua própria trajetória. Para o caso de Volpi, esta dimensão é ao mesmo tempo marcada e matizada na biografia do pintor escrita por Marco Antonio Mastrobuono (2013).

o perfil esperado dos produtores culturais – poderá abrir novas perguntas e, quem sabe, novas perspectivas sobre suas extensas produções[3].

Vale destacar que o deslocamento em direção ao universo "plebeu", por parte de Florestan e de Volpi, não se deu de modo isolado, mas por meio de transformações sociais mais amplas, que reverberavam na produção cultural da cidade como um todo em meados do século passado (Arruda, 2001). No caso das ciências sociais, Antonio Candido (2004, p. 230-231) destaca que sua afirmação em ambiente universitário a partir das décadas de 1930 e 1940 implicou "uma rotação ética e social de atitude", ao estudar a sociedade colocando em primeiro plano a "vida das classes subalternas, os grupos marginais, isolados ou oprimidos, segundo um espírito que superou a mera curiosidade ou o senso do pitoresco". No caso das artes plásticas, houve nas mesmas décadas um crescente reconhecimento da importância da produção de pintores de extração popular e origem imigrante, que se desenvolveram artisticamente no campo das artes aplicadas ou decorativas demandadas por uma cidade em expansão no começo do século XX. Nos termos de Walter Zanini (1996: 9), o grupo do Palacete Santa Helena[4] expressava uma "imagética ideológica que emanava de convicções formadas pelas origens operárias ou pequeno-burguesa de todos". A aposta aqui é que Florestan e Volpi levaram este deslocamento da cultura para um universo "plebeu" às suas máximas consequências, logrando reinventar o tipo de pesquisa sociológica e de expressão estética que se difundiam em seus campos de atuação.

I

De diferentes modos, Florestan e Volpi pensaram o processo de mudança social vertiginoso que revolvia a cidade de São Paulo – e também suas trajetórias biográficas, pois ambos experimentaram uma mobilidade social quase inverossímil, haja vista seus pontos de partida – colocando em destaque espaços e grupos sociais

---

3   A trajetória e a produção sociológica de Florestan Fernandes já receberam vários estudos comparativos, como os de Pontes (1998), Miceli (2012), Bastos (2013), Brasil Jr. (2013), Silva (2013), dentre muitos outros. O cruzamento entre a sociologia de Fernandes e as artes plásticas de São Paulo já foi realizado, sobretudo para o caso dos artistas concretos, por Arruda (2001). Espero que o ângulo aqui proposto possa se beneficiar deste acúmulo prévio e levantar novas questões.

4   "Constituíam o grupo, por ordem de idade, Alfredo Volpi (1896-1988), Rebolo Gonsales (1903-80), Fulvio Pennacchi (1905-92), Aldo Bonadei (1906-74), Clóvis Graciano (1907-88), Mário Zanini (1907-71), Humberto Rosa (1908-48), Alfredo Rullo Rizzotti (1909-72) e Manoel Martins (1911-79), em maioria imigrantes ou filho de imigrantes italianos, como os próprios nomes indicam" (ZANINI, 1996: 8).

"plebeus", valorizando ainda a potência e inteligência dos modos de agir e pensar das camadas populares no enfrentamento das transformações em curso[5].

Eles se aproximam também por suas origens populares, ligadas à imigração massiva que remodelou a cidade – Florestan era filho de mãe portuguesa; Volpi, italiano de Lucca, chegou ao Brasil com dois anos de idade –, por suas relações precárias com a escolarização e pela necessidade de trabalhar desde cedo. Também conseguiram se afirmar, não obstante as muitas dificuldades enfrentadas, como um dos principais nomes de seus campos de atuação, cujas barreiras de entrada não eram nada desprezíveis: Florestan passa a reger a cadeira de Sociologia I da Universidade de São Paulo em 1954; Volpi vence o prêmio de melhor pintor nacional da II Bienal de São Paulo, em 1953, dividindo-o com Di Cavalcanti, e é considerado por Mario Pedrosa, em 1957, o "mestre brasileiro de sua época"[6]. Quer dizer: na metade da década de 1950, dois personagens inequivocamente "plebeus" acabaram se tornando decisivos para o sentido assumido pela (àquela altura) ainda incerta renovação cultural paulistana no âmbito das ciências sociais e das artes plásticas, o que sem dúvida não foi sem consequências para o debate que se abria nestes dois campos.

Além disso, ambos se valeram centralmente de meios expressivos de caráter universalista e de corte objetivista – a moderna monografia científica e o construtivismo estético nas artes plásticas –, que ordenavam rigor no método e contenção das

---

5   Apoiando-me em pesquisas acumuladas ao longo dos últimos anos na área de pensamento social no Brasil, na sociologia da arte e na crítica de arte, resolvi circunscrever a comparação inicialmente a dois personagens fundamentais da cena cultural paulistana das décadas de 1940-1970. Seria ocioso listar aqui todas estas pesquisas. Contudo, vale a pena destacar que, no caso da década de 1950 em geral, e sobre a produção cultural em São Paulo em particular, já contamos com um considerável acervo de trabalhos sobre: os anos 1950 em suas diferentes facetas (BOTELHO; BASTOS; VILLAS BÔAS, 2008); a metropolização de São Paulo e o cruzamento de diferentes linguagens culturais (ARRUDA, 2001); a conformação do grupo dos críticos de Clima e a renovação do teatro em São Paulo (PONTES, 1998 e 2011); a literatura negra e suas relações com a sociologia de Florestan Fernandes (SILVA, 2013); o concretismo nas artes plásticas (VILLAS BÔAS, 2014); a crítica de arte e modelagem da personalidade de Volpi (ROSA, 2015). No campo da crítica de arte, podemos mencionar os trabalhos sobre: abstracionismo geométrico e informal (COCCHIARALE & GEIGER, 1987); concretismo e neoconcretismo (BRITO, 1999); artes plásticas no Brasil e suas especificidades (NAVES, 1996; PASTA, 2012; MAMMÌ, 2012; VENANCIO FILHO, 2013).

6   Para a análise dos padrões de recrutamento existentes na Universidade de São Paulo, bem como dos significados sociológicos da abertura relativa do curso de Ciências Sociais para camadas sociais não tradicionais, cf. Miceli (1989). Para o caso das artes plásticas, havia certos espaços mais permeáveis à penetração de artistas de extração popular, como o chamado "grupo Santa Helena", a "Família Artística Paulista", a Osirarte ou a iniciativa da Unilabor. Cf., dentre outros, Zanini (1991).

subjetividades[7]. No entanto, suas experiências, modeladas pelo trabalho precoce (e pela necessidade de trabalhar), tensionaram (ainda que de modos muito distintos) suas relações com estes meios, dotando-as de novas características e potencialidades. A recriação de conceitos, métodos e técnicas de pesquisa, por parte de Florestan, e o percurso muito particular da figuração à abstração geométrica, por parte de Volpi, podem ser vistos *também* como resultado do engate de suas experiências plebeias com as exigências estritas da teorização sociológica e da monografia científica, por um lado, e da autonomia compositiva da arte moderna, por outro.

No entanto, Florestan e Volpi igualmente se afastam em muitos níveis. Certamente Florestan passou por uma "socialização plebeia", termo que ele usa em texto autobiográfico (FERNANDES, 1980, p. 146), marcada por um grau de precariedade maior, o que condicionou sua precoce exposição às mais variadas gamas de trabalho degradado então disponíveis na capital paulistana. Mesmo quando conseguiu emprego como garçom em um bar do centro da cidade, este tipo de ocupação representava, em sua "arquitetura mental daquela época", estar "logo abaixo dos gatunos profissionais e dos vagabundos, das prostitutos e dos soldados da Força Pública" (FERNANDES, 1980, p. 148). Já Volpi, que crescera em família relativamente organizada, dona de um pequeno comércio de queijos e vinhos, a despeito de frequentar por pouco tempo a escola, pôde realizar um percurso de formação "artesanal" em suas sucessivas ocupações como entalhador, encadernador e ajudante de pintores-decoradores, ainda na adolescência[8]. Assim, esquematicamente, Fernandes experimentou as margens a partir de uma condição de *lúmpen*, ao passo que Volpi, por uma estreita brecha, conseguiu escapar tanto do trabalho degradado, pelo menos em suas feições mais agudas, quanto da proletarização propriamente dita, abrigando-se num nicho artesanal em franco declínio – a pintura decorativa em palacetes ou em casas de classe média abastada.

Esta diferença nos modos de "socialização pelo trabalho" – para recuperarmos o termo que Florestan emprega para se referir à sua própria formação (FERNANDES, 1980, p. 156) –, o que incluía também diferentes cartografias mentais e espaços de atuação na cidade, igualmente rebateu nos modos pelos quais Florestan e Volpi experimentaram suas transições para a atividade cultural "profissionalizada", com seus códigos próprios e especializados.

---

7 Para este ponto, cf. Villas Bôas (2006 e 2014).
8 Para a trajetória de Volpi, cf. Spanudis (1975), Zanini (1991), Mastrobuono (2013) e Rosa (2015).

Florestan, após concluir sua formação secundária de modo compactado e algo tardio, percebeu sua entrada na Faculdade de Filosofia, Ciências e Letras da USP como uma ruptura traumática com o seu universo social anterior. Só anos mais tarde esta ruptura foi reelaborada como vantagem cognitiva e como força de construção teórica, especialmente em sua pesquisa empírica sobre a integração do negro na sociedade de classes.[9] Vale lembrar, ainda, que Florestan compatibilizou sua formação universitária com a persistência da necessidade de trabalhar fora dos círculos culturais da cidade até 1947, mesmo que em outro patamar – como representante de produtos farmacêuticos (FERNANDES, 1980, p. 156). Ele pôde se "profissionalizar" efetivamente através de sua atuação como professor assistente e autor de artigos na imprensa, o que lhe deu as bases materiais para a conversão à condição de intelectual em tempo integral.

Volpi, por sua vez, aproveitando-se do aprendizado técnico e de um ambiente cultural mais diferenciado no plano das artes plásticas, foi sendo introduzido aos poucos em associações informais de pintores e artistas – sendo o mais conhecido deles o chamado grupo do palacete Santa Helena, que reunia artistas de origens sociais populares e imigrantes (ZANINI, 1991) –, até conseguir sua primeira exposição individual em 1944, despertando o interesse de críticos como Sergio Milliet, Mario Schenberg, Mário de Andrade e Lourival Gomes Machado. No caso de Volpi, que nos legou pouquíssimos registros de sua própria experiência, os relatos disponíveis sugerem certa continuidade – no fundo, uma passagem lentamente amadurecida – entre os seus primeiros trabalhos como encadernador e pintor de paredes (o que incluía a pintura decorativa) e suas experimentações posteriores no campo da abstração geométrica, como o uso da têmpera a ovo e a exploração do caráter bidimensional da tela.[10] Somente nos anos 1950, segundo Theon Spanudis (1975), é que Volpi poderia se dedicar integralmente à pintura de cavalete em seu ateliê no bairro do Cambuci.

Confrontando-se, aliás, a relativa quantidade de material autobiográfico deixado por Fernandes com o deliberado "silêncio" de Volpi sobre sua própria traje-

---

9   "[Esta] experiência concreta, por sua vez, não me fora inútil. Na pesquisa com Bastide, sobre relações raciais em São Paulo, eu saberia dizer por que a incapacidade de obter uma posição no sistema ocupacional da cidade pesara tão negativamente na história do meio negro na longa e penosa transição do trabalho escravo para o trabalho livre" (Fernandes, 1980: 148).

10 Na crítica de arte recente dedicada a Volpi, este argumento aparece em Mammì (1999), Naves (1996), Venâncio Filho (2013) e Pasta (2013).

tória e produção artística,[11] podemos perceber diferentes formas de se lidar com os deslocamentos vertiginosos no espaço social a que estiveram sujeitos e as tensões neles implicadas.[12]

Estas diferenças nas passagens das margens ao centro, isto é, das posições subalternas que ocupavam às posições de destaque a que chegaram na produção cultural paulistana de meados da década de 1950, não deixaram de se imprimir na fatura de seus trabalhos. A rigor, olhando-se para a produção sociológica de Florestan e para a produção pictórica de Volpi (especialmente a de fins dos anos 1940 em diante), nada parece mais distante entre si. De um lado, o estilo crispado e tensionado de escrita, a colocação dos problemas como dilemas a serem resolvidos de modo enérgico, a aposta e a cobrança permanente no que toca à realização dos valores emancipatórios da modernidade, e o caráter trágico de sua frustração estrutural, bem como o esforço reflexivo permanente em relação às possibilidades da sociologia no Brasil, incluindo alguns textos de fatura autobiográfica, no caso de Florestan. De outro, a articulação singela e quase apaziguada dos elementos de composição dos quadros, uma espécie de ideal comunitário arcaizante, conectada a uma tradição de trabalho manual longamente sedimentada, um sentido de profunda cotidianidade e uma aparente ausência de espírito reflexivo para além do fazer artístico, o que rebate na quase ausência de narrativa própria sobre sua obra e trajetória, no caso de Volpi

---

11 Desde uma perspectiva inovadora, a pesquisa de Pedro Rosa (2015, p. 28-29) procurou ver nas relações entre Volpi e os críticos de arte a construção de uma espécie de co--narrativa, uma vez que ele também "agenciou" a "mitologia" criada em torno de sua figura, visto como um sujeito humilde e "suburbano", avesso às discussões teóricas e plásticas, para construir sua personalidade.

12 Se, por um lado, a afirmação de Florestan Fernandes e de Alfredo Volpi como figuras centrais em seus campos de atuação tem algo de heroico, já que se impuseram por seu "talento" em uma sociedade impregnada de distinções estamentais, também foram importantes neste processo certas redes de proteção e certos interesses sociais, nem sempre democratizantes. Como já apontou Sylvia Garcia (2002), a afirmação de Florestan de certo modo "confirmaria" o ideário liberal presente na fundação da FFCL--USP de uma ordem social aberta ao talento, embora, neste caso, se tratasse muito mais da exceção que confirma a regra, a despeito da relativa abertura do curso de ciências sociais para alunos de variada extração social. Já no caso de Volpi, sua celebração pela crítica de arte local também tem a ver com as disputas dos concretos contra Di Cavalcanti e Portinari; o pintor do Cambuci seria a contraprova de uma arte "brasileira" não comprometida com o projeto estético nacionalizante. O artigo de Manuel Bandeira no *Jornal do Brasil*, de 26 de junho de 1957, intitulada "Volpi", põe a nu a estratégia de conversão de Volpi em "mestre": os concretistas teriam feito do "bom velhinho", "ítalo-brasileiro de Cambuci", um instrumento para a deposição de "Portinari da presidência" das artes modernas no Brasil.

(NAVES, 1996; VVAA, 2009). Embora ainda haja outras mediações a percorrer, parece-me que o modo compactado, abrupto e traumático da passagem experimentada por Fernandes do mundo das "ruas" à universidade, confrontada com o itinerário relativamente mais contínuo de Volpi pode ser uma das pistas para a explicação destas diferenças. Isso sem falar, é claro, que a pintura, *cosa mentale* – expressão de Da Vinci que não escapava ao pintor do Cambuci –, não deixa de ser também trabalho manual, este segredo bem escondido que foi amplamente explorado no último livro de Sergio Ferro (2015).

Imagino que não seja à toa que certas dimensões mais "exteriores" da atuação de Florestan Fernandes como sociólogo e de Alfredo Volpi como pintor exprimam algumas facetas do distinto trânsito vivido entre seus meios populares de origem e as posições institucionais que ocuparam na década de 1950. Florestan, de guarda-pó branco, sinalizando a seriedade e o orgulho de sua vocação científica, com a conexão finalmente conseguida entre trabalho e liberdade, através de um tipo de trabalho – o intelectual – capaz de expressar suas demandas de autonomia. Volpi, em meio a experimentações pictóricas ousadas, mantendo um ideal pré-moderno de controle de todas as etapas da produção artística, incluindo a elaboração manual das tintas, das telas e dos chassis, sem os efeitos alienantes que a divisão do trabalho ia impondo a todos – e, no mesmo passo, problematizando a própria distinção entre arte e trabalho manual.

Ao lado destes elementos mais "externos", que envolvem estas conexões entre trabalho e liberdade – de algum modo, os dois assinalam que liberdade é trabalho, o que decerto soa como algo exótico em país com passado escravista –, também creio que estas duas experiências tenham rebatimentos distintos em suas produções específicas a cada campo. Um, mais óbvio e evidente, é que os dois de certo modo trazem o "ponto de vista do subúrbio", como disse Sonia Salzstein (2000) sobre Volpi, isto é, abordam a urbanização e a industrialização a partir de suas margens, colocando em destaque lugares e personagens subalternos. No caso de Florestan, isto se explicita com sua primeira pesquisa, sobre o folclore infantil em São Paulo, e ganha clareza máxima com a pesquisa sobre o negro, grupo social cujas especificidades teriam caráter heurístico para a reflexão do sentido mais geral da mudança social. Em Volpi, além das paisagens de Mogi Mirim e das inúmeras marinhas de Itanhém, lembremos que é pelo tema "suburbano" das fachadas e pela visualidade legada pela cultura popular – as famosas "bandeirinhas" – que Volpi chega à ordem do plano, à bidimensionalidade da tela e à autonomia compositiva da arte moderna, com um resultado muito próprio do embate figuração-abstração[13].

Para além destas diferenças mais gerais, gostaria de me deter aqui em um ponto mais específico: os modos pelos quais os dois autores trataram da articulação entre elementos populares e eruditos, ou, para ser mais exato, entre as visões sobre a vida social gestadas entre as camadas populares e a reflexão sociológica, no caso de Florestan, e entre uma visualidade popular e as experimentações do abstracionismo geométrico, no caso de Volpi. Adiantando parte de minha explicação: com inúmeras diferenças, que pretendo qualificar, tanto Florestan quanto Volpi aproximaram estes dois termos – o popular e o erudito –, embora sem jamais confundi-los ou fundi-los, como forma de dinamizar suas produções.

II

A posição de Florestan certamente é bastante complexa no que diz respeito às relações entre conhecimento científico e os modos de agir e de pensar das camadas populares. Se remontarmos aos seus textos de 1944 sobre a noção de folclore, vemos que sua restrição às pesquisas dos folcloristas ia muito além de um simples critério de cientificidade[14]. É o próprio pressuposto da noção de folclore, ou de cultura popular ou de "folk", com suas injunções classistas, que é colocado em discussão pelo autor. Como no exemplo abaixo, em que ele confronta uma posição que ele reputa ser usual entre os folcloristas e os resultados de suas primeiras pesquisas:

> Um homem do povo, por exemplo, recorreria às práticas tradicionais e ao tratamento empírico de doenças, enquanto o burguês procuraria, na mesma situação, os trabalhos de um clínico especializado; o burguês jogaria tênis, enquanto o pobre jogaria malha; este usaria predominantemente explicações não racionais, enquanto aquele só se utilizaria de explicações lógicas etc. (FERNANDES, 2003, p. 43)

> É fácil verificar, como fizemos numa pesquisa, em São Paulo, que os mesmos elementos folclóricos ocorrem, indistintamente, em ambos os meios ou classes sociais. [...] pessoas adultas, sem distinção, empregam formas de explicação consideradas não racionais (atribuição do insucesso ao "peso", ao

---

13 Mesmo no plano dos temas e conteúdos retratados, Volpi, comparado a seus contemporâneos do grupo "Santa Helena", por exemplo, em suas telas das décadas de 1930 e 1940, jamais colocou em primeiro plano o universo fabril (FREITAS, 2011).

14 Para uma análise mais pormenorizada deste ponto, cf. Cavalcanti & Vilhena (1990) e Garcia (2001).

> "mau olhado" etc.; de doenças a forças malignas, que agem ativamente contra o indivíduo; explicar o sucesso como forma de "sorte" etc.); e o pobre [...] só não joga tênis, provavelmente, porque não pode, nada impedindo ao burguês o jogo de malha. [...] a diferença sensível entre o "culto" e o "inculto" está muitas vezes nas formas novas com que aquele expressa as crendices antigas - em outras palavras: o "culto" racionaliza as suas "crendices" e os costumes antigos, sem os abandonar definitivamente (Idem, 2003, p. 45-46).

Assim, logo de saída, a desvalorização das formas de reflexão e de atuação das camadas populares, que o autor vê implícita em certa noção de folclore, já é duramente questionada. O pensamento do "inculto" não poderia ser equacionado, sem mais, à irracionalidade, pelo menos não em contraposição a uma suposta "racionalidade" dos elementos "cultos" e/ou burgueses[15].

Mais adiante, é na ampla pesquisa realizada em conjunto com Roger Bastide sobre o negro em São Paulo, na década de 1950, que esta aproximação entre popular e erudito, ou melhor, entre popular e científico, ganha maior nitidez. Os trabalhos de Elide Rugai Bastos (1988, 2002 e 2015), Mario Medeiros da Silva (2013) e Antonia Campos (2013) trouxeram muitos elementos novos para qualificar a intensa relação gerada entre Florestan e vários membros da coletividade negra da capital paulistana – para a qual foi decisiva a mediação de Bastide –, que abrangia desde os seus grupos de intelectuais, alçados à condição de pesquisadores-colaboradores, até mesmo pessoas em situação de considerável precariedade.

Por um lado, o debate intelectual acumulado em décadas de discussão no meio negro, seja em seus movimentos sociais, seja em suas iniciativas na imprensa periódica, já denunciava o caráter limitado da integração do negro na sociedade de classes, como poderia ser notado no uso da categoria "preconceito de cor", a partir da qual os negros ressaltavam a conexão estreita entre preconceito e discriminação:

> Surgiu, então, a noção de "preconceito de cor" como uma categoria inclusiva de pensamento. Ela foi construída para designar, estrutural, emocional e cognitivamente, todos os aspectos envolvidos pelo padrão assimétrico e tradicionalista de relação racial. Por isso, quando o negro e o mulato falam

---

15 Como salientam Cavalcanti & Vilhena (1990: 83), certamente Florestan pesou a mão ao atribuir um pressuposto classista para o conjunto dos estudos de folclore, pois estes admitiam uma pluralidade de perspectivas e variados enfoques analíticos. Porém, o problema tratado aqui é a recorrência com que Florestan valoriza a inteligência popular e seus modos agir e de sentir, mesmo anotando no mesmo passo as limitações impostas pelas desigualdades seculares que estruturam a sociedade brasileira.

de "preconceito de cor", eles não distinguem o "preconceito" propriamente dito da "discriminação". Ambos estão fundidos numa mesma representação conceitual. Esse procedimento induziu alguns especialistas, tanto brasileiros quanto estrangeiros, a lamentáveis confusões interpretativas. [...] No entanto, o conceito cunhado pelo "negro" possuía plena consistência histórica na cena brasileira (Idem, 2008a, p. 44-45).

Dito de outro modo, o autor afirma que, comparativamente às demais interpretações vigentes, alguns membros do meio negro de São Paulo foram capazes de romper, mesmo que parcialmente, com o peso sufocante das visões tradicionais a respeito das relações raciais, colocando em discussão alguns dos pontos mais decisivos para a discussão da democracia no Brasil. Ainda no que toca à capacidade de percepção e avaliação da questão racial no Brasil, Florestan faz a seguinte afirmação:

> Em nosso entender, o grau de bloqueamento da capacidade de percepção e de consciência não é o mesmo nas duas categorias "raciais". Na verdade, o grosso da população total – portanto, de "negros" e de "brancos" – tem o seu horizonte cultural obstruído pelos costumes que regulam, convencionalmente, as relações raciais. Todavia, enquanto o "branco" pode ignorar ou permanecer indiferente às consequências negativas diretas e indiretas do "preconceito de cor", com o "negro" acontece o inverso. Eles forçam-no a romper a obnubilação condicionada pelo horizonte cultural e a fazer indagações que entram em choque com as imagens correntes da nossa realidade racial (Idem, 2008a, p. 460).

Esta abertura de Florestan às explicações propiciadas pelo próprio meio negro impactou inclusive nas técnicas de pesquisa adotadas. Por um lado, o uso bastante intenso das "histórias de vida" e da "observação em massa", como forma de se coletar a maior pluralidade possível de ângulos de observação da realidade social. Mas sobretudo a prática de se realizar mesas redondas, que lotavam periodicamente os auditórios da Biblioteca Municipal e da Faculdade de Filosofia, Ciências e Letras da USP, com audiência que variava entre 80 a 140 pessoas por sessão, uma inovação trazida pela colaboração de Jorge Prado Teixeira, intelectual negro e àquela altura estudante de sociologia (CAMPOS, 2013, p. 13). Com isto, fortaleceu-se o caráter "dialógico" da confecção da pesquisa, o que impedia a transformação dos sujeitos da investigação (termo do próprio autor: ele não usa o termo "objeto") em meros informantes. Numa das mesas redondas, segundo levantamento de Antonia Campos, Fernandes faz o seguinte depoimento:

> Procuramos obter informações mais amplas não somente com agentes positivos da investigação mas agentes ativos de uma crítica. Foi o que aconteceu, não só trazendo informações mas, discutindo conosco, mostrando como a personalidade dos senhores reagem e aproveitam esse fato. A verdade na história é feita pelos brancos e é que dentro desses, da sociologia, não temos sociólogos negros que poderiam dar o seu ponto de vista, dar a situação do grupo a que pertencem. Conhecer o ponto de vista das pessoas que façam parte de um grupo de modo que através dessa técnica possamos evitar uma porção de erros (Fernandes *apud* Campos, 2013: 256).

Este caráter quase "horizontal" da colaboração entre Fernandes e os intelectuais e outros membros da população negra de São Paulo foi crucial para que a questão racial no Brasil fosse vista através de vários (e outros) prismas, dando centralidade aos avanços cognitivos acumulados pelo movimento social negro da cidade. Vale a pena registrar que alguns documentos de pesquisa foram efetivamente escritos a quatro mãos, como a monografia *Movimentos sociais no meio negro*, feita por Renato Jardim Moreira, aluno de Fernandes, e José Correia Leite, uma importante liderança no associativismo negro. Esta monografia é umas das peças fundamentais para o argumento mais amplo de Fernandes, notadamente na primeira parte do segundo volume de *A integração do negro na sociedade de classes* (1965).

Como dito anteriormente, esta aproximação entre a reflexão sociológica e as visões de mundo presentes na população negra em São Paulo não implica o apagamento da distinção, tão cara à sociologia – e ao próprio Florestan –, entre explicações científicas e não-científicas, nem ausências de tensão entre as interpretações presentes no grupo social estudado e as exigências estritas da discussão teórico-conceitual. Contudo, a questão vai, mais uma vez, além da simples demarcação de cientificidade. Pela leitura das atas das reuniões das mesas redondas, por exemplo, parecia haver certa insistência, entre alguns colaboradores da pesquisa (especialmente nas primeiras reuniões) na questão sobre a existência ou não do preconceito racial (Campos, 2013). Para Florestan, isso já seria ponto pacífico, além de empiricamente demonstrável. O crucial seria, através da clarificação intelectual proporcionada pela sociologia, alargar as formas de apreensão da realidade social por parte do "homem comum", naquele caso os ativistas negros, para que eles pudessem capturar o cerne do "dilema racial brasileiro": a necessidade de reversão da concentração racial da renda, do poder e do prestígio, única maneira de se realizar uma efetiva "democracia racial" no país.

Tal como desenvolvido em *A sociologia numa era de revolução social* (1963), a comunicação entre o sociólogo e o grande público, como no caso das relações com os movimentos sociais, seria muito importante, e nos dois sentidos, como uma via de mão dupla: permitiria ao sociólogo sair de seu isolamento difuso, além de expô-lo a novas perspectivas de observação da vida social, por um lado, e possibilitaria um alargamento do horizonte cultural médio, através da exposição do "homem comum" às técnicas racionais da ação e de explicação do mundo, por outro. Seria este movimento de aproximação, mas sempre tensionado (COHN, 1986) – pois a tensão é que permite a manutenção da especificidade da análise sociológica, sem dissolvê-la nas imagens correntes da vida social – entre a explicação científica e as explicações "plebeias", entre o sociólogo e o "homem comum", que garantiria a possibilidade de conectar conhecimento racional e democratização. Este contato com o mundo popular seria o antídoto necessário para evitar que a racionalidade inscrita na explicação sociológica se convertesse em simples instrumento de dominação tecnocrática, tema, aliás, posto na ordem do dia da disciplina desde a publicação de *A imaginação sociológica* (1959), de Charles Wright Mills. Nos termos do autor, ainda no livro de 1963:

> O intelectual terá de arcar com as suas tarefas, misturar-se com a "plebe ignorante" e elevar-se com ela a um novo padrão de civilização. Democratização da cultura significa reconstruir a relação do intelectual com o mundo, pôr fim a um estado de coisas que fez do saber sistematizado um privilégio social e dar início a uma era de proscrição da ignorância como fonte de dominação do homem sobre o homem. Em suma, envolvendo-se no processo acima referido, os intelectuais brasileiros adquiririam experiências que fariam deles participantes responsáveis, ativos e criadores da reconstrução da nossa herança social e cultural, o que lhes permitiria entrar com seu quinhão no forjamento do nosso "mundo do futuro" (FERNANDES, 1976, p. 230).

Na produção pictórica de Alfredo Volpi, há uma forma distinta de relacionar o universo popular com as suas experimentações artísticas. Para organizar melhor a análise desta questão em Volpi, vou sugerir um pequeno contraste em relação às formas de ligação entre arte e visualidade popular presentes na proposta concretista de Waldemar Cordeiro – artista plástico que, aliás, admirava Volpi, aproximando-se dele ao longo dos anos 1950. Apoiando-se em Antonio Gramsci, Cordeiro acreditava na possibilidade de uma ligação profunda entre os intelectuais e os subalternos através de uma arte ajustada aos novos tempos da máquina, da indústria e da metrópole.¹⁶ Com o surgimento de um mundo urbano-industrial, a percepção óptica dos homens seria cada vez mais educada pelo próprio maquinismo; e, neste registro, a arte não se comunicaria aos "simples" revelando formas de expressão subjetivas, e sim a partir de uma estética que exprimisse o "convívio com as máquinas, com a execução planejada, com a produção em série" (NUNES, 2004, p. 36). Cordeiro defendia uma teoria da "pura visualidade", dotada de universalidade – daí a importância de se limitar ao "essencial" da pintura: o espaço bidimensional da tela, as cores puras, e a redução esquemática das linhas –, capaz de interpelar a visualidade do operário.

Em que pese a tensão, salientada por vários críticos da obra de Volpi, entre sua produção pictórica e o mundo urbano-industrial,¹⁷ Waldemar Cordeiro buscava, pelo contrário, salientar sua adequação não só às propostas concretistas, mas também aos novos tempos da máquina, do cálculo, da produção em série. Já em 1951, no artigo "Volpi, o santeiro cubista", que saiu na *Folha da Manhã* em 11 de março, Cordeiro comentava a pintura mural que Volpi vinha realizando na Capela do Cristo Operário, situada ao lado da Unilabor – cooperativa que reuniu diversos artistas paulistas, incluindo o concretista Geraldo de Barros (CLARO, 2004) –, da seguinte maneira:

> O progresso da civilização, no entanto, modificou profundamente o conceito de natureza e, consequentemente, o conceito de arte [...]. Esses traços todos caracterizam, em última instância, a consciência estética de hoje e dizem da retina, da percepção ótica do homem contemporâneo, educado pelo "maqui-

---

16 Em "O objeto", afirma Cordeiro: "Acreditamos com Gramsci que a cultura só passa a existir historicamente quando se cria uma unidade de pensamento entre os simples e os artistas e intelectuais. Com efeito, somente nessa simbiose com os simples a arte se depura dos elementos intelectualísticos e de natureza subjetiva, tornando-se vida" (In: COCCHIARALE & GEIGER, 1987, p. 224).

17 A relação entre a produção de Alfredo Volpi, mesmo em seu período geométrico de feição "concretista" – que durou apenas poucos anos (fins da década de 1950) –, com a sociedade urbano-industrial que ganhava terreno em São Paulo é das mais complexas. Como nos alerta Glaucia Villas Bôas (2014, p. 267), é bom desconfiar, ou pelo menos matizar, "a crença numa relação de causa e efeito entre o mundo moderno, impessoal e objetivo, no qual imperam a ciência e a tecnologia, e o aparecimento do Concretismo". Não se trata de negar as óbvias afinidades entre a sociabilidade urbana e industrial e uma estética que valoriza "a forma, a linha, a cor e o plano em detrimento das representações figurativas" (Ibidem), mas isso não desautoriza um olhar mais atento às articulações contingentes e instáveis entre estas duas dimensões. Sobretudo se lembrarmos que a urbanização não se realiza senão em interação (mais ou menos tensa ou problemática) com as formas pretéritas de relações sociais, o que redefine seus sentidos e efeitos.

nismo" da civilização moderna. São estas, acreditamos, as condições psicológicas e culturais imprescindíveis para o renascimento da arte sacra no Brasil e no mundo inteiro.

Por essa cartilha, a nosso ver, orientou-se a compreensão artística de Alfredo Volpi, o genial pintor que deu a verdadeira dimensão à arte sacra contemporânea no Brasil. Conhecido até hoje internacionalmente como o mais sensível dos pintores brasileiros, surge agora como o primeiro "construtor" da nossa estética visual. Por uma síntese miraculosa do popularesco e do intelecto, de matemática e folclore, desperta a plástica brasileira que descansava ainda nas vetustas descobertas de Almeida Júnior, nas gratuitas variações da emoção cromática e tátil.

Este argumento ganha em profundidade no artigo "Arte industrial", publicado por Cordeiro no número 26 (fev./mar.) da revista ad *(arquitetura e decoração)* em 1958. Além de afirmar "a importância decisiva da indústria na compreensão do conteúdo da arte contemporânea cuja finalidade última e destino histórico acreditamos ser a *arte industrial*", ele aproxima Volpi de Luiz Sacilotto, na medida em que ambos renovariam suas pesquisas estéticas em direção às formas geométricas elementares, tal qual ocorria no seio do processo fabril. Nos termos de Cordeiro:

> No que se refere ao *elemento*, a arte concreta apresenta mais uma identidade com a indústria. O elemento perfeitamente caracterizado obedece a poucos grupos de tipos, correspondentes a formas geométricas elementares. Tende-se à estandartização do elemento. O elemento pré-fabricado. Veja-se a última pesquisa de Alfredo Volpi, as suas "bandeirinhas".

O projeto concretista não deixava de conter inúmeras contradições internas, pois o programa de uma estética afinada ao mundo da técnica e da produção em série ainda se executava por meios tradicionais – a pintura de ateliê – e, o que é mais significativo, os pressupostos sociais contidos em sua estratégia de conexão entre arte de vanguarda e a visualidade popular – um mundo urbano plenamente diferenciado, capaz de remodelagem mais racional e democrática – se casavam mal com "a opacidade de um crescimento industrial selvagem" (MAMMÌ, 2010: 89). A promessa de transparência e de democratização visual contida em suas *Imagens visíveis* teria perdido o chão histórico num brevíssimo espaço de tempo.

Ora, parece-me que será por outra via que Volpi articulará visualidade popular e experimentação estética "avançada". Em 1971, em artigo sobre a "Família Artística

Paulista" – grupo de artistas criado por Paolo Rossi Osir e que abrigou os pintores de extração "plebeia" que se reuniam no Palacete Santa Helena, que foram tomados como uma via alternativa ao modernismo plástico oriundo da Semana de 22 –, Flavio Motta (1971, p. 140) retoma os termos de discussão de Mario de Andrade e sugere que os trabalhos destes artistas, Volpi incluído, estariam "nesse entremeio malestarento entre o erudito e o popularesco até". Aliás, as ligações de Volpi com o mundo popular deram grande parte da tônica da discussão crítica em torno de sua obra. Mario de Andrade, por exemplo, em seu "Ensaio sobre Clóvis Graciano" (1944), outro membro do "grupo do Santa Helena", verá na obra destes artistas a expressão de uma condição proletária, típica do operário qualificado, o que rebateria na profusão de telas com a temática "suburbana", traindo certo desejo de ascensão social modesta tal como reveladas nas casinhas de arrabalde ou em cidadezinhas do interior ou do litoral. Referindo-se diretamente à obra de Volpi, Mario de Andrade dirá: "A casinha de arrabalde, a chacrinha rósea, a praia modesta eram um sonho. A aspiração de subir ao nível do proprietário pequenino" (ANDRADE, 1971: 161).

Se, como sugere Mario de Andrade, a condição popular se exprimia não apenas em certa timidez formal, mas sobretudo na temática apresentada, que revelaria uma situação de pauperismo sem precariedade – daí a possibilidade de aspirações modestas –, outros críticos chamaram a atenção para a articulação entre o popular e o artístico no plano da técnica. Em artigo de 20 de abril de 1952, publicado na *Folha da manhã*, Waldemar Cordeiro propõe uma associação entre a atuação de Volpi como "pintor de liso", isto é, como pintor decorador de paredes – mas com profunda afeição pelas casas de paredes caiadas do interior, pelo saibro, como as que viu em Mogi das Cruzes e em Embu das Artes – e suas telas em têmpera, recém expostas na I Bienal de São Paulo, em 1951. Daí o título do artigo de Cordeiro: "Volpi, o pintor de paredes que traduziu a visualidade popular". Contudo, trata-se de uma proposta de articulação entre a produção artística e a visualidade dos "simples" muito distinta em relação ao projeto concreto, já que a fatura artesanal das tintas em Volpi, bem como a presença incontornável do gesto nas pinceladas – tornando a cor não homogênea, isto é, "caiada", em certa medida, com zonas de luz no interior das camadas de tinta superpostas – pouco tinham a ver com a preferência de Cordeiro e dos concretos pelas tintas industriais, com suas cores chapadas e bem delimitadas. Tanto a temática "suburbana", já realçada no artigo de Mario de Andrade de 1944, quanto a valorização de procedimentos artesanais – que também incluíam a criação dos pigmentos, das telas e dos chassis – pareciam caminhar no contrapé do processo de industrialização em curso, que ia arquivando esta possibilidade de um tipo de trabalho ainda não inteiramente submetido aos imperativos da divisão do trabalho e à degradação do trabalho alienado.

Contudo, se a temática e a fatura de Volpi trazem este inequívoco timbre "plebeu" – e daí a incrível recorrência, em sua fortuna crítica, da necessidade de se afastar a ideia de um pintor "ingênuo" ou "primitivo" (VVAA, 2009) –, é igualmente ponto pacífico entre os intérpretes de sua obra que Volpi chegou, através de um caminho muito próprio (embora não isolado), às questões mais agudas do modernismo nas artes plásticas (SPANUDIS, 1975; NAVES, 1996; DUARTE, 1998; SALZSTEIN, 2000). Especialmente a partir de sua fase das marinhas e casarios de Itanhaém, trabalhos em que se percebem depurações sucessivas no plano da cor e da linha – o que o levou a uma considerável economia nos meios expressivos –, o pintor chegou também à ordem pictórica do plano, desvencilhando-se dos compromissos com a perspectiva, com o problema da luz atmosférica, com o verismo das cores, etc. Numa de suas frases recorrentes, Volpi afirma: "Comecei pintando do natural. Interessava naquela época a pintura 'tonal'. Depois, comecei a pintar de memória. Tratava de resolver o problema da pintura. O assunto foi perdendo interesse. Aí ficou só o problema de linha, forma e cor" (MASTROBUONO, 2013, p. 252).

E, neste ponto, a solução de Volpi é bastante inusitada, gerando enormes problemas interpretativos até hoje. Por um lado, especialmente ao longo dos anos 1950, Volpi travou um contato bastante próximo, mas sem adesões integrais, com diferentes projetos de atualização artística de perfil construtivista. Inicialmente com Theon Spanudis, uma relação intensa e relativamente longeva, e depois com Geraldo de Barros, Willys de Castro, Hércules Barsotti, Waldemar Cordeiro, Hermelindo Fiaminghi e até mesmo com os poetas concretos. Certamente o convívio com estes artistas de vanguarda reverberou profundamente em Volpi, que reagiu a eles com uma breve frase "concretista", embora muito particular, como já analisou Rodrigo Naves (2008)[18]. Por outro lado, algumas das inovações mais decisivas de Volpi pa-

---

18 A aproximação de certos artistas plásticos e poetas concretos paulistas a Alfredo Volpi, realizada a partir de meados da década de 1950, já foi assinalada em vários trabalhos (CABRAL & REZENDE, 1998; MAMMÌ, 1999; SALZSTEIN, 2000; VVAA, 2009). Salta à vista, como podemos ver na produção pictórica de Volpi de fins da década de 1950, um diálogo complexo, pouco convencional e à meia-distância em relação aos princípios da pintura concreta, como já foi notado por Rodrigo Naves (2008). Menos frequente é a análise da relação de Volpi com artistas ligados ao movimento neoconcreto, como, por exemplo, com Decio Vieira (HERKENHOFF, 2015). Até agora, ainda não foi devidamente explorada a relação entre Volpi e Theon Spanudis, embora seja recorrentemente mencionada em sua fortuna crítica como importante e significativa para a trajetória do pintor. E, sobretudo, ainda faltam análises mais detidas do projeto

recem vir dos lugares mais inusitados. A economia de sua expressão visual é o encontro de fontes muito diversas, como, dentre outros, Matisse – pintor admirado por Volpi –, o pré-renascentista Giotto di Bidone e Emygdio de Souza, um velho artista *naïf* de Itanhaém, antigo ajudante de Benedito Calixto que Volpi conhecera em suas estadias na cidade do litoral paulista. Esta disponibilidade para referências estéticas muito diferentes e desiguais aponta para o modo não-hierarquizante, e aparentemente não tensionado, pelo qual Volpi lidou com a relação entre o popular e o erudito, entre o saber sedimento no fazer artesanal e as exigências próprias da autonomia compositiva moderna. Sobre a relação de Volpi com Emygdio de Souza, esclarece Sonia Salzstein (2000, p. 34-35):

> As paisagens do velho artista *naïf* são marcadas por um desdobramento acentuadamente raso e horizontalizado de planos e pelo tratamento ao mesmo tempo caprichoso e padronizado de suas fachadas. Além disso, as paisagens dão a impressão de se desenvolverem em um só plano e de uma só vez, mediante delicado arcabouço de linhas e cores que faz com que todos os pontos da pintura de equivalham, e que tudo se retenha em uma superfície tênue mas severamente articulada de elementos. Volpi parece ter refinado e dado um estatuto, por assim dizer, linguístico a esses procedimentos; é provável que a face construtiva que sua obra desvelava no curso da década de 1940 seja, em alguma medida, tributária dessa distribuição homogênea dos valores cromáticos e do desdobramento frontal e finamente coordenado das superfícies.

Além desta relação próxima com Emygdio de Souza, Volpi também vai submetendo progressivamente os motivos extraídos da cultura popular ou da vida suburbana a seus elementos essenciais, por assim dizer, até que eles se autonomizem quase que inteiramente do compromisso com a figuração. São os barcos, as fachadas, as famosas bandeirinhas, mas também sereias, madonas, máscaras de carnaval e brinquedos infantis. Após sua curta fase "concreta", em que a remissão a elementos extrapictóricos desaparece, Volpi retorna a estes mesmos motivos populares, agora soltos no espaço e com frágeis relações entre si. Alguns intérpretes de sua obra sugerem que seria um modo pelo qual o pintor poderia reconstruir esteticamente um mundo – este, de uma vida suburbana relativamente desafogada das opressões modernas, que pôde ser experimentada por uma franja muito curta

---

estético de Spanudis, que, a despeito de sua defesa do construtivismo estético, discrepava bastante da orientação mais geral empreendida por Cordeiro para o concretismo em São Paulo (cf., por exemplo, RIBEIRO, 2001, p. 75-77, 195).

de sua população – já praticamente arquivado pelo redesenho das formas de sociabilidade pelo avanço do capital. Em fins da década de 1950, segundo os termos de Lorenzo Mammì (2010, p. 96):

> [...] Volpi abandonou as experiências concretas e voltou à descrição artesanal de um mundo decantado até o osso. Mas é evidente que, ao voltar, aquele mundo já não estava lá. As janelas, as portas, as bandeiras pairavam no vazio. As cores se tornaram mais esgarçadas, mas por isso mesmo expressivas como talvez nunca foram em sua pintura. É um milagre que Volpi, com a experiência e a teimosia do homem velho, conseguisse remontar seu circo. Um milagre ao mesmo tempo feliz e melancólico.

***

Quais são, pois, os efeitos da mobilização, por parte de Florestan e de Volpi, de suas experiências plebeias em suas produções culturais? Minha aposta mais geral é que esta aproximação com o "popular", sem traços de "exotismo", é resultado *também* (pois muitas outras mediações devem ser incluídas) do engate de suas experiências com as exigências próprias da moderna sociologia e do construtivismo estético; ambos souberam aproveitá-las como força construtiva, a fim de realizar inovações de monta em seus respectivos campos de atuação.

De modo análogo, Florestan e Volpi capturaram a inteligência presente em certos aspectos da vivência popular, condensando-a em esquemas teóricos de análise ou em princípios de composição pictórica. Para além do diálogo "horizontal" com as lideranças negras de São Paulo, podemos ver em *A integração do negro na sociedade de classes*, de Fernandes, uma análise que chama a atenção permanentemente para o comportamento social inteligente do negro, mesmo em situações à primeira vista bastante improváveis. São dignas, a este respeito, suas descrições das reuniões de negros e mulatos em bares da capital paulistana de inícios do séc. XX (FERNANDES, 2008b, p. 196-197, 205). Para ele, em meio à degradação propiciada pelo vício do álcool, pela desocupação sistemática e pelo "parasitismo" do outro, formavam-se igualmente palcos para a expressão mais autônoma do negro, para sua afirmação como "gente", redundando nas primeiras manifestações larvares do inconformismo que ganharia maior densidade nas décadas de 1920 e 1930. Este procedimento é recorrente ao longo do livro, e está presente em suas análises a respeito dos mais variados cenários sociais frequentados por negros em São Paulo. No caso de Volpi, o pintor procurou, em suas experimentações construtivas, trazer à baila a "verdade" de materiais, procedimentos e paisagens que estavam ao alcance da mão, inscritos em seu cotidiano remediado, como os pigmentos terra que ele mesmo fabricava, o modo de pincelar e de colorir as telas que fazem referência à pintura de paredes – igualmente afim ao afresco pré-renascentista italiano, tão admirado por ele, mas também às casas caiadas do interior paulista –, as formas simplificadas da visualidade popular. A chamada "bandeirinha" é sintomática disso: ela pode ser ao mesmo tempo bandeira de festa junina e o espaço negativo de uma fachada com telhado de um casario de subúrbio, além de jogo geométrico "puro" e altamente dinâmico entre triângulo e retângulo (a "bandeirinha" é um retângulo com um triângulo vazado em sua base) (GIANNOTTI, 2006).

Mas, de modo muito distinto, suas aproximações entre o erudito e o popular parecem remeter a posturas diferentes. Em Fernandes, a incorporação do comportamento social inteligente do "homem comum" é tensionada permanentemente, pois seu horizonte cultural precisa sempre ser energizado para frente, alargado para o enfrentamento "racional" dos dilemas inadiáveis da sociedade brasileira. O reconhecimento da necessidade de se abrir à perspectiva dos "de baixo", de incorporá-la no andamento da análise sociológica não significa deixar de confrontá-la e de salientar os seus pontos cegos ou mesmo suas facetas "irracionais". Não há nada a celebrar nesta condição "plebeia" – que, de certo modo, parecia unir o passado de Fernandes à situação de grande parte da população negra paulistana, como ele mesmo fazia questão de frisar em seus textos autobiográficos –, salvo a energia e denodo demonstrados em fazer valer para todos as promessas emancipatórias da modernidade. Já em Volpi, parece haver uma articulação quase que desprovida de tensão entre os elementos populares e eruditos, indissociáveis na composição de suas obras. Articulação que não pode deixar de ser um elogio profundo ao que de melhor foi se decantando na esfera do trabalho artesanal vindo da Europa com os imigrantes europeus, por um lado, e na visualidade popular brasileira, por outro, tudo isso submetido à disciplina compositiva da arte construtivista, quer dizer, um "popular" reduzido às suas componentes essenciais no plano da fatura estética[19].

---

19 Ambos, porém, foram arrastados pelo avanço de uma modernidade destituída de componentes emancipatórios: as possibilidades de comunicação da "sociologia plebeia" de Florestan Fernandes com o "homem comum" foram proscritas social e politicamente; as condições sociais da pintura plebeia de Alfredo Volpi – uma combinação inusitada de trabalho manual e liberdade – valeram para poucos, talvez para muitos poucos, e por pouco tempo.

Bibliografia

ARANTES, Paulo E. *Um departamento francês de ultramar*. São Paulo: Paz e Terra, 1994.

ARANTES, Otília B. F.; ARANTES, Paulo E. *Sentido da formação: três estudos sobre Antonio Candido, Gilda de Mello e Souza e Lúcio Costa*. Rio de Janeiro: Paz e Terra, 1997.

ARRUDA, Maria Arminda N. *Metrópole e cultura: São Paulo no meio século XX*. Bauru, SP: Edusc, 2001.

ANDRADE, Mario. "Ensaio sobre Clovis Graciano". *Revista do IEB*, São Paulo, nº 10, 1971.

BASTOS, Elide R. Um debate sobre o negro no Brasil. *São Paulo em Perspectiva*, São Paulo, v. 1, nº 5, p. 20-26, 1988.

_____. "Pensamento social da escola sociológica paulista". In: Miceli, S. (org.). *O que ler na ciência social brasileira: 1970-2002*. São Paulo: Sumaré; Anpocs, 2002.

_____. "Gilberto Freyre e Florestan Fernandes: um debate sobre a democracia racial". In: Motta. R. & Fernandes, M. (orgs.). *Gilberto Freyre: região, tradição, trópico e outras aproximações*. Rio de Janeiro: Fundação Miguel de Cervantes, 2013.

BOTELHO, André; BASTOS, Elide R. & VILLAS BÔAS, Glaucia (orgs.). *O moderno em questão: a década de 1950 no Brasil*. Rio de Janeiro: Topbooks, 2008.

BRASIL JR., Antonio. *Passagens para a teoria sociológica: Florestan Fernandes e Gino Germani*. São Paulo; Buenos Aires: Hucitec; Clacso, 2013.

BRITO, Ronaldo. *Neoconcretismo: vértice e ruptura do projeto construtivo brasileiro*. São Paulo: Cosac Naify, 1999.

CABRAL, Isabella & REZENDE, M. A. Amaral. *Hermelindo Fiaminghi*. São Paulo: Edusp, 1998.

CAMPOS, Antonia J. M. *Interfaces entre sociologia e processo social: A integração do negro na sociedade de classes e a pesquisa Unesco em São Paulo*. Dissertação de mestrado (sociologia). IFCH/Unicamp, 2013.

CANDIDO, Antonio. *Vários escritos*. Rio de Janeiro: Ouro sobre Azul, 2004.

_____. *Formação da literatura brasileira*. Rio de Janeiro: Ouro sobre Azul, 2006, 10.a ed.

CAVALCANTI, Maria Laura V. C; VILHENA, L. R. P. Traçando fronteiras: Florestan Fernandes e a marginalização do folclore. *Revista Estudos Históricos*, 3.5: 75-92, 1990.

CLARO, Mauro. *Unilabor: desenho industrial, arte moderna e autogestão operária*. São Paulo: Senac, 2004.

COCCHIARALE, Fernando & GEIGER, Anna Bella. *Abstracionismo geométrico e informal: a vanguarda brasileira nos anos cinquenta*. Rio de Janeiro: Funarte, 1987.

COHN, Gabriel. "A integração do negro na sociedade de classes". In: MOTA, L. D. (org.). *Introdução ao Brasil: um banquete nos trópicos*. São Paulo: Ed. Senac, 2002, 2ª ed.

_____. Florestan Fernandes e o radicalismo plebeu em sociologia. *Estudos Avançados*, vol. 19, nº. 55, São Paulo, set. dez. 2005.

DUARTE, Paulo S. "Modernos fora dos eixos". In: Amaral, Aracy (org.). *Arte construtiva no Brasil: coleção Adolpho Leirner*. São Paulo: Melhoramentos, 1998.

FERNANDES, Florestan. *A sociologia numa era de revolução social*. 2ª ed. Rio de Janeiro: Zahar, 1976.

_____. *A sociologia no Brasil*. Petrópolis: Vozes, 1980 [1977].

_____. *O folclore em questão*. São Paulo: Martins Fontes, 2003.

_____. *A integração do negro na sociedade de classes*. Vol. 2. São Paulo: Globo, 2008a.

_____. *A integração do negro na sociedade de classes*. Vol. 1. São Paulo: Globo, 2008b.

FERRO, Sérgio. *Artes plásticas e trabalho livre: de Dürer a Velázquez*. São Paulo: Ed. 34, 2015.

FREITAS, Patrícia M. S. *O Grupo Santa Helena e o universo industrial paulista (1930-1970)*. Dissertação de mestrado (História). IFCH/Unicamp, 2011.

GARCIA, Sylvia G. Folclore e sociologia em Florestan Fernandes. *Tempo Social*. S. Paulo, 13(2): 143-167, 2001.

_____. *Destino ímpar: sobre a formação de Florestan Fernandes*. São Paulo: Ed. 34, 2002.

GIANNOTTI, Marco. Volpi ou a reinvenção da têmpera. *ARS (São Paulo)*, vol. 4 nº. 7, São Paulo, 2006.

MAMMÌ, Lorenzo. *Volpi*. São Paulo: Cosac Naify, 1999.

_____. "Concreta '56: a raiz da forma". In: Cohn, Sergio (org.). *Ensaios fundamentais: artes plásticas*. Rio de Janeiro: Azougue, 2010.

_____. *O que resta: arte e crítica de arte*. São Paulo: Cia. das Letras, 2012.

MASTROBUONO, Marco Antonio. *Alfredo: pinturas e bordados*. São Paulo: IAVAM, 2013.

MICELI, Sergio. "Condicionantes do desenvolvimento das Ciências Sociais no Brasil". In: _____. (org.). *História das Ciências Sociais no Brasil*. Vol. 1. São Paulo: Vértice, 1989.

_____. *Vanguardas em retrocesso: ensaios de história social e intelectual do modernismo latino-americano*. São Paulo: Cia. das Letras, 2012.

MOTTA, Flavio L. "A família artística paulista". *Revista do IEB*, n° 10, 1971.

NAVES, Rodrigo. *A forma difícil: ensaios sobre a arte brasileira*. São Paulo: Ática, 1996.

_____. A complexidade de Volpi: notas sobre o diálogo do artista com concretistas e neoconcretistas. *Novos Estudos Cebrap*, n° 81, São Paulo, julho de 2008.

_____. *O vento e o moinho: ensaios sobre arte moderna e contemporânea*. São Paulo: Companhia das Letras, 2007.

NOBRE, Marcos. "Depois da 'formação'. Cultura e política da nova modernização". *Piauí*, n.74 (novembro): 1-8, 2012.

NUNES, Fabricio V. *Waldemar Cordeiro: da arte concreta ao "popcreto"*. Dissertação de mestrado (história da arte e da cultura), IFCH/Unicamp, 2004.

PASTA, Paulo. *A educação pela pintura*. São Paulo: Martins Fontes, 2012.

_____. "Entrevista e depoimento de Paulo Pasta (5 de agosto de 2013)". In: Museu de Arte Contemporânea-USP. *Os Volpis do Mac* (Catálogo da exposição). 2013.

PONTES, Heloisa. *Destinos mistos: os críticos do Grupo Clima em São Paulo (1940-1968)*. São Paulo: Cia. das Letras, 1998.

___. *Intérpretes da metrópole: história social e relações de gênero no teatro e no campo intelectual (1940-1968)*. São Paulo: Edusp, 2011.

RIBEIRO, Maria Izabel M. R. B. *Construtivismo fabulador: uma proposta de análise da Coleção Spanudis*. Tese de doutorado (Artes). Escola de Comunicação e Artes da USP, 2001.

ROSA, Marcos P. M. *O espelho de Volpi: o artista, a crítica e São Paulo nos anos 1940 e 1950*. Dissertação de mestrado (antropologia social), IFCH/Unicamp, 2015.

SALZSTEIN, Sônia. *Volpi*. Rio de Janeiro: Sílvia Roesler; Campos Gerais, 2000.

SANTIAGO, Silviano. "Anatomia da formação. A literatura brasileira à luz do pós-colonialismo". *Ilustríssima*. Folha de São Paulo (7 de setembro), 2014.

SCHWARZ, Roberto. *Um mestre na periferia do capitalismo*. São Paulo: Ed. 34, 2000.

SILVA, Mário Augusto M da. *A descoberta do insólito: literatura negra e literatura periférica no Brasil (1960-2000)*. Rio de Janeiro: Aeroplano, 2013.

SPANUDIS, Theon. *Volpi*. Krüger, 1975.

VVAA. (Vários autores). *6 perguntas sobre Volpi*. São Paulo: Instituto Moreira Salles, 2009.

VENANCIO FILHO, Paulo. *A presença da arte*. São Paulo: Cosac Naify, 2013.

VILLAS BÔAS, Glaucia. *Mudança provocada: passado e futuro no pensamento sociológico brasileiro*. Rio de Janeiro: FGV Ed., 2006.

_____. "Concretismo". In: Barcinski, F. W. *Sobre arte brasileira: da pré--história aos anos 1960*. São Paulo: Martins Fontes; SESC, 2014.

ZANINI, Walter. *A arte no Brasil nas décadas de 1930-40: o grupo Santa Helena*. São Paulo: Nobel; Edusp, 1991.

_____. *O grupo Santa Helena* (Catálogo da exposição). Rio de Janeiro: CCBB, 1996.

Artigos de jornais e revistas

BANDEIRA, Manuel. "Volpi". *Jornal do Brasil*, 26 de junho de 1957.

CORDEIRO, Waldemar. "Volpi, o santeiro cubista". *Folha da Manhã*, 11 de março de 1951.

_____. "Volpi, o pintor de paredes que traduziu a visualidade popular". *Folha da manhã*. 20 de abril de 1952.

_____. "Arte industrial". *ad (arquitetura e decoração)*, n° 26, fev./mar. De 1958.

Ariel na América: viagens de uma ideia

Bernardo Ricupero

Algum tempo atrás tive o prazer de discutir o assunto com Maria Sylvia Carvalho Franco. Na opinião dela, a noção de influxo externo é superficial e idealista, pois ideias não viajam (...). De minha parte, não vou dizer que não, mas continuo achando que elas viajam. No que interessa à literatura brasileira do século XIX, acho até que elas viajam de barco. Vinham da Europa de 15 em 15 dias, no paquete, em forma de livros, revistas e jornais, e o pessoal ia no porto esperar.
(Roberto Schwarz)

No fim do século XIX, Caliban, Ariel e Próspero aportam definitivamente na América Latina. Chegam à região por via da França, país em que personagens de *A Tempestade* já haviam funcionado como símbolos para se pensar problemas políticos contemporâneos. Entre latino-americanos, é especialmente o impacto da Guerra de 1898 e o desafio que passa a representar nessa época os EUA que faz com que verdadeiras alegorias tomadas emprestadas de uma peça renascentista se aclimatem num ambiente muito diferente do original. Em termos mais imediatos, é significativo como diversos autores provenientes da região fazem uso, a partir de então, dessa referência para lidarem com questões que lhe dizem respeito e, assim, ajudam a consolidar uma identidade latino-americana. Nesse sentido, como apontam Gordon Brotherston (2000) e Carlos Jaúregui (1998; 2008), são especialmente escritores ligados ao modernismo que iniciam o uso de personagens da peça de Shakespeare como símbolos para se pensar a América Latina.

No artigo acompanho o momento inicial da viagem dos personagens de *A Tempestade* pela América Latina. Parto do desembarque, via França, de Ariel, Caliban e Próspero na região. Destaco, em especial, como o poeta nicaraguense Rubén Darío e o crítico francês Paul Groussac utilizam, por volta da mesma época, Caliban e Ariel como símbolos para marcarem a diferença da região em relação aos EUA, identificando latinos com um espiritualismo desinteressado que contrastaria com o utilitarismo materialista de anglo-saxões. Indico como, pouco depois, o escritor uruguaio José Enrique Rodó leva adiante a representação, sugerindo que uma elite do espírito, identificada com o personagem Próspero, deveria abrir caminho para a conciliação entre as tendências identificadas com Caliban e Ariel. Aponto, a seguir, como tal mensagem se espalha especialmente entre a juventude da região, criando o que ficou conhecido como arielismo. Por fim, procuro averiguar até que ponto vai a ideia de América Latina então elaborada, verificando como o Brasil é pensado nela. O argumento central, a partir dessa reconstituição, é que o que pode ser entendido como um "momento Ariel" foi decisivo no estabelecimento de uma identidade latino-americana

Caliban e a Comuna de Paris

Antes de chegarem à América Latina, os personagens de *A Tempestade* passam pela França do início da III República, contexto do qual tratarei brevemente. Tal viagem ocorre principalmente por via da peça de Ernest Renan, *Caliban: suite de La Tempête* (1878). É verdade que seu autor imagina uma fantasia sobre o que ocorreria depois de *A Tempestade* não com a ida de Próspero a Paris, mas sua volta a Milão, onde retomaria seu ducado. No entanto, não é difícil perceber como o "drama filosófico" é marcada pelo contexto de quando é escrito. Mais especificamente, o mago, Ariel, Caliban, Gonzalo e Triúnculo, além dos demais personagens da peça, são expressão direta do verdadeiro trauma provocado pela Comuna de Paris.[1]

Não por acaso, a Comuna teve um enorme impacto. Até 30 mil pessoas morreram nela, o exílio tendo levado cerca de 45 mil insurgentes para as inóspitas Nova Caledônia e Caiena (BULLARD e BOYER, 2000; WILSON, 2007). No entanto, de forma geral, a maneira de lidar com o trauma não foi de enfrentá-lo diretamente. Preferiu-se, como defendeu um dos grandes nomes da III República, Léon Gambetta, "colocar a pedra de cal do esquecimento sobre os crimes e vestígios da Comuna". Isso seria justificado até para que se pudesse acreditar "que há uma França e uma República" (GAMBETTA, *apud.*, WILSON, 2007, p. 1). Como o próprio Renan (1992) notou, uma nação não seria constituída apenas por memórias em comum, mas também pelo que decidiu esquecer. Sintomaticamente, o autor de "Qu´est-ce que c´est une nation" dá como exemplo de esquecimento deliberado o longínquo massacre de protestantes no dia de São Bartolomeu, não falando da ainda próxima e incômoda Comuna.

---

1   O próprio Renan rebate, no seu Prefácio, possíveis acusações de anacronismo, argumentando que a universalidade de Shakespeare possibilitaria leituras as mais variadas de suas peças.

Em termos mais decisivos, se formou, em grande parte devido à Comuna, um certo consenso entre diferentes ramos monarquistas, bonapartistas e republicanos moderados quanto à necessidade de "paz", "ordem" e "trabalho". Refletindo essa disposição, o sucesso da república forjada por um antigo orleanista, Adolphe Thiers, se deveu, em boa medida, à sua capacidade de criar uma imagem de si própria que combinaria conservadorismo com igualitarismo (STARR, 2006). Nesse sentido, a Comuna, quando lembrada, foi como um espectro a ser exorcizado. De forma reveladora, um inquérito realizado pela Assembleia Nacional para investigar a insurreição além de defender a regeneração moral da nação, enxergou ela como equivalendo a "uma nova invasão bárbara" (BULLARD e BORGER, 2000, p. 86). No mesmo sentido, não é mera coincidência que, depois de 1871, uma das obsessões das nascentes ciências sociais tenha sido com a multidão irracional. Em termos mais fortes, a revolta social tendeu a ser vista como patologia, categorias como "degeneração", "contágio moral", "histeria", "alcoolismo", tendo sido usados para interpretar a Comuna.

Refletindo, em boa parte, esse contexto os personagens de *Caliban: suite de La Tempête* são bastante diferentes dos personagens de *A Tempestade*. Assim, Próspero, de mago se converte em cientista; já Caliban de nativo da ilha se transfigura em "o povo" (RENAN, 1878, p. 77); Ariel, por sua vez, corresponde ao "símbolo do idealismo" (RENAN, 1878, p. 10) a serviço do duque de Milão. De maneira sugestiva, ao passo que personagens nobres e burgueses são nomeados os populares são anônimos, sendo designados apenas como "o primeiro homem do povo", "o segundo homem do povo", "o terceiro homem do povo", etc.

Não há também dúvida de que o "drama filosófico" serve para Renan defender suas teses. Em especial, a de que uma elite de sábios deveria governar o grande número. Em termos mais específicos, se o tema de *Caliban: suite de La Tempête* é a revolta popular a explicação dela relaciona-se com a educação. O personagem que dá título à obra é um ser disforme que, graças aos ensinamentos de seu mestre, se transforma em homem. Como lhe explica Ariel, sugerindo uma peculiar pedagogia: "Próspero te ensinou a língua dos arianos". Por meio dela, teria desenvolvido a razão e mesmo seus "traços disformes teriam ganho alguma harmonia". Assim, em termos que lembram a teoria da evolução darwinista, "de peixe fétido tornou-se homem" (RENAN, 1878, p. 5). Mais especificamente, de acordo com um outro personagem, Ruggiero, o escravo teria sido um monstro na ilha deserta. Em Milão a obra da civilização teria sido a de transformá-lo, tal como uma imagem então bastante difundida dos setores populares, em bêbado e parasita. Caliban, por seu turno, teria passado a acreditar que era um cidadão. A partir daí, teria se convencido de que "os direitos dos homens são os mesmos para todos". Concluiria, sofisticamente, que "isso deve ser uma vantagem, já que é um privilégio" (Idem).

Contra as teses de Renan, levanta-se o filósofo Alfred Fouilée. Em *L'idée moderne du droit* (1878), afirma que o pensamento político do autor de *Caliban: suite de La Tempête* seria baseada na desigualdade, assumindo a forma de uma doutrina aristocrática. O aristocratismo de Renan estaria baseado na ideia da existência da desigualdade entre as raças, as classes, os indivíduos e suas inteligências. O filósofo defende, mais especificamente, contra a tese da desigualdade de classes que não haveria porque um indivíduo nascido numa determinada situação social permanecer nela. Num argumento liberal, que desemboca também na refutação da defesa da desigualdade entre indivíduos e inteligências, reconhece a diferença de capacidades entre os homens, mas acredita que ela deveria aflorar livremente, não refletindo um rígido ordenamento social. Em outras palavras, contra a hierarquia se colocaria o que a economia política denominaria de divisão do trabalho. Assim, a riqueza deveria estar aberta aos talentos. Em termos semelhantes, a desigualdade de inteligências deveria ser um resultado do livre desenvolvimento dos homens e não um pressuposto da sociedade.

Portanto, segundo Fouilée, se deveria buscar combinar a liberdade com a igualdade, a aristocracia com a democracia, Ariel não sendo incompatível com Caliban (BOYER, 2005). É verdade que o próprio Renan, depois da repercussão de *Caliban: suíte de la Tempête*, escreve uma outra continuação da peça de Shakespeare, *L'eau de jouvence* (1881). Nela, Próspero, pouco antes de morrer, chega a defender a reconciliação de seus dois servos: "Caliban deixe de falar da presunção de Ariel; esta presunção é sua razão de ser, ela é legítima (...), Ariel (...), deixe de desprezar Caliban. (...). Os resmungos de Caliban, sua inveja, é que fazem que suplante seu mestre, eles são o princípio do movimento da humanidade" (RENAN, 1881, p. 430). Num outro sentido, para além de dramas filosóficos, tal final não deixa de estar mais de acordo com o caminho trilhado pela III República francesa, da qual o próprio filólogo acabou aproximando-se.

Em termos bem mais críticos ao novo arranjo político-social, personagens de *A tempestade* voltam a ser evocados pelo fundador da Rosa-Cruz Templo do Graal, Joséphin Péladan, em seu romance de 1885 *Curieuse*. Promotor dos Salões Rosa-Cruz, dos quais participam, entre 1892 e 1897, inúmeros simbolistas, defende, em termos não tão diferentes de Renan, a supremacia de uma elite de artistas, que deveria seguir suas próprias leis. Em *Curieuse*, parte do ciclo sugestivamente intitulado de *La décadence latine*, narra o périplo de 15 noites por Paris de uma jovem princesa,

Paule, conduzida pelo mago Nebo.² O mago, ao introduzir a princesa pelos mistérios de Paris, lhe mostra como o indivíduo foi sacrificado à multidão e o espírito à matéria. Contra a degradação, Nebo-Próspero pensa em encontrar com Paule-Ariel um outro mundo: "Caliban reina em toda a ilha; seus filhos tiveram filhos atrozes e sem Deus se chafurdam na lama. Você, meu Ariel, esconda as suas asas trêmulas, elas são sediciosas para os porcos; assim como eu escondo minha ciência. (...) Faremos um mundo mais belo e maior que o deles, um mundo feito de mistérios inefáveis e *inacessíveis*" (PÉLADAN, s.d., p. 315).

Não é difícil perceber como a França pós-Comuna de Paris funciona como um terreno fértil para que personagens de *A Tempestade*, como Ariel, Caliban e Próspero, convertam-se em símbolos para se lidar com as questões políticas da época. Mais especificamente, num sentido distante da peça do século XVII, Ariel passa a ser identificado com um espiritualismo idealista, Caliban com o materialismo e a democracia e Próspero com uma elite de intelectuais. Talvez de forma especialmente sugestiva, tal repertório simbólico cria ainda novas possibilidades quando utilizado em outros contextos sócio-políticos.

Caliban e Ariel chegam à América Latina

Em 02 de maio de 1898, o Clube Espanhol de Buenos Aires organiza um ato no Teatro La Victoria em solidariedade à antiga metrópole. No dia anterior, a que fora a "invencível armada" tinha sido batida na costa de Manila pelos EUA, nova potência que se envolvia, pela primeira vez, em conflito fora de suas fronteiras. Os combates, que se iniciaram com a sublevação de uma das últimas colônias espanholas, Cuba, e que custaram, logo no seu início, a vida do poeta e revolucionário José Martí, tiveram grande repercussão dos dois lados do Atlântico. Na Espanha a perda do antigo Império no que ficou conhecido como o Desastre comprovava o que parecia ser a decadência irremediável do país, estimulando pessimismo e um verdadeiro autoexame que viu nascer aquela que seria batizada de geração de 1898.³ Na América passa--se rapidamente da simpatia pelos independentistas cubanos à solidariedade com a

---

2   O livro é dedicado ao doutor Adrien Péladan Fils, "meu irmão e meu mestre" (PÉLADAN, s.d., p. 10), "católico e francês (...) morto por um alemão protestante" (Idem).
3   Por conta da guerra, a Espanha cede as possessões de Porto Rico e das Filipinas aos EUA. Cuba se torna independente, em 1902, mas a Emenda Platt, que vigora até 1934, garante a possibilidade de intervenção norte-americana na ilha. No entanto, o nome geração de 1898 foi cunhado apenas em 1913 por um dos seus membros, Azorín. Ver: SHAW, 1980.

ex-metrópole humilhada, em que se valoriza os laços comuns, em evidente contraste com o poderoso e temível vizinho anglo-saxão.

A manifestação do Teatro La Victoria é mais uma das inúmeras reações que a Guerra de 1898 produz pela América hispânica. Nela são escolhidos como oradores, falando em nome da Argentina, Roque Saenz Peña, em nome da França, Groussac, e em nome da Itália, Giusseppe Tarnassi, com os respectivos hinos nacionais sendo tocados antes de cada discurso, a Marcha de Cádiz fechando triunfalmente o ato. A escolha dos oradores, representantes de nações latinas, mas curiosamente não da Espanha, é claro sinal de como a manifestação é estimulada por sentimentos de hostilidade aos anglo-saxões e está amparada pela ideologia do latinismo.[4] Saenz Peña, em particular, tinha sido, como delegado da Argentina na Conferência Internacional de Washington, de 1889 - 90, o principal opositor das pretensões norte-americanas no continente, tendo chegado a forjar a fórmula "a América para a humanidade" em clara oposição à monroísta "a América para os americanos".

No entanto, é o discurso de Groussac o que mais nos interessa para os propósitos desse artigo. Nele, o diretor da Biblioteca Nacional, posto que ocupa por mais de quarenta anos, associa os EUA a Caliban: "se desprendeu livremente o espírito *yankee* do corpo informe e 'calibanesco' - e o velho mundo contemplou com inquietude e terror a nova civilização que vinha a suplantar a antiga" (GROUSSAC, 1898, p. 50). Como o trecho indica, o francês não fala tanto em nome da América Latina, mas da velha Europa. Afinal, muitos dos defeitos que identifica nos EUA também poderiam ser associados a outras nações americanas, a começar pela Argentina: a

---

4   O prólogo, aparecido no volume quando da publicação das conferências, já em 1898, não deixa dúvidas quanto a essa intenção: "é episódio de uma luta gigantesca que afetará o futuro do mundo; é um combate realizado em meio à guerra secular que se fazem duas raças incompatíveis" (LORENTE, 1898, p. XII).
    Já se havia consolidado por essa época a ideia de contraste entre o Norte e o Sul do continente americano, em termos análogos à divisão da Europa, entre povos setentrionais, que falam línguas germânicas e professam o protestantismo, e povos meridionais, que se expressam por meio de línguas latinas e são católicos. O viajante francês Michel Chevalier viu, já em 1836, "os dois ramos, latino e germânico (...) reproduzidos no Novo Mundo" (CHEVALIER, 1837, p. 11). Pouco mais tarde, dois nativos da América, o chileno Francisco Bilbao e o colombiano José Maria Torres Caicedo, então residindo em Paris e incomodados com as incursões imperialistas dos EUA no México e na América Central, foram, na década de 1850, os primeiros a falarem em "América latina". Encontraram no II Império francês um ambiente político favorável à propagação do termo, até porque Napoleão III patrocinava outras ações imperialistas, como a aventura do príncipe austríaco Maximiliano no México, supostamente justificada no latinismo. Ver: ARDAO, 1993; PHELAN, 1979; ROJAS MIX,1986.

falta de raízes históricas, a ausência de tradição, o que seria agravado pelo influxo constante de imigrantes, que não poderiam formar uma nação e, muito menos, um povo homogêneo. Em termos pouco simpáticos para americanos, considera até que Cuba não estaria madura para a independência.

Por outro lado, a crise para a qual Groussac adverte é de toda civilização latina, supostamente ameaçada, como um dia fora Roma, por hordas bárbaras. A democracia *yankee* seria um organismo embrionário, que nunca se completaria e no qual todo ideal estaria ausente. Substituiria "a razão pela força, a aspiração generosa pela satisfação egoísta, a qualidade pela quantidade, a honra pela riqueza, o sentimento de belo e de bom pelo luxo plebeu, o direito e a justiça pela legislação ocasional de suas assembleias" (GROUSSAC, 1898, p. 5,), tendo como pior resultado a eliminação de qualquer vislumbre de aristocracia.

No relato de Darío do ato do Teatro de La Victoria, aparecido em *El Tiempo* de Buenos Aires, em 20 de maio, e em *El Cojo Ilustrado* de Caracas, em 01 de outubro de 1898, a imagem do ser disforme de *A Tempestade* reaparece: "estes calibanes (...) comem, comem, calculam, bebem *whisky* e fazem milhões" (DARÍO, 1998, p. 451).[5] Mas também outras representações associadas aos norte-americanos são mobilizadas no artigo que recebe sugestivamente o nome "El triunfo de Caliban"; mais uma vez, como Groussac, os vê como ciclopes e novos bárbaros, e, como Martí fizera em crônica escrita de Nova Iorque, os identifica com mamutes. Contra a agressão anglo-saxã, defende explicitamente a união latina; afinal a Espanha seria a "Filha de Roma, Irmã da França, Mãe da América" (DARÍO, 1998, p. 455).

No entanto, diferente de Groussac, Darío lembra de norte-americanos que se oporiam ao materialismo dominante; como os escritores, Emerson, Whitman e, principalmente, Poe. Igualmente em contraste com o crítico francês, o artigo do poeta nicaraguense indica que está envolvido na construção de um continente, que afirma se estender do México à Terra do Fogo. Num sentido mais polêmico, rejeita aqueles que, seguindo as doutrinas evolucionistas da época, defenderiam a submissão ao mais forte, ou seja, os EUA. Nessa linha, faz referência a outros personagens de *A Tempestade*, associando hispânicos a Ariel, pela qual a única personagem feminina da peça sentiria atração: "Miranda preferirá sempre a Ariel. Miranda é a graça do espírito; e todas as montanhas de pedra, de ferro, de ouro, de toucinho, não bastarão para que minha alma latina se prostitua a Caliban" (DARÍO, 1998, P. 455).

---

5   O diretor da Biblioteca Nacional, por sua vez, é associado a um Próspero, que sai "de sua gruta de livros" (DARÍO, 1998, p. 453) para participar do ato.

Na verdade, não é a Guerra de 1898 que faz com que Darío e Groussac pensem os EUA com referência a Caliban. Antes, já haviam sugerido, por volta da mesma época, a relação; o conflito com a Espanha servindo para condensar uma certa imagem sobre a nação anglo-saxã que já começava a se formar entre hispano-americanos.[6] Nesse sentido, o conflito serve para que escritores reaproveitem ideias que já haviam sido utilizadas anteriormente e que ganham então novas possibilidades.[7]

O poeta nicaraguense, em "Edgar Allan Poe", enxerga o monstro de *A Tempestade* espalhado pelos EUA: "Caliban reina na ilha de Manhattan, em San Francisco, em Boston, em Washington, em todo o país".[8] Teria estabelecido "o império da matéria" e "se enche de *whisky* como no drama de Shakespeare de vinho" (DARÍO, 1920, p. 20). Outras imagens utilizadas para se referir aos EUA são de ciclope, monstro, Babel.

O artigo sobre Poe corresponde, na sua maior parte, às impressões suscitadas pela primeira viagem de Darío ao "imenso país dos Estados Unidos".[9] O relato ganha força com o uso de expressões em inglês e a presença de verdadeiros tipos supostamente representativos da nação que conhece. O poeta lembra como chegou a Nova Iorque numa "manhã fria e úmida" (DARÍO, 1920, p. 17), num *steamer*, em que se ouvia por todos os lados o *slang yankee* de seus companheiros de viagem: o gordo comerciante de traços israelitas, "o ossudo sacerdote", "a moça com gorro de *jockey*", que cantara à noite toda acompanhando um banjo, e "o jovem robusto (...) aficiona-

---

6 Darío e Groussac comparam os EUA com Caliban em artigos, depois publicados em livros. No caso do poeta nicaraguense, seu "Edgar Allan Poe" saiu originalmente, em 1893, na *Revista Nacional* tendo sido reeditado em *Los Raros*, de 1896. Já o crítico francês, ao viajar, entre março de 1893 e janeiro de 1894, pelo continente americano escreve uma série de textos jornalísticos compilados, em 1897, em *Del Plata al Niágara*. Seus artigos sobre Chicago, em que aparece a referência a uma "beleza calibanesca", podem, pelas indicações existentes, ser datados de 1893.

7 Próspero e Caliban aparecem igualmente no romance *De sobremesa*, escrito pelo colombiano José Asunción Silva. O escritor, que morre em 1896, tem seu romance publicado apenas em 1925. Nele, o poeta aristocrata sul-americano José Fernández consulta o médico vitoriano Sir John Rivington, que lhe aconselha: "Francamente, o senhor não acredita que é mais cômodo e mais prático viver dirigindo uma fábrica na Inglaterra do que fazer este papel de Próspero de Shakespeare, com o qual sonha, num país de calibanes? (ASUNCIÓN SILVA apud., REBAZA-SORALUZ, 2004, p. 120).

8 Antes indica que é Péladan quem lhe sugere associar Caliban com o utilitarismo e a vulgaridade da época: "'Estes cíclopes', diz Groussac, "estes ferozes Calibanes', escreve Péladan" (DARÍO, 1920, p. 20).

9 Nesta viagem encontra pela primeira e última vez Martí e no Panamá, de retorno a Buenos Aires, Groussac (COLOMBI, 2014).

do de box" (DARÍO, 1920, p. 18). Ao avistar a ilha de Manhattan, não deixaria de saudar a estátua da Liberdade e a "tua América formidável de olhos azuis" (DARÍO, 1920, p.18), deixando claro que esta não seria a sua América.

Logo, porém, o modernista se perderia no "rio caudaloso, confuso de comerciantes, corredores, cavalos, bondes, ônibus, homens sanduíches vestidos de anúncio, e mulheres belíssimas" (Idem), que é a enorme cidade pela qual não deixa de nutrir, como percebem Gordon Brotherston (2000) e Pedro Meira Monteiro (2015), tanto fascínio como repulsa.[10] A experiência de Darío em Manhattan é típica da metrópole moderna, que como nota Georg Simmel, é marcada pela "rápida e contínua mudança de estímulos externos e internos" (SIMMEL, 1971, p. 325). No entanto, contrasta a grande cidade de Nova Iorque, materialista e mercantil, com Paris, que seria também uma metrópole, mas que possuiria qualidades espirituais e artísticas.

Mas mesmo num ambiente como o norte-americano o poeta defende que apareceriam ocasionalmente aristocratas do espírito, como Poe. Assim, o resto do artigo é dedicado a explorar o que seria um verdadeiro enigma: "Poe, como um Ariel feito homem, dir-se-ia passou a vida sob o influxo de um estranho mistério. Nascido num país de vida prática e material, a influência do meio sente-se nele em sentido contrário" (Idem).[11] Ou seja, neste momento Ariel ainda é identificado com um homem e não com todo um povo e mesmo um futuro continente. O príncipe dos poetas malditos seria, além do mais, o grande exemplo para uma literatura nova, que deveria não respeitar as convenções da realidade, sendo talvez o maior desses homens raros dos quais o modernista traça o perfil no volume de 1896.

Por volta da mesma época, Groussac também identifica os EUA com o ser disforme de *A Tempestade*. No entanto, como faz no discurso no Teatro La Victoria,

---

10 Mesmo no poema anti-imperialista, "A Roosevelt" (1904), esses sentimentos contraditórios aparecem. Vê o presidente, com o qual identifica o próprio EUA, como um caçador culto, ao mesmo tempo primitivo e moderno. Em sentido diverso, noutro poema, "Salutación al Águila" (1906), escrito no Rio de Janeiro quando o poeta era secretário da delegação nicaraguense na Conferência Pan-Americana, chega a argumentar que a Águia e Condor seriam irmãos nas alturas.

11 É Charles Baudelaire quem sugere a interpretação de Poe como alguém isolado de seu meio, onde reinaria o materialismo e a pior das tiranias, a da opinião pública. Nessa referência, o escritor se converteria, diante da mediocridade norte-americana, numa espécie de mártir. Abre-se caminho, assim, para ocorrer, como indica Luis Rebaz-Soraluz, um verdadeiro "processo de adoção estética e de latinização do gênio de Poe" (REBAZA-SORALUZ, 2004, p. 116).
Significativamente, o escritor norte-americano é autor de um conto, "The mask of the read death", em que o personagem principal, o rei Próspero, enfrenta a praga da morte vermelha.

não utiliza diretamente o substantivo "Caliban", mas o adjetivo "calibanesco" ao falar de uma cidade em que as características dos EUA apareceriam de maneira ainda mais intensa do que Nova Iorque, a capital do Oeste, a novíssima Chicago, a qual viaja em razão da *World´s Colombian Exposition* de 1893.[12] É em meio à confissão do francês – espécie de guardião da norma cultural europeia - da atração que não consegue deixar de nutrir pelo ineditismo da realidade com a qual é confrontado que a referência ao personagem da peça de Shakespeare aparece: "pouco a pouco, se experimenta uma sensação de assombro e inquietude que é quase estética – A isto aludia, ao dizer que Chicago tinha sua beleza própria, em certo modo superior, pelo que tem de rude e descomunal, primitivo, às imitações europeias das metrópoles do Leste. O espetáculo prolongado da força inconsciente e brutal alcança uma certa beleza calibanesca" (GROUSSAC, 1897, p. 337).

Como em "Edgar Allan Poe", em *Del Plata al Niagara* aparecem imagens que o crítico reutiliza em seu discurso de 1898. Faltaria aos EUA "sólido cimento" e "grande tradição" (Idem). Aquilo que os caracterizaria, assim como as civilizações primitivas, seria "o tamanho, o número, a quantidade" (Idem). Num verdadeiro jogo intertextual, Groussac vê os americanos como ciclopes e relaciona os EUA ao reino de *Broding*, terra de gigantes aonde chega Gulliver, imagens que Darío reutiliza em seu artigo de 1898. Mas também como outros autores, como Martí e depois o próprio Darío, vê esta América como associada a mamutes.[13]

Contudo, no francês, ainda mais do que no nicaraguense, a repulsa se mescla com o fascínio pelos EUA, especialmente o Oeste do país, pretensamente mais original. Chega a afirmar que o ineditismo da experiência teria uma força comparável apenas a da natureza. A própria cidade de Chicago teria surgido do nada, sendo edificada em não mais do que dez anos, o que provocaria assombro comparável ao de se ver o aparecimento de algo como uma montanha: "é formidável, incomparavelmente colossal, ao seu lado, por um momento qualquer outro pareceria desmedrado e mesquinho" (Idem).

---

12 A *World´s Colombiam Exposition* foi o maior evento de comemoração dos 400 anos do descobrimento da América e a maior exposição internacional desde o *Crystal Palace*, realizado em Londres em 1851. Teve, entre março e outubro de 1893, mais de 26 milhões de visitantes, que entraram em contato com as realizações norte-americanas nos campos da tecnologia, comércio e cultura, sugerindo que o país se encontraria numa situação de paridade com a Europa. Sobre a exposição, ver: COLOMBI, 2004.

13 No entanto, de maneira significativa, deixa de falar, depois do Desastre, em beleza calibanesca.

Nesse sentido, a novidade poderia ser uma solução para o abismo que Groussac enxergara existir "entre povos produtores e consumidores de civilização". Os últimos, chegariam "a possuir, em troca de seu solo virgem, todos os instrumentos da civilização". Mesmo assim, haveria uma "diferença, mais profunda ainda para o livro do que o recipiente de metal", já "que os civilizados compram o que os civilizadores elaboram" (Idem). Em outras palavras, este crítico que se desculpa em razão de escrever numa língua que não é a sua, mas que retira boa parte de sua autoridade do fato de ser francês e, portanto, alguém mais próximo da cultura "original", vislumbra uma possibilidade alternativa para os povos "parasitas do trabalho europeu" (Idem): a novidade absoluta, calibanesca.[14]

Um continente para Ariel

Teria Rodó conhecido os trabalhos de Groussac e de Darío em que se faz alusão a Ariel e Caliban? É verdade que o crítico uruguaio estava em contato com o poeta nicaraguense desde que preparara a segunda série de sua coleção *La vida nueva*, dedicada especialmente ao seu livro, *Prosas Profanas*. Curiosamente, porém, o ensaio, publicado em 1899, ressalta o anti-americanismo do seu autor, abrindo-se com a afirmação: "*não é o poeta da América*" (RODÓ, 1957, p. 115).[15] Nessa referência, seria, ironicamente, um nativo da outra América, Whitman, quem mereceria tal título. É verdade que já em *Rubén Darío: su personalidad literaria, su última obra*, Caliban aparece, mas sem menção aos EUA: "a arte é coisa leve e Caliban tem as mãos toscas e duras" (Idem). No caso de Groussac, é bastante provável que o autor de *Ariel* tenha tido acesso a sua fala de 02 de maio de 1898, já que parte dela, como indica Emir Rodríguez Monegal (1957), foi reproduzido em Montevidéu no periódico *La Razón*, de 06 de maio de 1898. De maneira significativa, o também crítico uruguaio sugere que a inspiração para a composição do discurso do mestre chamado por seus dis-

---

14 Jorge Luís Borges nota, com fina ironia, ao escrever sobre seu antecessor como diretor da Biblioteca Nacional: "a sensação incômoda de que nas principais nações da Europa ou na América do Norte teria sido um escritor quase imperceptível, fará com que muitos argentinos o neguem primazia em nossa desmantelada república" (BORGES, 1974, p. 234) ". Minha interpretação sobre Groussac se baseia, em grande parte, em BONFIGLIO, 2011.

15 O nicaraguense é caracterizado como o autor de uma arte desinteressada e cosmopolita que ainda não tinha tido grande espaço na América hispânica, envolta em agitações políticas. Tal posição teria favorecido a renovação da literatura em espanhol, curiosamente, por influência francesa. Isto é, trata-se-ia de um caso de inversão da relação centro e periferia. Sobre a questão, da perspectiva da literatura, ver: CASANOVA, 2004.

cípulos de Próspero viria de outro discurso, aquele proferido no Teatro *La Victoria* pelo diretor da Biblioteca Nacional de Buenos Aires, curiosamente comparado por Darío a Próspero.[16]

No entanto, Darío, Groussac e outros autores latino-americanos, além de espanhóis, não são citados no livro de Rodó. Entre os cerca de quarenta escritores mencionados no opúsculo, estão clássicos gregos e romanos, alguns alemães, ingleses e mesmo norte-americanos e, principalmente, franceses, um pouco mais da metade da lista; Renan sendo citado oito vezes, Comte cinco, Tocqueville, Baudelaire e Fouilée, quatro. Essa pequena amostra indica que, em meio ao ecletismo do escritor uruguaio – autor situado entre o positivismo e o modernismo –[17] suas influências principais são indubitavelmente francesas. Nisso, não é tão diferente do modernismo hispânico e da maior parte da literatura latino-americana da época.

Escritores espanhóis, a quem o autor de *Ariel* enviou seu livro como parte decisiva de uma estratégia de promoção, não deixaram de apontar para seu galicismo. Assim, Unamuno afirmou: "vejo-o muito influenciado pela cultura francesa – talvez em excesso, isto é, com predomínio demasiado – e o francês me é pouco grato" (UNAMUNO, 1931, p. 16). Igualmente Leopoldo Alas (1908), no artigo ao qual o opúsculo de Rodó deve boa parte da sua consagração, incorporado como prólogo à segunda edição do livro, queixa-se que as novas gerações hispano-americanas deixaram a literatura espanhola de lado, sentindo-se atraídas por outras literaturas, especialmente a francesa. Esta imitação teria, de acordo com o crítico conhecido como Clarín, ido longe demais, tendo a consequência de se abrir mão de se formar uma personalidade própria. Numa clara referência a Darío, chega a mencionar que se chegou ao ponto de se escrever em espanhol como se fosse francês.

No mesmo sentido, não é difícil perceber que *A Tempestade* é apenas uma influência indireta em *Ariel*. Como resume Brotherson: "as questões em jogo, a disputa entre a democracia utilitária (Caliban) e valores espirituais (Ariel), pertencem

---

16 Independente da verdade da hipótese, é interessante que Rodó, assim como Groussac, considera o Oeste dos EUA como mais representativo do espírito do país. Em termos ainda mais diretos, os norte-americanos são caracterizados em *Ariel* como ciclopes. Por sua vez, de maneira similar a Darío, Poe é visto como "uma individualidade anômala em meio a seu povo" (Idem).

17 De maneira esclarecedora, afirma, ao escrever sobre Darío: "sou um *modernista* também; pertenço com toda a minha alma à grande reação que dá caráter e sentido à evolução do pensamento no fim deste século; à reação que, partindo do naturalismo literário e do positivismo filosófico, os conduz, sem desvirtuá-los no que têm de fecundos, a dissolver-se em concepções mais altas" (RODÓ, 1957, P. 187).

não à era elizabetiana (sic), mas ao século XIX" (BROTHERSTON, 1967, p. *1*). Na verdade, a obra de Shakespeare chega a Rodó basicamente por meio da sua releitura por parte de Renan, em *Caliban: suíte de La Tempête* e do debate suscitado pelo "drama filosófico".[18] Também como o filólogo, o crítico não deixa dúvidas quanto ao simbolismo assumido pelos personagens da peça de Shakespeare: "Ariel, gênio do ar, representa (...) a parte nobre e alada do espírito" (RODÓ, 1957, p. 202), que contrasta com "Caliban, símbolo de sensualidade e torpeza" (Idem).

É verdade que mais do que a vitória de Ariel sobre Caliban, identificados respectivamente com a aristocracia e a democracia, Rodó defende a conciliação entre os dois servos de Próspero, o que está mais de acordo com o argumento de Fouilée contra Renan e favoreceria o aparecimento de uma democracia nobre. Até porque se a democracia poderia conduzir à mediocridade – o crítico uruguaio chegando a usar o termo *zoocracia* cunhado por Baudelaire para se referia a essa forma de governo – ela também poderia favorecer a seleção dos melhores. Como resultado, se combinaria o sentido de ordem hierárquica, herança da civilização antiga, com a igualdade, base da sociedade moderna. Em termos mais decisivos, como já tinham percebido Tocqueville e Comte, a democracia seria irreversível: "um princípio de vida contra o qual seria inútil rebelar-se" (Idem).

Indo mais longe e tendo em mente o momento em que *Ariel* foi escrito, se pode defender que, influenciado pela Guerra de 1898, o tema do livro é a oposição entre a América saxã e o que começava a ser chamada de América Latina. Na verdade, porém, os EUA só aparecem na quinta parte do opúsculo, apenas uma sexta parte dele tratando do país, que funciona como uma espécie de ilustração do utilitarismo e da democracia discutidos até então. Caliban, por seu turno, diferente do que ocorre com Darío e Groussac, nunca é associado diretamente por Rodó a norte-americanos. Mesmo o Desastre é mencionado só em dois trechos do livro.[19] O próprio autor de *Ariel* contestou, antes do aparecimento do terceiro volume de *La vida*

---

18 Significativamente, se na peça do francês Caliban sai vencedor da disputa com Ariel, na obra do uruguaio Ariel já foi derrotado: "vencida uma e mil vezes pela indomável rebelião de Caliban" (RODÓ, 1957, P. 242).

19 Num primeiro momento, se argumenta sobre os EUA: "a admiração por sua grandeza e por sua força é um sentimento que avança a passos largos nos espíritos de nossos homens dirigentes, e, quiçá, ainda mais nas multidões, fascinadas pela impressão da vitória" (Idem). Num segundo momento, afirma-se que "sua grandeza titânica se impõe assim, até aos mais prevenidos pela enorme desproporção de seu caráter e pelas violências recentes de sua história" (RODÓ, 1957, p. 230). No entanto, de maneira mais explícita, o ensaio sobre Darío se fechava com uma nota: "o poeta viaja agora, rumo à Espanha – Encontrará um grande silencio e um dolorido estupor" (Idem, p. 187).

nueva, anúncio, aparecido em *El Siglo* de Montevidéu, de 30 de outubro de 1899, que afirmava que o trabalho trataria da "influência da raça anglo-saxã nos povos latinos", esclarecendo, na edição de 23 de janeiro de 1900 de *El Día*, também da capital uruguaia, que "só de uma maneira acidental fará o livro um juízo da civilização norte-americana" (RODRÍGUEZ MONEGAL, 1957, P. 194).

Não por acaso, Brotherston argumenta que os motivos para a interpretação dominante de *Ariel* se encontrariam "quase inteiramente fora do trabalho" (BROTHERSTON, 1968, p. 6).[20] No entanto, é difícil imaginar que Rodó não tivesse consciência das razões do possível impacto de seu livro. Escrito logo depois da Guerra de 1898, o opúsculo é voltado para um público latino-americano, especialmente a sua juventude, a qual é dedicado. É improvável que o escritor uruguaio não levasse em conta que o Desastre atormentava os nativos das ex-colônias da Espanha quando se abre o século XX, já que ele parecia confirmar o diagnóstico pessimista da época sobre a "raça hispânica". No entanto, insiste, em sentido contrário, que "temos – os americanos-latinos- uma herança de raça, uma grande tradição a manter", em razão dela nos ligar "a imortais páginas da história, confiando à nossa honra sua continuação no futuro" (RODÓ, 1957, p. 227).

É verdade que Rodó procura reconhecer as qualidades dos EUA, destacando de acordo com toda uma literatura de viagens sobre o país, presente em autores como Tocqueville, Chevalier e Bourget, como nasceu livre e, desde o início de sua história, fez uso de instrumentos como o associativismo. Nesse sentido, afirma: "e por minha parte, já vês que, mesmo que não lhes ame, admiro-os" (Idem, 1957, p. 230). Em termos mais neutros, identifica nos norte-americanos o que chama de primitividade robusta e grandeza titânica, destacando a enorme vontade e energia que os animariam. No entanto, num tom mais crítico, avalia, de forma similar a Groussac, que os EUA ainda não teriam se consolidado como nação. De maneira mais negativa, considera que os elementos idealistas do positivismo inglês teriam se perdido ao se atravessar o Atlântico. Este seria o problema principal dos descendentes dos austeros puritanos: subordinariam tudo ao fim imediato, utilitário. Julga, assim, que, entre eles, não haveria espaço para o belo, o bom e o verdadeiro. Denuncia, portanto, que a democracia norte-americana seria consequência dessa mediocridade generalizada, que ignoraria a qualidade, reconhecendo só o número e o dinheiro, e caminharia, em passos largos, para se tornar uma verdadeira plutocracia.

---

20 Na mesma linha, Liliana Weinberg assinala que "o caso de *Ariel* é um dos mais extraordinários exemplos de como a recepção de um texto pode transformar a sua leitura" (WEINBERG, 2001, p. 63).

Mas os EUA não são só um perigo externo para *Ariel*. Na verdade, o poderoso vizinho do Norte indica principalmente o risco de transformação interna vivida pela região que passa então a ser conhecida como América Latina. Rodó escreve num momento de profunda mudança, em que levas de imigrantes, a "multidão cosmopolita" (RODÓ, 1957, p. 220) a qual faz alusão, aflui especialmente para o seu país, o Uruguai, a Argentina e o sul do Brasil.[21] Boa parte dela dirige-se para cidades, que eram antes principalmente centros burocráticos, a fim de trabalharem em indústrias incipientes e transformar a face dessas sociedades ainda não inteiramente formadas. Nessa referência, os EUA, país de imigrantes, se caracterizaria principalmente por seu capitalismo pujante e pela democracia que se impunha sobre todos os aspectos da existência. Em outras palavras, corresponderia à imagem do futuro que parecia estar reservado à América Latina.

Nesse sentido, o que Rodó mais teme nos EUA é o poder de atração que exerce, o que estimularia aquilo que Tarde chamou de "imitação unilateral" e corresponderia a uma verdadeira "nordomania". O escritor uruguaio chega mesmo, em termos quase religioso, a ter uma "visão de uma América *deslatinizada* por sua própria vontade, sem a extorsão da conquista, e regenerada logo à imagem e semelhança do arquétipo do Norte" (Idem). Avalia que o pior de tal desenvolvimento seria abrir mão da própria personalidade que, como já defendera Cícero, seria o principal bem que se poderia possuir. A imitação seria tão nociva em sociabilidade, como em arte e literatura, já que, devido a ela, se perderia qualquer vislumbre de originalidade. É essa mensagem que explica, em grande parte, o impacto de *Ariel*, Roberto Echevarria Gonzáles tendo razão em apontar que a defesa da "diferenciação dos EUA mediante um retorno à tradição europeia se converteu praticamente em culto", podendo-se considerar que "o seu foi o primeiro e mais amplo projeto para a constituição de uma identidade latino-americana" (ECHEVARRIA GONZÁLES, 2001, p. 42 e 43). É também em razão principalmente dessa mensagem que o opúsculo ainda tem o que dizer àqueles que hoje são conhecidos como latino-americanos.

A resposta de Rodó a quadro tão pouco animador não deixa de ser surpreendente. Diferente de literatos do pós-independência e também de sociólogos da sua época, não vê o legado hispânico e latino como uma pesada herança que teria de ser superada. Ao contrário, enfatiza o pertencer comum das metrópoles latinas e colônias americanas a uma mesma cultura e o que é então chamado de raça, supostas herdeiras

---

21 Segundo Nicolás Sánchez-Albornoz (2001), os três países recebem, entre 1881 – 1930, 8,4 milhões de imigrantes. Em Montevidéu, em 1889, os estrangeiros correspondem a 47% da população da cidade (AROCENA, 2009).

da Grécia e de Roma. Contrapõe a ela a cultura e a raça do país vencedor na Guerra de 1898. Em outras palavras, os EUA deixam de ser vistos como exemplo para serem encarados, como já havia sugerido Martí, como um perigo para a América Latina.

Num sentido mais direto, mais de cinquenta anos depois de *Facundo*, *Ariel* recoloca os termos do dilema latino-americano. Sugere que a verdadeira questão não é escolher entre a civilização e a barbárie, mas entre o espiritualismo de Ariel e a materialismo utilitarista de Caliban. De certa maneira, há uma inversão dos termos do dilema; se Sarmiento propôs que a barbárie deve ser civilizada, Rodó defende que se opte por Ariel e não por Caliban. Ou melhor, não seria difícil para Rodó identificar a materialista e utilitarista civilização com Caliban, ao passo que Sarmiento poderia facilmente ver o espiritualista e idealista Ariel, com o qual a cultura e a raça latina se identificariam, como mais uma manifestação da barbárie.

Em termos mais imediatos, a marca do período em que Rodó escreve, de grandes transformações, é a instabilidade.[22] A inconstância afeta tanto os imigrantes recém-chegados, como os patrícios, que vêm a sua situação tornar-se incerta.[23] Em compensação, o cenário em que se desenrola *Ariel* – "ampla sala de estudos, cheia de livros" (RODÓ, 1957, p. 202) – funciona como um lugar fechado, protegido da rua. Ou melhor, como percebe Weinberg, o estúdio, em que se dá a lição do Próspero, é um "espaço de reflexão afastado do âmbito público e privado, mas que, mesmo assim, constituiria um enlace entre ambos: precisamente o lugar de suspensão do social em que o social pode pensar-se. Este espaço representa, da minha perspectiva, o mundo do livro" (WEINBERG, 2001, p. 78). Significativamente, no fim do opúsculo, os jovens discípulos, depois de se despedirem do velho mestre, seguem, ainda em silêncio, como que absortos pela preleção recém escutada, até que encontram a barulhenta multidão e, com ela, retornam à agitação da cidade.

De maneira complementar, fica indicado que é Próspero quem pode realizar a mediação entre Caliban e Ariel. Dessa forma, se torna possível realizar, para além

---

22 Tal quadro não deixa de ter bases materiais, as exportações latino-americanas crescendo significativamente, entre 1850 e 1914, a uma média de 3,5%, o que foi impulsionado sobretudo pela revolução nos transportes, representada pela invenção do navio e do trem a vapor (BÉRTOLA e WILLIAMSON, 2008).
Refletindo tal situação, Ángel Rama (1998) indica sugestivamente que a afirmação de Baudelaire, diante das transformações vividas por Paris durante o Segundo Império, de que uma cidade muda mais rapidamente do que o coração de um mortal, ganha então verossimilhança em muitas cidades latino-americanas.

23 Pode-se argumentar que Rodó vive a instabilidade duplamente, já que seu pai é um imigrante catalão e a mãe descende de uma antiga família uruguaia. Além de tudo, o pai morre quando ainda é adolescente, o que cria dificuldades financeiras para a família.

da democracia e da aristocracia, a democracia nobre, tal como desejava Rodó. Em outras palavras, se garantiria um lugar na América Latina para a nova categoria de intelectual, distinto, como indica Julio Ramos (2005), tanto do artista como do político, e que não é mais o literato, que ainda não separara essas atividades.

Além de tudo, a elite do espírito, para a qual *Ariel* é dirigido, deveria ir contra a orientação do século, já marcado pelo utilitarismo. Tal situação conduziria a uma especialização prematura, que mutilaria o homem e favoreceria o aparecimento de "espíritos deformados e estreitos" (RODÓ, 1957, p. 201). Exemplo de desenvolvimento desse tipo seria o operário moderno, submetido a uma divisão do trabalho que deformaria sua personalidade.[24] Contra a alienação e, num tom claramente anticapitalista, Próspero defende que se deve buscar o desenvolvimento pleno e harmônico do homem como indivíduo e como espécie. Como tantos antes e depois dele, volta-se para Atenas como grande exemplo desse ideal. Em termos mais concretos, defende que para esse fim ser realizado seria necessário se garantir, contra a vida econômica, o que os antigos chamavam de ócio.

Ainda mais importante, Rodó acredita que se deveria ter o convívio de diferentes orientações. Argumenta, nessa linha, que a própria manutenção da personalidade latino-americana seria benéfica aos norte-americanos, até porque os maiores progressos da história teriam sido o resultado da ação de forças distintas, que se estimulariam mutuamente. Teria sido assim com Atenas e Lacedemônia, o escritor uruguaio julgando também que a "América precisa manter (...) a dualidade original de sua constituição" (Idem). Até porque acredita, seguindo Spencer, que existira, de maneira mais ampla, uma lei do equilíbrio. Dessa forma, se no passado o ouro das repúblicas italianas teria pago o Renascimento, no futuro o utilitarismo norte-americano deveria alimentar novos idealismos, quem sabe, latino-americanos.

Nesse sentido, as sucessivas oposições com as quais *Ariel* lida – utilitarismo x idealismo; democracia x aristocracia; Caliban x Ariel – devem se resolver numa espécie de síntese. É Próspero, o intelectual, que deveria conduzir a tal resultado. Paradoxalmente, como nota Ramos (2005), é o perigo representado por Caliban,

---

24 Em termos mais diretos, Rodó reage, em 1906, quando é deputado, a iniciativas de legislação trabalhista do governo uruguaio, argumentado que a análise da questão social não deveria se dar em termos abstratos. Dessa maneira, defende, por um lado, o predomínio do interesse social, mas, por outro lado, o respeito e a valorização da atividade industrial. Mais especificamente, quanto à proposta de limitação de 8 horas da jornada de trabalho, pergunta, em termos liberais: "é legítimo a intervenção do poder público para restringir a liberdade individual do trabalhador que contrata seus serviços por um certo número de horas?" (RODÓ, 1957, p. 643).

materialista e utilitarista, que justifica a existência de Próspero, capaz de conciliá-lo com o espiritualista e desinteressado Ariel. Em resumo, a presença da multidão é condição para o papel dirigente do intelectual, que deveria ser capaz de elevá-la, conduzindo a massa para uma existência superior. Até porque, como defende Próspero: "a multidão, a massa anônima, não é nada por si mesma. A multidão será um instrumento de barbárie ou de civilização se careça ou não de uma alta direção moral" (RODÓ, 1957, p. 220).

O Arielismo e a criação de uma identidade latino-americana

Rodó prepara a acolhida de *Ariel*, realizando uma verdadeira campanha de divulgação do livro. Envia-o para alguns dos mais conhecidos escritores espanhóis e hispano-americanos da sua época.[25] Como quase regra, seguindo uma bem pensada estratégia de promoção, junto com o livro escreve uma pequena carta, em que explica tratar-se de uma obra de ação e propaganda destinada à juventude da América. Para Unamuno, revela até que pretende "iniciar, com meu modesto livro, certo movimento de ideias" (Idem).[26] Num outro sentido, o escritor uruguaio procura orientar seus jovens discípulos espalhados pela América Latina, sugerindo, por exemplo, que o dominicano Pedro Henríquez Ureña procure o peruano Francisco Garcia Calderón, o que contribui para o estabelecimento de uma espécie de rede entre intelectuais com os quais mantém relações epistolares.

No entanto, é difícil que Rodó antecipasse o impacto de *Ariel*, livro que forjou até a criação do que foi chamado de arielismo. Nesse sentido, sua obra tem papel decisivo na afirmação da identidade latino-americana.[27]

A história do arielismo é, em boa medida, a história das sucessivas edições do livro. Já em 1900, *Ariel* é reeditado no Uruguai, com Prefácio do consagrado escritor espanhol Clarín. Sua terceira edição aparece, em 1903, na República Dominicana. Ainda no Caribe, a quarta edição do opúsculo é publicada, em 1905, em Cuba. Daí o livro chega ao México, onde saem, em 1908, sua quinta edição, por iniciativa do

---

25 Na verdade, desde a *Revista Nacional de Literatura y Ciencias Sociales,* que criara com amigos em 1895, tinha o hábito de corresponder-se com figuras de destaque do mundo literário hispânico.

26 De maneira mais explícita, indica, em correspondência posterior com o filósofo, tratar-se, numa postura crítica diante do modernismo "decadentista", de "um movimento literário realmente sério (...) não limitado a vãos jogos de forma" (RODÓ, 1957, p. 1304).

27 Alberto Zum Felde afirma: "Podia-se dizer que *Ariel* é por um momento – pelo longo momento de um terço de século, ao menos, se não mais – a 'consciência' latino-americana" (ZUM FELDE, 1954, p. 29).

governo do estado de Monterrey, e sexta edição, com patrocínio da Escola Nacional Preparatória. No entanto, a consagração definitiva de *Ariel* ocorre apenas com a edição espanhola, também de 1908, da Sempré de Valencia. Da Espanha o opúsculo espalha-se definitivamente para a América Latina. Nos EUA a publicação ocorre apenas em 1922. A primeira edição brasileira de *Ariel* é ainda mais tardia, datando de 1933, iniciativa da Renascença Editora do Rio de Janeiro (GARCIA MORALES, 2010; PEDEN, 1988; RODRÍGUEZ MONEGAL, 1957).

Como percebe Alfonso Garcia Morales (2010), *Ariel* inicialmente tem particular impacto no Caribe, região afetada especialmente pelo imperialismo norte-americano. Os intelectuais dominicanos conhecidos como "normalistas", grupo congregado em torno da Escola Normal Preparatória fundada, em 1880, pelo educador porto-riquenho Eugenio María de Hostos, têm papel de destaque na divulgação do livro.[28] *Ariel* foi lido no salão literário da "normalista" Leonor Feltz. A partir daí, ter-se-ia decidido publicá-lo, só três anos depois da primeira edição uruguaia, como suplemento da *Revista Literaria*. Seguem-se dois anos e os irmãos Pedro e Max Henríquez Ureña, filhos de outra "normalista", Salomé Ureña e morando então em Cuba, publicam *Ariel* como suplemento da revista *Cuba Literaria*.[29]

Pedro escreve então um artigo apresentando o livro para o público cubano. Nele, identifica Próspero com Rodó e, mais importante, destaca que "fala a um grupo de jovens – a juventude americana, a quem se dedica o livro" (HENRÍQUEZ UREÑA, 1981, p. 24). Indica como o personagem do "mestre" seria na obra auxiliado por Ariel na luta contra "Caliban, que pretende tornar-se dono desta ilha deserta de civilização que se chama América" (HENRÍQUEZ UREÑA, 1981, p. 23). Atrai ao dominicano no livro do uruguaio especialmente a defesa do desenvolvimento da personalidade, num sentido de formação. Por outro lado, Henríquez Ureña, que vivera nos EUA dois anos decisivos para a sua educação, se distancia de Rodó na avaliação daquele país. Para além de suas tendências práticas, a nação de Emerson se identificaria também com um ideal de aperfeiçoamento da vida coletiva. Mais importante, nota que a juventude, à qual *Ariel* é dedicado, seria idealizada. O ob-

---

28 O krausista Hostos foi, entre 1879 e 1888, responsável pela educação pública da República Dominicana. Favoreceu uma educação racional e laica, fortemente impregnada pelas ciências naturais. Era, além do mais, um convicto defensor da unidade caribenha.

29 Os irmãos Henríquez Ureña saem da República Dominicana, em 1900, mas devido a problemas políticos do pai, Francisco Henríquez Carvajal, que tinha sido ministro das Relações Exteriores, não podem retornar a seu país.

jetivo principal do autor seria, na verdade, "formar um ideal de classe dirigente" (HENRÍQUEZ UREÑA, 1981, p. 24).

Os irmãos Henríquez Ureña também têm papel decisivo na divulgação de *Ariel* no México, país para o qual se mudam em 1906, mesmo ano em que coincidentemente é lançada a revista *Savia Moderna*, publicação que serve como uma espécie de plataforma de entrada no campo intelectual de alguns jovens escritores e artistas.[30] Entre eles, encontram-se Antonio Caso, Pedro e Max Henríquez Ureña. Alfonso Reyes, Jesús T. Acevedo, Alfonso Cravioto, José Vasconcelos Martín Luis Guzmán e Diego Rivera, intelectuais que marcam, em diferentes áreas, a cultura mexicana e latino-americana de anos posteriores. O grupo fica conhecido principalmente pelo Ateneu da Juventude, criado em 1909, e acaba correspondendo, em grande parte, à elite do espírito preconizada por Rodó.[31]

Ariel é editado no México em 1908 devido sobretudo aos esforços de um desses jovens intelectuais, Alfonso Reyes, que convence seu pai, Bernardo Reyes, então governador de Monterrey, a publicá-lo em edição patrocinada pelo estado. No entanto, é provável que tenham sido os Henríquez Ureña a introduzir o livro de Rodó a seus amigos mexicanos. Significativamente, os pontos destacados por Pedro em sua primeira resenha de *Ariel* continuam a ser os aspectos do livro mais valorizados pelos atenistas: a defesa da unidade latino-americana, o projeto de desenvolvimento da personalidade e a crença no papel dirigente de uma pequena elite intelectual. Nessa orientação, Reyes revela que "a primeira leitura de Rodó nos fez compreender a alguns que há uma missão solidária nos povos". Ao escritor uruguaio ele e seus

---

30 Pedro afirma reveladoramente em carta a Reyes: "segundo parece, cheguei ao México no momento mesmo em que se definia a nova juventude" (HENRÍQUEZ UREÑA, 2000b, p. 469).

31 Ao se discutir o grupo do Ateneu, costuma-se destacar como teria se voltado contra o positivismo e promovido no campo da cultura transformações comparáveis às que a Revolução Mexicana realiza na política. Além do evidente paralelismo entre as transformações culturais levadas a cabo pelo Ateneu e as mudanças políticas realizadas pela Revolução, influi nessa perspectiva a tendência de considerar o positivismo como "filosofia oficial" do Porfiriato. Portanto, a tomada de posições antipositivistas equivaleria à tomada de posições antiporfiristas. Mais recentemente, se tem destacado principalmente o papel que atenistas tiveram em estabelecer o campo cultural mexicano. Contra a tese do "contraponto cultural da Revolução", lembra-se da vinculação de muitos dos membros da associação com o secretario de instrução pública de Porfírio Diaz, Justo Sierra. Para a primeira linha de interpretação, ver: HERNÁNDEZ LUNA, 1962; INNES 1970; KIRCHNER 1973; ROJAS GARCIDUEÑAS, 1979; CURIEL, 1998. Para a segunda linha de interpretação, ver: GARCIA MORALES, 1992; MYERS, 2005; QUINTANILLA, 2008.

companheiros deveriam, em especial, "a noção exata da fraternidade americana" (REYES, 1958, p. 134).

O próprio Pedro Henríquez Ureña, na conferência que pronuncia no centenário da independência mexicana a respeito do autor de *Ariel*, estende aos povos o projeto arielista, de formação da personalidade: "os povos também têm a sua personalidade, seu espírito, seu gênio, e assim como o indivíduo, podem igualmente ser transformados" (HENRÍQUEZ UREÑA, 2000b, p. 67). Tão importante quanto, o crítico dominicano considera que Rodó já estaria no nível dos *maestros* de América, com a especificidade de que seria "o primeiro, quiçá, que entre nós influencia só com a palavra escrita" (Idem, 2000b, p. 56). Ou seja, identifica a prática do autor de *Ariel* com a emergência do que se pode chamar de intelectual na América Latina.[32]

Em termos igualmente sugestivos, no Peru forma-se o que ficou conhecida como "geração arielista". De maneira similar ao que ocorre no México, nela atuam nomes importantes da cultura peruana, como Francisco Garcia Calderón e seu irmão Ventura, Víctor Andrés Belaunde, José de la Riva Agüero e José Gálvez. Escrevem durante a República Aristocrática, quando, num arranjo oligárquico, o Partido Civilista exerce, entre 1895 e 1919, um forte domínio político, os irmãos Garcia Calderón sendo mesmo filhos de um ex-presidente.[33] Nesse contexto, o grupo, conhecido também como *generación del novecientos*, funciona igualmente como uma espécie de pequena elite do espírito. Também numa linha próxima do que defendera Rodó, procuram entender o Peru num quadro maior, latino-americano.

Rodó é especialmente próximo a Francisco Garcia Calderón, para quem chega a escrever, em 1904, o prefácio de seu livro de estreia, *De Litteris*. Pouco depois, o peruano se muda, aos 24 anos, para Europa, onde exerce diversos cargos diplomáticos e permanece por mais de 30 anos. A situação do autor, como percebe Karen Sanders, é bastante curiosa: "escreve como um americano – um americano em Paris" (SANDERS, 1997, p. 252). Integra-se à cultura francesa, ligando-se especialmente ao

---

32 Na propagação do arielismo, diretamente ligada à experiência mexicana, Max Henríquez Ureña, quando retorna a Cuba por motivos de saúde, funda, em 1910, junto com o escritor Jesús Castellanos, a Sociedade de Conferencias de Havana, inspirada no Ateneu da Juventude. Dela participam intelectuais, como Enrique José Varona, Evelio Rodríguez Lendián e Fernando Ortiz (GARCIA MORALES, 2010; SAN ROMÁN, 2009).

33 É verdade que Francisco Garcia Calderón Landa foi presidente do Peru apenas durante um breve período, entre março e novembro de 1881, em plena Guerra do Pacífico, quando iniciou negociações de paz com o Chile.

espiritualismo de Émile Boutrox, por meio do qual chega a conhecer Henri Bergson.[34] Nessa linha, prepara livros sobre a América Latina para o público europeu, alguns, como *Le Pérou Contemporain* (1907) e *Les démocraties latines de l'Amérique* (1912), escritos em francês.[35] Além disso, abre caminho para que outros escritores da região, como Pedro Henríquez Ureña e Alfonso Reyes, publiquem alguns de seus primeiros trabalhos na França. Em outras palavras, ironicamente, o arielismo encontra terreno especialmente favorável para sua promoção da América Latina fora da região, em Paris, cidade que, por outro lado, não deixa de ser uma espécie de capital do que foi chamado de "latinidade".

No artigo, "La predicación del anciano: por ignoradas rutas", publicado no livro, *Hombres y ideas del nuestro tempo* (1907), chega a recriar o sermão laico de *Ariel* num novo cenário, peruano.[36] Evoca igualmente um velho mestre, que faz apelo à juventude, procurando criar uma elite do espírito. Nessa referência, avalia que o problema principal enfrentado por peruanos e latino-americanos seria "não permitir que Caliban, rebelde e imoral, enriquecido e vulgar, ambicioso e estéril, se entronize sobre a vontade entorpecida da multidão" (GARCIA CALDERÓN, 2003, p. 66). Assim, apesar de evocar o passado do seu país, que teve a experiência do comunismo incaico, insiste na necessidade de se manter a herança hispânica e latina.

No entanto, num trabalho como *La creación de un continente* (1913), Garcia Calderón já demonstra reticências em relação ao projeto de Rodó. Considera que a oposição entre o ideal latino e a democracia saxã seria prematura em países onde a barbárie ainda estaria muito presente, a democracia nobre dificilmente podendo se impor diante do caciquismo e de tiranias feudais. Em termos mais fortes, avalia que a defesa do ócio clássico não faria muito sentido "quando a terra solicita todos os esforços e da conquista da riqueza nasce um brilhante materialismo". Avalia, assim, que, na verdade, "a nobre doutrina de *Ariel*" teria aplicação limitada, indicando apenas "a direção futura a povos enriquecidos e povoados de imigrantes" (GARCIA

---

34 Na nova situação, em comunicação que apresenta, em 1908, no Congresso Filosófico de Heildeberg, "Les courants philosophiques dans l'Amérique latine", caracteriza *Ariel* como "um símbolo de idealismo e renascimento" (GARCIA CALDERÓN, 2003, p. 97).

35 O último conta mesmo com um prólogo escrito pelo ex-presidente francês Raymond Poincaré.

36 O livro também conta significativamente com o ensaio, "Ariel y Caliban", em que se procura interpretar o simbolismo dos dois personagens.

CALDERÓN, 1979, p. 257). Ou seja, o que *Ariel* preconiza valeria mais para o Uruguai do que para o Peru.³⁷

O Arielismo e o Brasil

Em termos particularmente sugestivos, se o arielismo tem papel decisivo na construção intelectual da América Latina o lugar atribuído ao Brasil na visão a respeito do que se imagina ser um continente indica alguns dos limites do projeto gestado entre fins do século XIX e início do século XX. Afinal, o país cuja área corresponde a quase metade da América do Sul, tem uma língua, o português, e um passado, particularmente o período que foi uma monarquia, que contrasta com seus vizinhos hispânicos.³⁸ Nesse sentido, como aponta Robert Patrick Newcomb, "o Brasil tem um *status* único em relação à ideia de América Latina, tanto como participante *necessário* e *problemático* da região" (NEWCOMB, 2012, p. 20).³⁹ Não é difícil perceber, entre os autores arielistas o lugar difícil ocupado pelo Brasil na ideia de América Latina que formulam.

Assim, Dario, em "El triunfo de Caliban", ao falar, durante a Guerra de 1898, sobre um continente latino, oposto ao saxão, faz a ressalva: "o Brasil, penoso é observá-lo, demonstrou mais do que visível interesse em jogos de toma lá dá com o *Uncle Sam*" (DARÍO, 1998, p. 454). É verdade que, pouco antes, ao tratar do poeta simbolista português Eugenio de Castro, lamentara: "existe perto de nós um grande

---

37 Outro instrumento decisivo para a propagação do arielismo são os Congressos Estudantis, realizados entre 1908 e 1920, em cidades como Montevidéu, Buenos Aires, Lima e Cidade do México. Tais congressos preparam o terreno, por sua vez, para o movimento pela Reforma Universitária que irrompe, em 1918, na Universidade de Córdoba e da Argentina se espalha por países como Chile, Peru, Venezuela e Cuba. Ver: REAL AZUA, 2001.

38 Walter Mignolo (2012) destaca, por sua vez, como a ideia de América Latina, elaborada em meados do século XIX, corresponde ao projeto político formulado pelas elites *criollas* e mestiças da região, não havendo nela espaço para os descendentes de índios e negros.

39 O crítico norte-americano sugere, a partir daí, que "intelectuais hispano-americanos, ao escreverem ensaios com temas continentais, têm em geral adotado a estratégia de projetar *retoricamente* a identidade hispano-americana no Brasil e, por esse meio, incorporar o Brasil nos seus apelos em favor da unidade latino-americana" (NEWCOMB, 2012, p. 29).
Por outro lado, como indica Meira Monteiro, "os debates indenitários no Brasil – muitas vezes estudados de forma rente ao nacional, numa obsessiva autorreferência" não deixam de estar "conectados a uma discussão de fundo, sobre o lugar da América Latina como peça de resistência ao mundo desencatado" (MONTEIRO, 2015, p. 129 e 130).

país, filho de Portugal, cujas manifestações espirituais são no resto do continente completamente ignoradas" (Idem, 1920, p. 226).

Rodó, por sua vez, aborda especialmente o país lusófono em cinco textos: nos discursos parlamentares "Discurso sobre el Tratado con el Brasil" (1909) e "Sobre el Tratado con el Brasil" (1909), na fala pronunciada para estudantes brasileiros "Iberoamérica" (1910), no artigo jornalístico "Rio Branco: en ocasión de su muerte" (1912) e no também artigo jornalístico "Cielo y agua" (1916).[40] Percebe-se por esta amostra que a produção do escritor uruguaio a respeito do Brasil é basicamente de circunstância, sendo estimulada principalmente pelo Tratado da Lagoa Mirim e do Rio Jaguarão (1909). Por conta dele, o então parlamentar chegou a preparar o manuscrito de um discurso que deveria pronunciar no Rio de Janeiro, quando da ratificação do acordo pelo Congresso brasileiro.[41] Como indica José Enrique Etcheverry (1950), boa parte dos outros trabalhos do autor sobre o Brasil reaproveitam ideias e mesmo trechos do rascunho.

Ao falar do Tratado da Lagoa Mirim e do Rio Jaguarão, Rodó destaca especialmente como a iniciativa brasileira, de renunciar a exclusividade que o país detinha na navegação de águas localizadas em região limítrofe, indicaria que nas relações internacionais não precisaria prevalecer um critério de força ou de astúcia, havendo também espaço para a justiça. Tal seria a orientação que favoreceria o então chanceler brasileiro, Rio Branco. Em termos mais amplos, o autor de *Ariel* sugere que uma ação como a brasileira indicaria que a América representaria no mundo não apenas uma novidade em termos de geografia, mas também de espírito.

Nessa orientação, ao lidar com a relação entre o Brasil e seus vizinhos hispânicos, Rodó procura indicar que a unidade entre os dois se daria em termos de raça, história e idioma (ETCHEVERRY, 1950). Dessa maneira, em "Iberoamérica", afirma que luso-americanos e hispano-americanos formariam "uma grande e única raça" (RODÓ, 1957, p. 671). Já no manuscrito do discurso sobre o Tratado da Lagoa Mirim e do Rio Jaguarão, considera que "a história do Brasil e da América espanhola são paralelas e sincrônicas" (RODÓ in ETCHEVERRY, 1950, p. 35). Comprovação

---

40 O terceiro discurso e o primeiro artigo são depois publicados em *El mirador de Próspero* (1913), ao passo que o segundo artigo é publicado em *El camino de Parós* (1918).

41 O tratado entre Brasil e Uruguai estabeleceu o condomínio e a livre navegação das águas da Lagoa Mirim e do Rio Jaguarão. Uma delegação uruguaia, da qual faria parte Rodó, deveria ir ao Rio de Janeiro para celebrar a ratificação do tratado pelo Congresso brasileiro. No entanto, o atraso do parlamento brasileiro em aprovar o acordo e problemas de saúde do então chanceler uruguaio, Antonio Bachini, inviabilizaram a missão.

disso seria que essas duas partes da América teriam nascido no Renascimento e chegado à maioridade com a Independência, mesmo que o país de origem portuguesa tivesse adotado a forma de governo republicana tardiamente. Por outro lado, o escritor uruguaio não deixa de admirar a "evolução rítmica e segura" (Idem, 1950, p. 36) da história brasileira, que contrastaria com o desenvolvimento mais conturbado da América hispânica.[42] Por fim, sugere que as línguas espanhola e portuguesa não passariam de "duas modulações, duas matizes, de um só idioma" (Idem, 1950, p. 36).

Nessa linha, Rodó chega a defender que o termo hispano-americanos também conviria aos brasileiros, já que, como mostrara Almeida Garret, Espanha seria originalmente um nome geográfico e não político que incluiria Portugal.[43] Possibilidade alternativa, pensada pelo autor de *Ariel*, ao termo "latino-americanos" é, numa antecipação de Richard Morse, "chamar-nos de algo que indique uma unidade muito mais íntima e concreta: chamar-nos de ibero-americanos" (RODÓ, 1957, p. 671). Em outras palavras, as relações luso-hispânicas indicam a Rodó, como aponta Ardao (1970), a possibilidade de utilização de um outro nome, "Iberoamérica", diferente dos termos mais usuais "América", "América Latina" "Hispano-américa" e "América Espanhola". Por outro lado, não leva muito longe essa outra possibilidade, só falando em "Iberoamérica" no discurso de 1909 com o mesmo nome.

Quem, entre os arielistas, insiste mais no esforço de integrar o Brasil na ideia de América Latina é Francisco Garcia Calderón. Demonstra até uma certa familiaridade com a literatura brasileira, citando autores como Gonçalves Dias, José de Alencar Joaquim Nabuco, Oliveira Lima, Sylvio Romero e Graça Aranha. Mas ressalta em seus trabalhos principalmente as semelhanças de toda a região latino-americana, que se dariam em termos de religião, língua e raça. Avalia, dessa forma, em *Les démocraties latines d'Amérique*, que "nenhum outro continente oferece tão numerosas razões de unidade" (GARCIA CALDERÓN, 1979, p. 187). No entanto, para além de um catolicismo intolerante e de uma tendência à mestiçagem, que avalia ser necessário minimizar com o afluxo de imigrantes brancos, não chega a tratar das diferenças entre o espanhol e o português.

---

42 No "Discurso sobre el Tratado con el Brasil", surge uma fórmula quase idêntica, ao falar do "ritmo de uma firme e segura evolução" (RODÓ, 1957, p. 1025) que marcaria a história brasileira.

43 A remissão de Rodó à província romana da *Hispania* é, entretanto, avaliada por Newcomb (2012) como sinal da sua pouca familiaridade com o mundo lusófono, já que, na defesa da tese, faz referência ao mais ambíguo Almeida Garret e não ao hispanista convicto Oliveira Martins.

Também a colonização ibérica é tratada de uma maneira quase indiferenciada; seria produto de um individualismo anárquico, apenas se fazendo a ressalva, numa nota, que portugueses seriam menos propensos do que espanhóis ao isolamento comercial e religioso. Só ao tratar do pós-independência, o escritor peruano presta mais atenção às particularidades da história brasileira. Considera que, em meio à anarquia quase generalizada, apenas o México de Porfírio Diaz, o Chile de Diego Portales, o Paraguai do Doutor Francia, e o Brasil de Dom Pedro II, teriam logrado garantir uma certa estabilidade. Em termos mais precisos, avalia que "entre a colônia feudal e a república, dois pontos extremos da dialética política, se destaca a monarquia brasileira como um poder moderador". Ela teria conseguido estabelecer "primeiro a autonomia e logo a ordem, uma dinastia nacional tendo conservado as tradições e organizado as forças sociais" (Idem, 1979, p. 100). Nessa referência, também destaca como o Brasil, assim como a Argentina, o Uruguai e o Chile, seriam países que teriam atingido um certo progresso material.

No entanto, a intenção principal de Les démocraties latines d´Amérique, livro é de se lembrar, destinado a um público francês, é tratar, para além do país cujo nome se confunde com o de todo continente americano, das repúblicas latinas e entender "as razões de sua inferioridade" (Idem, 1979, p. 5). Assim como Darío, Groussac e Rodó, nota, em especial, o risco que latinos correriam diante da força avassaladora assumido por saxões. Ou seja, as particularidades nacionais, especialmente contrastantes no caso do país lusófono, tendem a ser subsumidas na busca de uma unidade continental. Nessa referência, Garcia Calderón, assim como outros autores, pensa o que se começa a chamar de América Latina principalmente em contraste com a América saxã, o que, sugere, se resumiria "num símbolo: Ariel e Caliban" (Idem, 1979, p. 9).

Considerações Finais

Um período de cerca de vinte e cinco anos, entre o final do século XIX e o término da I Guerra, é decisivo para difundir a ideia de América Latina. Se o termo é criado antes, na década de 1850 na França do II Império, é paradoxalmente a sensação de fracasso, motivada especialmente pela Guerra de 1898, que estimula a afirmação da latinidade. Curiosamente, alguns intelectuais, como Groussac, Darío e Rodó, recorrem a personagens de A Tempestade, ou melhor, a releitura da peças realizadas na II República francesa, para marcarem a diferença entre o que começava a ser chamada de América Latina e os EUA.⁴⁴ O opúsculo de Rodó, em particular, difunde-se entre a juventude da região, servindo como instrumento de afirmação de uma identidade latino-americana.

Nessa referência, é possível até traçar uma geografia dos deslocamentos do arielismo pela América Latina. Ariel chega à região, mais especificamente, a Buenos Aires, vindo da França. A mudança de ares do personagem de *A Tempestade* é estimulada pela reação hispano-americana à Guerra de 1898. Logo, atravessa o Prata, indo para Montevidéu. Do Uruguai viaja pelo que começa a ser visto como um continente latino-americano, passando por Santo Domingo e Havana, e fincando raízes na Cidade do México e em Lima.

Não deixa de ser significativo como as primeiras apropriações latino-americanas de *A Tempestade* se identificam com Ariel, cuja espiritualidade desinteressada é associada a latinos e contrastada com o materialismo utilitarista de Caliban, que Darío e Groussac referem diretamente aos EUA, mas, significativamente, não Rodó. Apesar disso, o próspero vizinho do Norte não deixa de ser um fantasma para o escritor uruguaio, que percebe como a sociedade de onde provém, não inteiramente formada, se torna – especialmente pela imigração, urbanização e industrialização – cada vez mais similar a dos norte-americanos, correndo mesmo o risco de perder aquilo que lhe seria mais próprio, sua latinidade. Nesse sentido, o perigo interno representado pelos EUA seria ainda mais assustador do que o perigo externo.

A oposição com a América saxã é, portanto, decisiva no arielismo, funcionando como mecanismo para marcar a identidade latino-americana. Na verdade, desde que a categoria de América Latina foi criada, significativamente em Paris, ela foi pensada em contraste com os EUA. À contraposição da América Latina com a América saxã, Darío, Groussac e Rodó acrescentam a associação da primeira com o espiritualismo desinteressado e da segunda com o materialismo utilitarista. Como aponta Jaúregui, tal identidade não deixa de ser "essencialista e binária", funcionando "em termos Norte/Sul, matéria/espírito, civilização/barbárie" (JAÚREGUI, 2008, p. 328).

Além do mais, o arielismo, como já denunciaria o peruano Luís Alberto Sánchez (1998) em 1941, preocupado com gregos e latinos, não teria espaço para as maiorias das populações da região, índias e mestiças, e, pode-se acrescentar, tam-

---

44 Não é menos revelador como os autores, num jogo intertextual, fazem uso de imagens já utilizadas uns pelos outros, criando um verdadeiro repertório simbólico. Os EUA, em especial, são associados a bárbaros, ciclopes, mamutes, o povo norte-americanos sendo caracterizado como materialista, mercantil, rude, primitivo e cheio de energia. No entanto, certos escritores, como Poe e Emerson, destoariam do meio anglo-saxão.

bém negras. Tal postura indica o europeísmo dos primeiros intelectuais latino-americanos, que da periferia se identificam com o que veem como a cultura ou a raça latina. Além disso, é possível afirmar que está subjacente às primeiras apropriações latino-americanas de *A Tempestade* uma visão patriarcalista da história, em que seus sujeitos são homens – Próspero, Caliban e Ariel – que querem ter controle sobre o corpo da única personagem feminina da peça, Miranda.[45] Tudo isso faz com que Jaúregui (2008) considere, com razão, que o arielismo seria reacionário.

Mas é preciso qualificar esse reacionarismo. Em termos mais profundos, muitas das características que Darío, Groussac, Rodó e Garcia Calderón associam aos EUA – como o materialismo e o mercantilismo, o cálculo constante, o domínio da qualidade pela quantidade – que aparecem de maneira especialmente claras em metrópoles, como Nova Iorque e Chicago, são atributos do próprio capitalismo. Paradoxalmente, esses intelectuais, escrevendo na passagem do século XIX para o XX, não deixam de sentir certa atração por muitas das tendências capitalistas, às quais Buenos Aires, Montevidéu, Lima e os próprios autores não escapam. Nessa referência, percebe-se que Caliban exerce verdadeiro fascínio sobre eles.[46]

De maneira mais ampla, não é mero acaso que latino-americanos nutram sentimentos contraditórios, de repulsa e atração, pelos EUA e pelo monstro shakespeariano que passou a simbolizá-lo. Afinal, a região de onde provêm tem sido o principal espaço aonde tem atuado o imperialismo norte-americano. Por outro lado, nativos da América Latina não deixam de se admirar com o progresso material que os EUA atingiram, que contrasta com a pobreza de boa parte da sua região. Até porque os EUA não tiveram a experiência de sedimentação do passado da Europa e também não se encontram numa posição periférica no mundo, fazendo com que o capitalismo possa se desenvolver mais livremente aí. É significativo, porém, que arielistas se voltam especialmente contra as tendências equalizadoras e democráticas do capitalismo, defendendo o aristocratismo, verdade que um aristocratismo particu-

---

45 Não é, entretanto, evidente associar o gênio alado imaginado por Shakespeare a um personagem masculino.

46 Rodríguez Monegal (1977) sugere que Rodó antecipa o "calibanismo" de uma geração intelectual posterior, "pós-colonial", que identificou a América Latina com o escravo de Próspero que se revolta. Como indicação, aponta que o escritor uruguaio chegou a assinar dois artigos com o pseudônimo Caliban. No entanto, parece-me que a identificação, realizada no âmbito de uma polêmica com o principal representante do calibanismo, Roberto Fernández Retamar, vai longe demais, já que esses textos foram escritos quando o autor de *Ariel* liderava a oposição ao *battlismo* no Partido Colorado uruguaio, denunciando nele, de forma mais ampla, supostos males latino-americanos, como o caudilhismo.

lar, o do espírito. Nesse sentido, o arielismo pode ser considerado uma manifestação de romantismo anti-capitalista.[47]

Mas para além do seu reacionarismo, o arielismo serve especialmente para estabelecer uma identidade latino-americana. Significativamente, os escritores que se identificam com o gênio alado fazem questão, em especial, de valorizar a originalidade da América Latina. É revelador que essa é uma característica destacada até por um autor como Groussac, que reage à Guerra de 1898 numa perspectiva europeia. Sugestivamente, contudo, aquilo que mais valorizara nos EUA e, especialmente, no Oeste do país, fora a sua originalidade, que, de acordo com o francês, poderia até lhe conferir uma "beleza calibanesca". Rodó leva mais longe o argumento da originalidade, cujo valor acredita não se restringir à arte e à literatura, valendo também para a sociabilidade. Em outras palavras, a originalidade estimularia a formação de uma certa personalidade nos povos, no caso, latina. Não por acaso, é especialmente a ênfase na diferença da América Latina que explica a difusão e a persistência do arielismo.

No entanto, é significativo que Ariel, nas suas andanças, não passa originalmente pelo Brasil, o país ocupando um lugar difícil na ideia de América Latina que começa a se formar. Por um lado, a imensa nação é imprescindível se se quer forjar um novo continente; por outro lado, a identidade latino-americana enfrenta desconfortos ao se relacionar com uma cultura e história não inteiramente coincidente com a de hispano-americanos. Não por acaso, diferentes arielistas lidam com o Brasil de maneira ambígua.

Mas, em termos ainda mais amplos, o arielismo e a sua maneira de entender o que se tornou um continente envelheceu irremediavelmente, ao ponto de quase mais ninguém pensar a América Latina com referência à raça e à cultura latina. De maneira concomitante, mesmo que certos personagens de *A Tempestade* – especialmente Ariel, Caliban e Próspero – continuem a ser usados para tratar da identidade latino-americana, os significados que assumem são hoje até opostos aos originalmente imaginados pelas primeiras apropriações da peça na região. No entanto, essas resignificações só são possíveis porque, num momento já longínquo, a América Latina passou a ser entendida pelas lentes da peça de Shakespeare.

Bibliografia

ALAS, Leopoldo (*Clarín*), *Prólogo a Ariel*. Valencia, F. Sempere y Compañía Editores: 1908.

---

[47] Ver: LUKACS, 1964; LOWY e SAYRE, 2002.

ARDAO, Arturo. *América Latina y la latinidad*. México: UNAM, 1993.

_____. *Rodó. Su americanismo*. Biblioteca de Marcha, Montevideo, 1970.

AROCENA, Felipe. "La contribución de los inmigrantes en Uruguay" in *Papeles del CEIC*, n.2, 2009.

BÉRTOLA, Luis e WILLIAMSON, Jeffrey. "Globalization in Latin America Before 1940" in *NBER Working Paper*, N. 9687, 2003.

BONFIGLIO, Florencia. "En zaga de tantos otros: Paul Groussac y la angustia de las influencias en el Río de la Plata". In: *Orbis Tertius*, v.16, n. 17, 2011.

BORGES, Jorge Luis. "Paul Groussac". In: *Obras completes*. Buenos Aires, Emecé editores, 1974.

BOYER, Pierre Xavier. "Aux origines de l'élitisme républicain : Les aristocrates d'Alfred Fouilée in *Revue française d'histoire des idées politiques*. n. 22, 2005.

BROTHERSTON, Gordon. "Introduction". In: *Ariel*, Cambridge, at the University Press, 1967.

_____. "Arielielismo and Antropophagy: *The Tempest* and Latin America" in: HULME, Peter e SHEERMAN, William (orgs.). *The Tempest and its travels*. London: Reakton Books ltd, 2000.

BULLARD, Alice; BOYER, Allen. *Exile to Paradise: Savagery and Civilization in Paris and the South Pacific, 1790-1900*. Stanford: Stanford University Press, 2000.

CASANOVA, Pascale. *The world republic of letters*. Cambridge: Harvard University Press, 2004.

COLOMBI, Beatriz. *Viaje intelectual. Migraciones y desplazamientos en América Latina (1880-1915)*, Rosario: Beatriz Viterbo, 2004.

CURIEL, Fernando. *La Revuelta. Interpretación del Ateneo de la Juventud (1906 - 1929)*. México: UNAM, 1998.

DARÍO, Rubén. "Edgar Allan Poe" *Los raros*. Madrid: Editorial Mundo Latino, 1920.

_____. "El triunfo de caliban". In: *Revista Iberoamericana*. V. LXIV, Nts. 184-185, 1998.

ECHEVERRÍA GONZALES, Roberto. "El extraño caso de la estatua parlante: "Ariel" y la retórica magisterial del ensayo latinoamericano" in *La voz de los maestros*. Madrid: Verbum, 2001

ETHEVERRY, José Enrique. *Rodó y el Brasil*. Publicaciones del Instituto de Cultura Uruguayo - Brasileño, Montevideo, 1950.

_____. "Un discurso de Rodó sobre el Brasil" in *Revista del Instituto Nacional de Investigaciones y Archivos Literarios*, 1950.

FOUILÉE, Alfred. *L´idée moderne du droit*. Paris: Hachette, 1878.

GARCIA CALDERÓN, Francisco. *Las democracias latinas de América*. Caracas: Biblioteca Ayacuho, 1979.

_____. *América Latina y el Perú del novecientos*. Lima: Fondo Editorial de la UNMSM, 2003.

GARCIAL MORALES, Alfonso. *El Ateneo de México (1906-1914): Orígenes de la cultura mexicana contemporánea*. Sevilla: Escuela de Estudios Hispano-Americanos, 1992

_____. *Literatura y pensamiento hispánico de fin de siglo: Clarín y Rodó*. Sevilla, Secretariado de Publicaciones de la Universidad de Sevilla, 2010.

GROUSSAC, Paul. *Del Plata al Niagra*. Buenos Aires: La Biblioteca, 1897.

_____. "Discurso del sr. Groussac". In: *España y Estados Unidos*. Buenos Aires: Compañia Sud-Americana de Billtetes de Banco, 1898.

HENRÍQUEZ UREÑA, Pedro. *Obra crítica*. México: FCE, 1981.

_____. "La obra de José Enrique Rodó" in CASO, Antonio et al. *Conferencias del Ateneo de la Juventud*. México: UNAM, 2000.

_____. "Carta a Alfonso Reyes del 29 de octubre de 1913". In: CASO, Antonio et al. *Conferencias del Ateneo de la Juventud*. México: UNAM, 2000b.

HERNÁNDEZ LUNA, Juan. "Prólogo". In: CASO, Antonio et al. *Conferencias del Ateneo de la Juventud*. México: UNAM, 2000.

INNES, John S. *Revolution and Renaissance in México: el Ateneo de la Juventud*. Ph.D., University of Texas at Austin, Ann Arbor, Michigan, 1970.

JÁUREGUI, Carlos. *Canibalia*. Madrid: Iberoamericana editorial, 2008.

"Calibán ícono del 98. A propósito de un artículo de Rubén Dario". In: *Revista Iberoamericana*. V. 64, n. 184-185, 1998.

KIRCHNER, Louisa. *México en busca de su identidad. La faz cultural de su revolución*. Madrid: Ediciones Iberoamericanas, 1973.

LORENTE, Severiano. "Prólogogo". In: *España y Estados Unidos*. Buenos Aires: Compañia Sud-Americana de Billtetes de Banco, 1898.

LOWY, Michel e SAYRE, Robert Sayre. *Révolte et mélancolie. Le romantisme à contre-courant de la modernité*. Paris, Éditions Payot, 1992.

LUKACS, Georg. *Studies in European Realism*. New York, Grosset & Dunlap, 1964.

MARTÍ, José. *Nuestra América*. Caracas: Biblioteca Ayacucho, 1997.

MIGNOLO, Walter. *The idea of Latin America*. Malden: Blackwell, 2012.

MONTEIRO, Pedro Meira. "*El hombre cordial*" e a poética especular: os impasses do liberalismo (2)". In: *Signo e desterro: Sérgio Buarque de Holanda e a imaginação do Brasil*. São Paulo: Hucitec, 2015.

MYERS, JORGE. "Gênese 'ateneísta' da história cultural latino-americana". In: *Tempo Social*, v. 17, n. 1, 2005.

NEWCOMB, Robert P. *Nossa and Nuestra América: Inter-American Dialogues*. West Lafayette, Purdue University Press, 2012.

PEDEN, Margaret S. (translation, readers reference and annotaded bibliography) in RODÓ, José Enrique. *Ariel*. Austin: University of Texas Press, 1988;

PÉLADAN, Josephin. *Curieuse*. Paris: G. Édinger Éditeur, s.d.

PHELAN, John. "El origen de la idea de América". In: Latinoamérica. Cuadernos de Cultura Latinoamericana. 31. México: CCyDEL/UNAM, 1979.

QUINTANILLA, Susana. Nosotros. México: Tusquets, 2008.

RAMA, Ángel. La ciudad letrada. Montevideo: Arca, 1998.

RAMOS, Julio. Desencuentros de la modernidad en América Latina. México: FCE, 2005.

REBAZA SORALUZ, Luis. "El espectro de Calibán recorre la Hispanoamérica del Fin de Siglo" in Revista de critica literaria latinoamericana, v. 30, n. 59, 2004.

RENAN, Ernest. Caliban: suite de La Tempête. Paris: Calmann-Lévy, 1878.

_____. L'eau de jouvence. Paris: Calmann-Lévy, 1881.

_____. Qu'est-ce qu'une nation? Paris, Presses Pocket, 1992.

REYES, Alfonso. *Obras completas*. v. III. México: 1958.

RODÓ, José Enrique. *Obras completas*. Madrid: Aguilar, 1957.

RODRÍGUEZ MONEGAL, Emir. "Introducción general" in RODÓ, José Enrique. *Obras completas*. Madrid: Aguilar, 1957.

_____. "The metamorfoses of Caliban". In: *Diacritics*, 1977.

ROJAS GARCIDUEÑAS, José. *El Ateneo de la Juventud y la Revolución Mexicana*. México, INERM, 1979.

ROJAS MIX, Miguel. "Bilbao y el hallazgo de América Latina: Unión continental, socialista y libertaria...". In: *Caravelle. Cahiers du monde hispanique et luso-brésilien*, 46, Touluse, 1986.

SÁNCHEZ, Luís Alberto. *La vida del siglo*. Caracas: Biblioteca Ayacucho, 1998.

SÁNCHEZ-ALBORNOZ, Nicolás. "A população da América Latina, 1850 – 1930". In: BETHELL, Leslie. *História da América Latina*. v. IV. São Paulo: EDUSP, 2001.

SAN ROMÁN, Gustavo. "La recepción de Rodó. In: Cuba" in *Revista de la Biblioteca Nacional*, v. 1, núm. 3, 2009.

SANDERS, Karen. *Nación y tradición*. México: FCE, 1997.

SCHWARZ, Roberto. "Cuidado com as ideias alienígenas". In: *O pai de família e outros ensaios*. Rio de Janeiro: Paz e Terra, 1978.

_____. *Ao vencedor as batatas*. São Paulo: Duas Cidades, 1992.

SHAW, Donald. *La generación del 1898*. 1980.

SIMMEL, George. *On individuality and social forms*. Chicago: University of Chicago Press, 1971.

STARR, Peter. *Commemorating Trauma: The Paris Commune and Its Cultural Aftermath*. New York: Fordham University Press, 2006.

UNAMUNO, Miguel de, [Sobre Ariel], resenha en "De literatura hispano--americana", La Lectura, Madrid, enero 1901.

WEINBERG, Liliana. "Una lectura del Ariel" in Cuadernos Americanos, n. 85, 2001.

WILSON, Colette. Paris and the Commune, 1871-78: the Politics of Forgetting. Manchester: Manchester University Press, 2007

ZUM FELDE, Alberto. *Indice crítico de la literatura hispanoamericana*. v. 2. Mexico: Editorial Guaranía,1954.

Frantz Fanon, a Negritude e o ativismo negro brasileiro do final da década de 1950[1]

Deivison Faustino

A recepção de Fanon no Brasil

Quando teria se dado o primeiro contato de intelectuais brasileiros com as ideias de Frantz Fanon? Que intelectuais eram esses e em que medida essas ideias os teriam influenciado? Essas perguntas foram levantadas originalmente por pelo menos três importantes estudos: o livro *Cultura Brasileira e identidade nacional*, de Renato Ortiz (2012 - [1985]); o artigo *A recepção de Fanon no Brasil e a identidade negra*, de Antônio Sergio Guimarães (2008) e a seção "Frantz Fanon e o ativismo político-literário negro no Brasil: 1960-1980", alocado no oitavo capítulo do livro *A descoberta do insólito: literatura periférica no Brasil (1960-2000)*, de Mário Augusto Medeiros da Silva (2013a). No mesmo ano, o autor publica um artigo intitulado *Frantz Fanon e o ativismo político-cultural negro no Brasil: 1960/1980 (2013b)*, onde retoma o texto anterior de forma revisada. Esses estudos inauguraram a investigação sobre os possíveis caminhos pelo qual o pensamento de Fanon chegou ao Brasil.

Ao realizar uma busca exaustiva nos principais periódicos da década de cinquenta, procurando identificar quais teriam sido os possíveis ecos de Fanon entre a *intelligentsia* brasileira, Guimarães afirma: "é como se a publicação de *Peau noir, masques blancs* (1952) tivesse passado despercebida" (GUIMARÃES, 2008, p. 100). O autor explica que nesta época a intelectualidade brasileira acompanhava atentamente a tudo que se disponibilizava nos periódicos franceses com o qual Fanon publicou ou foi comentado. Como se sabe, em 1951 Fanon publicara "L'Expérience vécu du noir" na revista *Esprit* n. 179; e em 1952 publica "Le syndrome nord-africain", na edição n. 187. Em 1955, na edição n. 223 da mesma Revista, publica "Antillais et Africains" e em 1956 publica o seu magistral "Racisme et culture", na revista *Présence africaine*. Em fevereiro de 1959 publica "Fondement réciproque de

---

[1] Comunicação apresentada no GT 1 – Cultura, diferenças e desigualdades do V Seminário Internacional do Programa de Pós-Graduação em Sociologia da UFSCAR: Descentramentos, 2015.

la culture nationale et des luttes de libération" ainda na revista *Présence africaine*. Em 1959 e 1961, publica "La minorité européenne d'Algérie en l'an V de la Révolution" e "De la violence"., respectivamente, na famosa revista *Les temps modernes*.

Estes escritos não passaram despercebidos ao debate francês, configurando-se como objeto privilegiado da análise por importantes autores que, por sua vez, foram lidos atentamente pela intelectualidade brasileira da época. Curiosamente, insiste Guimarães, nem a revista *Anhembi*, coordenada por Bastide e Florestan no momento em que Bastid retorna de Paris; nem a revista *Brasiliense* onde escreviam Clóvis Moura, Florestan e Ianni; nem mesmo as publicações de Sergio Milliet sobre Sartre, Senghor, Cesaire e outros temas referentes ao Movimento de Negritude renderam alguma referência direta ou indireta à Fanon, configurando assim um "silêncio impactante" (GUIMARÃES, 2008)

Duas décadas antes de Guimarães, Ortiz (2012 - [1985]) já teria chegado a conclusões parecidas. Embora o seu objetivo não era o de mapear a recepção de Fanon, mas remontar as diferentes maneiras pelo qual a *identidade nacional* e a *cultura* foram discutidas nas ciências sociais brasileiras, Ortiz oferece importantes elementos para pensar essa recepção. Em primeiro lugar, como argumenta, há uma confluência entre os temas e os referenciais teórico utilizados por Fanon e os intelectuais do ISEB: da tradução francesa de Hegel por Hypolite e Kojeve nos anos 1940 – e o respectivo enfoque da dialética do senhor e do escravo como metáfora à dominação social, econômica e cultural – à divulgação e circulação dos *Manuscritos Econômicos e Filosóficos*, de Karl Marx, em sua anunciada vinculação com Hegel; da ampla influência do humanismo de Sartre (1946; 1956) às problematizações sobre a "situação colonial" de Balandier (1951), observam-se intrigantes similaridades nos usos dos conceitos fundamentais de *alienação* e *situação colonial*:

O célebre livro de Sartre *L'Existentialisme est un humanisme* é somente um dos escritos que enfatizam a dimensão humana da libertação, e mostra que o debate entre marxismo e existencialismo se realiza sob o signo do humanismo. O debate terá influências diretas em Fanon, que não hesitará em pensar a libertação nacional em termos de humanização universal do próprio homem. As repercussões são também nítidas nos pensadores do ISEB, e Álvaro Vieira Pinto não deixa de considerar o problema em seu livro *Consciência e realidade nacional* (ORTIZ, Op. cit., p. 51)

Ortiz sugere que as semelhanças entre Fanon e os pensadores do ISEB se expressavam, principalmente, através da "necessidade premente de uma busca por identidade". Pois, segundo explica, "para além das categorias de colonizador/colonizado, branco/negro, opressor/oprimido, permanece [em ambos] a pergunta, "quem somos nós?" ou "por que estamos assim?" (Op. cit., p. 55). Entretanto, apesar desta notável confluência, o autor não observa nenhuma referência à Fanon nesta época de consolidação do ISEB:

> Não estou insinuando que exista uma filiação direta entre o pensamento de Fanon dos intelectuais do ISEB, algo como uma influência de um sobre o outro. Tudo indica que os trabalhos de Fanon são elaborados sem maiores conexões com os pensadores nacionalistas brasileiros. Mas é justamente essa independência de pensamento que torna o problema mais interessante. A referência a um tipo de ideologia não brasileira introduz novos elementos para a compreensão do discurso isebiano e nos permite entender como a história penetra e estrutura o próprio discurso político. Por outro lado, ela dá uma abrangência maior à discussão da problemática do nacional, pois não se restringe à particularidade do quadro brasileiro (Op. cit., p. 50)

Nem mesmo Guerreiro Ramos que, ao que se sabe, *bebeu em quase todas as fontes* de Fanon, teria rompido o silêncio observado por Guimarães[2]. A possível explicação seria a diferença de horizontes entre os dois autores: enquanto Fanon buscava resolver os problemas coloniais através da práxis revolucionária no contexto da luta de classes, o sociólogo baiano, bem como o conjunto de pensadores do ISEB, tendia para posições nacionalistas e populistas (ORTIZ, Op. cit.; GUIMARÃES, Op. cit.). O fato é que para Guimarães, é apenas a partir da visita de Sartre e Beauvoir ao país em 1960 que o "silêncio sobre Fanon" se relativiza para dar lugar a uma "morna recepção" por parte da esquerda brasileira.

O possível contato

Em um caminho diferente dos autores anteriores, Silva (2013a; 2013b) propõe analisar a recepção de Fanon no Brasil do período supracitado por um vetor até

---

[2] A suposição segundo o qual Guerreiro Ramos conhecera (GUIMARÃES, 2008) ou foi influênciado por Fanon (FILGUEIRA 2012, p. 363) ainda carece de investigação. O que se sabe é que ele não se refere ao autor martiniquenho em nenhum dos seus textos. Como afirma Guimarães, à 13a. Nota de rodapé de seu artigo,: "Em *A redução sociológica*, de1958, Guerreiro cita explicitamente Aimé Césaire (*Discours sur le colonialisme*, Paris: Présence Africaine,1955), Cheik Anta Diop (*Nations nègres et culture*. Paris: Présence africaine, 1954) e Sartre ("Le colonialisme est um système". *Les Temps Modernes*, no 126, 1956) em francês, mas não se refere a Fanon. Na segunda edição, de 1965, Guerreiro acrescenta a essas leituras Balandier (*Sociologie actuelle de l'Afrique noire. Dynamique des changements sociaux en Afrique centrale*. Paris: PUF, 1955) e continua sem se referir a Fanon" (GUIMARÃES, 2008, p. 103).

então pouco explorado pela literatura que o antecedeu: o ativismo negro. Para tal, argumenta pela existência de um fluxo, esparso, mas importante de ideias entre intelectuais africanos, afro-norte-americanos e afro-brasileiros, entre o período de 20 à 60 que poderia oferecer algumas pistas relevantes ao debate:

A circulação de ideias sobre África ou de intelectuais e militantes africanos em São Paulo ainda carece de pesquisas mais articuladas. Memórias como as do militante José Correia Leite (LEITE; CUTI, 1992) ou entrevistas como a de Oswaldo de Camargo (2007) mostram que, entre os anos 1920 e 1960, as associações negras paulistanas tiveram contatos esparsos com obras traduzidas, escritores, jornalistas e debates que remetiam a temas como o pan-africanismo, os movimentos que visavam ao retorno ao continente africano, as lutas anticoloniais e pela libertação de países, a violência do apartheid etc. (SILVA, 2013a, p. 371)

A sugestão do autor é que a recepção de Fanon no Brasil poderia ser melhor compreendida se focássemos neste fluxo afro-transatlântico de ideias. Como se sabe, Frantz Fanon participou ativamente dos debates internacionais sobre a libertação dos países colonizados, circulando, portanto, entre os principais espaços de articulação política anticolonial (GEISMAR, 1972; GORDON, 2015; MACEY, 2000) e a Associação Cultura do Negro, com sede em São Paulo, esteve presente em um destes espaços, a saber: o II Congresso de Escritores e Artistas Negros, de Roma em 1959[3].

Esta participação, segundo infere Silva, teria aberto a possibilidade dos intelectuais afro-brasileiros terem tido contato com as ideias e posições políticas de Fanon. Vale lembrar, à esse respeito, que embora a posição defendida por Fanon não tenha sido hegemônica (MARZIOLI, 2013), e ele próprio não tenha sido apresentado com o seu nome verdadeiro[4], o autor e ativista estava entre as figuras mais notáveis do referido Congresso (CANNEL, 2007). Entretanto, como reconhece Silva, essa hipótese de um possível encontro ainda carece de fontes mais específicas para ser confirmada:

---

3   Como mostra Silva ao retomar as memórias do militante José Correia Leite: " [Em 1959] O Geraldo Campos, ainda como presidente [da Associação Cultural do Negro], tinha ido ao II Congresso de Escritores e Artistas Negros realizado em Roma. [...] Em Roma já havia uma pessoa para representar o Brasil. Era o pintor Tibério, que morava em Paris. O Geraldo Campos trouxe de lá uma porção de documentos, teses e outras coisas, inclusive um distintivo que ele me deu, com o símbolo da revista Presence Africaine" (LEITE; CUTI, 1992, apud SILVA, 2013a, p. 517-8)

4   Como relatará Amady Aly Dieng na ocasião de comemoração do 50o aniversário de *Présence africaine*: "neste memorável congresso houve vários incidentes. O governo francês era hostil à presença do Dr. Frantz Fanon, membro da FLN – Frente de Libertação nacional, que foi obrigado a se pronunciar sob o pseudônimo de Dr. Oumar" (DIENG, 1997, p. 109).

Dadas as informações lacunares, é difícil afirmar, sem pesquisa exaustiva no acervo da associação, o que Oliveira – um dos representantes brasileiros - efetivamente carregou consigo de Roma, qual nível de discussão foi capaz de estabelecer no congresso, seu domínio de línguas estrangeiras [em particular, o francês] e, o mais importante para agora, se conheceu Fanon e se interessou pelo mesmo (SILVA, 2013a, p. 518).

Ainda assim, a despeito da carência de fontes, as pistas levantadas oferecem um animador convite à reflexão, especialmente quando observadas à luz das apropriações que os intelectuais afro-brasileiros das décadas seguintes estabeleceram com o pensamento de Fanon. O ativismo cultural negro da década de 80 irá eleger justamente os textos de Fanon - apresentados por Fanon no I e II Congresso de Escritores e Artistas Negros (1956 e 1959) – como referência para pensar as relações entre cultura negra, colonização e luta política.⁵

Ainda sobre o final da década de 1950 e início da década de 60, Silva observa uma importante troca de ideias entre a ACN, a *Presence africaine* e alguns outros intelectuais do Movimento de Negritude. Esta troca apontava já em 1959 para uma relação muito mais próxima do que se imaginava. Como comprova a carta encontrada pelo autor na Coleção Associação Cultura do Negro, no Acervo Ueim-UFSCAR, escrita pelo vice-presidente da ACN aos jornais da época:

> A "Société Africaine de Culture", ciente da importância da contribuição dada pelo elemento africano à cultura do Brasil, acolheria com imensa satisfação uma representação de nosso país. Por isto, solicitou à Associação Cultural do Negro [...] para que [se] tornasse intérprete de tal desejo, pedindo outrossim divulgar as notícias referentes ao conclave e possivelmente tomar contato com o ambiente cultural do país, assinalando as figuras que dele desejam participar. Solicitamos então aos intelectuais negros e aos estudiosos eventualmente interessados no assunto, o envio de sua adesão, para que a ACN possa transmiti-la à "Société Africaine de Culture", recolhendo outrossim, os pormenores sobre a viagem para conhecimento daqueles que desejam par-

---

5   Ao analisar a a produção intelectual de Mácrio Barbosa no Quilombhoje, Silva conclui: Suas fontes bibliográficas citam, entre outros: *Os condenados da Terra* (1979), com o texto "sobre a cultura nacional"; e "Racismo e cultura", publicado em tradução portuguesa no livro *Em defesa da Revolução Africana*, em 1980. Antes este livro é o original *Pour la révolution africaine*, conjunto de ensaios dispersos editado pela François Maspero em 1969 e traduzido em Portugal pela Sá da Costa Editora, na "Coleção Terceiro Mundo". "Racismo e cultura"é a conferência de Fanon ao I Congresso de Escritores e Artistas Negros (1959); "Sobre a cultura nacional" é a sua conferência de 1959, para a segunda edição do evento (SILVA, 2013a, p. 519).

ticipar do Congresso. [...] A "S.A.C", com a qual a Associação Cultural do Negro deseja estabelecer laços de amizade e de profícua colaboração, sugeriu também a criação no Brasil de uma associação "Amis de Présence Africaine", com membros brancos e negros, objetivando estudar os problemas ligados à cultura afro-brasileira e a divulgação de todas as manifestações relativas a ela [...] A Associação Cultural do Negro, aproveita então esta oportunidade para lançar o seu apelo aos intelectuais brasileiros, negros e brancos, para que seja fundado em São Paulo um centro filiado à "S.A.C" digno de representar no estrangeiro a cultura africana no Brasil. Com este objetivo a A.C.N fará realizar dia 27 de fevereiro próximo, em sua sede social, uma reunião para tratar do assunto, estando desde já convidados todos os interessados [...] Finalmente, o senhor Alioune Diop, Secretário Geral da "Société Africaine de Culture", solicita o apoio e a solidariedade da intelectualidade brasileira, das associações culturais e das entidades que congregam o elemento negro, traduzidos no envio de mensagens por ocasião do congresso (Américo Orlando da Costa, 18/02/1959. apud: SILVA, 2012, p. 550-1)

Em outro trecho Silva relata, a partir dos dados encontrados, que o contato afro-atlântico-diaspórico da ACN não se resumiu à sua participação no Congresso de Roma, em 1959, mas seguiu ativo possibilitando frutos diversos, dos quais o mais notável é a participação de alguns de seus membros em uma edição organizada por Léon Damas, importante articulador internacional do Movimento de Negritude:

Todavia, não foi apenas a eles que a ACN despertava curiosidade. Léon Gontran Damas, para organizar com poetas brasileiros a sua *Nouvelle somme de poésie du monde noir*, editada em francês, inglês, português e espanhol pela Présence Africaine (Damas, 1967), recorre àquele conglomerado de ativistas. Ali, segundo Camargo, toma conhecimento e recolhe os poemas de Natanel Dantas, Eduardo de Oliveira, Carlos de Assumpção, Luiz Paiva de Castro, Marta Botelho e do próprio entrevistado. Quase uma década antes, o poeta cubano Nicolas Guillén, a quem Solano Trindade dedicou um poema em *Cantares ao meu povo*, também já havia travado contato com alguns dos frequentadores da agora ACN - em particular Correia Leite (SILVA, 2012, p. 247).

Essa rede (afro)transnacional de influências recíprocas antecede o período aqui analisado[6] mas adquire uma dimensão mais ampla sob a economia moral do

---

6 Clóvis Moura, em seu *Dicionário da Escravidão Negra no Brasil* dedica um capítulo inteiro à revolução haitiana e a sua influência nas lutas negras de todo o Continente Americano, inclusive em ações política antiescravistas como a Inconfidência Baiana, de 1978, a Pedrosada, de 1823, a Revolução de 1817, em Pernambuco, entre outras

anti-facismo de meados do século XX. Temas como "alienação", "emancipação" e "libertação nacional" passam a circular entre importantes intelectuais do então chamado "Terceiro Mundo" (ORTIZ, 2012), especialmente aqueles posicionados a partir das diversas localidades da diáspora africana, que se apropriarão dos termos em voga para decodificarem as diversas facetas da *política racializada* (GILROY, 2001). Neste cenário, é plausível supor que os intelectuais afrobrasileiros presentes ao já mencionado Congresso pudessem ter tido contato e, eventualmente, se interessado pelas ideias de Fanon. Aliás, o próprio Fanon ficará internacionalmente conhecido algumas décadas depois como um autor que apresentaria – Já em Peau noire, masques blancs, de 1952 – algumas posições muito caras à *intelligentsia* afrobrasileira da ACN: as relações recíprocas entre a política e a cultura (estética) no âmbito da luta anticolonial[7].

Entretanto, se considerarmos seriamente esse hipótese restará ainda um elemento ser encarado – uma vez que a pouca disponibilidade de fontes nos limita a suposições[8] – que é a relação entre *sincronicidade* e *diacronicidade*, não apenas da racialização mas, sobretudo, das agências atlânticas negras que se estabeleceram nas diferentes partes da diáspora africana (GILROY 2001, 2007). Para além do já comprovado fluxo de influências políticas e estéticas afro-diaspóricos, resta ainda se questionar em que medida as perguntas e problemas enfrentados pelos já mencionados intelectuais afrobrasileiros poderiam encontrar guarida nas respostas oferecidas por Fanon no referido Congresso. Mas, como veremos, é exatamente nesse aspecto que as informações parecem não se encaixar.

A Negritude em debate

O confronto entre as perspectivas defendidas pelos intelectuais da Associação Cultural do Negro – ACN, à época do II Congresso de Artistas e Escritores Negros,

---

(MOURA, 2004, p. 360-3). Em outro lugar, ao elencar os diversos periódicos publicados pela imprensa negra brasileira das primeiras décadas do século XX, destaca um veículo que expressa bem o quanto o associativismo negro estava atento aos acontecimentos internacionais. Segundo ele: "O [periódico] 'Menelik' foi um dos primeiros jornais associativos que surgiram em São Paulo, criado pelo poeta negro Deocleciano Nascimento [...]. Esse 'Menelike', por causa da época da guerra da Abssínia com a Itália teve repercursão muito grande dentro de São Paulo. Todo negro fazia questão de ler o 'Menelik'". (MOURA, 1983, p. 54-3).

7   Me refiro especialmente à literatura de língua inglesa que se publicisa no final da década de 1970 sob o signo de Estudos Culturais e Pós-coloniais.
8   Silva chama a atenção para a necessidade de pesquisas mais exaustivas na Coleção Associação Cultural do Negro, acervo Acervo Ueim-UFSCar(SILVA, 2012; 2013a; 2013b).

em Roma, 1959, e as posições defendidas por Fanon nesse mesmo período sugerem algumas diferenças substâncias entre eles, especialmente, nos temas referentes à relação entre cultura (estética) e política. Para Fanon, seria a ruptura radical por meio de uma práxis revolucionária anticolonial – e não a integração ou a afirmação da cultura - os elementos que poderiam levar o colonialismo a termo. No contexto do referido Congresso, a atuação de Fanon como embaixador e mobilizador político-revolucionário da Frente de Libertação Nacional da Argélia junto aos países da África subsaariana; o avançar das lutas de libertação, resultando nas independências de países como Sudão, Marrocos e Tunísia (1956), Gana (1957), Guiné (1958) e o advento da revolução cubana poucos meses antes do II Congresso 1959, influenciaram decisivamente em sua forma de Fanon pensar a relação entre cultura e política, levando-o a se diferenciar ainda mais das posições defendidas pela maioria dos intelectuais do Movimento de Negritude a frente da Revista *Présence Africaine*[9].

Em sua conferência ao II Congresso Fanon afirma que a "condição de existência da cultura é pois a libertação nacional, o renascimento do Estado" (FANON, 2010, p. 280). Isso significa que para ele o caminho que deveria ser adotado pelos intelectuais presentes não deveria ser o enaltecimento da cultura africana – sistematicamente negada pelo julgo colonial – mas o engajamento dos artistas - junto ao povo colonizado, seus saberes e (pré)conceitos – em direção a uma práxis política de transformação das condições concretas de existência. Seria apenas a partir deste engajamento rumo à construção da nação, encarnando "as aspirações reais do povo" e, principalmente, *modificando* o Estado que seria possível, segundo o autor, o surgimento "formas de fecundidade cultural excepcional" (Op. cit., p. 281), como se pode ler no mesmo trecho, apresentado no referido Congresso:

> Pensamos que a luta organizada e consciente empreendida por um povo colonizado para restabelecer a soberania da nação constitui a manifestação mais plenamente cultural que exista. Não é unicamente o sucesso da luta que dá, posteriormente, validade e vigor à cultura, não há hibernação da cultura durante o combate. A própria luta, no seu desenrolar, no seu processo interno, desenvolve as diferentes direções da cultura e esboça novas orientações. A luta de libertação não restitui à cultura nacional o seu valor e os seus contornos antigos. Essa luta, que visa uma distribuição fundamental das relações entre

---

9   Vale lembrar , como já discutimos em outro espaço (FAUSTINO, 2013), que algumas dessas diferenças já se observam em *Peu noire, masques blanques* (1952), e *Racisme et Culture* (1945) quando Fanon denuncia um certo essencialismo e culturalismo nas posições defendidas pelo Movimento de Negritude.

os homens, não pode deixar intatos nem as formas nem os conteúdos culturais desse povo (Op. cit. , p. 280-1)

> Fora desse movimento prático-sensível, para ele, restariam apenas duas opções: adorar à cultura do colonizador, legitimando-a enganosamente como a única verdadeiramente válida – contribuindo assim para disseminar preconceitos em relação à cultura autóctone – ou, por outro lado, lançar-se apaixonadamente à cultura dos povos colonizados, cultura essa "mumificada", "substancializada", "solidificada" e "esterilizada" pelo colonialismo. Esta segunda opção - que para Fanon é partilhada pela maioria dos intelectuais do Movimento de Negritude - foi alvo de duras críticas ao longo deste e de outros textos escritos pelo autor. Não é atoa que a coletânea de textos apresentados à *Conferência dos Intelectuais da África e da Diáspora*, organizada 2004 pela União Africana em Dakar apresenta alguns trechos do capítulo IV "Sur le culture nationale" de *Les Damnés de la terre* (1961) sob o título "A crítica da negritude por Frantz Fanon"[10]

O discurso de Alione Diop para a primeira edição da Revista Présence Africaine, em 1947 explicita bem as diferenças que futuramente Fanon assumiria, pois segundo ele a Revista estaria aberta à colaboração daqueles que estivessem dispostos a ajudar "definir a originalidade africana e acelerar a sua inserção no mundo moderno" (DIOP, 1947:100), já que a *Europa* – "uma minoria de seres que produzem e criam" impuseram ao *resto do mundo* – os "menos ativos" que "produzem menos" a sua "produtividade" (Op. cit., p. 101). A esse modo "patológico" e "militante" da Europa, deve ser opor, portanto, a "sensibilidade muito viva e uma história longa e singular" (Op. cit., p. 102-3) própria de uma *humanidade negra*:

> A língua pela qual essa humanidade vai se exprimir em nosso revista (o francês) não deixará de revelar novas temáticas pitorescas e morais e formais inéditas de sensibilidade. Acrescentaríamos até que esta humanidade negra pode enriquecer a civilização europeia. Estamos convencidos de que sim. Pois um dos traços característicos da vida moderna é acreditar que as consciências podem se comunicar entre si. O negro-Africano, por sua vez, não acredita nisso. Para ele, de fato, não falta prazer no amor e na amizade, mas ele desconhece um pouco a intimidade. Pelo contrário, os europeus acham até que o ser hu-

---

10 A coletância disponibiliza o texto de resolução dos congressos panafricanistas e algumas das conferências que permearam as suas reflexões. O referido trecho pode ser encontrado nas páginas 177-186 da edição brasileira de 1979 (Ed. Civilização Brasileira) e nas páginas 246-259 da edição de 2010 (Ed. UFJF).

mano só é real quando pode expressar a sua humanidade. As instituições sociais o consideram dentro deste quadro somente.[...] todo o ser humano que não manifestar sua personalidade é negado nesta sociedade militante, na qual cada um assume inteiramente o seu próprio destino, na qual só se valorizam as leis e os fatos, revelados pela ciência e pelo pensamento [...]. Quanto a nós, africanos, esperamos destas atividades culturais resultados bem específicos. Que PRESENCE AFRICAINE nos franqueie uma inserção e um posicionamento na sociedade moderna, ao mesmo tempo que nos revele ao mundo, nos ensinando a crer na ideia. Pois ainda somos bem diferentes do europeu em relação a isso [...]. O universo é, para nós, ilimitado em maravilhas, ele é fecundidade infinita oferecida ao nosso vigoroso apetite. Nos preocupamos pouco em conhecer e domar o mundo, mas sim e usufruir dos alimentos que a atualidade presente carrega. Vivemos *hic et nunc*. De certa maneira, somos burgueses la onde o europeu é um militante (DIOP, op. cit., p. 103).

É óbvio que essa visão essencialista foi ressignificada ao longo dos anos com o desenrolar das lutas de libertação nos diversos países africanos, e a Revista *Présence africaine* não ficou imune às novas influências, mas até o período do II Congresso, as ideias hegemônicas estavam entre o movimento de *negritude cultural* de Léon Damas, Aimé Cesiare, Leopold Senghor e e Alione Diop e o *faraonismo* de Cheikh Anta Diop. O primeiro buscando "reabilitar" a raça negra a partir da estética, em especial a ideologia e a poesia e o segundo, almejando ser uma forma "científica de negritude" voltada à exaltação de um passado negro glorioso[11]. O ponto é que a posição radical de Fanon era sabidamente crítica destas duas tendências e poderia ter ganhado um eco maior nos anos de independência que se seguiram, se não fosse sua morte precoce aos 36 anos em 1961. Enquanto isso, no II Congresso, defendia uma abordagem da cultura que pudesse ser articulada a partir da luta (revolucionária) pela construção da nação, os desejos e visões do de mundo do povo e uma visão humanista-internacionalista que refutasse o nacionalismo, o particularismo e a qualquer visão reificada de identidade:

Se o homem é o que ele faz, então diremos que a coisa mais urgente hoje para o intelectual africano é a construção da sua nação. Se essa construção for verdadei-

---

11 Dyeng lembra que a despeito destas duas vertentes dominantes, a "Présence Africaine não de publicar obras de tom anticolonialista, como O discurso sobre o Colonialismo, de Aimé Césaire; Os estudantes negros falam (1953); As massas africanas e a atual condição humana (1956) e A companhia do Senegal (1958) de Abdoulaye Ly; Carta a Marice Thorez (1956), de Aimé Cesaire; A contribuição ao estudo dos problemas políticos na África negra (1958). De Mahjemout Diop; A África Negra pré-colonial e A unidade cultural da África negra (1960), de Cheik Anta Diop" (DIENG, 1997, p. 112).

ra, isto é, se traduzir a vontade manifesta do povo, se revelar em sua impaciência os povos africanos, então a construção nacional se acompanhará necessariamente da descoberta e da promoção de valores universalizantes. Longe, pois, de afastar-se das outras nações, é a libertação nacional que torna a nação presente no palco da história. É no coração da consciência nacional que se eleva e se vivifica a consciência internacional. E essa dupla emergência é apenas, definitivamente, o núcleo de toda cultura (FANON, 2010, p. 283).

Já o ativismo brasileiro daquele momento, revela Silva, buscava respostas bastante distintas para as suas questões políticas e estéticas. Como se pode constatar no Manifesto escrito pelos intelectuais da ACN na ocasião de comemoração dos 70 anos da abolição da escravidão, havia pouco ou nenhum espaço para o radicalismo defendido por Fanon:

> Neste ano de 1958 em que comemoramos o 70 aniversário da abolição da escravatura no Brasil, as organizações culturais, esportivas, recreativas e as pessoas que a este subscrevem, uniram-se para homenagear os grandes vultos que, no passado, batalharam nas tribunas, na imprensa, nos parlamentos, nos eitos, nas senzalas e nos quilombos por causa tão justa e humana. [...] Tais vultos merecem a homenagem e o respeito de todo o povo brasileiro, e, os ideais de liberdade e independência que nortearam suas grandes ações, elevam e enobrecem os sentimentos de humanidade de nossa gente. [...] No momento em que se exaltam no Brasil os sentimentos de nacionalidade, independência e liberdade, adquire ainda maior oportunidade a comemoração do grande feito de 1888 [...] Através de sessões cívicas, conferências culturais, representações de teatro, festejos populares, atividades esportivas e recreativas, desejamos que todos os brasileiros participem das festividades comemorativas do "O Ano 70 da Abolição", contribuindo dessa maneira para elevar ainda mais alto a chama democrática da igualdade jurídica e social das raças. Salve o Ano 70 da Abolição.
>
> São Paulo, janeiro de 1958 (Carta da ACN, apud. SILVA, 2012, p. 243)

O tom agregador da carta, explica Silva, corresponde à necessidade de congregar os elementos mais díspares da sociedade a um acontecimento considerado de maior importância, mas é reveladora, quando contrastada ao discurso de Fanon, acima apresentado. Para além disso, o fantasma da repressão política sofrida pela

Frente Negra Brasileira, associada às características próprias do racismo brasileiro[12] fazia com que, neste momento, os mentores de diversas organizações negras apostassem mais nas formas culturais de articulação política do que nas formas clássicas de enfrentamento. Como afirma o autor a respeito da ACN:

> Criada como um fato político e cultural, por mais que seus mentores quisessem minimizar o primeiro adjetivo, ela se torna uma referência do ativismo negro, sendo chamada a emitir opinião ou se posicionar sobre os mais diversos assuntos, em diferentes momentos, acerca de questões que nem sempre pôde dar a resposta esperada (SILVA, 2012, p. 247)

Assim, embora o ano de 1959 seja um momento decisivo para as lutas de libertação que se seguiram no continente africano, e essas lutas, bem como os seus desfechos bem ou mal sucedidos não passaram batido a estes intelectuais ativistas afro-brasileiros[13] parece ser mais provável que foi as frações hegemônicas do Movimento de Negritude, e não Fanon (revolucionário) com suas críticas a ele, que se aproximava mais das perspectivas buscadas pela ACN:

Na tensa relação de *fazer história* e *fazer sentido*, a ACN procurou marcar um lugar importante para o grupo negro paulistano, tentando se por em compasso com o andamento das transformações da sociedade, abrindo uma brecha, às suas custas e às expensas de poucos apoios de alguns intelectuais não negros, para cravar no cenário da modernidade precária emergente de São Paulo, uma imagem do negro alternativa à da escravidão, que fosse reivindicativa, crítica, propositiva e combativa. Os condicionamentos sociais para sua produção foram determinantes para reafirmar a marginalidade da iniciativa cultural negra, embora tenha sido capaz de, fato raro, alçar um público não endógeno, num momento favorável, em aberto, com disposições democráticas (Op. cit., p. 270).

Isso sugere que mesmo que os membros da ACN tenham tido algum contato com as ideias do autor, elas ainda não ofereciam, neste momento, alguma utilidade ao debate afro-brasileiro. Como aponta Silva em outro lugar, foi preciso que as ideias

---

12 Ranchard, olhando um momento distinto deste que por hora analizamos, sugere em seus estudos que a aglutinação de negros em torno das entendidades de cunho cultural – em detrimento das organizações políticas - foi uma estratégia bastante utilizada no Brasil, dado à perseguissão sistemática à auto-orgnização negra (RANCHARD, 2001)

13 Como mostra Manifesto da ACN, 25/03/1960 em repúdio aos "acontecimentos sangrentos de Shaperville" (apud SILVA, 2012, p. 253-4)

de Fanon esperassem por uma nova geração de intelectuais e ativistas para serem retomadas e discutidas à luz do contexto brasileiro (2013).

Bibliografia

CANNELLI. Barbara. "Il secolo 'brevissimo' di un'Africa in cerca di identitá". *RESET DOC*. Martedì, 23 gennaio 2007, disponível em http://www.resetdoc.org/story/00000000283. Acesso em 23/01de 2017

DIENG. Amadi Aly. "Testemunho do professor Amadi Aliy Dieng durante as comemorações do 50. Aniversário de Présence Africaine": In: FRANCOFONIA: *O movimento pan-africanista no século vinte: textos de referência*. Versão abreviada e traduzida para o português por ocasião da "Conferência dos Intelectuais da África e da Diáspora" organizada pela União Africana, 2004.

FANON, F. *Peau Noire, Masques blacs*. Editions du seuil. 1952.

_____. *Pour la révolution africaine (écrits politiques)*. Cahiers libres. N°s 53-54. François Maspero. 1964

_____. *Les damnés de la terre*. Librairie François Maspero éditeuir. Paris. 1968 (petite collection maspero)

_____. *Sociologia dúne révolution*. «L'an V de la Revólution algerienne». François Maspero. París. 1968 (petite collection maspero)

_____. *Pele negra, máscaras brancas*. EDUFBA. Tradução: Renato da Silveira. Salvador, 2008.

_____. *Os Condenados da Terra*. 1º ed. Rio de Janeiro: Civilização Brasileira, 1979.

_____. *Os Condenados da Terra*. 2º ed. Rio de Janeiro: Civilização Brasileira, 1979.

_____. *Os condenados da terra*. Juiz de fora: Ed. UFJF, 2010. (coleção cultura, v.2)

_____. *Pour la révolution africaine*. Paris : Maspéro, 1969

_____. *Em defesa da revolução Africana*. Lisboa. Livraria Sá da Costa. 1969.

_____. *L'An V de la révolution algérienne.*. Paris : F. Maspéro, 1962

FAUSTINO, Deivison Mendes. "A emoção é negra, a razão é helênica? Considerações fanonianas sobre a (des)universalização do "ser" negro". *Revista Tecnologia e Sociedade*. v. 9, n. 18. 2013. Disponível em: https://periodicos.utfpr.edu.br/rts/article/view/2629

FILGUEIRAS, Fernando de Barros. "Guerreiro Ramos, a Redução Sociológica e o imaginário pós-colonia". *Caderno CRH*, Salvador, v. 25, n. 65, p. 361-377, Maio/Ago. 2012. Disponível em: http://dx.doi.org/10.1590/S0103-49792012000200011

GEISMAR, Peter. *Fanon*. Coleccioón Hombres Del tiempo. Granica Editor, 1972

GORDON, L.R. (2015). *What Fanon Said: A Philosophical Introduction to His Life and Thought*. Fordham University Press.

GUIMARÃES, Antonio S. "A recepção de Fanon no Brasil e a identidade negra". *Novos Estudos Cebrap*, São Paulo, n. 81, jul. 2008. Disponível em: http://www.scielo.br/scielo.php?script=sci_arttext&pid=S0101-33002008000200009

HANCHARD, Michel *Orfeu e Poder. Movimento Negro no Rio e São Paulo*. Rio de Janeiro, EdUERJ/UCAM-Centro de Estudos Afro-Asiáticos, 2001, 243 p.

MACEY, D. *Frantz Fanon: A Life*. London: Granta Books, 2000

MARZIOLI, Sara. "Ignazio Silone's Pan-African Detour: Franz Fanon, Decolonization, and Globalization". *FANON IN ITALY: A SYMPOSIUM* Interventions: *International Journal of Postcolonial Studies* and by the *Postcolonial Research Group* of Newcastle University. Tuesday June 11, 2013. Research Beehive, Room 2.20, Newcastle University, Newcastle upon Tyne (UK)

DIOP, Alioune. "A revista Présence Africaine e a Sociedade Africana de Cultura (Pais, 1947): *O movimento pan-africanista no século vinte: textos de referência*". In: FRANCOFONIA: Versão abreviada e traduzida para o português por ocasião da "Conferência dos Intelectuais da África e da Diáspora" organizada pela União Africana, 2004.

ORTIZ, Renato. *Cultura brasileira & identidade nacional*. 2ª ed. São Paulo: Brasiliense, 1986.

SILVA, Mário A. M. da. *A descoberta do insólito: literatura negra e literatura periférica no Brasil (1960-2000)*. Tese [Doutorado]. Campinas: Unicamp, 2011.

_____. "Fazer história, fazer sentido: Associação Cultural do Negro (1954-1964)". *Lua Nova*, n. 85, 2012. Disponível em: http://dx.doi.org/10.1590/S0102-64452012000100007.

_____. "Frantz Fanon e o ativismo político-cultural negro no Brasil: 1960/1980". Estud. hist. (Rio J.), Rio de Janeiro , v. 26, n. 52, p. 369-390, Dec. 2013 Disponível em: http://dx.doi.org/10.1590/S0103-21862013000200006.

Parte IV: Circulação das ideias e seus efeitos

Contingências da periferia: da "formação" à "inserção" da literatura brasileira[1]

Alfredo Cesar Melo

Há uma cena nas literaturas africanas de língua portuguesa que se reitera algumas vezes e cujos desdobramentos teóricos, a meu ver, não receberam ainda a atenção devida por parte da história literária, dos estudos de literatura brasileira e da literatura comparada no Brasil. Trata-se da cena do encontro do escritor africano lusofalante com o livro brasileiro. Em seu ensaio *Cabo Verde visto por Gilberto Freyre*, o polígrafo caboverdiano Baltasar Lopes fala do regozijo que foi ler Manuel Bandeira, José Lins do Rêgo e Gilberto Freyre nos anos de 1930 em Cabo Verde (LOPES, 1956, p 9). Em entrevista a Michel Laban, o escritor angolano Luandino Vieira recorda como, durante a sua experiência no cárcere, chegou à sua mão o livro *Sagarana* de João Guimarães Rosa, e quão importante foi para ele aquela primeira leitura da contística roseana (LABAN,1980, p.12). O romancista e antropólogo angolano Ruy Duarte de Carvalho também relata o primeiro contato com *Grande Sertão: Veredas* em termos muito positivos (CARVALHO, 2006, p.85). Algo semelhante pode ser dito do contato dos moçambicanos Mia Couto e José Craveirinha com a literatura brasileira. Todos esses encontros são retratados como verdadeiros pontos de inflexão na literatura desses escritores, como se o livro brasileiro oferecesse não apenas um modo de escrever ficção em contextos pós-coloniais, mas sobretudo descortinasse uma realidade vibrante e desafiadora, incrivelmente semelhante a dos letrados africanos.

Esse encontro já foi muito documentado e estudado pela crítica literária especializada nas letras africanas (ARENAS,2011; CHAVES, 2005; HAMILTON, 1994; MACEDO, 2008). O contato do intelectual africano com o livro brasileiro, no entanto, impõe um desafio de ordem propriamente teórica para a área de literatura brasileira e literatura comparada, pois nos leva a pensar quais são consequências desse encontro (ou dessa alegada influência) para a avaliação que os

---

[1] Este artigo é resultado de pesquisa financiada pela Fundação de Amparo à Pesquisa do Estado de São Paulo (FAPESP).

brasileiros fazem de sua cultura e literatura e para a prática da literatura comparada entre nós. O que acontece com a cultura brasileira, cujos atores gostam de se imaginar como antropófagos devoradores de culturas alheias, quando ela é devorada e ressignificada por outros – que não são os outros de nossa preferência? Argumentarei que a leitura que africanos fazem da literatura brasileira deveria ocupar o centro do debate comparatista no Brasil, ao invés de constituir um objeto restrito apenas a uma área de estudo (as letras africanas). A hipótese de trabalho que defendo ao longo deste artigo é a de que os estudos de literatura comparada que focam na relação entre a literatura brasileira e as literaturas africanas de língua portuguesa podem fornecer subsídios importantes para revisar os pressupostos de nossa prática comparatista. Discutirei a seguir as diferenças entre os paradigmas da formação e da inserção. O clássico estudo de Antonio Candido, *Formação da literatura brasileira*, servirá como um ponto de referência incontornável para realização de um contraste entre os dois paradigmas.

Entre formação e inserção

Foi Silviano Santiago quem primeiro usou os termos "formação" e "inserção" como contrapontos conceituais. Apesar de estar usando a formulação de Santiago, é importante deixar claro que não há aqui qualquer tentativa de aplicar teoria, pois a despeito de reconhecer o valor heurístico dos conceitos, estabeleço um certo distanciamento diante da moldura teórica de Santiago. Há na narrativa de Santiago um eixo historicista, como se a articulação entre os dois conceitos acontecesse em dois tempos: depois de automodelado (o primeiro momento seria formador) o sujeito brasileiro estaria pronto para debutar no concerto das nações (a inserção seria o segundo passo desse movimento).[2] Nem parto da premissa, também ela teleológica, de que devemos começar a utilizar a ideia de "inserção" porque o paradigma da "formação" simplesmente se exauriu.

Há importantes análises da exaustão desse paradigma como as de Roberto Schwarz e de Marcos Nobre. Para Roberto Schwarz "a desintegração do projeto desenvolvimentista deixou por terra um conjunto impressionante de ilusões" (SCHWARZ, 1997, p. 150). Tal esfacelamento do projeto de formação se dava por

---

2 "Tendo sido esclarecido (e não resolvido, obviamente) o modo como o sujeito brasileiro se automodelou como cidadão e acomodou nos trópicos a emancipação de uma sociedade jovem e moderna, delega-se hoje ao Estado nacional democrático papel e funções internacionais. *Cosmopolita, a nação está habilitada a tomar assento no plenário do planeta*"(SANTIAGO, 2014, grifos meus).

conta da "inviabilização global das industrializações retardatárias" (1990, p. 160). Marcos Nobre, por sua vez, aponta para "mudanças estruturais do capitalismo que simplesmente inviabilizaram a continuidade de qualquer projeto de tipo nacional--desenvolvimentista" (NOBRE, 2012, p.75). Tanto Schwarz como Nobre ressaltam a existência de limites estruturais para uma aspiração louvável (a formação do Brasil moderno), ainda que entremeada de ilusões.[3] Isso dito, é preciso ir além da demonstração da inviabilidade estrutural do paradigma da formação. A relação que tento estabelecer entre "formação" e "inserção" não está vincada numa disposição diacrônica que sugere a superação de um paradigma por outro. Antes disso, centro minha análise na mudança de pressupostos.

A ideia de *formação* pressupõe uma relação hierárquica e normativa, afinal, se estamos nos formando para sermos algo que ainda não somos, estamos num estágio anterior àquele que desejamos, ou deveríamos estar. E a percepção de que há um estágio de desenvolvimento social, econômico e cultural que deveríamos alcançar quando nos formarmos é derivada de uma imaginação política eurocêntrica, pois constituir-se enquanto *nação moderna* significa estar no mesmo nível das nações que hoje emulamos (europeias e norte-americanas). Não é por acaso que o vocabulário das agências internacionais para referir-se aos países periféricos transmite esse perene estado de transição que nunca se realiza completamente: o Brasil é um país *em desenvolvimento*, ou para usar um termo ainda mais atual, trata-se de um país

---

3   É importante ressaltar que Schwarz escreve sobre a ideologia da formação em 1994, auge da era neoliberal, e Nobre publica sua reflexão em 2012, ainda num período relativamente eufórico dos anos lulo-dilmistas. Por escreverem em momentos históricos muito díspares, os dois têm visões bem diferentes sobre o que representou o paradigma da formação, mas coincidem no diagnóstico de sua exaustão. Talvez o mais impiedoso diagnóstico da exaustão do paradigma da formação esteja no *O mito do desenvolvimento econômico* de Celso Furtado, que aponta o limite ecológico para o crescimento econômico dos países subdesenvolvidos: "o estilo de vida criado pelo capitalismo industrial sempre será o privilégio de uma minoria. O custo, em termos de depredação do mundo físico, desse estilo de vida é de tal forma elevado que toda tentativa de generalizá-lo levaria inexoravelmente ao colapso de toda uma civilização, pondo em risco as possibilidades de sobrevivência da espécie humana. Temos assim a prova definitiva que o desenvolvimento econômico - a idéia de que povos pobres podem algum dia desfrutar das formas de vida dos atuais países ricos - é simplesmente irrealizável. Sabemos agora de maneira irrefutável que as economias de periferia nunca serão desenvolvidas, no sentido de similares às economias que formam o atual centro do sistema capitalista. Mas, como negar que essa idéia tem sido de grande utilidade para mobilizar os povos da periferia e levá-los a aceitar enormes sacrifícios, para legitimar a destruição de formas de cultura "arcaicas", para "explicar" e fazer "compreender" a necessidade de destruir o meio físico, para justificar formas de dependência que reforçam o caráter predatório do sistema produtivo?" (FURTADO,1973, p. 17)

emergente. O processo de formação/autonomização também presume a existência de um sujeito (cultura/nação/sociedade/economia/literatura) que toma as rédeas de seu destino, movimentando-se assim a partir de energia própria, agora sem nada a dever a seus pares de latitudes mais elevadas.

Já a noção de inserção tem um outro alcance. A inserção da literatura brasileira só pode ser pensada se levarmos em conta as contingências de seus deslocamentos, com ressignificações inusitadas e imprevisíveis. O motor da reflexão sobre o país não parte de dentro, como no caso do paradigma da formação, mas dos múltiplos lugares de fora. É importante reiterar que o olhar de fora que interessa não é aquele do europeu, ou do primeiro mundo, pois esse olhar já é constitutivo do paradigma da formação. O olhar do centro é aquele que disciplina e constrange a periferia.[4] A mirada dos países periféricos apresenta uma outra dinâmica, que merece ser especificada e examinada com maior precisão. Talvez tenhamos alguma coisa a aprender acerca de nós mesmos a partir desses ângulos inusitados.

No plano da cultura e da literatura, o paradigma da formação tem uma vocação aparentemente cosmopolita. As melhores tentativas de entender a literatura brasileira, dentro desse paradigma, passam pelo mapeamento das letras nacionais numa moldura ocidental. Para aquele que é considerado o fundador da crítica literária moderna no Braisl, Silvio Romero, "todo e qualquer problema histórico e literário há de ter no Brasil duas faces principais: *uma geral* e outra particular, uma influenciada pelo momento *europeu* e outra pelo meio nacional" (ROMERO, 2001, p.21). Antonio Candido atualiza essa formulação ao ensaiar uma possível "lei de evolução da nossa vida espiritual", regida pela dialética entre o local e o universal, isto é, a "tensão do dado local (que se apresenta como substância da expressão) e os moldes herdados da tradição europeia (que se apresenta como forma de expressão)"(CANDIDO, 2006, p.116). Não deixa de ser irônico, no entanto, que uma tradição intelectual tão preocupada com o cosmopolitismo disponha de tão poucos estudos sobre a efetiva inserção internacional das obras brasileiras[5] É ainda mais paradoxal observar que

---

4   No seu clássico *Sobrados e Mucambos*, Gilberto Freyre analisa o efeito do olhar inglês sobre a sociabilidade brasileira: "Sob o olhar desse ente superior, o brasileiro do século XIX foi abandonando muitos dos seus hábitos tradicionais – como o de dançar dentro das igrejas no dia de São Gonçalo, por exemplo – para adotar as maneiras, os estilos e o trem de vida da nova camada de europeus que foram se estabelecendo nas nossas cidades. Desde as dentaduras postiças ao uso – até o contato maior com os ingleses quase insignificante – de pão e da cerveja. (FREYRE, 2006, p. 429)

5   É sintomático que o melhor estudo sobre a recepção da literatura brasileira no exterior seja escrito por um norte-americano (ARMOSTRONG, 1999). Também é sintomático

essa tradição intelectual brasileira, tão negligente em verificar empiricamente a circulação da literatura brasileira no mundo, apresente a universalidade como seu mais prezado valor para emitir juízos sobre a qualidade das obras literárias do Brasil. De acordo com essa escala de valores, tão melhor seria uma obra se ela ficasse à altura dos melhores padrões estéticos do cânone ocidental, em contraposição àquilo que era considerado de baixa qualidade, geralmente associado ao pitoresco, regional, provinciano e localista. Como nos mostramos pouco dispostos a testar a efetiva universalidade das obras brasileiras, já que teorizamos pouco sobre a inserção da nosssa literatura no mundo, acabamos por criar involuntariamente uma categoria irônica, a obra universal para consumo doméstico e particular.[6]

Algo similar pode ser dito da retórica antropofágica, ainda vigente em boa parte da crítica cultural brasileira e tão enaltecedora do jeito de escritores e artistas se apropriarem, deformarem ou subverterem modelos europeus.[7] O resultado prático desse discurso pode ser a melhora na autoestima nacional sem, no entanto, exercer qualquer efeito na real assimetria que existe entre as culturas periféricas e centrais. Afirmar que Machado de Assis se apropria criativamente de Shakespeare ou Pascal para produzir sua literatura certamente agrega valor para Machado dentro do campo literário brasileiro, mas dificilmente alteraria a divisão internacional de conhecimento, isto é, o achado crítico em nada modifica o modo como Shakespeare e Pascal são estudados nas universidades metropolitanas. Os cursos de literatura comparada das universidades estadunidenses e europeias não colocariam esses autores no mesmo patamar. O efeito catártico que essas leituras produzem é meramente doméstico.

Fica claro que, dentro do paradigma da formação, o mundo aparece como um conjunto de influxos culturais que vêm dos centros prestigiosos e chegam ao Brasil, onde são devidamente digeridos, apropriados, retrabalhados para compor a alta cultura brasileira. Essa narrativa da aclimatação e acolhimento criativo do legado cultural europeu dá ao letrado brasileiro uma sensação de participação no mundo contemporâneo e na tradição intelectual ocidental que nem sempre tem respaldo na realidade. O paradigma da inserção se interessa por uma outra dinâmica – centrífu-

---

    que Armstrong centre sua análise nos Estados Unidos e Europa apesar do livro reivindicar, no subtítulo, fazer um amplo estudo da recepção internacional da cultura brasileira.

6 Em espírito de *boutade*, Graciliano Ramos desdenhava dos escritores brasileiros que "pretendiam tornar-se à pressa universais", embora não houvesse sinal de que o "universo principi[asse] a interessar-se por nossas letras" (RAMOS, 1987, p. 127)

7 É importante esclarecer que não estou sugerindo que tal interpretação de antropofagia possa ser extraída diretamente da obra de Oswald de Andrade. Refiro-me ao discurso antropofágico amplamente difundido no campo cultural brasileiro.

ga, ao invés de centrípeta: que é a de como a cultura brasileira se torna fluxo internacional, e quais seriam as implicações teóricas da presença da cultura e literatura brasileira no mundo.

Inserção da literatura brasileira na África

Não é de se estranhar, portanto, que a relação entre cultura brasileira e europeia esteja no centro do paradigma da formação que tanto impacto teve no comparativismo brasileiro. Pretendo mostrar a seguir como as relações entre literatura brasileira e literaturas africanas de língua portuguesa são fundamentais para entendermos a inserção da literatura brasileira no mundo. Argumentarei que presença do livro brasileiro em terras africanas é qualitativamente distinta da circulação da literatura brasileira na Europa ou Estados Unidos.

O crítico estadunidense David Damrosch apresenta no seu *What is World Literature?* dois conceitos de literatura mundial: um de abrangência maior e outro mais intensivo e restritivo. Segundo o conceito mais abrangente, literatura mundial seria constituída de "todas obras literárias que circulam além de sua cultura de origem, seja em tradução, seja na sua língua original" (DAMROSCH, 2003, p. 4).[8] Já o conceito mais exigente de literatura mundial afirma que "uma obra só tem vida efetiva enquanto literatura mundial quando e onde for ativamente presente num sistema literário diferente daquele da sua cultura original" (DAMROSCH, 2003, p.4). [9] Se a obra de Machado de Assis poderia facilmente ser considerada exemplo de literatura mundial, de acordo com o primeiro conceito, dificilmente seria enquadrada no segundo conceito. Obras como as de Gilberto Freyre, Guimarães Rosa e Jorge Amado passam no teste dos dois critérios, já que ultrapassaram as fronteiras do Brasil e ajudaram a estruturar sistemas literários em países africanos de língua portuguesa. E é exatamente essa noção de literatura mundial que tem recebido menos atenção da crítica literária brasileira. Daí a necessidade de estabelecer um paradigma comparatista que enfoque as relações literárias e culturais entre países do Sul, e que as leve em consideração para a discussão sobre a cultura brasileira.

Junto com a constatação de que a literatura brasileira desempenhou um papel fundamental na estruturação das literaturas africanas de língua portuguesa, vem também o reconhecimento, por parte desses intelectuais africanos, de que o Brasil

---

8   No original: "all literary works that circulate beyond their culture of origin, either in translation or in their original language" (DAMROSCH,2003, p.4).

9   No original: a work has effective life as world literature whenever, and wherever, it is actively present within a literary system beyond that of its original culture.

parecia ser uma parte da de seus países africanos (ou vice-versa), tamanha familiaridade os personagens e os cenários descritos nas narrativas brasileiras despertavam nos escritores africanos.

O escritor e antropólogo angolano Ruy Duarte de Carvalho, por exemplo, fala de como a leitura de *Grande sertão: veredas* o fez perceber que os tipos humanos e os cenários que conhecia em Angola estavam também figurados no romance de João Guimarães Rosa:

> Mas para o que talvez possa interessar agora, eu estava a encontrar ali [em *Grande sertão: veredas*], finalmente, um tipo de escrita e de ficção adequadas à geografia e à substância humana que eu andava então, técnico da Junta do Café, a freqüentar e a fazer-me delas por Angola afora. (...) E nas paisagens que Guimarães Rosa me descrevia, eu estava a reconhecer aquelas que tinha por familiares. Já porque de natureza a mesma que muitas paisagens de Angola – e em algumas das paisagens de Angola eu reconhecia aquelas, enquanto o lia – já porque a gente que ele tratava, gente de matos e de grotas, de roças e capinzais, era também em Angola aquela com quem durante muitos anos andei a lidar pela via do ofício de viver (CARVALHO, 2006, p. 85).

Os angolanos Ruy Mingas e Mario Antonio compuseram uma canção chamada "Poema da farra" na qual dizia: "Quando li Jubiabá/ me acreditei Antonio Balduíno/ Meu primo, que nunca o leu/Ficou Zeca Camarão" (apud COUTO, 2011, p.64). O mundo romanesco de Jorge Amado parecia perfeitamente plausível em Angola a ponto dos poetas angolanos se projetarem nos personagens de Amado.

O poeta moçambicano José Craveirinha se lembra da importância do futebol e da literatura brasileira para a sua socialização. Segundo seu relato, em algum momento, na escola, o poeta começou a se libertar da literatura portuguesa, enveredando-se na literatura brasileira. A ênfase recai sobre Jorge Amado. Segundo Craveirinha, "Amado nos marcou muito pois aquela maneira de expor as histórias fazia pensar em muitas situações que existiam aqui" (THOMAZ; CHAVES, 2003, p.415). Craveirinha lembra de encontrar-se com marinheiros brasileiros que se revelaram encantados com Moçambique. Os marinheiros disseram: "Nós saímos do barco e entramos no Brasil". Craveirinha concorda afirmando que "aqui era uma réplica do Brasil, cantávamos canções do Brasil" (THOMAZ; CHAVES, 2003, p. 416).

O proeminente escritor moçambicano Mia Couto também registrou sua percepção sobre a importância da literatura brasileira na literatura africana. Couto confessa que a primeira leitura da obra de Guimarães Rosa o fez lembrar das narrativas que escutava dos contadores de história em Moçambique quando era criança. Numa fala sobre Jorge Amado, Mia Couto confessa que a literatura de Jorge Amado permitiu que aqueles moçambicanos se sentissem brasileiros: "e foi isso que fez Amado ser nosso, africano, e nos fez, a nós, sermos brasileiros. Era um Brasil todo inteiro que regressava a África. Havia pois uma outra nação que era longínqua mas não nos era exterior" (COUTO, 2011, p. 64). O Brasil seria uma nação que não era exterior a Moçambique. Reitera-se a contiguidade sócio-cultural entre o Brasil e um país africano de língua portuguesa.

Testemunho similar é o do escritor caboverdiano Baltasar Lopes para quem a literatura moderna do Brasil "revelava-nos um ambiente, tipos, estilos, formas de comportamento, defeitos e virtudes, atitudes perante a vida que se assemelhavam aos destas ilhas" (LOPES, 1956, p.6). O impacto que a cultura brasileira teve sobre o fundador do Grupo Claridade pode ser percebido na descrição pormenorizada que o próprio Lopes faz de sua leitura de "Evocação do Recife", poema de Manuel Bandeira. Lopes lia o poema visualizando Cabo Verde. Vila da Ribeira Brava, sua cidade natal, seria o Recife da poesia; um velho conhecido seu, Nhô Pedro António, faria as vezes de Totônio Rodrigues com o *pince-nez*, e a moça tomando banho nua, observada com alumbramento por Bandeira na Caxangá, era imaginada nos tanques da Ribeira do João.

Baltasar Lopes vislumbrava as personagens e situações narrados pela literatura brasileira dentro de cenário cabo-verdiano, tal como um Tomás Antonio Gonzaga, poeta arcádico estudado por Antonio Candido em *Formação da literatura brasileira*, que colocava uma ninfa neoclássica nos ribeirões de Minas Gerais. Analisando de maneira mais rigorosa, logo se percebe que a comparação com os neoclássicos é enganosa.

De acordo com argumento formulado por Antonio Candido, a estratégia dos poetas neoclássicos era de integrar espiritualmente as paragens brasileiras à cultura ocidental: "o poeta olhava pela janela, via o monstruoso jequitibá, suspirava ante 'a grosseria das gentes'e punha resolutamente um freixo no poema" (CANDIDO, 1997, p. 68). Desse modo, ainda de acordo com Candido, "os escritores asseguravam universalidade às manifestações intelectuais da Colônia, vazando-as na linguagem comum da cultura européia" (CANDIDO, 1997, p. 69). As ninfas e os freixos funcionariam como metonímia da Europa clássica, civilizando os territórios bárbaros da colônia portuguesa. Afinal, não seria bárbaro tudo aquilo que está fora da civilização? As figuras neoclássicas ajudavam a dar dignidade civilizatória a uma terra selvagem e rústica. Seria o caso de questionar até que ponto superamos completamente o vezo de buscarmos respaldo civilizatório no contato com os produtos culturais europeus. Boa parte de nossa crítica literária ainda busca no chamado intertexto europeu um modo de tornar a literatura brasileira mais relevante. Tal prática pode ser mais bem compreendida à luz de duas elaborações teóricas, bastante interligadas entre si, encontradas na *Formação* de Antonio Candido: (1) a dependência que o intelectual brasileiro teria em relação a outras literaturas para "elaborar a visão das coisas" e experimentar "as mais altas emoções literárias"(CANDIDO, 1997, p. 8), ao contrário dos seus contrapartes inglês, italiano, espanhol, francês, que poderiam alcançar os cumes da experiência estética só conhecendo "autores da[s] sua[s] terra[s]" (Idem); (2) o desejo, por parte do letrado brasileiro, de pertencimento e integração à civilização ocidental. A literatura seria um "excelente e proveitoso fator de integração cultural, estreitando com a cultura do Ocidente a nossa comunhão de coloniais mestiçados, atirados na aventura de plasmar no trópico uma sociedade em molde europeu" (Idem, 1997, p.68). O nexo entre as duas teses é evidente: diante de uma literatura acanhada como a brasileira, seu significado maior só poderia ser apreendido no entroncamento com a tradição ocidental. É importante ressaltar o efeito dessa operação ideológica. Tal como o Kafka do *insight* borgeano que cria seus precursores, o intelectual brasileiro inventa sua genealogia, ou melhor, imagina pertencer-se a uma longa e prestigiosa tradição, a ocidental. Não entrarei aqui no debate essencialista – e, portanto, pouco produtivo – sobre a ocidentalidade do Brasil. Para os fins da discussão que pretendo estabelecer nesse artigo, interessa-me sobretudo pensar na tensão de um ator (o intelectual brasileiro) que se imagina pertencente a uma comunidade (a cultura ocidental), cujos principais atores (os sistemas intelectuais dos países centrais) o ignoram solenemente.

Por ora, deixemos anotados esse desencontro, para falar de outro: o da própria relação entre Brasil e África de língua portuguesa. Vimos acima o quanto a literatura e a cultura brasileiras são importantes para a imaginação de vários escritores africanos, o que também não impede de constatar a profunda indiferença que o campo literário brasileiro manifesta em relação aos assuntos da literatura africana.[10] Deparamo-nos então com dois sistemas de alienações mútuas: *somos ignorados por quem emulamos, e ignoramos aqueles que nos admiram e se ima-*

---

10   Segundo Fernando Arenas, "hoje é notável a admiração que os africanos falantes de português possuem em relação ao Brasil, ainda esta seja largamente não requisitada, em razão da ignorância por parte de muitos brasileiros a respeito dos assuntos africanos, a despeito da conexão histórica, cultural e simbólica entre o país e o continente. O Brasil, no entanto, exerce considerável influência no imaginário africano por meio da mídia, da cultura popular e do futebol (o que é especialmente verdadeiro no caso de Angola)" (ARENAS, 2011, p. 33)

ginam coextensivos à sociedade brasileira. O crítico Itamar Even-Zohar estudou tais assimetrias, afirmando que a literatura-fonte (dos países centrais, como os europeus e os EUA) geralmente ignora a literatura-alvo (das culturas periféricas) (EVEN-ZOHAR, 1990). A literatura brasileira viveria numa condição híbrida, pois seria uma indispensável "fonte" para a africana e, desde seus primeiros momentos, "alvo" da literatura europeia. É necessário, no entanto, não criar falsas simetrias entre esses dois conjuntos de reais assimetrias (literatura brasileira X ocidental; literatura africana em língua portuguesa X literatura brasileira). A relação entre Brasil e Europa é qualitativamente diferente daquela estabelecida entre literaturas africanas de língua portuguesa e a brasileira.

Para demonstrar essa diferença, talvez valha a pena retomar um momento do prefácio de *Formação da literatura brasileira* no qual Antonio Candido, cotejando as diferenças entre Arcadismo e Romantismo, acaba por defender o Arcadismo da acusação, por parte dos românticos, de alienação cultural. Para Candido, eram os românticos que acabavam se alienando ao produzirem uma literatura em conformidade com as expectativas europeias, já que

> o que [os românticos] escreveram corresponde em boa parte ao que os estrangeiros esperam da literatura brasileira, isto é, um certo exotismo que refresca o ramerrão dos velhos temas. Os velhos temas, são os problemas fundamentais do homem, que eles preferem considerar privilégio das velhas literaturas. É como dizer que devemos exportar café, cacau ou borracha, deixando a indústria para quem a originou historicamente"(CANDIDO, 1997, p. 17).

É sintomático que Candido use o termo "estrangeiros" quando quer dizer "europeus". Antonio Candido parece assim sugerir que toda a relação da cultura brasileira com o mundo é necessariamente uma relação do Brasil com a Europa (Ocidente). Pelo menos as relações do Brasil com o mundo que de fato importa. De acordo com a linha argumentativa acima, a literatura brasileira agrada o europeu porque oferece ao leitor ocidental um elemento exótico de diferença. A obra romântica feita no Brasil seria assim um refresco para o tédio europeu. Tal obra, no entanto, não teria densidade filosófica para lidar com os grandes temas da humanidade. A metáfora econômica utilizada para iluminar a relação cultural entre Brasil e Europa é bastante reveladora dos pressupostos ideológicos de *Formação*: para ser robusta a literatura brasileira não poderia cair nas facilidades estéticas do nativismo romântico, com suas exóticas cores locais, devendo antes enfrentar os grandes e velhos temas, "problemas fundamentais do homem", sem admitir que tais temas se tornassem exclusividade das velhas literaturas, do mesmo modo como o moderno e progressista intelectual brasileiro não poderia aceitar que a indústria fosse um monopólio dos países desenvolvidos. A lógica da argumentação é emulativa. Para sermos mais relevantes, devemos ascender aos níveis literário e tecnológico dos países de primeiro mundo. Reiteramos os pressupostos do paradigma da formação. O que fica claro na tensão analisada por Candido é a diferença substantiva de expectativas entre as duas literaturas. Os europeus buscam na literatura brasileira um traço narcotizante de exotismo para curar o tédio de hipercivilizado, enquanto o brasileiro procura na literatura europeia um modelo a ser emulado, uma referência civilizatória a ser seguida.

Vínculo bem distinto é o que marca a interação entre literaturas brasileira e africana de língua portuguesa. É importante ressaltar que a relação que os escritores estabelecem com o Brasil vai além da adoção de técnicas narrativas advindas da literatura brasileira. Como pudemos verificar acima nos variados testemunhos, há uma profunda identificação com a realidade brasileira, como se houvesse uma substancial contigüidade sócio-cultural entre o Brasil e as várias Áfricas.

Não podemos aqui minimizar a forte influência cultural que o Brasil exerceu sobre os países africanos. Já em 1944 – ou seja, muitos anos antes dos testemunhos analisados acima –, Gilberto Freyre falava da importância do Brasil nos países da "África portuguesa":

> Não deixa de ser interesssante notar a crescente tendência das novas gerações da África Portuguesa, das ilhas do Cabo Verde, e dos Açores, para seguir inspirações e sugestões procedentes do Brasil. A nova literatura e a nova arte brasileira, assim como os recentes progressos nos estudos sociais e científicos, feitos no Brasil, por cientistas e intelectuais brasileiros e conforme métodos mais ousados e modernos do que os conhecidos em Portugal, parecem estar afetando o tradicional sistema de inter-relações no mundo de fala portuguesa de modo a fazer do Brasil o seu centro intelectual, artístico e científico (FREYRE, 2001, p. 263).

O capital cultural do Brasil estava ligado à literatura e às ciências sociais nos anos de 1930 e de 1940. Na segunda metade do século XX a música popular brasileira, as telenovelas, o futebol e o cinema ajudaram a aumentar e intensificar a esfera de influência cultural do Brasil na África de língua portuguesa. De acordo com Fernando Arenas, o capital cultural foi transformado num verdadeiro capital afetivo, tamanho o carinho os africanos nutriam pelos brasileiros e sua cultura. Seria enganoso, no entanto, tentar aproximar essa influência cultural àquela exercida pelos europeus e norte-americanos na América Latina ou África – a influência do colonizador ou do poder imperialista. Há uma profunda identificação dos africanos com o Brasil que não passa pelo desejo de ser aquilo que nunca se chegará a ser: o dominador. Não há, na relação que os africanos criam com o Brasil, o eterno devir que nunca se realiza – elemento primordial do paradigma da formação. Como pudemos ver nos testemunhos, não se pode dizer que os escritores africanos querem se tornar brasileiros em algum momento do futuro, pois eles já se vêem como pertencentes a uma realidade que é idêntica à brasileira, ou quase brasileira. Consideram que seus problemas, seus dramas humanos e suas potencialidades podem encontrar tanto no Brasil como na África um cenário possível.

No seu influente artigo "Signos tidos como milagres", Homi Bhabha discorre sobre o encontro do indiano com o livro inglês na época do *Raj*. O livro inglês seria o emblema metonímico da autoridade do colonizador, e todo seu afã de moldar e disciplinar o colonizado. O que não impede, ainda segundo Bhabha, de o livro inglês ser apropriado pelos indianos e ter sua força disciplinadora parcialmente anulada pela mirada do colonizado. Essa reversão empreendida pelo dominado se dava por uma operação constante de repetição e diferença. Se a reflexão sobre o livro inglês tem ocupado uma posição central nos estudos pós-coloniais anglófonos, muito ainda precisa ser dito e teorizado a respeito do livro brasileiro na África. Se o livro inglês representava, inicialmente, uma fonte de recalque; o livro brasileiro descortinava, por sua vez, possibilidades de desrecalque. Esse efeito de desrecalque produzido pelo livro brasileiro estava diretamente relacionado à validação de um modo de estar no mundo que os letrados africanos encontravam na literatura brasileira e que não passava por qualquer tipo de normatividade metropolitana (seja no seu formato colonial ou pós-colonial).

Se o paradigma da formação nos remete edipianamente à "comunidade ocidental", da qual fazemos parte como variação; o estudo da inserção da literatura brasileira em culturas não-hegemônicas nos leva a pensar em outras possíveis comunidades imaginadas, resultado de outras sentimentos de pertença e de uma outra geopolítica da cultura brasileira. Pensemos numa "comunidade do Atlântico Sul" como contraponto à "comunidade ocidental". Tais comunidades, não-excludentes, figurariam como modos de estar no mundo para os atores da cultura brasileira, baseado em diferentes pressupostos ideológicos e geopolíticos.

É de crucial importância fazer a distinção entre comunidade imaginada e sistema literário. Um sistema literário possui uma existência subjetiva e outra objetiva (o sistema, tal como o campo literário na definição de Pierre Bourdieu, existe na cabeça das pessoas e nas coisas). A existência subjetiva está na consciência que seus atores têm de fazer parte de uma tradição literária, enquanto a objetiva está na articulação material entre autor, obra e público. A comunidade, por sua vez, só possui uma dimensão subjetiva, que é o sentimento de pertença. O letrado brasileiro pode se sentir pertencente à tradiçao literária ocidental, mas em hipótese alguma poderíamos dizer que os livros brasileiros estão articulados num "sistema literário ocidental", já que obras brasileiras circulam de maneira muito rarefeita e não têm impacto substantivo na maneira como escritores dos países ocidentais produzem literatura. Podemos dizer algo semelhante da "comunidade Atlântico Sul" : por mais que escritores africanos de língua portuguesa se sintam pertencentes a um caldo cultural semelhante ao do Brasil, suas obras ainda são desconhecidas no Brasil e pouco influenciam a escrita dos autores brasileiros. Isso dito, apesar da semelhança estrutural que ostentam, essas comunidades exibem dinâmicas de poder e modos de imaginar seus lugares no mundo radicalmente diferentes, como pudemos constatar acima.

Bibliografia

ARENAS, Fernando. *Lusophone Africa. Beyond Independence*. Minneapolis: U of Minnesota Press, 2011.

ARMSTRONG, Piers. *Third World Literary Fortunes: Brazilian Culture and Its International Reception*. Lewisburg: Bucknell University Press, 1999.

BHABHA, Homi. *The Location of Culture*. Londres: Routledge, 1994.

CANDIDO, Antonio. *Formação da literatura brasileira*. Belo Horizonte: Itatiaia, 1997.

_____. *Literatura e sociedade* . Rio de Janeiro: Ouro sobre Azul, 2006.

CARVALHO, Ruy Duarte. *Desmedida*. Lisboa: Cotovia, 2006.

CHAVES, Rita. *Angola e Moçambique: experiência colonial e territórios literários*. São Paulo: Ateliê, 2005.

COUTO, Mia. *E se Obama fosse africano?* São Paulo: Companhia das Letras, 2011.

DAMROSCH, David. *What is World Literature?* Princeton: Princeton UP, 2003.

EVEN-ZOHAR, Itamar. "Laws of literary interference". *Poetics Today* 11.1 (1990): 53-72.

FREYRE, Gilberto. *Sobrados e mucambos: decadência do partiarcado e desenvolvimento do urbano*. 16 a ed. São Paulo: Global Editora, 2006.

_____. *Interpretação do Brasil*. Trad. Olívio Montenegro. São Paulo: Companhia das Letras, 2001

FURTADO. Celso. *O Mito do Desenvolvimento Econômico*. São Paulo: Paz e terra: 1973.

HAMILTON, Russel. "A literatura brasileira e a idéia do Brasil na África lusófona nos tempos coloniais." *Revista de Crítica Literária Latinoamericana* 20.40(1994): 112-11.

LABAN, Michel et al..*Luandino: José Luandino Vieira e sua obra*. Lisboa: Edições 70,1980.

LOPES, Baltasar. *Caboverde visto por Gilberto Freyre*. Praia: Imprensa Oficial, 1956.

MACÊDO, Tania Celestino de."A presença da literatura brasileira na formação dos sistemas literários dos países africanos de língua portuguesa". *Via Atlântica* 12 (2008): 123-52.

MORAES, Anita. "Rosa lido por africanos: impactos da ficçao rosiana nas literaturas de Angola e Moçambique" IN: BORGES, Telma. (org). *Ser tão João*.Sao Paulo, Unimontes: Annablume, FAPEMIG, 2012

NOBRE, Marcos. "Depois da 'formação'". *Piauí*, n. 74, nov 2012,

RAMOS, Graciliano. "O fator econômico no romance brasileiro". IN: GARBUGLIO, José Carlos et al. *Graciliano Ramos*.São Paulo: Ática, 1987.

ROMERO, Silvio. *História da literatura brasileira*. Vol 1. Rio de Janeiro: Imago, 2001.

SANTIAGO, Silviano. "A anatomia da formação". *Folha de S. Paulo*. Caderno Ilustríssima, 7 set 2014.

SCHWARZ, Roberto. *Sequências brasileiras*. São Paulo: Companhia de Letras, 1999.

THOMAZ, Omar; CHAVES, Rita. Entrevista com José Craveirinha. *Scripta*. Vol 6, n. 12, 2003.

Política externa brasileira e o luso-tropicalismo (1961-1963)

Simone Meucci e Alexsandro Eugenio Pereira

Neste capítulo, procuraremos demonstrar as possibilidades e limites da repercussão do luso-tropicalismo na política externa brasileira entre os anos de 1961 e 1963. Nesse período houve, sob a orientação do presidente Jânio Quadros, maior aproximação com os estados livres do continente africano, numa pretensa descontinuidade com as orientações do governo anterior que era favorável à manutenção da colonização portuguesa na África. Tentaremos demonstrar que essa mudança de orientação representada por Quadros era ainda sustentada por dois argumentos fundamentais do luso-tropicalismo, quais sejam, o da democracia racial e o do protagonismo transcontinental do Brasil.

Porém, para os fins dessa análise, não pretendemos apenas compreender a repercussão do luso-tropicalismo do ponto de vista do discurso e da ação oficial. Desejamos também examiná-lo da perspectiva da trajetória de um indivíduo: o embaixador Raymundo Souza Dantas, homem negro, nomeado em 1961 por Jânio Quadros para a primeira embaixada do Brasil em Gana. Dantas nos deixou um testemunho valioso de sua experiência em livro intitulado *África difícil*, em cujas páginas expressou suas inquietações durante o período de dois anos na função.

Nesse sentido, este texto – tomando as ideias, as ações oficiais e um relato de vida como fonte – pretende introduzir o leitor numa reflexão sobre os impasses da formulação de identidades periféricas, procurando relacionar os dilemas de uma nação aos dilemas de uma vida.

Nossa hipótese é de que Dantas viveu um drama que tem valor heurístico para a compreensão dos limites da consciência nacional tributária do luso-tropicalismo. Isso quer dizer que não queremos, tão simplesmente, discutir o êxito, através da evidência da circulação institucional de algumas formulações do luso-tropicalismo, mas refletir acerca do modo como se tornaram operantes no nível do argumento político e dilemáticas quando confrontadas ao cotidiano de um agente que foi, ainda que não o desejasse, portador dilacerado de alguns de seus fundamentos.

O texto, nessa perspectiva, permite também delinear um jogo de espelhos entre Brasil e África num período de crise política no Brasil, de eclosão dos movimentos independentistas na África e de acentuada tensão entre os países pólo da Guerra Fria. África e Brasil formavam então um jogo de identidades que demonstra nuances, embaraços e esforços, ocultações e revelações numa dinâmica de reflexos recíprocos que apreendemos parcialmente aqui através das interpretações de Freyre, das hesitações do Itamaraty e do drama de Dantas.

A fim de cumprir os objetivos aqui apresentados, dividiremos o capítulo em três partes. Na primeira, apresentamos uma breve síntese das ideias do luso-tropicalismo. Na segunda, discutiremos, a partir de uma revisão bibliográfica, as controvérsias da política externa brasileira em relação à África e as bases que a fundamentam. Por fim, na terceira, analisaremos o episódio da nomeação de Dantas e o relato do embaixador procurando demonstrar a sua experiência de um ponto de vista das possibilidades e limites de uma identidade e de uma tarefa histórica imaginada.

Por fim, precisamos dizer que devemos muito desse trabalho ao livro de Jerry Dávila *Hotel Trópico* (2011) que nos inspirou o tema e o horizonte da análise. Nesse texto, acabamos por confirmar algumas de suas hipóteses numa abordagem que reúne relações internacionais e pensamento social, além de lançarmos algumas novas questões para compreender a dinâmica e os impasses do pensamento brasileiro no período.

Por uma civilização luso-tropical

O luso-tropicalismo é, em síntese, uma tese na qual Gilberto Freyre expõe os contornos de *um complexo social, ecológico e de cultura* (que compreende Portugal, suas colônias e suas ex-colônias), caracterizado por um modo de dominação baseado na assimilação e ajustamento de raças e culturas diferentes. (FREYRE, 1953, p. 24 e 25). A tese tem por base três argumentos, bastante interligados: a) a excepcionalidade plástica e "fraterna" da cultura ibérica; b) o caráter democrático das relações culturais e raciais em áreas de colonização portuguesa; c) o protagonismo do Brasil na condição de mais complexo e exitoso fenômeno da colonização portuguesa.

Trata-se, de acordo com Freyre, de uma civilização, a luso-tropical, que combina valores orientais e ocidentais - em particular do cristianismo e do maometismo - sendo, por isso, sociologicamente e socialmente positiva pela sua capacidade de conciliar diferenças e harmonizar contrastes. Para Freyre, a experiência histórica de Portugal forjou uma engenharia social valiosa para o êxito da empreitada comercial e colonial desde o século XVI e com potencialidade para orientar o enfrentamento da crise do humanismo europeu nos anos de 1950.

De fato, podemos destacar que talvez o principal componente desta tese é a ideia de que o complexo civilizacional luso-tropical se caracteriza pela ausência de preconceito cultural e racial. Esse é um argumento que, em pleno anos de 1950, atuou em defesa do ato colonial português, distinguindo a ação colonial portuguesa, supostamente assimilacionista, da dos países anglo-saxões, de caráter violentamente militar e imperialista. Nesse sentido, pode-se considerar a hipótese de que a ideia de democracia racial se desenvolve sistematicamente nesse período dos anos de 1950 para, além das finalidades ideológicas no Brasil em delicado e instável processo de democratização, cumprir também o objetivo de sustentar não apenas a defesa do colonialismo português, mas também propor novo lugar ao Brasil no concerto internacional.

Com efeito, a história do uso do termo democracia racial no Brasil parece sugerir que a ideia de que somos um país livre de preconceitos raciais ganhou repercussão sobretudo no contexto da constituição da interpretação do luso-tropicalismo, alguns anos após a publicação de *Casa-Grande & Senzala*. Segundo levantamento de Guimarães (2001), a expressão apareceu em 1944 num artigo de jornal escrito por Roger Bastide; depois disso há registros de, em 1950, ser mencionada no discurso de Abdias do Nascimento no I Congresso do negro brasileiro e, em 1952, em texto acadêmico de Charles Wagley. Gilberto Freyre, por sua vez, usou a expressão "democracia étnica" no mesmo ano em que Bastide utilizou seu sinônimo, quase uma década depois da publicação de seu livro inaugural, numa conferência na Universidade do Estado da Indiana. Desde então, o autor pernambucano teria preferido esta expressão sendo que apenas em 1962 utilizou precisamente o termo "democracia racial" num evento no Rio de Janeiro em defesa do colonialismo português. Veremos, adiante, que Afonso Arinos e Jânio Quadros, também usaram esse termo no início dos anos de 1960, com propósito de qualificar as bases para a missão externa brasileira.

Nesse sentido, embora possamos dizer que desde a publicação de *Casa-Grande & Senzala* Freyre (1933) contribuiu para fixação de fundamentos empíricos e teóricos capazes de sustentar a tese de que as relações raciais no Brasil teriam uma natureza distinta dos demais países anglo-saxões, foi especialmente ao longo dos anos de 1950 que a ideia ganhou traços mais nítidos, cumprindo pouco a pouco finalidades que ultrapassavam a formulação de uma identidade cultural nacional.

Pode-se dizer que a arquitetura dos argumentos de Freyre em direção ao luso-tropicalismo se iniciou com um conjunto de conferências elaboradas em 1937, mais tarde publicadas em forma de livro em *O mundo que o português criou* (1940). Não obstante, foi desde sua viagem às colônias de Portugal, ocorrida entre os anos de 1951 e 1952, sob o patrocínio de Salazar, que Freyre se debruçou sistematicamente sobre a tarefa de elaborar os princípios do luso-tropicalismo. *Um brasileiro em terras portuguesas* (1953), *Aventura e rotina* (1953b) e o *O luso e o trópico* (1961) são obras que representam emblematicamente a artesania dessas ideias.[1] Menos conhecido é o relatório de Freyre para a ONU (Organização das Nações Unidas) acerca do *apartheid* na África do Sul que, não obstante, constitui etapa importante da formulação de suas ideias na pavimentação do luso-tropicalismo. (DÁVILA, 2010)

No conjunto destes textos, observamos uma mudança significativa no argumento de Freyre em relação aos seus ensaios dos anos de 1930: a tese das relações sado-masoquistas (presentes em numerosas cenas de violência e submissão descritas pelo autor em *Casa-Grande & Senzala*, por exemplo) é então substituída por outra: a de que as ações coloniais são baseadas em ideais cristãos 'fraternos' e 'amorosos' que favorecem a miscigenação cultural e racial. (MEUCCI, 2011) A imagética tensa dos seus ensaios anteriores é então sacrificada a fim de qualificar o caráter pacífico do processo colonial português.

Não se pode também esquecer que na formulação do luso-tropicalismo está também mais nítida a ideia de hierarquia entre culturas que se apresentava desde *Casa Grande & Senzala*. Ironicamente, o argumento do caráter 'democrático' da miscigenação racial e cultural está conectado à noção de superioridade cultural ibérica que teria sido, no Brasil, capaz de orquestrar o processo de assimilação entre brancos, negros e indígenas. Para Freyre, as propriedades plásticas dos portugueses eram tão superiores em seus efeitos de integração e equilíbrio social que até mesmo a dominação colonial se torna positivamente desejável.

No entanto, especialmente nos textos e comunicações de Freyre acerca do luso-tropicalismo do início da década de 1960, há menos a afirmação da superioridade original da cultura ibérica do que a ideia de que o Brasil seria então o mais caro representante do luso-tropicalismo, capaz de, no contexto do agravamento dos conflitos da Guerra Fria, atuar como *líder* da civilização luso-tropical numa área transcontinental. O Brasil figura, de acordo com o autor, como produto mais sofisticado da ação colonial portuguesa. Para Freyre, especialmente o estado das relações

---

1 Sobre a recepção do luso-tropicalismo de Freyre em Portugal ver CASTELO, 1999.

raciais no Brasil, com sua miscigenação e ausência de políticas nitidamente segregacionistas, seria a principal evidência empírica da especificidade do modo português de dominação. Como um filho que supera o pai, o Brasil seria o mais integrado, arrojado e complexo país resultante das experiências históricas luso-tropicais e de quem é possível reivindicar, naquele delicado momento geopolítico, condução das áreas tropicais menos desenvolvidas na América, na África e na Ásia. (FREYRE, 1960, p. 52 - 53)

Com efeito, Freyre esperava afinal, através de seus escritos, tornar consciente a responsabilidade do Brasil para orientação de uma política civilizacional que contrastaria com o imperialismo ianque por um lado, e com imperialismo soviético por outro. O Brasil projetaria sua imagem internacional sob o signo do assimilacionismo e do anti-imperialismo.

Segundo nossa hipótese, esses fundamentos do luso-tropicalismo que acabamos de delinear - em particular, a ideia da democracia racial e do protagonismo brasileiro - serão atuantes tanto no apoio do Itamaraty à Portugal (ao longo da década de 1950), quanto no apoio brasileiro às novas nações independentes na África (no início da década de 1960). Ou seja, justificou igualmente a proximidade de Portugal e a proximidade da África.

Política externa brasileira dos anos 1960: sob o signo da ambiguidade

Após a Segunda Guerra Mundial, as relações do Brasil com a África são caracterizadas por uma ambiguidade que se manifesta nos posicionamentos contraditórios assumidos pelo país com relação ao colonialismo, conforme observou Letícia Pinheiro (2007, p. 85-86) e Pio Penna Filho e Antônio Carlos Lessa (2007). Segundo Pinheiro, no período de 1945 a 1974, o país assumiu posicionamentos distintos e, ao mesmo tempo, contraditórios com relação ao colonialismo. De um lado, o discurso oficial dos presidentes questionava a exploração econômica das colônias e prestava solidariedade aos países menos desenvolvidos; de outro, expressava apoio às potências coloniais. No período JK, o apoio baseou-se no argumento segundo o qual era necessário defender tais potências para combater a expansão do comunismo. Esse argumento estava informado, também, pelas necessidades brasileiras de investimentos estrangeiros, sobretudo oriundos dos países desenvolvidos e é um dos motivos pelos quais o Brasil manteve-se ao lado da França nos anos 1950 na questão da Independência da Argélia (a despeito das tentativas dos Estados independentes africanos de obter o apoio brasileiro à causa argelina nos debates da ONU) (cf. PENNA FILHO e LESSA, 2007, p. 61).

Letícia Pinheiro explicou a ambiguidade da Política Externa Brasileira (doravante PEB) para a África com base em duas razões. A primeira delas diz respeito ao compromisso brasileiro com o combate ao comunismo. Seria a continuidade do chamado "alinhamento automático" com os Estados Unidos, que caracteriza historicamente a PEB desde o início do período republicano – segundo Antônio Carlos Lessa (1998) e outros autores que analisam a política externa brasileira.[2] Com efeito, a necessidade de combater o comunismo foi o argumento mobilizado por Juscelino Kubitschek e Augusto Frederico Schmidt, por exemplo, na proposta da Operação Pan-Americana, de 1958. Schmidt foi o principal artífice dessa proposta e sustentava o caráter imperativo de aumentar os investimentos dos Estados Unidos no desenvolvimento econômico da América Latina, com o propósito de evitar o crescimento do comunismo nos países dessa região. Essa primeira razão se ajusta melhor à política externa de Juscelino Kubitschek (1956-1961).

A segunda razão é a forte ligação das elites políticas brasileiras com Portugal. Dentro da Comunidade Luso-Brasileira, por exemplo, prevaleceu a ideia segundo a qual o Brasil deveria cooperar com Portugal em sua "missão civilizatória". O Brasil seria, segundo a percepção dessa Comunidade, resultado exemplar da política colonial portuguesa (PINHEIRO, 2007, p. 86). De fato, Santos (2011) observou que, nos anos 1960, a força do *lobby* da colônia lusa do Rio de Janeiro procurou influenciar o processo de formulação e execução da PEB, utilizando meios institucionais e contatos diretos com atores políticos relevantes dentro do Itamaraty. A força desse *lobby* fez com que JK se manifestasse a favor dos interesses portugueses, mesmo depois de deixar a presidência do país. Penna Filho e Lessa (2007, p. 66) atribuem, também, um peso importante à "numerosa e organizada colônia portuguesa espalhada pelo Brasil [que] ajudava a pressionar o governo no sentido de colocá-lo ao lado de Portugal". A força dessa colônia manifestou-se, emblematicamente, nos anos 1960, pressionando os governos Quadros e Goulart a manter o apoio a Portugal, num contexto internacional caracterizado pela defesa do anticolonialismo.

Não obstante, a PEB do governo Jânio Quadros (1961) foi marcada por uma inflexão importante nessa orientação que se convencionou denominar *Política Externa Independente* (PEI). Quadros sustentou que o Brasil deveria assumir uma posição independente em relação aos dois blocos de poder, que protagonizavam o conflito característico da Guerra Fria (1945-1989) – liderados por Estados Unidos e União Soviética; ao mesmo tempo, em que deveria diversificar relações com outros

---

2   Sobre esse ponto, conferir CERVO, 2007 e PINHEIRO, 2000.

países. A atitude resultou em críticas de diversos setores da sociedade brasileira que desconfiavam dessa orientação, sobretudo por incluir relações políticas e comerciais com países socialistas, como a China e a União Soviética. Nas relações específicas com o continente africano, Quadros manifestava contradições evidentes em relação à descolonização portuguesa (PINHEIRO, 2007, p. 85-86). No seu governo, o Brasil manteve apoio explícito a Portugal, destacando, em inúmeras ocasiões, a tradicional amizade luso-brasileira e os compromissos firmados pelo país com Portugal por meio do Tratado de Amizade e Consulta, assinado em novembro de 1953, quase uma década antes.

A *Política Externa Independente* (PEI) dos governos Quadros (1961) e João Goulart (1961-1964) é caracterizada, portanto, pela continuidade no que se refere às relações com Portugal. Nesse sentido, a ambiguidade com relação ao tratamento do continente africano e ao colonialismo persiste e se agudiza, mesmo no contexto de uma política externa que pretendia defender o anticolonialismo como um dos seus pontos fundamentais (ver FRANCO, 2007). Rigorosamente, o apoio a Portugal permaneceu inalterado nestes governos, seja por meio das declarações de seus representantes, seja por meio dos votos brasileiros nas sessões da Assembleia Geral das Nações Unidas. Luiz Claudio Machado dos Santos (2011, p. 135) observou que, no período de 1961 a 1964, o Brasil votou uma única vez contra os interesses de Portugal no dia 30 de janeiro de 1962. Na ocasião, o Brasil votou a favor do Relatório do subcomitê encarregado de reunir informações sobre a situação de Angola. Esse Relatório gerou a adoção da Resolução nº 1742, na qual a Assembleia reafirmou o direito do povo angolano à autodeterminação e à independência. Nas demais votações envolvendo Portugal, o Brasil atuou a favor dos portugueses ou se absteve. Assim, no plano do discurso, o Brasil manifestava-se contra o colonialismo e a favor da autodeterminação e independência dos povos africanos ao passo que, em termos práticos, quando precisou agir a favor do anticolonialismo, o Brasil se absteve de contrariar interesses portugueses.

Assim, no plano do discurso, o Brasil manifestava-se contra o colonialismo e a favor da autodeterminação e independência dos povos africanos ao passo que, em termos práticos, quando precisou agir a favor do anticolonialismo, o Brasil se absteve de contrariar interesses portugueses.

A ambiguidade da posição brasileira foi flagrante na recomendação contraditória do presidente Quadros ao embaixador que chefiava a missão brasileira na Organização das Nações Unidas, Ciro de Freitas Valle. No dia 29 de março de 1961, o ministro das Relações Exteriores, Afonso Arinos, encaminhou um telegrama ao embaixador, no qual descrevia a recomendação do presidente sobre o problema de Angola. Quadros recomendou ao embaixador a necessidade de manifestar uma posição anticolonialista, explicitando, não obstante, compromissos e vínculos que uniam Brasil e Portugal. Diante dessa situação insolúvel, o Brasil deveria, segundo a orientação telegrafada, abster-se na votação da matéria sobre o problema de Angola. O embaixador, porém, era da opinião de que o país não poderia expressar posição *ambígua* dessa natureza frente ao colonialismo, pois ela seria interpretada como solidariedade brasileira às potências coloniais. (cf. SANTOS, 2011, p. 117-118).

A ambiguidade do governo Quadros pode ser explicada, também, por outros dois fatores essenciais: a) pelas tensões internas dentro do Itamaraty; b) pela influência do luso-tropicalismo na concepção da *Política Externa Independente*, formulada por Jânio Quadros. As tensões dentro do Itamaraty se expressavam por meio de posições conflitantes entre dois grupos de diplomatas: a) um primeiro grupo contrário ao colonialismo e favorável a uma política mais consistente para a África; e b) um segundo grupo contrário à possibilidade de mudança nas relações entre Brasil e Portugal no governo Quadros. Autores como William Gonçalves (1994) e Rafael Souza Campos de Moraes Leme (2011) mostram que o grupo alinhado a Portugal teve força, inclusive, para fazer resistência a qualquer alteração de rumos na Política Externa Independente de Jânio Quadros. Segundo Segundo Waldir José Rampinelli (2007, p. 84, nota de rodapé 1), faziam parte desse grupo Pio Correia, Frank Moscoso, Donatello Grieco, Odette de Carvalho e Souza, Francisco Negrão de Lima e Assis Chateaubriand.

Esse grupo lusófono já era predominante na condução da política externa do governo JK e recorreu ao luso-tropicalismo de Gilberto Freyre como fundamento para justificar sua posição favorável ao colonialismo português. Odette de Carvalho e Sousa, por exemplo, foi Consulesa Geral do Brasil em Lisboa durante cinco anos (de abril de 1951 a janeiro de 1956). Depois de retornar ao Brasil, a consulesa manteve relações estreitas com a diplomacia portuguesa, formando um grupo de assessores de confiança cuja tarefa era manter Portugal informado sobre as decisões brasileiras de política externa. (GONÇALVES, 1994, p. 267; LEME, 2011, p. 135).

O segundo fator essencial para explicar a ambiguidade brasileira é a influência do luso-tropicalismo. Durante a vigência da *Política Externa Independente*, os fundamentos do luso-tropicalismo (especialmente a ideia da democracia racial e do protagonismo brasileiro) influenciaram o apoio brasileiro a Portugal e, ao mesmo tempo, as tentativas brasileiras de assumir um protagonismo maior na defesa da autodeterminação, da independência e do fim da exploração econômica das ex-

-colônias africanas. Nos anos 1960, não se pode falar, de fato, em uma ruptura da política externa no que se refere às relações especiais com Portugal e no que tange à influência do luso-tropicalismo nas orientações da PEB. Os discursos do presidente Quadros e do seu ministro das Relações Exteriores demonstram essa influência quando sustentam a existência da "democracia racial" no país. "*Somos um povo tenaz e tranquilo [dizia Jânio Quadros], impermeável a preconceitos de raça, de cor, de credo, que realizou o milagre de sua unidade cimentada nos séculos e que começa a erigir uma civilização sem rival nestes paralelos*" (Discurso do presidente Jânio Quadros, veiculado pela "Voz do Brasil". Palácio da Alvorada, 31 de janeiro de 1961; Disponível em FRANCO, 2007; grifo nosso).

No seu discurso de posse, Afonso Arinos[3] resumiu a crença na existência da "democracia racial" explicitando como esse elemento ajudaria o Brasil a contribuir para os esforços de independência e autodeterminação dos países e povos africanos:

> O Brasil se encontra em situação especialmente favorável para servir de elo ou traço de união entre o mundo afro-asiático e as grandes potências ocidentais. Povo democrático e cristão, cuja cultura latina se enriqueceu com a presença de influências autóctones, africanas e asiáticas, somos etnicamente mestiços e culturalmente mesclados de elementos provenientes das imensas áreas geográficas e demográficas que neste século desabrocham para a vida internacional. Além disso, os processos de miscigenação com que a metrópole portuguesa nos plasmou facilitaram a nossa *democracia racial*, que, se não é perfeita como desejaríamos, é, contudo, a mais avançada do mundo. Não temos preconceitos contra as raças coloridas, como ocorre em tantos povos brancos ou predominantemente brancos; nem preconceitos contra os brancos, como acontece com os povos predominantemente de cor. (Discurso de posse do ministro das Relações Exteriores, Afonso Arinos de Melo Franco. Brasília, em 1º de fevereiro de 1961. Disponível em FRANCO, 2007, p. 34-35; grifo nosso).

Apesar do curto mandato como presidente, Jânio Quadros entendia a necessidade de formular a política externa brasileira a partir de determinados fundamentos essenciais. Em um artigo publicado na *Foreign Affairs*, pouco antes da sua renúncia em 25 de agosto de 1961, Quadros esclareceu a necessidade de esta-

---

3   Afonso Arinos de Melo Franco foi autor da lei brasileira contra a *discriminação racial* aprovada em 1951 – conhecida como Lei Afonso Arinos (Lei nº 1.390, de 3 de julho de 1951). A lei foi aprovada quando ele atuou como deputado federal pela UDN (União Democrática Nacional) no período de 1947-1958.

belecer esses fundamentos antes de definir as linhas de ação da política externa. No discurso de Arinos, reproduzido parcialmente acima, as ideias de Quadros ficaram explícitas. Quadros fundamentou a possibilidade de aproximação do Brasil com os Estados africanos com base no argumento de que seríamos uma *"sociedade multirracial tão harmoniosa e integrada, que talvez não nos seja difícil a compreensão e o respeito em que toda boa amizade deve fundar-se"* (Mensagem presidencial ao Congresso Nacional Circular nº 3.863, de 20 de março de 1961; Disponível em FRANCO, 2007, p. 56; grifo nosso). Nessa mesma mensagem, Quadros explicou como a ideia de democracia racial fundamenta as possibilidades de inserção internacional do Brasil e seu protagonismo na luta dos povos contra a pobreza, o subdesenvolvimento e o colonialismo:

> A política externa de um país democrático, como é o Brasil, não pode ser senão a projeção, no mundo, do que ele é intrinsecamente. *Democracia política, democracia racial, cultura baseada fundamentalmente na ausência de preconceitos e na tolerância,* país disposto a empenhar-se integralmente em vencer a pobreza e o subdesenvolvimento econômico, genuinamente renovador, sem ser rebelde, livre de compromissos externos anacrônicos ou oportunistas e já tendo alcançado uma significação, nas relações internacionais, que *lhe dá considerável possibilidade de ação e consequente responsabilidade,* o Brasil deve ter uma política externa que, *refletindo sua personalidade, suas condições e seus interesses, seja a mais propícia às aspirações gerais da humanidade,* ao desenvolvimento econômico, à paz e à segurança, ao respeito pelo homem porque homem, à justiça social, à igualdade das raças, à autodeterminação dos povos e sua mútua tolerância e cooperação (Mensagem presidencial ao Congresso Nacional Circular nº 3.863, de 20 de março de 1961; Disponível em FRANCO, 2007, p. 49-50; grifos nossos).

Depois da renúncia de Jânio Quadros e, mesmo em meio às conturbações políticas resultantes da sua sucessão, a *Política Externa Independente* teve continuidade com San Tiago Dantas (1961-1962). Como Quadros e Arinos, San Tiago Dantas compartilhava a ideia da democracia racial como fundamento importante. A posição favorável a Portugal prevalece, como ele demonstrou ao tratar do problema de Angola em uma entrevista concedida no dia 11 de outubro de 1961. "Em relação ao problema de Angola, o Brasil tem todo o empenho em adotar uma atitude que não represente um antagonismo profundo em relação a Portugal e que não choque a opinião pública portuguesa" (Primeira entrevista do ministro San Tiago Dantas em 11 de outubro de 1961; Disponível em FRANCO, 2007, p. 184).

As orientações da PEB nos anos 1960 destacam, portanto, a história comum entre Brasil e África. Destacam, sobretudo, como um país fundado na ideia da "democracia racial" teria condições de contribuir decisivamente para o diálogo entre povos que buscavam sua independência e potências coloniais. Essas orientações, no entanto, não foram capazes de convencer os povos africanos. Segundo João Medina (2000), o luso-tropicalismo de Freyre gerava repugnância nos povos que desejavam se libertar do imperialismo luso. Por isso, a ideia de "democracia racial" foi rejeitada por muitos movimentos de libertação de colônias africanas vinculadas a Portugal. A ambiguidade da política externa brasileira nos anos 1960 é uma das razões do seu insucesso na tentativa de se apresentar como independente dos conflitos políticos e ideológicos das superpotências. Mas as omissões brasileiras nas votações contra o colonialismo português nas Nações Unidas e o recurso ao luso-tropicalismo mantiveram o Brasil mais distante da África, contribuindo para o seu insucesso como pretenso mediador das relações entre os povos africanos e as potências mundiais da época. Segundo Pio Penna Filho e Antônio Carlos Lessa (2007, p. 58), governantes africanos perceberam a *dubiedade e a inconsistência do discurso oficial brasileiro. E para completar esse quadro, a situação do Brasil perante os Estados africanos ficava ainda mais desconfortável em virtude da existência de um significativo e crescente intercâmbio comercial com a África do Sul, assunto sensível aos países do continente africano.* (PENNA FILHO e LESSA, 2007, p. 58).

Com efeito, o insucesso da política externa brasileira para a África teve repercussões significativas na experiência do embaixador Raymundo de Souza Dantas, que examinaremos na próxima seção deste capítulo.

Dantas, um negro de outra civilização

A nomeação de Dantas é significativa não apenas porque foi a primeira embaixada brasileira na África subsaariana, mas também porque foi o primeiro embaixador negro e autodidata do Brasil. No período de sua indicação, era funcionário do Gabinete do presidente e esperava compor, com um Grupo Consular constituído no Itamaraty, missão especial para definir uma política de relação com novas repúblicas africanas quando foi surpreendido pelo convite do presidente. (DANTAS, 1965, p. 51)

A indicação de Dantas repercutiu na imprensa. José Honório Rodrigues, então diretor do Arquivo Nacional e Diretor de Seção de Pesquisas do Instituto Rio Branco, teria afirmado, em matéria do Jornal *Correio da Manhã*, que ocorreu uma espécie de racismo às avessas, pois Dantas foi escolhido por sua cor, e não por qualificações morais e intelectuais. (DÁVILA, 2011, p. 60)

Diante da polêmica, houve uma sabatina inédita na Câmara de Deputados a fim de comprovar sua capacidade para o cargo. Em uma das páginas de *África difícil*, Dantas se refere ao episódio, relatando não apenas a tristeza, mas também o esforço adicional para que fosse, sem sombra de suspeita, considerado apto à indicação:

> Tenho, ainda agora, presente ao espírito, as críticas e os reparos feitos à indicação do meu nome. Algumas delas amarguraram-me, porque inspiradas em preconceito racial. Recordo, como, na solidão de um apartamento em Brasília, procurei preparar-me o melhor possível. Trabalhei sem esmorecimento, fazendo uso de vasta bibliografia. Tive à minha disposição documentos e relatórios das mais variadas origens. (DANTAS, 1965, p. 51)

Suas dificuldades, porém, mantiveram-se durante todo o período em que exerceu o cargo. Foi sua única experiência como embaixador que durou pouco menos de dois anos, entre 1961 e 1963.

Chegou à capital de Gana, Acra, precisamente em 24 de setembro de 1961, ainda sob o impacto da renúncia de Jânio Quadros, que ocorrera ao final de agosto. De imediato, encontrou dificuldades para sua acomodação: Sérgio Correa do Lago, responsável por abrir ali o escritório brasileiro recusou-se a sair da residência da embaixada por não concordar com sua nomeação. Dantas ficou então, durante dois meses, instalado em hotéis.

Além disso, o presidente ganês teria levado três meses para receber suas credenciais afirmando que se o Brasil não era racista teria, de fato, o nomeado para a embaixada da Suécia. Dantas não mencionou isso em seu livro, possivelmente porque, conforme Dávila (2011, p. 63), temia expor o presidente do país para o qual fora nomeado.

Nas referências à sua condição racial num e noutro lado do Atlântico, é possível constatar que Dantas se viu em meio às acusações negadoras dos argumentos do luso-tropicalismo. Observemos que sua nomeação foi considerada, no Brasil, sintoma de um privilégio de negro, e em Gana, testemunho de uma farsa dos brancos.

Não obstante, ele encontrou também um imprevisto acolhimento em sua chegada na África. Os Taboms – comunidade de descendentes de escravos brasileiros repatriados em 1830 – lhe ofereceram um almoço de boas vindas com mais de 300 membros. (DANTAS, 1965, p. 45) Foi um encontro tão oportuno que a comunidade se constituiu para Dantas, ao longo de sua estada, num tema de interesse, como uma espécie de busca por um Brasil ativo em Gana contrastante com a inoperância da Embaixada.

Gana, cujo território foi ocupado por portugueses (1482-1642), holandeses (1642-1871) e ingleses (1871-1957) não é uma área autenticamente luso-tropical de que fala Freyre. Naquele período, tinha recém conquistado a independência (1957) e Kwame Nkrumah, importante liderança pan-africanista em todo continente, assumira o comando do país aproximando-se do bloco comunista e vivendo sob pressão violenta que assumia a forma de atentados e ameaças de deposição.

Dantas viveu, pois, sob o registro da instabilidade nos dois países em Gana e no Brasil. Encontrou, por isso, dificuldades primárias para o exercício de seu ofício. Dávila (2011, p. 66) fez pesquisas no trânsito de telegramas despachados e recebidos pelo embaixador e constatou que alguns eram apenas respondidos após três meses de seu envio. Dantas frequentemente ficava também sem secretário, o que lhe impunha dificuldades que eram assim descritas: *o fácil tornou-se difícil, o difícil pareceu-me impossível.* (DANTAS, 1965, p. 92)

Além disso, queixava-se da ausência de estratégias diplomáticas. Nas páginas de seu diário, demonstra a inconsistência da abertura diplomática do Brasil na África que resultou no que ele chamou de uma ação desastrada, de antemão condenada.

Diante disso, em junho de 1963, enviou um pedido de exoneração, opção considerada em vários momentos de sua estadia. Este é um dos registros mais enfáticos de vontade de desistir, registrada três meses antes da decisão definitiva:

> Impossível ficar mais tempo. As divergências são grandes. Seria inútil permanecer. Não concordo em que sejamos apenas informantes. Nossa presença deveria ser marcada pela agressividade, através de uma ação positiva. De maneira que vamos nos transformando apenas numa repartição burocrática. Para que serve a presença do Embaixador? Apenas para mostrar-se nos coquetéis e recepções? (DANTAS, 1965, p. 91)

Com efeito, como confirmando a ausência de um projeto diplomático, nos anos seguintes após sua renúncia, a ação ali desapareceu e o escritório ficou fechado até 1968.

Nossa hipótese é que a presença de Dantas ali foi mobilizada por ideais luso-tropicais que eram inexequíveis no contexto. Tanto a imagem do ideal de democracia racial baseado nas formas pacíficas de assimilação portuguesas, quanto a ideia do possível protagonismo do Brasil na África mostravam-se inconsistentes. A experiência de Dantas pode ser, nesse sentido, exemplar da repercussão e dos efeitos, mas também dos limites da formulação de Freyre.

Dantas demonstra que a sua função de embaixador encerrou não apenas um impasse profissional acerca da inoperância de seu cargo, mas também um impasse pessoal acerca de sua identidade. Ele dizia, pois, que ser embaixador foi menos uma conquista do que um drama que assumia frequentemente a forma de uma solidão e de uma ociosidade que contrastava com a energia e a importância das tarefas por fazer. (DANTAS, 1965, p. 40)

Dantas teve história de menino pobre nascido na cidade de Estância no Sergipe que migrou aos 18 anos para o Rio de Janeiro. Foi alfabetizado tardiamente no ofício de auxiliar de tipógrafo. Mais tarde, como jornalista, integrou redações de jornais como *Diário Carioca* e o *Jornal do Brasil*, além de ter sido membro do Departamento de Radiojornalismo da Radio Nacional. Foi também importante personagem na cena do movimento negro do Rio, tendo participado do Teatro Experimental do Negro, especialmente de seus cursos de alfabetização. Fundou, em 1945 (com Solano Trindade e Abdias do Nascimento), o Comitê Democrático de Combate ao Racismo por meio da Cultura e participou ainda da organização da Convenção Nacional do Negro, que visava reunir a intelectualidade afro-brasileira. (SILVA, 2015, p. 37)

Escreveu também alguns livros literários, grande parte de teor memorialista.[4] A obra que nos serve de fonte de análise – *África difícil* (1965) – é parte de uma trilogia autobiográfica composta por mais dois livros, cujo conteúdo nos interessa, ao menos, mencionar: *Um começo de vida* (1949) foi publicado pelo Ministério da Educação e Saúde para a Campanha de Educação de Adultos. Em suas páginas, Dantas relata episódios de sua infância pobre no Nordeste dando especial destaque para as dificuldades de letramento. Em *Reflexões dos 30 anos* (1958) pretendeu afirmar uma posição intelectual madura refletindo sobre sua carreira literária, a natureza de suas obras e as dificuldades da vida. Segundo Silva (2015, p. 64), esse livro tem um tom amargurado no qual o autor parece querer se afastar do pesado estigma de neófito no mundo intelectual, tão demarcado na obra sobre sua infância. Os dois livros demonstram que o drama de Dantas não se iniciou na embaixada, mas foi ali aprofundado.

África difícil relata sua experiência em Gana e é subdividido em 4 partes, bastante desiguais. A primeira, que nomeou o livro, é um arrazoado de pouco mais de oito páginas sobre o continente africano. A segunda é a mais longa, com 90 páginas, chama-se *Missão condenada: diário* e é o relato de sua experiência propriamente dita, de suas relações e de suas amarguras durante o período. A terceira parte é muito

---

4 Alguns de seus livros: *Sete palmos de terra*, 1944. *Agonia*, 1945. *Bernanos e o problema do romancista católico*, 1948. *Solidão nos campos* 1949. *Vigília da noite*, 1949.

breve: com apenas duas páginas, chama-se *Presença brasileira: ontem e hoje* e é uma anotação sobre o que Dantas considera o traço mais característico dos descendentes de brasileiros ali: o dinamismo. Por fim, a quarta parte, nomeada *Participação política* tem apenas cinco páginas, como uma nota complementar sobre famílias brasileiras que teriam exercido decisiva influência na África (em particular em Gana).

No que diz respeito ao gênero de escrita, ora o texto se aproxima de um ensaio, ora de um testemunho disfarçado de diário. Às vezes assume também a forma de uma etnografia histórica. São soluções narrativas diversas para discutir os impasses de um continente, as inquietações de um embaixador inquieto e forçosamente ocioso e as buscas de um etno-arquivista aplicado.

É interessante observar que a segunda parte não é, rigorosamente, um diário. Isso porque há menos descrição de suas atividades rotineiras do que o relato de lembranças que a ocasião registrada lhe sugeriu. Com efeito, o diário inicia em sua segunda estadia em Gana após um período de férias e Dantas descreve sobretudo lembranças da primeira temporada. Nesse sentido, neste longo trecho do livro, o tempo aparece como camadas sobrepostas de memórias nas quais o autor descreve encontros com outros embaixadores e funcionários, estudantes ganeses e descendentes de brasileiros. Isso nos sugere que não é a disposição cronológica do tempo que lhe inspira a escrita, mas os dilemas da sua identidade[5].

Há também o registro de suas leituras que parecem abrandar os seus dias difíceis causados pela impossibilidade do seu ofício: as referências vão de Franz Fanon a Sérgio Buarque de Holanda. Suas referências e anotações, no conjunto, acabam revelando um homem que estava em busca da África e do Brasil tanto nas páginas escritas quanto nas coisas observadas.

A estrutura do livro parece ser também significativa. De acordo com o formato dos capítulos, o autor parecia às voltas com um continente difícil, com uma missão consular condenada, com uma escavação antropo-genealógica. Procurou decifrar a África, a si mesmo e o possível legado de outros brasileiros ali (com notável empenho na segunda tarefa).

Embora a África não fosse ambiente estranho e Dantas não fosse totalmente impermeável às suas tradições, não considerava aquele seu lugar, como por vezes, costumavam sugerir outros embaixadores e funcionários de governo referindo-se à sua cor. A propósito de uma reflexão provocada pela lembrança de uma conver-

---

5   SILVA (2015, p. 57) aponta que essa hesitação na forma dos textos de Dantas é encontrada nos demais livros de sua autoria.

sa com um dos auxiliares de Nkrumah, por quem fora considerado um africano, Dantas escreveu:

> Por motivos vários, todos relevantes, eu não poderia sentir-me em casa. Nem mesmo por ser negro, considerado descendente de africano. O meu mundo é outro, como também minha civilização, apesar de todos os pontos de contato e familiaridade existentes entre os dois universos. (DANTAS, 1964, p. 35)

A rigor, Dantas procurou, nas páginas de *África difícil,* decompor as falsas semelhanças e construir algumas improváveis. Tudo, de início, parecia estranheza a ser decifrada: a África, os africanos e os afro-brasileiros. Dizia, não obstante, que não estava em busca do exótico, mas da dimensão humana. Definiu o seu esforço de conhecimento como uma aventura pessoal em busca das angústias e aspirações dos africanos. (DANTAS, 1965, p. 14 e 35) Assim constituía e compartilhava também suas próprias amarguras e desejos. A tarefa de compreender a África e os descendentes de brasileiros na África, combinou-se à tarefa hercúlea de formular também a sua identidade, em cujo centro estava a condição de homem negro do Brasil.

Nesse empreendimento, Dantas parecia sempre afirmar que ele não deveria ser confundido com um africano, como também não se podia embaralhar a África e o Brasil.

> Na tentativa de estabelecer intimidade maior, na minha convivência de dois anos com o ganense, *não precisei fazer-me negro entre negros* conforme pretendia alguém, para melhor compreender a alma do africano. Por motivos óbvios, não me seria difícil passar por um nativo, mas havia outros, sem qualquer relação com a cor, e sim com meu modo de ser e ver as coisas, sendo como sou homem de outro mundo, que obstacularam-me a intimidade na medida do desejado. (DANTAS, 1965, p. 14, grifo nosso)

A expressão *fazer-me negro* é exemplar do reconhecimento de que "ser negro" não é uma experiência unívoca de fundamento biológico que lhe permite naturalmente acessar o universo cultural africano. Com isso, parece dizer que sua compreensão do continente exigiu empenho e não resultou de um suposto "privilégio" de semelhança racial.

Além disso, não se pode, pois, esquecer que, para ele, a África é muito mais do que um continente negro e é tão complexa e instável quanto insubmissa a qualificações generalizadoras. Gana é, de acordo com o testemunho de Dantas, apenas uma das expressões do grande mosaico africano, talvez sua forma mais nervosa economicamente e mais ambiciosa politicamente. (DANTAS, 1965, p. 13)

Podemos, por isso, afirmar que o autor toma Gana como um caso exemplar que sugere a complexidade dos desafios enfrentados pelo continente. Dantas dizia que ali testemunhou o nascimento de uma nova nação e uma nova atitude exigente de alternativas para os problemas tão singulares dos arranjos entre tribalismo, colonialismo, comunismo e desenvolvimentismo. (DANTAS, 1965, p. 15-16)

Para Dantas, aliás, a África está condenada à originalidade e isso se manifesta nas aspirações para o que chamam de *africanização* das instituições políticas, dos quadros administrativos, do ensino e da cultura, bem como do setor militar. (DANTAS, 1965, p. 17) Não obstante, Dantas também pondera que africanos ainda dependerão muito da ajuda dos ex-colonizadores. Encontra atitudes fraternais nos israelenses, alemães, holandeses e franceses, entendendo que a França, em especial, terá papel importante mesmo em países de colonização inglesa. (DANTAS, 1965, p. 18)

Os brasileiros que Dantas encontra ali parecem também tomar parte da contribuição para a África, ainda que sejam frequentemente confundidos com portugueses. Nesse sentido, o embaixador se reúne, pois, ao esforço de historiadores africanos, delineando com aplicação de pesquisador, a contribuição dos brasileiros remotos. Sua pesquisa parece simbolizar o quanto Dantas pretende reconhecer-se na ação dinâmica dos brasileiros e seus descendentes na África. Para o escritor, a atividade e a contribuição brasileira se revelam igualmente na religiosidade dos Taboms, na urbanização de Acra empreendida por Felix de Souza, no trabalho de imigrantes brasileiros construindo as grandes barragens, na obra missionária de padres brasileiros.

No entanto, em nenhum momento Dantas se refere ao modelo civilizacional luso-tropical como alternativa, tampouco a Portugal. A propósito, se viu em embaraços com a atitude do Brasil em relação a Portugal naquele período. O seu encontro com Mario de Andrade (1928-1990), líder do Movimento Popular de Libertação de Angola, foi um episódio bastante revelador das ciladas do luso-tropicalismo. Segundo Dantas, Andrade teria criticado o Brasil em vista de sua posição omissa em relação a Portugal (quanto não apoiadora) diante da ONU. Não obstante, ainda assim, Andrade diz que o Brasil é um país interessante, que desempenhou papel importante na formação de dirigentes angolanos e cujo povo é aliado sincero à causa de Angola. (DANTAS, 1965, p. 92)

Essa passagem relatada no livro é bastante econômica de comentários de Dantas, mas sugere que a possibilidade do protagonismo político do Brasil na

África, ironicamente, esbarrava na fidelidade a Portugal. Não parecia haver, a rigor, naquele contexto, a alternativa de associar uma política externa assertiva do Brasil na África à idealização da colonização portuguesa como pretendiam os ideais do luso-tropicalismo.

Um dos testemunhos de que a ação e a imagem do Brasil assentada nos argumentos do luso-tropicalismo eram embaraçosas, é uma passagem em que Dantas descreve uma lembrança quando convidado para uma mesa redonda na Universidade de Gana. Sobrepondo memórias, afirma que, no refeitório, em meio ao murmúrio geral dos estudantes curiosos pelo *Embaixador negro do país branco*, rememorou uma cena do ano anterior na mesma universidade quando um estudante lhe perguntou, após sua palestra, se não havia discriminação racial no Brasil. A pergunta o constrangeu tanto que franziu a testa e, diante da expressão, o jovem educadamente teria retirado a pergunta. Sua reflexão sobre o episódio é a seguinte:

> A presença do Embaixador negro não lhe parecera talvez prova da inexistência da discriminação racial e se assim pensou tinha razão. (...) Em condições diferentes, sem a responsabilidade de que estava e continuo investido, seria fácil dar uma resposta. Dissesse o que dissesse, na qualidade de simples cidadão, representaria a opinião de um homem comum, entre setenta e sete milhões de brasileiros. (DANTAS, 1965, p. 37)

Dantas descreve a situação como um embaraço que é revelador de que sua condição racial, involuntariamente, põe em dúvida um discurso oficial do qual ele deveria ser emissário. Na condição de embaixador, se viu impedido de confessar sua experiência como cidadão vítima de preconceito. Comportou-se então como um mensageiro de ideias insustentáveis: silenciando. Este silêncio o manteve respeitoso com a função que desempenhava, mas também corroborava com a suspeita daquele que indagava.

A resposta a essa pergunta e a outras provocações, Dantas deu nas páginas de *África Difícil*, elaboração que pretendia encerrar em definitivo um drama que, no entanto, suspeitava ser permanente: *A verdade é que tudo não passou de um drama, que infelizmente não sei se o poderei dar aqui como encerrado para sempre. Mas esse é meu desejo. Mais do que isso, é meu propósito.* (DANTAS, 1965, p. 96).

A escrita assumiu função de compartilhamento e revisão de uma experiência que se tornou sofrida por tanta impossibilidade que encerra. Foi a forma pela qual deliberadamente Dantas optou por explicar, para si e para os outros, as dores das contradições nas quais esteve envolvido. Foi, porém, seu último livro publicado.

Afirmações e negações do luso-tropicalismo: hipótese sobre seus êxitos e fracassos

Estamos convencidos, a partir da consulta à bibliografia e às fontes de que, na Política Externa Brasileira, os argumentos da luso-tropicologia tiveram repercussão notável nos anos de 1950 e 1960. Foram acionados tanto para justificar a defesa do colonialismo português no período de Juscelino Kubitschek, quanto para buscar uma aproximação com as novas repúblicas africanas no período de Jânio Quadros mantendo, ainda que na forma de uma comprometida omissão, lealdade a Portugal.

De certo modo, a repercussão da luso-tropicologia no Itamaraty demonstra que o Brasil agiu para a África do ponto de vista do colonizador, alinhado com Portugal. Optou por uma alternativa que tinha seu fundamento no orgulho de um passado remoto que acabava por bloquear novas relações e identidades num mundo em mudança acelerada.

Vimos, pois, que os elementos do pensamento formulado por Freyre, apropriados pelo Itamaraty e confrontados pelo embaixador Dantas em Gana, não possibilitaram diversificação das relações externas, especialmente com a África. Esse fenômeno expressa as ciladas da alternativa luso-tropical que não foi senão, na prática, uma saída para o temor ao socialismo das novas repúblicas africanas por um lado, e para o receio da radicalidade do liberalismo por outro.

Nesse sentido, parece que o luso-tropicalismo operou como uma ideia que garantiu ambiguidade inoperante do ponto de vista do lugar do Brasil no concerto internacional das nações. O relato de Raymundo de Souza Dantas é expressão notável dessa condição, desta tensa "inatividade" a serviço da conservação que ele experimentou no aspecto profissional e que teve efeitos cruciantes na sua vida pessoal.

Seu relato em *África difícil* dedicou-se, em síntese, a negar os dois pressupostos fundamentais da tese do luso-tropicalismo que embasaram sua nomeação e a justificativa para a Política Externa brasileira para África no período: o de que o Brasil era, por excelência, uma democracia racial e de que poderia atuar como líder na condução de uma alternativa anti-imperialista entre os países da periferia.

No limite, Dantas parece dizer que não há uma civilização luso-tropical que torne comum a vivência social e cultural de africanos e brasileiros e que permita o reconhecimento da agência brasileira nesses moldes. Com efeito, seu texto, em *África Difícil*, demonstra que quase nada na sua experiência de embaixador produziu identificação. A África sugerida em suas páginas não se parece com o Brasil, exceto na complexidade. Suas tarefas profissionais, por sua vez, não se assemelhavam com os propósitos e as expectativas originais de sua nomeação (inclusive a negavam).

Por fim, apenas no encontro com a comunidade dos Taboms e com a família Souza, Dantas mostrava-se sensível a alguma afinidade: na capacidade de realização daqueles brasileiros que, no entanto, eram, como ele, também invisíveis naquele contexto.

Os encontros de Dantas com o angolano Mario de Andrade (que lhe dizia da cisão entre a potência revolucionária da sociedade brasileira em contraste com as posições oficiais conservadoras do Estado brasileiro em relação a Portugal), e com o estudante ganês (que parecia duvidar da democracia racial brasileira) nos parecem emblemáticos em seu relato. Mostram o quanto eram ineficientes os argumentos da liderança brasileira alicerçada na positivização da ação colonial portuguesa e na ideia de assimilação cultural e racial fraterna. O testemunho inquieto de Dantas permite afinal compreender algumas das condições de recepção do luso-tropicalismo na África.

Por fim, acreditamos que esse trabalho sugere colocar em questão a ideia de que a noção de democracia racial, supostamente consolidada nos anos de 1930 com os primeiros escritos de Freyre, teria sido questionada no confronto com uma nova forma de consciência racional da sociedade nos anos de 1950. Contrariando essa visão etapista na história das ideias, julgamos importante considerar que a noção de democracia racial foi uma elaboração lenta que toma forma ao longo dos anos de 1940 e, sobretudo, nos anos de 1950, especialmente artesania do luso-tropicalismo. Nesse sentido, não é uma ideia acabada de um passado pré-científico que é contestada nos anos de 1950 pelos métodos empíricos das ciências sociais institucionalizadas, mas é resultado de um processo de formulação que percorre duas décadas e que encontra lugar ao mesmo tempo em que encontra sua oposição. Isso implica em considerá-la não apenas como uma ideologia para conservação do estado das relações raciais num frágil e hesitante processo democrático brasileiro, mas também, como uma ideologia colonialista que ambicionou uma alternativa ao bloco periférico. Foi, portanto, uma ideia exitosa e fracassada a um só tempo.

Bibliografia

CASTELO, Claudia. *"O modo português de estar no mundo": luso-tropicalismo e a ideologia colonial portuguesa (1933-1961)*. Lisboa: Edições Afrontamento, 1999.

CERVO, Amado. *Relações internacionais da América Latina*. 2ª edição. São Paulo: Editora Saraiva/IPRI, 2007.

DANTAS, Raymundo de Souza. *Um começo de vida*. Rio de Janeiro: Campanha de Educação de Adultos, Ministério da Educação e Saúde, 1949.

DANTAS, Raymundo de Souza. *Reflexões dos 30 anos*. Rio de Janeiro: Ministério da Educação e Cultura, 1958.

_____. *África difícil*. Rio de Janeiro: Editora Leitura S/A, 1965.

DÁVILA, Jerry. *Entre dois mundos: Gilberto Freyre, a ONU e o apartheid sul-africano*. 2010. Disponível em: http://www.ifch.unicamp.br/ojs/index.php/rhs/article/viewFile/319/275 . Acesso: 27 mar 2017.

DÁVILA, Jerry. *Hotel trópico: o Brasil e o desafio da descolonização africana, 1950-1980*. São Paulo: Paz e Terra, 2011.

FRANCO, Alvaro da Costa. (org.). *Documentos da Política Externa Independente*. Vol. 1. Rio de Janeiro: Centro de História e Documentação Diplomática/Brasília: Fundação Alexandre de Gusmão, 2007.

FREYRE, Gilberto. *Casa-Grande & Senzala*. Rio de Janeiro: Schmidt Editores, 1933.

_____. *O mundo que o português criou*. Rio de Janeiro: José Olympio Editora, 1940.

_____. *Um brasileiro em terras portuguesas*. Rio de Janeiro: Livraria José Olympio, 1953.

_____. *Aventura e rotina*. Rio de Janeiro: José Olympio, 1953b.

_____. *Uma política transnacional de cultura para o Brasil de hoje*. Revista Brasileira de Estudos Políticos. Belo Horizonte, Faculdade de Direito da Universidade de Minas Gerais, 1960, p. 65 a 117.

_____. *O luso e o trópico*. Lisboa: Comissão Executiva das Comemorações do V Centenário da Morte do Infante D. Henrique, 1961.

GONÇALVES, Williams da Silva. *O realismo da fraternidade*. As relações Brasil-Portugal no Governo Kubitschek. Tese (Doutorado em Sociologia) Universidade de São Paulo, 1994.

GUIMARÃES, Antonio Sérgio Alfredo. "Democracia racial: o ideal, o pacto e o mito". *Novos Estudos*, São Paulo, nº 61, nov. de 2001, p. 147 a 162.

LEME, Rafael Souza Campos de Moraes. *Absurdos e milagres. Um estudo sobre a política externa do luso-tropicalismo (1930-1960)*. Brasília: Fundação Alexandre de Gusmão, 2011.

LESSA, Antônio Carlos. A diplomacia universalista do Brasil: a construção do sistema contemporâneo de relações bilaterais. *Revista Brasileira de Política Internacional*, Brasília, jul., 1998.

MAIO, Marcos Chor. Projeto Unesco e a agenda das ciências sociais no Brasil dos anos 40 e 50. *Revista Brasileira de Ciências Sociais*. São Paulo, Vol.14, n° 41, 1999, p.141-158.

MEDINA, João. Gilberto Freyre contestado: o luso-tropicalismo criticado nas colônias portuguesas como álibi colonial do Salazarismo. *Revista USP*, São Paulo, n° 45, mar/mai 2000, p. 48-61.

MEUCCI, Simone. O mundo português criado por Gilberto Freyre. FERREIRA, Gabriela Nunes; BOTELHO, André. (Orgs.). *Revisão do pensamento conservador*. São Paulo: Hucitec: 2011, p. 311-343.

PENNA FILHO, Pio. África do Sul e Brasil: diplomacia e comércio (1918-2000). *Revista Brasileira de Política Internacional*, Brasília, Vol. 44, n°1, 2001, p. 69-93.

PENNA FILHO, Pio; LESSA, Antônio Carlos. O Itamaraty e a África: as origens da política africana no Brasil. *Estudos Históricos*, Rio de Janeiro, n° 39, jan./jun. 2007, p. 57-81.

PINHEIRO, Letícia. Ao vencedor, as batatas: o reconhecimento da independência de Angola. *Estudos Históricos,* Rio de Janeiro, n° 39, jan./jun., 2007, p. 83-120.

_____. Traídos pelo desejo: Um ensaio sobre a teoria e a prática da política externa contemporânea. *Contexto Internacional*, Rio de Janeiro, 22(2), jul./dez, 2000.

RAMPINELLI, Waldir José. A política internacional de JK e suas relações perigosas com o colonialismo português. *Lutas Sociais*, São Paulo, 17/18, 2007.

SANTOS, Luiz Cláudio Machado dos. *As relações Brasil-Portugal: do Tratado de Amizade e Consulta ao processo de descolonização lusa na África (1953-1975)*. Brasília. Tese (Doutorado em História). Universidade de Brasília, 2011.

SILVA, Marina Luiza Horta. *A imagem improvável do escritor Raymundo de Souza Dantas*. Dissertação (Mestrado em Literatura). Universidade Federal de Minas Gerais, 2015.

O Congresso pela Liberdade da Cultura na periferia: a revista *Cadernos Brasileiros*, 1959-1970

Marcelo Ridenti

Para compreender as relações entre centro e periferia nos meios intelectuais nos anos 1950 e 1960, é elucidativo o exemplo da revista *Cadernos Brasileiros*. Ele ajuda a demonstrar que intelectuais e artistas da periferia do sistema tendiam a aceitar seu lugar subalterno no cenário internacional, mas gozavam de relativa autonomia e tiravam proveito dos embates da Guerra Fria para conseguir apoio externo para fortalecer suas posições no campo intelectual brasileiro.

Hoje pouco lembrada, a revista foi a principal expressão nacional de um movimento intelectual internacional destacado, o Congresso pela Liberdade da Cultura (CLC), fundado em 1950 na Europa em resposta ao Conselho Mundial da Paz, inspirado pelos soviéticos.[1] Expressiva rede intelectual e artística foi criada pelo CLC, por intermédio do financiamento de exposições, conferências, premiações e, especialmente, de seu conjunto de revistas, buscando expressar tanto o mundo da cultura e das artes em sua particularidade, como o combate às ingerências políticas que tolheriam a liberdade criadora, particularmente nos países comunistas. O Congresso teve escritórios em 35 países e patrocinou mais de 20 periódicos, segundo Saunders (2008:13). Entre eles, *Preuves* (França, criado em 1951), *Encounter* (Inglaterra, 1953), *Der Monat* (Alemanha, criado ainda em 1948, como fruto do Plano Marshall), *Tempo Presente* (Itália, 1956), *Quadrant* (Austrália, 1956), *Cuadernos* (América Latina, 1953), e *Cadernos Brasileiros* (Brasil, 1959). A sede do Secretariado Internacional do CLC localizava-se em Paris, onde o trabalho de organização intelectual de suas as revistas era centralizado.

O CLC divulgava em suas publicações autores como Anthony Crosland, Arthur Koestler, Daniel Bell, Dwight MacDonald, George Orwell, Hannah Arendt, Ignacio Silone, Irving Kristol, Isaiah Berlin, Mary McCarthy, Melvin Lasky, Michael Josselson, Raymond Aron, Robert Lowell, Sidney Hook e Stephen

---

1 LASCH (1970), COLEMAN (1989), GREMION (1995), SAUNDERS (2008 [1999]), IBER (2011, 2015), entre outros, são referências para o estudo do CLC.

Spender. A carreira internacional e a difusão de suas obras estão ligadas indissoluvelmente a essa rede de revistas.

Havia intercâmbio significativo de artigos entre os periódicos, permitindo a difusão de seus autores em diversas línguas e países. A crítica ao totalitarismo e a defesa da liberdade de criação uniam intelectuais conservadores, liberais, socialistas democráticos e até de extrema esquerda, agrupados no CLC, com ênfase ao questionamento do comunismo soviético. A opção era clara pelo lado dos Estados Unidos no contexto da guerra fria, o que permite entender o apoio secreto de seu serviço de espionagem e informação (Central Intelligence Agency – CIA) ao Congresso desde sua fundação, que só foi descoberto em 1967, a partir de reportagens pioneiras do *New York Times* e da revista californiana *Ramparts*, gerando uma crise que desembocaria no fim da instituição alguns anos depois.

O CLC voltava sua atuação sobretudo para a Europa até meados dos anos 1950, situação que mudou em parte com a emergência de países periféricos no cenário internacional, constituindo o chamado terceiro mundo, que teve um marco na Conferência de Bandung de 1955, reunindo líderes de estados asiáticos e africanos. A mudança da geopolítica mundial levou o Congresso a voltar-se também para a periferia do sistema. A revista *Cadernos Brasileiros* surgiu nesse contexto, em 1959, como a principal realização da recém-criada Associação Brasileira do Congresso pela Liberdade da Cultura, e quase se confundia com ela, tanto que a direção da revista e da Associação era praticamente a mesma. Circulou com mil e quinhentos exemplares em seu número inaugural. A periodicidade era trimestral e passou a ser bimestral a partir de 1963. Tiravam-se três mil exemplares por edição em 1964, chegando a cinco mil em 1966, pelos dados dos arquivos do CLC.[2] Foram 62 nú-

---

2 Ver, por exemplo, Relatório ao CLC. Rio de Janeiro, 26 de junho de 1964. IACFR, Series II, Box 89, Folder 6. E, ainda, carta (em inglês) de Vicente Barretto a John Hunt. Rio de Janeiro, 30 de junho de 1966. IACFR, Series II, Box 89, Folder 8. Documentação ampla e detalhada sobre a revista encontra-se na Biblioteca da Universidade de Chicago, detentora de todo o acervo do CLC, agrupado no "International Association for Cultural Freedom Records, 1941-1978" (IACFR). Esse material foi relativamente pouco explorado para analisar *Cadernos Brasileiros*. Por exemplo, o importante trabalho de Kristine Vanden Berghe (1997) não teve acesso a ele. Já a tese de doutorado de Patrick Iber (2011) e o livro que dela resultou (IBER, 2015) beneficiaram-se desse acervo para reconstituir detalhadamente a história do CLC na América Latina, enfocando com especial atenção os casos de México e Cuba, mas com importantes contribuições também sobre outros países, como o Brasil, e o conjunto da região. O acervo de Chicago foi usado ainda por Elizabeth Cancelli em "O poder das ideias", capítulo breve, porém instigante e muito informativo, sobre o CLC no Brasil e na América Latina, parte de seu livro *O Brasil e os outros* (2012, p. 65-87).

meros até o encerramento da revista em setembro-outubro de 1970, passando por diversas conjunturas políticas que se expressaram no itinerário do periódico. Cada número tinha em média 100 páginas e contava com cerca de 17 artigos, no formato de 23,5 cm por 17,5 cm, englobando ensaios (48,3% do número de páginas), estudos (17,1%), resenhas (13,7%), ficção (9,4%) e outros (11,6%), segundo dados organizados por Kristine Vanden Berghe (1997).

Seis momentos da história de *Cadernos Brasileiros* permitem compreender aspectos da relação complexa entre centro e periferia em âmbito intelectual: 1. sua fundação em 1959; 2. a intervenção do CLC na revista em 1962; 3. as reações ao golpe de 1964; 4. o debate sobre o militarismo, com uma abertura à esquerda; 5. a reação às denúncias de ligação com a CIA; 6. o fechamento do periódico em 1970.

Disputas da Guerra Fria: o período de fundação

O momento de fundação de *Cadernos Brasileiros* já foi revelador da relação entre centro e periferia, pois a revista era fruto de uma iniciativa profissional do CLC, que mandou ao Brasil Julian Gorkin, um jornalista espanhol que lutara na guerra civil e fora um dos principais dirigentes do Partido Operário de Unificação Marxista (POUM), de velha inimizade com os stalinistas. Gorkin era o responsável pela América Latina no CLC e, de 1953 a 1963, foi editor da revista *Cuadernos*, periódico da entidade voltado à região, publicado em Paris, que inspirou o nome da edição brasileira. Ele atuou decisivamente para fundar a Associação Brasileira do CLC e sua revista. Por exemplo, contratou os intelectuais que organizaram *Cadernos Brasileiros* e eram também responsáveis pela Associação: o crítico literário Afrânio Coutinho – que antes editara a versão em português do *Reader's Digest* nos Estados Unidos – e o exilado romeno Stefan Baciu, um jornalista e escritor surrealista que posteriormente se estabeleceu como acadêmico nos Estados Unidos. Ambos prestavam contas de suas atividades ao comando do Congresso em Paris, com troca de cartas e outros documentos. A entidade manteve o patrocínio à revista durante toda a sua existência, nas suas várias fases, de 1959 a 1970.

A Associação foi fundada em ato realizado no Rio de Janeiro, no dia 11 de abril de 1958, conforme noticiou o primeiro número de *Cadernos Brasileiros*, de abril-junho de 1959. Entre os 42 intelectuais presentes, estavam escritores do porte de Manuel Bandeira, João Guimarães Rosa, Érico Veríssimo e Cecília Meireles; jornalistas importantes como Luiz Alberto Bahia, Carlos Castello Branco, Prudente de Morais Neto e Franklin de Oliveira, além de Alceu Amoroso Lima, Eduardo Portella e outros. As adesões atestam o prestígio do CLC, embora sua revista brasileira não tenha herdado necessariamente o mesmo apoio, como se pode concluir pelo fato de que 20 dos fundadores jamais colaboraram com artigos, conforme observou Berghe (1997, p. 55).

A nova publicação surgia logo após a revolução cubana de 1959, que levou a América Latina a ocupar um lugar de destaque nos embates da Guerra Fria.[3] O CLC não impunha diretamente a pauta de *Cadernos Brasileiros*, dava autonomia para seus diretores escolherem os artigos a traduzir entre os publicados em outros periódicos da rede, propagando sua ideologia conforme o crivo local. Ao mesmo tempo, abria amplo espaço para autores nacionais, que tinham até a oportunidade de ter seus artigos traduzidos e publicados em revistas no exterior, embora isso não fosse frequente. Não se tratava só dos diretores profissionalizados e outros ligados ao comando da revista, mas também dos colaboradores eventuais, cujos artigos eram remunerados, algo raro naquele tempo. A relação entre o comando em Paris e a direção no Rio de Janeiro era negociada em cartas, desde o salário dos diretores e funcionários até o conteúdo da revista, além de visitas esporádicas dos organizadores internacionais ao Rio de Janeiro e dos dirigentes locais a Paris.

Os artigos culturais foram maioria num primeiro momento, sem tirar o espaço daqueles que combatiam os comunistas, acusados de limitar a liberdade da cultura. As contribuições brasileiras tendiam a ser na esfera da cultura, em especial da literatura, enquanto os aspectos mais políticos vinham sobretudo de contribuições da rede de revistas do CLC, em especial *Preuves* e *Cuadernos*, como já observou Berghe. Ela apontou também que houve uma recepção mais expressiva numericamente de artigos estrangeiros em *Cadernos Brasileiros* do que de artigos brasileiros nas revistas da rede, e estes costumavam sair em publicações regionais, como *Cuadernos*, difundida no âmbito da América Latina até 1965 (cf. BERGHE, 1997, p. 297-308). Em geral, os artigos traduzidos em *Cadernos Brasileiros* tinham sido publicados anteriormente no exterior, o que atesta a importância secundária do periódico na rede internacional. Algum constrangimento com a posição brasileira subalterna pode ser notado por não haver menção a quais textos estrangeiros já haviam sido publicados em outros periódicos da rede, deixando ao leitor a impressão de que se tratava de publicações em primeira mão.

---

3   Inicialmente, o CLC apoiara a revolução cubana contra a ditadura de Fulgencio Batista. Essa posição era coerente com seu discurso antitotalitário, de combate aos ataques à liberdade tanto por parte dos comunistas quanto dos fascistas e congêneres, como o governo de Franco na Espanha. Muito rapidamente, o CLC voltou-se contra o regime de Fidel Castro, quando ele se aproximou da União Soviética.

Sob a direção de Coutinho e Baciu, a revista constituiu um conselho consultivo de peso, com 14 integrantes: Adonias Filho, Anísio Teixeira, Cassiano Ricardo, Celso Cunha, Eduardo Portella, Elmano Cardim, Érico Veríssimo, Eugênio Gomes, Evaristo de Moraes Filho, Gilberto Freyre, José Garrido Torres, Levi Carneiro, Manoel Bandeira e Mário Pedrosa.[4] Cerca de metade deles eram baianos radicados no Rio de Janeiro, o que faz supor serem amigos de seu conterrâneo Afrânio Coutinho, principal articulador da revista nos meios literários e intelectuais, enquanto Baciu era o responsável por tocar o dia a dia da edição. Todos os 14 tinham envolvimento com o mundo letrado, quatro deles já eram membros da Academia Brasileira de Letras (ABL) na ocasião, e outros quatro viriam a tornar-se "imortais" posteriormente.[5] Somente alguns dos membros do conselho colaboraram ativamente com a revista, e com diferentes níveis de envolvimento.[6] Entretanto, o fato de terem concordado em dar seus nomes para prestigiá-la atesta que havia espaço intelectual para uma publicação desse tipo, e também que a ideologia do CLC tinha adeptos. O sentido mais simbólico do que efetivo do conselho levou a que ele não constasse mais nos números editados a partir de 1963, quando a revista passou por uma renovação.

---

4 A presença de Pedrosa – fundador do trotskismo no Brasil nos anos 1930, e que nunca renegou suas ideias de esquerda – pode parecer surpreendente, mas é preciso lembrar que ele tinha amplos contatos internacionais e que o CLC era uma frente ampla de intelectuais e artistas em âmbito global, que incluía desde conservadores, passando pelo forte peso de uma esquerda democrática moderada, até trotskistas e outros críticos do stalinismo. Entre eles, estavam Julian Gorkin e Luis Mercier, ambos ex-militantes do POUM e parte do círculo de relações de Pedrosa; eles foram sucessivamente os principais responsáveis pelos contatos do CLC com a América Latina em geral, e o Brasil em particular. Elizabeth Cancelli menciona correspondência que atesta "a aproximação do Secretariado de Paris do CCF com Mário Pedrosa ainda no ano de 1954" (2012, p. 74).

5 Além de oito acadêmicos do conselho, viriam a ser eleitos para a ABL o diretor Afrânio Coutinho, em 1962, e a integrante da equipe de redação, Nélida Piñon, em 1989. Contudo, alguns dos membros mais prestigiosos do conselho nunca pertenceram à ABL, caso de Anísio Teixeira, Érico Veríssimo e Gilberto Freyre; eles nunca escreveram na revista, mas tinham relações com o CLC.

6 Por exemplo, poemas de Manuel Bandeira foram publicados ao longo de toda a existência da revista, mas ele não era muito próximo, como admitiu o futuro editor da revista, Vicente Barretto: "era amigo de papai também, ele era uma figuraça,[...] acho que nem sabia quando saía publicado". Caso diferente foi o de Mário Pedrosa, que "teve participação ativa nos seminários, era um cara presente". Entrevista de Vicente Barretto a Marcelo Ridenti, Rio de Janeiro, 24 de fevereiro de 2016.

Sob a direção de Stefan Baciu, *Cadernos Brasileiros* viveu seu momento mais dependente, como evidencia a procedência dos artigos de 1960 a 1962, estrangeiros em 40% ou pouco mais. O período também foi o mais claramente anticomunista, com a difusão de autores internacionais de peso, como Raymond Aron, Ignazio Silone, Arthur Koestler, Arthur Schlesinger e Karl Jaspers. Entre os nacionais, estavam proeminentes articuladores do golpe de 1964, como o economista José Garrido Torres e os militares Golbery do Couto e Silva e Carlos Meira Mattos, especialistas em geopolítica.

No que diz respeito ao mundo da cultura, as críticas em suas páginas eram dirigidas especialmente a intelectuais e artistas comunistas estrangeiros, como Pablo Neruda, pouco se referindo aos nacionais, em geral tratados com respeito até mesmo quando criticados, como no caso de Gianfrancesco Guarnieri (cf. BERGHE, 1997, p. 163-164). Ficava subentendida a posição de não romper as possibilidades de diálogo com outros setores da intelectualidade, o que envolvia até mesmo dar espaço na revista para intelectuais como Edison Carneiro, que era comunista, e o trotskista Mário Pedrosa, desde que eles ocupassem uma posição marginal no conjunto. Além disso, as forças de esquerda eram significativas no pré-64, cultural e politicamente, sendo mais prudente manter uma boa vizinhança com elas. A luta mais ferrenha ocorria nos bastidores, como revela o episódio tratado adiante, envolvendo Celso Furtado.

Novas perspectivas: a intervenção do Congresso em Cadernos Brasileiros

Por volta de 1961, a direção do CLC em Paris constatou que suas publicações exerciam pouca influência na América Latina, em geral, e no Brasil, em particular. Elas estariam marcadas pelo anticomunismo típico da década de 1950, preso às denúncias do que ocorria na URSS e no leste europeu, algo distante para sociedades como as da América Latina, empenhadas em romper com o subdesenvolvimento. Isso ajuda a explicar o prestígio intelectual relativamente baixo das revistas do Congresso em toda a região, onde as ideias nacional-desenvolvimentistas, anti-imperialistas e comunistas tinham considerável aceitação. O CLC tratou de intervir para mudar o quadro, buscando identificar suas revistas latino-americanas mais explicitamente com ideias de liberdade de criação e com o desenvolvimento econômico e cultural, atraentes para agregar mais intelectuais de esquerda não comunista, em sintonia também com as propostas reformistas da Aliança para o Progresso, formuladas pelo governo dos EUA em resposta à revolução cubana (cf. RIBEIRO, 2006). Para isso, tão diplomaticamente quanto possível para não hostilizar adeptos, o CLC fechou a mexicana *Examen* em 1963 e, no mesmo ano, afastou Gorkin da direção de *Cuadernos*, que acabaria em 1965. O patrocínio do CLC passou para *Mundo Nuevo*, dirigida pelo uruguaio Emir Rodriguez Monegal (cf. IBER, 2015, p. 359). Foi sua revista de maior prestígio intelectual na região, particularmente literário, que deu espaço para alguns textos brasileiros e teve papel importante no chamado *boom* da literatura latino-americana.[7] Simultaneamente a *Mundo Nuevo*, mais voltada à cultura, o CLC criou uma revista dedicada às ciências sociais para a América Latina, *Aportes*.

Nesse contexto de mudança, um interventor foi enviado ao Brasil, o escritor e editor Keith Botsford. Inicialmente acompanhado por Nicolas Nabokov – músico que era secretário geral do Comitê Executivo do CLC –, Botsford estabeleceu-se no Rio de Janeiro do início de 1962 até meados de 1963, quando deixou o país para intervir no México (IBER, 2015, p. 328). Ele procurou direcionar *Cadernos Brasileiros* no sentido da orientação internacional mais aberta. A reconfiguração da revista levou ao afastamento do editor, Stefan Baciu, jornalista destacadamente anticomunista, que trabalhava desde 1953 na *Tribuna da Imprensa*, de Carlos Lacerda, onde foi editor de política externa.

Em 12 de agosto de 1962, Baciu mandou breve mensagem a Nabokov, anexando cópia de sua longa carta de demissão, originalmente enviada a Afrânio Coutinho, explicando as razões de seu pedido de afastamento e de sua esposa, que também trabalhava na revista como secretária administrativa. Seu ressentimento era evidente: "estamos certos de recuperar esses nove anos que demos ao Congresso pela Liberdade da Cultura, nove anos de juventude, entusiasmo e abnegação completa".[8] Além da decepção por constatar a perda de esforços de tantos anos, as palavras revelavam sua ligação com o CLC desde 1953, quatro anos depois de sua vinda ao Brasil, onde obtivera asilo como fugitivo do comunismo romeno, bem antes da criação de *Cadernos Brasileiros*, atestando que a constituição de uma rede local a partir do CLC vinha amadurecendo ao longo daquela década.

Baciu traduziu para o francês sua carta de demissão a Afrânio Coutinho, de 10 de agosto de 1962, com a intenção de que fosse compreendida também pelo

---

7 Os escritores do *boom* souberam usufruir simultaneamente da difusão pela *Casa de las Américas*, de Cuba, arqui-inimiga do CLC e de *Mundo Nuevo*. No que toca a *Cadernos Brasileiros*, a revista também ajudou na divulgação desses autores, por exemplo, o n. 42, de maio-junho de 1967, trazia contos de Julio Cortazar, Augusto Roa Bastos e Juan Carlos Onetti. Sobre a relação do *boom* com a *Casa de las Américas* e *Mundo Nuevo*, ver Cobb (2008), Cohn (2012), Gilman (2003), Iber (2011, 2015), entre outros.

8 Carta (em francês) de Stefan Baciu a Nicolas Nabokov. Rio de Janeiro, 12 de agosto de 1962. IACFR, Series II, Box 89, Folder 3.

comando do CLC; ele enviou cópias não só a Nabokov, mas também a John Hunt, escritor que era secretário administrativo do CLC. Expunha o motivo de sua demissão: a "ação negativa e provocadora de Keith Botsford", descrito como um comissário político a mando do CLC. Posicionava-se contra a "abertura à esquerda" proposta por Botsford, questionava a possível aproximação com o Instituto Superior de Estudos Brasileiros (ISEB) e a colaboração com intelectuais como Celso Furtado, Darcy Ribeiro e Candido Mendes de Almeida, mencionados explicitamente. Afirmava uma posição alinhada com Carlos Lacerda, que estaria ameaçada pela diretiva de Botsford, "nem Julião, nem Lacerda", ou seja, nem a esquerda e nem a direita extremadas.[9]

O alinhamento de Baciu com seu patrão na *Tribuna da Imprensa* era inequívoco, embora ironizasse na carta a acusação de ser direitista. Em outra correspondência, ele considerava como um democrata até mesmo o conhecido católico conservador, Gustavo Corsão, como já observou Cancelli (2012, p.81). Também tachava Celso Furtado de comunista, em carta a Luis Mercier Vega, que se tornara responsável do CLC para o contato com a direção de *Cadernos Brasileiros* e de outras revistas da América Latina após a intervenção de 1962 (IBER, 2015: 328).[10] Como Gorkin, Mercier e outros organicamente vinculados ao CLC, Stefan Baciu era um intelectual inicialmente de esquerda, cuja condição de perseguido na Romênia conduziu ao anticomunismo.

É compreensível a revolta contra as arbitrariedades stalinistas, mas não raro o combate a elas levou esses agentes a temerem qualquer transformação social, até mesmo moderada, como se levasse necessariamente ao que interpretavam como totalitarismo comunista. Em vez de disputar a direção das lutas pela mudança, o que seria de esperar de intelectuais, partidos e movimentos considerados de esquerda, o medo do comunismo acabou prevalecendo para muitos, como Baciu, a ponto de se opor à busca de aproximação com o ISEB, Celso Furtado e outros reformistas que tinham seus contatos internacionais com membros do CLC, que viam com simpatia seu reformismo como alternativa ao projeto revolucionário inspirado no exemplo de Cuba.

---

9   Carta (em português) de Stefan Baciu a Afrânio Coutinho, Rio de Janeiro, 10 de agosto de 1962. IACFR, Series II, Box 89, Folder 3.

10 Integrante da conhecida coluna Durruti, que combateu Franco na guerra civil espanhola, o belga Luis Mercier Vega – ao contrário de outros colaboradores do CLC – nunca renegou suas origens de esquerda. Identificava-se como anarquista até morrer, em 1977; recebe homenagens dos libertários até nossos dias. http://www.atelierdecreationlibertaire.com/Presence-de-Luis-Mercier.html , consulta em 27/06/2017.

Entretanto, o afastamento de Baciu – substituído como editor pelo já mencionado jovem bacharel em Direito, Vicente Barretto[11]– não mudou de imediato a orientação política da revista, ainda que ela se tenha tornado mais aberta, como atesta o número 15 (outubro-dezembro de 1962), dedicado à questão da África, com a participação de especialistas de diversas correntes, como Roger Bastide, Edison Carneiro, Manuel Diegues Júnior e José Honório Rodrigues. A conjuntura nacional evoluía para uma polarização política durante o governo Goulart, e *Cadernos Brasileiros* pendia para o lado dos inimigos do presidente.

O anticomunismo tradicional permaneceu nas páginas da revista, particularmente no período em que o nome de José Garrido Torres constava como integrante de sua direção, ele que era um expoente do Instituto de Pesquisas Econômicas e Sociais (IPES), instituição financiada pelo empresariado, preparando o terreno nos meios civis para o golpe de 1964. Torres foi o autor de um famoso artigo sobre "A responsabilidade democrática do empresário", que saiu no n. 14 de *Cadernos Brasileiros*, de julho-setembro de 1962. O artigo foi reproduzido em várias outras publicações que exaltavam a iniciativa privada e o combate ao estatismo, ao trabalhismo e ao comunismo, por vezes tomados de modo amalgamado no combate ao governo Goulart.

Cadernos Brasileiros estaria entre "as revistas subsidiadas e distribuídas para satisfazer a um público relativamente mais intelectualizado, como parte de uma campanha que o IPES chamava de 'fertilização cruzada' ideológica e a criação de barreiras intelectuais ao marxismo", segundo René Dreifuss (1981, p. 236). O IPES chegou a comprar, para distribuir entre seus filiados, exemplares de *Cadernos Brasileiros*: um documento de 1962 dá conta da aquisição, a preço de custo, de mil exemplares da revista, provavelmente do número com o artigo de Garrido Torres.[12] O editor após a vinda de Keith Botsford, Vicente Barretto, afirmou em entrevista recente não saber "se compravam ou não. É possível, porque o Baciu poderia ter contato, mas na minha época não tinha mais isso, não". O editor seguia a nova diretriz de Botsford que, segundo ele, afirmava não querer ter "nada a ver com essa gente, nós estamos aqui pela liberdade da cultura, é outra coisa, esse pessoal tem interesses

---

11 Barretto contou que Afrânio Coutinho era amigo de seu pai, escritor e da mesma geração, tendo oferecido ao filho do amigo "emprego como secretário da revista". Mas seria Botsford, escritor e editor, quem lhe teria ensinado os segredos do ofício. Entrevista de Vicente Barretto a Marcelo Ridenti, Rio de Janeiro, 24 de fevereiro de 2016.

12 IACFR, Series II, Box 449, Folder 8.

empresariais muito fortes".[13] O último artigo de Torres na revista saiu no número 19, de julho-agosto de 1963, mesma época em que o interventor deixava o país, após cumprir sua missão.

Garrido Torres afastou-se oficialmente da direção do periódico depois do golpe, quando assumiu a presidência do Banco Nacional de Desenvolvimento Econômico (BNDE), conforme explicitado em *Cadernos Brasileiros* (n.24, maio--junho de 1964, p. 76). Essa explicitação, pelo caráter inusitado, levou Berghe (1997, p. 51) a indagar-se acerca do papel e da autoridade particular de Torres. Por sua vez, com base na consulta a correspondências, Elisabeth Cancelli (2012: 80) constatou que Afrânio Coutinho e Vicente Barretto "viam problemas em Garrido Torres". O papel dele na revista foi minimizado por Barretto: "o Garrido era muito ligado ao Roberto Campos. [...] Ele escrevia artigos de economia". Segundo ele, "o Garrido não ia lá, o Afrânio estava muito mais do que ele, o Afrânio ia lá uma ou duas vezes por semana".[14] Mas seu nome constou como codiretor nos créditos da revista até a referida edição de 1964.

A demissão de Baciu e a nomeação de Barretto em 1962 constituíram uma nítida intervenção do CLC (centro) em *Cadernos Brasileiros* (periferia), recorrendo até mesmo à longa presença de Botsford no Rio de Janeiro. Contudo, paradoxalmente, a ingerência externa buscava dar mais espaço e diversificação à produção local, visando a ampliar a audiência e conquistar um enraizamento maior nos meios artísticos e intelectuais. A contribuição nacional – que em 1962 ficou em pouco mais de 50% – passou a quase 80% em 1963, quase 70% em 1964, estando sempre acima de 80% a partir de 1965, conforme quadro construído por Berghe (1997, p. 48). A ampliação mais consistente do arco ideológico de suporte à revista, entretanto, teria de esperar uma conjuntura mais apropriada, que se daria apenas algum tempo depois do golpe de 1964, quando as forças que o apoiaram começaram a divergir.

---

13 Entrevista de Vicente Barretto a Marcelo Ridenti, Rio de Janeiro, 24 de fevereiro de 2016.

14 Entrevista de Vicente Barretto a Marcelo Ridenti, Rio de Janeiro, 24 de fevereiro de 2016. Em depoimento posterior, o editor voltou a reiterar que Torres não participou efetivamente da direção de Cadernos Brasileiros. Depoimento de Vicente Barretto a Marcelo Ridenti, Rio de Janeiro, 11 de agosto de 2017.

Cadernos Brasileiros e o Congresso pela Liberdade da Cultura: o momento do golpe de 1964

Logo após golpe de 1964, ocorreu uma inesperada expressão de autonomia de *Cadernos Brasileiros* em relação a sua matriz internacional. Esta manteve certo distanciamento crítico em relação ao movimento, enquanto a direção brasileira apoiou a "revolução" nos bastidores, embora isso não se explicitasse tão nitidamente nas páginas do periódico, que sustentava o discurso da neutralidade política em nome da objetividade.

A relação pública ambígua de *Cadernos Brasileiros* com o golpe e a ligação com o governador da Guanabara, Carlos Lacerda, podem ser aferidas por um episódio relatado por Vicente Barretto na entrevista referida. Ele contou que a sede da revista na Praça General Osório, em Ipanema, foi invadida pela polícia logo depois do golpe, a mando do diretor do DOPS, Cecil Borer, figura conhecida e proeminente da repressão política desde os tempos de Getúlio Vargas.[15] A polícia "entrou e levou todas as correspondências, tudo, todos os originais, foi o diabo". Mas Barretto era amigo de infância e ex-colega de classe de Sergio, filho de Carlos Lacerda, que por sua vez era amigo de seu pai, o escritor e intelectual sergipano José Barretto Filho.

> O Borer, na cabeça dele, dizia que nós éramos um centro de revolucionários vermelhos. [...] E nós conseguimos que o Carlos Lacerda desse uma ordem para o Borer: "Devolve tudo isso que você é um maluco, você não sabe o que tá fazendo"... Essas contradições que nesses movimentos revolucionários sempre acontecem.[16]

O caso mostra que a imagem da revista era suficientemente distante do regime instalado após o golpe, a ponto de ser confundida com um órgão de oposição. Mas era próxima o bastante para ser protegida por Lacerda. A relação com ele se revela em outro episódio ambíguo relatado por Barretto, dando conta do desagrado do então governador com um artigo do jornalista Luiz Alberto Bahia, seu inimigo político, publicado pela revista.[17] Barretto recebeu uma correspondência oficial do

---

15 Lacerda reinstalou Borer no comando do DOPS carioca em 1963, segundo Mário Magalhães, "Ex-diretor revela como era a espionagem" – *Folha de S. Paulo*, 15/04/2001. http://www1.folha.uol.com.br/folha/brasil/ult96u18449.shtml Consulta em 13/02/2017

16 Entrevista de Vicente Barretto a Marcelo Ridenti, Rio de Janeiro, 24 de fevereiro de 2016.

17 Trata-se do artigo de Luiz Alberto Bahia "Dez teses sobre a guerra fria e coexistência". *Cadernos Brasileiros* n.23, março-abril de 1964.

gabinete do governador, contendo "o artigo do Bahia, rasgado", com a mensagem: "admira-me muito que você publique artigos desta categoria". Ou seja, ele via a revista e seu editor com bons olhos, mas não concordava com tudo que publicava. Barretto admite hoje a admiração por Lacerda, mas ressalta que ele não tinha relação próxima com a revista.

O apoio ao movimento de 1964 levou os dirigentes nacionais a confrontar-se com a orientação do comando internacional do CLC. Este, no imediato pós-golpe, tomou posição cautelosamente distanciada, pois o Congresso se pretendia defensor da democracia e da liberdade intelectual. Temia-se a repercussão para o público europeu de eventual apoio do CLC a um golpe militar que estava sendo questionado pela imprensa europeia. John Hunt mandou cartas e telegramas a Afrânio Coutinho, oferecendo todo o respaldo internacional da entidade para resistir a arbitrariedades contra os intelectuais. Deixava claro que "ser anti-Goulart não é razão suficiente para excessos cometidos contra os procedimentos democráticos, e eu penso que nós deveríamos ser corajosos o suficiente para dizer isso".[18] Para Hunt, "Cadernos Brasileiros ganharia muitos amigos, dentro e fora do Brasil", mostrando "àqueles que têm dúvidas que vocês estão tão preparados para defender a liberdade intelectual no Brasil quanto em qualquer outro lugar".[19]

Hunt não convenceu Coutinho, que defendeu seus argumentos em várias mensagens, como uma carta de quatro páginas que procurava apresentar "um quadro justo da situação". Apontava o apoio popular à "revolução contra Goulart" e a "distorção dos fatos" pela imprensa estrangeira.[20] A reação de Barretto ao movimento de 1964 foi idêntica à de Coutinho, de acordo com sua correspondência de então com Luis Mercier, que por sua vez se identificava com a posição mais cautelosa de Hunt. Barretto afirmava que "a revolução que depôs o Sr. João Goulart parece iniciar uma nova era no país". Apontava os equívocos dos órgãos da imprensa internacional que "caracterizaram a revolução como um 'coup d'état', o que significa diminuir e desconhecer o caráter revolucionário e popular do movimento".[21] Portanto, para

---

18 Carta (em inglês) de John Hunt a Afrânio Coutinho. Paris, 21 de abril de 1964. IACFR, Series II, Box 89, Folder 6.
19 Carta (em inglês) de John Hunt a Afrânio Coutinho. Paris, 11 de maio de 1964. IACFR, Series II, Box 89, Folder 6.
20 Carta (em inglês) de Afrânio Coutinho a John Hunt. Rio de Janeiro, 30 de abril de 1964. IACFR, Series II, Box 89, Folder 6.
21 Carta (em português) de Vicente Barretto a Luis Mercier. Rio de Janeiro, 20 de abril de 1964. IACFR, Series II, Box 559, Folder 17.

o editor de *Cadernos Brasileiros*, não teria havido um golpe, e sim uma revolução, incompreendida no exterior.

Esses argumentos não convenceram Mercier, para quem estaria no governo "um regime militar, provisório sem dúvida, mas cuja duração depende das próprias forças armadas".[22] Barretto respondeu que os militares se mostraram sensíveis à crescente insatisfação popular, que teria levado à deposição de Goulart, instalando um governo revolucionário, que tomaria "medidas radicais como a cassação de mandatos ou a suspensão de direitos políticos". Parecia admitir implicitamente essas medidas, considerando que o novo governo se autolimitou "juridicamente através do Ato Institucional", mantendo a constituição de 1946 "em plena vigência", com poucas modificações, a fim de garantir as eleições presidenciais previstas para outubro de 1965. Não concordava com o anarquista belga do CLC, para quem o comando político estava nas mãos dos militares; segundo Barretto, "o regime instalado é por eles garantido como, aliás, determina a constituição – mas não depende de sua vontade". Para reforçar sua argumentação, anexou à carta o discurso de posse de Castelo Branco e uma conferência de Lincoln Gordon, embaixador dos Estados Unidos, apoiador ativo do movimento militar, como se sabe.[23] O lado de Barretto ficava explícito naquela conjuntura, o que viria a mudar sobretudo a partir da edição do Ato Institucional n. 2, de outubro de 1965, dando razão aos receios de Mercier, que nunca se deixou convencer pelos argumentos do editor brasileiro.

Entretanto, a julgar pelo breve editorial que Vicente Barretto escreveu para o primeiro número de *Cadernos Brasileiros* depois do golpe de 1964, as ponderações de Mercier devem ter ecoado nele e as de Hunt influenciado Coutinho.[24] O texto aproximou os brasileiros da interpretação do comando internacional, merecendo um elogio de Mercier "o pequeno editorial sobre o direito à heresia vem muito a propósito".[25] A correspondência trocada com os dirigentes estrangeiros atestava que os diretores nacionais apoiavam com fervor a "revolução" de 1964, logo depois do golpe, algo que nunca ficou explícito nas páginas de *Cadernos Brasileiros*. A imagem pública da revista ficou sendo a expressa no editorial – recurso pouco frequente em

---

22 Carta (em francês) de Luis Mercier a Vicente Barretto. Santiago do Chile, 25 de abril de 1964. IACFR, Series II, Box 559, Folder 17.

23 Carta (em português) de Vicente Barretto a Luis Mercier. Rio de Janeiro, 7 de maio de 1964. IACFR, Series II, Box 559, Folder 17.

24 "Direito à heresia". *Cadernos Brasileiros* n. 24, maio-junho de 1964, p.4.

25 Carta (em francês) de Luis Mercier a Vicente Barretto. México, 30 de julho de 1964. IACFR, Series II, Box 559, Folder 17.

Cadernos Brasileiros, que em geral saíam sem qualquer manifestação dos editores. O texto dava respaldo ao movimento de 1964, mas advertia com cuidado contra a possível perseguição a intelectuais e contra o risco de permanência dos militares no poder, harmonizando a seu modo as posições dos dirigentes brasileiros e estrangeiros.

Esse editorial atesta que, num primeiro momento, a revista teve uma relação ao menos ambígua com os donos do poder. Ele pode ser interpretado como uma manifestação contra o risco de perpetuação dos militares no governo. De acordo com depoimento recente de Barretto, tratou-se da "primeira revista que se posiciona face o golpe de uma forma analítica e crítica". Entretanto, o editorial expressava também a aprovação ao que chamava de revolução. Atualmente, o editor considera que, em 1964, houve um "movimento contra um processo... não diria de comunização, mas de anarquia que tomava conta do Brasil. E o movimento num primeiro momento nos pareceu [...] que, pelo menos, podia equilibrar um pouco o país. Mas logo nós percebemos que o negócio não era bem assim".[26]

O discurso do editorial evidenciava que houve apoio de *Cadernos Brasileiros* ao golpe, mas também cautela e receio diante dos rumos que o movimento começava a tomar. Afirmava que havia, simultaneamente, esperança e apreensão a partir das "declarações dos principais chefes do movimento revolucionário de 31 de março". As esperanças estariam nas reformas políticas, econômicas e sociais prometidas, as quais "num clima racional [...] unem os intelectuais brasileiros". A preocupação viria do risco de tomar "a simples ideologia como subversão", atingindo "a intelligentsia", com a apreensão de livros, prisões e afastamento da vida pública de intelectuais, sem comprovar sua "ação subversiva". Ou seja, posicionava-se contra os excessos policiais do regime, que atingiam os intelectuais, e conclamava os novos governantes a assegurar até mesmo o "direito à heresia", que estivera ameaçado pelo governo Goulart e deveria ser assegurado pelo movimento de 1964. O autor citava discurso de Castello Branco, para quem "o anticomunismo da revolução admite 'que a evolução política e social do Brasil deve incorporar também ideias e propósitos da esquerda democrática.'" O editorial considerava o "caráter anticomunista da revolução" como "consequência aliás dela ser verdadeiramente democrática", mas constatava que "a inquietude ameaça espalhar-se nos meios intelectuais". De fato, a ameaça efetivou-se, como se pode constatar pela difusão do termo "terrorismo cultural", cunhado inicialmente pelo pensador católico Alceu Amoroso Lima em julho de 1964, e logo encampado pelo conjunto

---

26 Entrevista de Vicente Barretto a Marcelo Ridenti, Rio de Janeiro, 24 de fevereiro de 2016.

da esquerda intelectual, como já comentou Rodrigo Czajka (2009, p. 214). O mesmo Alceu Amoroso Lima, lembre-se, estivera no ato de fundação da Associação Brasileira do Congresso pela Liberdade da Cultura em 1958. Escreveu seu único artigo para *Cadernos Brasileiros* – intitulado "A igreja para o desenvolvimento" – em 1968, quando já se tornara um símbolo para os cristãos de esquerda, atestando certa mudança de rumo de alguns intelectuais brasileiros identificados com o CLC.[27]

Ao reivindicar o direito à heresia, o editorial incorporava a influência de Sidney Hook, um dos principais autores do CLC e presidente do Comitê Executivo do Congresso Americano pela Liberdade da Cultura. O ex-comunista Hook era discípulo do filósofo liberal John Dewey, que ficou célebre nos meios de esquerda por presidir o processo da comissão internacional que julgou e absolveu Trotsky, em tribunal informal, quando o revolucionário russo já estava no exílio. Em 1953, Hook publicou o livro *Heresy, Yes, Conspiracy, No*. Para ele, como sugere o título da obra, a ordem democrática deveria permitir as heresias do pensamento de esquerda, até mesmo marxista, pois o livre debate de ideias seria indispensável à democracia, considerando a liberdade acadêmica como um fundamento da autoridade. Mas não se poderia admitir a conspiração do movimento comunista internacional, que atuaria para destruir a democracia. Hook propunha uma luta anticomunista liberal, crítica do anticomunismo primário que confundiria heresia com conspiração – caso do macarthismo nos Estados Unidos dos anos 1950 –, mas também contrária ao neutralismo na Guerra Fria, pois a equidistância supostamente progressista toleraria a conspiração como se fosse heresia, subestimando a propaganda soviética e a subversão comunista (cf. GREMION, 1995, p. 133-134). No editorial de *Cadernos Brasileiros*, logo após o golpe, aparecia claramente a defesa da heresia por parte da *intelligentsia*, mas também a necessidade do combate à conspiração para afirmar a democracia brasileira. O elogio já referido de Mercier indica que o comando internacional do CLC subscreveria sem problema o editorial, mais afinado com sua orientação após a troca de correspondências.

Ainda no imediato pós-64, houve ao menos mais um caso de resistência a obedecer à orientação internacional, quando o CLC pediu apoio de *Cadernos Brasileiros* a Celso Furtado, perseguido pelos golpistas. A aversão dos dirigentes da revista a Furtado não terminara com a demissão de Baciu. A simpatia de uma parte do comando internacional do CLC pelo economista nordestino – afinal, ele não era co-

---

27 *Cadernos Brasileiros* n. 47, março-abril de 1968. Nesse número, saíram também artigos de Padre Vaz e de Frei Araújo, expressando as posições críticas no meio católico.

munista e poderia ser uma alternativa ao avanço radical a partir de Cuba, conforme já se destacou – não encontrava ressonância em sua associação nacional. Furtado pertencia a outra rede intelectual, adversária de Coutinho e sua revista. Além disso, poderia constituir ameaça ao grupo no comando do periódico, pois era perceptível que ele tinha algum apoio no CLC; até mesmo John Hunt – que pertenceu comprovadamente à CIA – intercedeu por ele em várias correspondências após o golpe, no que foi repelido por Afrânio Coutinho, como já ressaltou Iber (2015, p. 333-335).

Coutinho considerava que Celso Furtado, "apesar de sua alta estatura intelectual", e de não ser comunista, "estava nesse programa radical, aliado com Goulart, Brizola e os comunistas". Recusou implicitamente o pedido para defender Furtado, que estava solto, "apenas teve seus direitos políticos suspensos por dez anos", o mesmo castigo dado a "centenas de pessoas, civis e militares, homens comprometidos com atividades antidemocráticas".[28] Hunt manteve o tom amigável na resposta, mas insistiu para que ele "estivesse atento para a opinião internacional em relação à punição de pessoas como Celso Furtado", que continuava tendo repercussão negativa na imprensa estrangeira. A carta também anunciava a visita do jornalista francês David Rousset ao Brasil, para conhecer bem a situação e poder informar melhor "a opinião intelectual francesa".[29]

Hunt temia os desdobramentos que a omissão do CLC diante das arbitrariedades do regime instaurado em 1964 contra os intelectuais poderia causar nos meios culturais internacionais próximos da entidade. Suas cartas permitem supor que ele estava preocupado com as repercussões no exterior da perseguição a Furtado e outros intelectuais, possivelmente mais do que com a perseguição propriamente dita. A visita de Rousset foi planejada para três semanas e transcorreu conforme o previsto, como atesta uma carta de Barretto a Hunt, relatando a missão e os contatos do jornalista francês com "autoridades, funcionários e intelectuais com diferentes opiniões" no Rio de Janeiro, São Paulo e Belo Horizonte.[30] O próprio Hunt visitou o Brasil em novembro de 1964, sempre num clima de cordialidade com os dirigentes locais, pelo que se detecta na correspondência.[31]

---

28 Carta (em inglês) de Coutinho a Hunt. Rio de Janeiro, 30 de abril de 1964. IACFR, Series II, Box 89, Folder 6.
29 Carta (em inglês) de Hunt a Coutinho. Paris, 15 de maio de 1964. IACFR, Series II, Box 89, Folder 6.
30 Carta (em inglês) de Vicente Barretto a John Hunt. Rio de Janeiro, 29 de maio de 1964. IACFR, Series II, Box 89, Folder 6.
31 Carta (em inglês) de John Hunt a Vicente Barretto, agradecendo pela acolhida durante a visita. Paris, 4 de dezembro de 1964. IACFR, Series II, Box 89, Folder 6.

David Rousset – jornalista francês judeu, que fora trotskista, preso durante a II Guerra mundial, autor do clássico *O universo concentracionário* sobre os campos nazistas, que depois se aproximou do gaullismo e denunciava também o "totalitarismo soviético" – foi recebido por Vicente Barretto. Entrevistaram juntos, por exemplo, Arthur da Costa e Silva, então Ministro da Guerra, que os recebeu devido ao prestígio do francês. Este teria ficado tão descontente com a conversa e o autoritarismo do general que descontou a raiva na maçaneta do carro de Barretto, que ele quebrou pelo excesso de força ao tentar abrir a porta.[32]

Uma iniciativa de investigar o estado da liberdade de educação no Brasil – que documentou vários casos de perseguição, demissão e cassação de professores universitários e outros intelectuais, vítimas de vários tipos de arbitrariedade – partiu de John Hunt e de setores do CLC internacional, como o Comitê de Ciência e Liberdade, não de seus correspondentes brasileiros. O governo respondeu que o relatório do CLC era parte da campanha de desinformação. A partir desse exemplo, Patrick Iber argumenta que Coutinho venceu a disputa com Hunt: o funcionário da CIA não teria sido capaz de convencer o diretor brasileiro a assumir um plano de ação mais liberal (IBER, 2015, p. 334-335). Entretanto, a divergência deve ser matizada, pois o editorial de *Cadernos Brasileiros* já apontara para a defesa das heresias da *intelligentsia*, e integrantes do CLC visitavam o país, inteirando-se dos pontos de vista de seus apoiadores locais, de modo que suas perspectivas foram convergindo, como evidenciou a crítica ao militarismo em 1966.

Crítica ao militarismo: momento de abertura à esquerda

Havia certa tensão, mas também um pacto implícito entre centro e periferia: a revista *Cadernos Brasileiros* reproduzia a ideologia internacional, mas em última instância era autônoma para decidir sobre como adequá-la a assuntos internos. Negociava e tentava convencer o comando de suas posições, fazendo também concessões, como a publicação de um dossiê sobre militares que fora sugerido pelo CLC, mas só foi levado adiante quando os interesses internos se aproximaram mais dos internacionais. Esse dossiê, do último número de 1966,[33] expressou a convergência com a sede em Paris, mas acabou afetando a afinidade de setores militares com a revista. Constituiu-se, por isso, num *"turning point"* na história do periódico, segundo me declarou Barretto, organizador do dossiê. Ele contou também que, embora não

---

32 Entrevista de Vicente Barretto a Marcelo Ridenti, Rio de Janeiro, 24 de fevereiro de 2016.

33 Todos os 19 artigos e resenhas desse número versaram sobre o tema dos militares, de diversos pontos de vista. *Cadernos Brasileiros* n. 39, nov./dez. de 1966.

tivesse proximidade com Golbery, recebeu um telefonema dele na sede da revista assim que o dossiê saiu:

> Ele diz "vocês não estão defendendo aquilo devem defender e atacar aquilo que devem atacar". Eu digo: "é general, mas é isso aí". E ele: "então vocês se cuidem, tá?" [...] Golbery nunca mais nos procurou, não tínhamos força nenhuma, não tinha com o que se preocupar.[34]

O dossiê começava com um breve editorial de Afrânio Coutinho, em que apresentava o número da revista como resultado do trabalho de "um grupo de sociólogos, pesquisadores e historiadores que estudam o tema em seus variados e complexos aspectos" (p.2). Em seguida vinha o artigo de Barretto "A presença militarista". Como sempre, a publicação propunha neutralidade científica ao debate, reivindicando estar acima das ideologias. Apontavam nessa mesma direção as palavras do organizador em carta escrita enquanto preparava o material, buscando "dar tal equilíbrio ao dossiê, que o governo não possa dizer que a revista é subversiva e, ao mesmo tempo, ele não vai ajudar os interesses da oposição".[35]

O artigo "A presença militarista" constatava que houve intervenção militar na política em treze países da América Latina, de 1955 a 1966. A seguir, desenvolvia considerações sobre o militarismo, remontando a vários períodos históricos, mas tendo como foco o que se passava no Brasil (p.3-7). O militarismo foi definido "politicamente como o predomínio dos militares no Governo; socialmente é o domínio de critérios e valores militares em uma nação; culturalmente surge como o espírito e as atitudes mentais dos militares, transferidos para a vida intelectual" (p.4). Barretto citava cuidadosamente uma série de autores, inclusive militares que estavam no governo, para apontar os riscos do militarismo, concluindo que poderia "descambar no tumulto, no terror" (p.7). Tomava a cautela de não atacar as Forças Armadas, esclarecendo que o militarismo seria uma "deformação da mentalidade militar", envolvendo "a crença numa sociedade fechada, onde as divergências e inquietudes sociais são resolvidas pela força" (p.4). Talvez por isso, não mencionava explicitamente o então recém-editado Ato Institucional n.2, que deixava clara a possibilidade de manutenção no poder dos militares, desagradando parte de seus aliados civis, em especial de setores identificados com o liberalismo.

---

34 Entrevista de Vicente Barretto a Marcelo Ridenti, Rio de Janeiro, 24 de fevereiro de 2016.
35 Carta (em inglês) de Vicente Barretto a John Hunt. Rio de Janeiro, 30 de junho de 1966. IACFR, Series II, Box 89, Folder 8.

Temia-se a reação militar a esse número da revista, como revelava de passagem uma carta de Barretto e Mercier, de fevereiro de 1967. Ele terminava o texto observando que acabara de regressar de Recife, onde a situação "continua tensa", razão pela qual "o número dos MILITARES em virtude dessa situação somente agora está sendo distribuído no Recife" (grifos do autor). E concluía: "até agora, as autoridades militares não reagiram, só espero que assim continuem".[36] De fato, além do mencionado telefonema de Golbery, não houve consequências maiores, mas a carta mostrava o receio de que pudessem ter ocorrido. A reação tímida dos militares pode ser entendida em parte porque o diálogo dos intelectuais da revista com o regime continuava aberto, chegando mesmo à colaboração, como atesta outra carta de Barretto, dando notícia a Mercier de que enviava em anexo "o Plano Cultural do Governo Costa e Silva apresentado por uma comissão da qual fazem parte o nosso Afrânio Coutinho e outros colaboradores de Cadernos Brasileiros".[37]

Naquele contexto, não era surpreendente o relativo estranhamento com os militares, pois a direção do periódico tinha afinidade ideológica com Carlos Lacerda, que se afastara do golpe de que fora o principal líder civil, a fim de criar a Frente Ampla de oposição ao governo em novembro de 1966, o mesmo mês do número de *Cadernos Brasileiros* que desagradou aos militares. Como se sabe, o ex-governador da Guanabara viria a ter seus direitos políticos cassados após a edição do Ato Institucional n. 5, em dezembro de 1968, que foi o ano de maior aproximação da revista com o amplo espectro político e ideológico de resistência à ditadura, mas nem por isso sofreu censura dos organismos oficiais, afinal, sua força e penetração eram restritas, e especialmente o diretor, Afrânio Coutinho, mantinha boas relações nos círculos de poder, a ponto de pleitear a ocupação de cargos de prestígio intelectual no governo. Por exemplo, em carta a Hunt de março de 1967, ele comentou que seu nome estava na lista para integrar o Conselho Federal de Cultura e foi cortado pelo presidente Castelo Branco, o que atribuía ao número de *Cadernos Brasileiros* dedicado à questão militar, provavelmente mencionado para agradar ao dirigente do CLC. Aproveitava para pedir verba a fim de fazer contatos e visitar o México a partir de Nova York, onde estava em temporada como professor visitante na Universidade Columbia. Comentava que "felizmente, ele (Castelo) vai sair no próximo dia 15 de

---

36 Carta (em português) de Vicente Barretto a Luis Mercier. Rio de Janeiro, 17 de fevereiro de 1967. IACFR, Series II, Box 56, Folder 2.
37 Carta (em português) de Vicente Barretto a Luis Mercier. Rio de Janeiro, 27 de fevereiro de 1967. IACFR, Series II, Box 56, Folder 2.

março, então vamos esperar o melhor".[38] Ou seja, evidenciavam-se o distanciamento em relação a Castelo Branco e a esperança no governo seguinte, com o qual colaborara na organização do plano cultural.

O desejo de atender à expectativa de Hunt de uma posição mais crítica em relação aos militares também se evidenciava em carta de Barretto para ele, com a tradução em inglês de seu artigo "A presença militarista".[39] A acolhida de Hunt foi positiva e o artigo foi reproduzido por *Mundo Nuevo*, que publicou na mesma edição de 1967 o texto "A opinião militar", de Mário Afonso Carneiro, originalmente preparado para o dossiê de *Cadernos Brasileiros*.[40] Era uma recompensa e tanto, pois poucos artigos de brasileiros tiveram espaço nas revistas internacionais da rede do CLC.

A preocupação do Congresso, naquele contexto da América Latina, estava em pensar a questão do desenvolvimento e do papel das elites; por suposto, não de uma perspectiva antissistêmica, mas conforme as teorias da modernização, então em voga. (cf. RIBEIRO, 2006, p. 53-74). Tanto que promoveu um grande evento sobre elites e desenvolvimento na América Latina, realizado em Montevidéu em 1965, para o qual foram convidados intelectuais expressivos, de diversas posições políticas. Vários brasileiros estiveram presentes, alguns deles morando no exterior para escapar da repressão, como Darcy Ribeiro e Fernando Henrique Cardoso, autores respectivamente dos textos "As universidades latino-americanas e o desenvolvimento social" e "A elite industrial na América Latina". Convidado, Celso Furtado não pode comparecer.[41]

O CLC também pretendia ampliar seu público, expondo uma visão cultural mais ampla e aberta, em especial nas páginas da revista *Mundo Nuevo*, muito apreciada entre os literatos da América Latina, que publicou até mesmo poemas do comunista chileno Pablo Neruda, um dos expoentes do Conselho pela Paz Mundial, outrora arqui-inimigo do CLC. O conflito regional já não estava mais centrado propriamente nos partidos comunistas e seus intelectuais – em geral, defensores da convivência pacífica entre as potências e das revoluções nacionais e democráticas dentro

---

38 Carta (em inglês, manuscrita) de Afrânio Coutinho a John Hunt. Nova York, 13 de março de 1967. IACFR, Series II, Box 89, Folder 8.
39 Carta (em inglês) de Vicente Barretto a John Hunt. Sem local e data. IACFR, Series II, Box 589, Folder 8.
40 *Mundo Nuevo*, n. 15, setembro de 1967.
41 IACFR, Series II, Box 448, Folder 9 e Box 449, Folder 1. Parte do material apresentado no evento deu origem posteriormente ao livro organizado por Lipset e Solari (1967).

da ordem –, e sim nas esquerdas armadas, influenciadas sobretudo pelo exemplo de Cuba (cf. IBER, 2015; GILMAN, 2003; COBB, 2008).

Em âmbito nacional, *Cadernos Brasileiros* finalmente consolidava a diretiva internacional de abrir-se para os mais diversos pontos de vista, dando espaço também para jovens artistas, literatos e cientistas sociais, como Francisco Alvim, Fábio Lucas, Wanderley Guilherme dos Santos, Octávio Guilherme Velho, Gilberto Velho, Moacyr Palmeira, Vilma Arêas, José Guilherme Merquior, Sérgio Paulo Rouanet, Nelson Mota e outros, muitos dos quais identificados com posições de esquerda.

Editora assistente de *Cadernos Brasileiros* em 1968, Kátia Valladares reivindica uma parte da responsabilidade pela mudança na publicação, destacando ainda o papel de Clarival do Prado Valladares, seu pai. Além de crítico de arte responsável pela galeria Goeldi, ele foi integrante ativo do comando da revista pelo menos a partir de 1965, tendo exercido também funções de destaque em instituições do governo, como o Conselho Federal de Educação. Kátia fora perseguida após o golpe de 1964, o que a levou a procurar refúgio no consulado do México. Lá conheceu o líder marinheiro negro Marcos Antônio da Silva Lima. Ambos se apaixonaram e seguiram exilados para Cuba, onde tiveram um filho; ela chegou a trabalhar na rádio Havana em transmissões para o Brasil. Marcos logo retornou clandestinamente ao País, foi preso, escapou da cadeia e acabou sendo morto em 1970, quando integrava o Partido Comunista Brasileiro Revolucionário (PCBR).[42] Por sua vez, Kátia voltou de modo legal, após negociações que envolveram a intermediação da igreja católica e de relações familiares – ela é filha de Érica Odebrecht Valladares e sobrinha de Norberto Odebrecht, que se tornaria conhecido como um dos expoentes da famosa empresa que leva o nome da família. Foi convidada pelo pai para integrar *Cadernos Brasileiros* assim que voltou de Cuba, com a concordância dos diretores nacionais e internacionais, tendo especial apoio de Luis Mercier, para quem sua contratação reforçaria a abertura à esquerda do periódico.[43]

A aproximação com o campo de oposição à ditadura ajuda a entender por que as denúncias de financiamento do CLC pela CIA atingiram pouco a revista brasileira; afinal, o momento das denúncias praticamente se justapôs ao da abertura à esquerda.

---

42 http://www.ebc.com.br/sites/_portalebc2014/files/atoms/files/mortosedesaparecidos_1970-1971.pdf Consulta em 22 de outubro de 2017.

43 Entrevista de Kátia do Prado Valladares a Marcelo Ridenti, Rio de Janeiro, 4 de setembro de 2017.

O momento das denúncias de ligação com a CIA

A descoberta do apoio da CIA ao CLC e suas revistas não gerou perda de prestígio para *Cadernos Brasileiros* nos meios intelectuais, até mesmo os de esquerda, ao contrário do que ocorreu com a maioria dos periódicos da rede. Para entender esse aspecto, antes de mais nada, é preciso considerar que *Cadernos Brasileiros* tinha sua importância, mas era um periódico relativamente secundário no campo intelectual anterior ao golpe de 1964 – época de revistas de destaque como a *Brasiliense* – e também depois dele, quando a *Revista Civilização Brasileira* foi a de maior prestígio e divulgação. Era o tempo da chamada "relativa hegemonia cultural de esquerda" nos meios artísticos e intelectuais (cf. SCHWARZ, 1976), expressiva a ponto de atrair para sua órbita até mesmo revistas identificadas a princípio com a direita, como *Cadernos Brasileiros*. Por volta de 1966, ela passou a integrar à sua maneira a ampla frente de resistência à ditadura, com a colaboração crescente de intelectuais de esquerda, dando espaço também para as novas gerações, que encontravam poucas possibilidades para publicar – e recebendo pela tarefa, de modo profissional.

Então, por que criticar uma revista relativamente secundária, que naquele momento não ameaçava o predomínio das ideias das esquerdas intelectuais, revelando-se opositora moderada dos militares, ao mesmo tempo em que era plural e aberta para intelectuais considerados progressistas, consagrados ou jovens, vindo a empregar em sua redação até mesmo uma pessoa que tivera ligações com a esquerda armada? Numa conjuntura em que a revista deixara de explicitar seu anticomunismo e se aproximava da oposição – apesar de manter os princípios liberais do CLC e algum contato com o regime militar –, não havia por que propagar no Brasil as denúncias acerca do financiamento da CIA, que além do mais eram desconhecidas pelos editores e colaboradores. Sem esquecer que o patrocínio ao CLC já não vinha mais da agência secreta, mas da Fundação Ford, pois a CIA se afastara quando a descoberta de suas atividades se tornou iminente. Não havia razão para criar incômodo para *Cadernos Brasileiros* e seu amplo espectro de colaboradores naquele contexto.

Por ocasião das denúncias, Barretto escreveu a Hunt em solidariedade, atribuindo as acusações a uma "tentativa de minar um trabalho construtivo e de sucesso".[44] Em outra correspondência, revelara alívio por matérias do *Jornal do Brasil*

---

44 Carta (em inglês) de Vicente Barretto a John Hunt. Rio de Janeiro, 27 de fevereiro de 1967. IACFR, Series II, Box 89, Folder 8.

sobre o apoio da CIA ao CLC não terem mencionado *Cadernos Brasileiros*, temeroso de que o caso pudesse "perturbar e atingir (*disturb and damage*)" o periódico.[45]

A revista posicionou-se diante das acusações de financiamento pela CIA, mas sem as citar explicitamente, no editorial "Primeira e última declaração" (n. 43, julho-agosto, 1967, p. 3-6). Identificava-se como uma publicação brasileira e crítica, independente e com liberdade de ação, o que poderia ser comprovado pelas suas posições pioneiras ao tratar de assuntos como a questão da África em 1963, o protesto contra a perseguição aos intelectuais em 1964, o problema do poder militar em 1966. Seria aberta a intelectuais de toda coloração ideológica e aos jovens artistas, mantendo como lema a total liberdade. Explicava que, a partir de 1966, tinha o apoio do Instituto Latino Americano de Relações Internacionais (ILARI),[46] que por sua vez era financiado pela Fundação Ford. A seguir, reproduzia na íntegra um trecho longo da declaração oficial do ILARI, que compôs mais da metade do editorial, reiterando a autonomia do Instituto e das revistas que patrocinava, *Mundo Nuevo, Aportes* e *Cadernos Brasileiros*. Não mencionava o CLC, sua sucessora AILC, ou o fato já comprovado de que o financiamento para o CLC e suas publicações vinham sobretudo da CIA e suas organizações de fachada, como a Fairfield, até 1966. A direção do ILARI rebatia os "inquisidores da direita e da esquerda", que se faziam ouvir mundo afora, mas quase não se manifestaram no Brasil. Vários intelectuais considerados de esquerda publicaram na revista depois do número desse editorial, como Florestan Fernandes, Edison Carneiro, Fernando Pedreira, Alceu Amoroso Lima (já em sua fase de católico de esquerda), Abdias Nascimento, Fábio Lucas, José Leite Lopes, entre outros

Pesquisadores como Gremion (1985) e Coleman (1989) consideraram que o CLC e suas revistas sempre tiveram autonomia intelectual, mesmo na fase em que foram financiados pela CIA. Por sua vez, Saunders (2008) admitiu que poucos dirigentes do Congresso foram agentes da CIA, mas argumentou que quase todos eles deviam saber de algum modo ou desconfiavam de sua participação, pois as evidências disponíveis eram cada vez maiores. Já Iber ponderou que a agência secreta dos Estados Unidos não conseguia controlar a rede complexa que ajudou a criar; para

---

45 Carta (em inglês) de Vicente Barretto a John Hunt. Rio de Janeiro, 21 de fevereiro de 1967. IACFR, Series II, Box 89, Folder 8.
46 Em 1965, foi criado o Instituto Latino-Americano de Relações Internacionais (ILARI), órgão do CLC para a América Latina, que passou a fazer parte da Associação Internacional para a Liberdade da Cultura (AILC), novo nome para o CLC a partir de 1967 (CANCELLI, 2012, p.75). O ILARI era dirigido por Luis Mercier Vega.

ele, o CLC não seria mera "marionete dos EUA" (IBER, 2011, p. 263). E também haveria divergências dentro da própria CIA, entre seus agentes Josselson e Hunt, este supostamente mais liberal.

Poucos colaboradores das revistas do CLC sabiam do financiamento secreto, alguns deles até protestaram quando a história veio à tona. Entretanto, isso não significa que esses intelectuais eram inocentes úteis. Conscientemente ou não, fizeram parte do conflito entre as grandes potências, mesmo sem dominar plenamente os fatos ou conhecer todas regras do jogo. Certamente – assim como seus inimigos comunistas – foram usados pelas potências e suas instituições, mas também souberam usá-las em seu próprio benefício, pessoal ou coletivo.

Um exemplo elucidativo é o de Raymond Aron, que tratou do tema em suas memórias. Disse que escrevia com plena liberdade para as revistas do CLC, que lhe proporcionaram a convivência e a troca de ideias com intelectuais como Josselson, Kennan, Polanyi e outros. Para ele, o CLC foi fundamental para influenciar intelectuais europeus na luta indispensável contra o stalinismo. A despeito disso, ponderou que ele e a maioria de seus colegas provavelmente não teriam colaborado com as revistas do CLC se soubessem do apoio da CIA, embora admitindo que essa atitude não seria razoável. A seu modo, justificou o acerto do caráter secreto do apoio: "O Congresso não poderia cumprir sua tarefa – e ele a cumpriu – senão pela camuflagem ou mesmo, caso se queira, a mentira por omissão" (ARON, 2010, p. 318 e segs).

O principal dirigente do CLC de 1950 a 1967, Michael Josselson, assim como seu auxiliar John Hunt, foram afastados da instituição devido à crise gerada pelas denúncias que comprovaram o envolvimento dos dois com o serviço secreto dos Estados Unidos. A culpa recaiu praticamente só neles. Entretanto, a denúncia sobre o apoio da CIA atingiu a credibilidade do CLC e de suas revistas. A ideologia de independência intelectual ficou abalada, a ponto de o CLC mudar de nome, passando a chamar-se Associação Internacional para a Liberdade da Cultura (AILC). Em poucos anos, essas instituições desapareceram, vítimas da perda de prestígio e credibilidade, além da escassez de financiamento. A Fundação Ford – que patrocinara atividades do CLC e da AILC, em especial na América Latina, após o afastamento da CIA em 1966 – mudou suas prioridades na virada da década. Passou a financiar instituições como o Centro Brasileiro de Análise e Planejamento (Cebrap), composto por intelectuais que a ditadura afastara da Universidade.

Momento final

Cadernos Brasileiros fechou as portas em 1970, devido ao fim do patrocínio. No momento em que escasseavam as fontes de receita, em outubro daquele ano, ocorreu um episódio envolvendo seu diretor, que expressa bem as ambiguidades do periódico. Afrânio Coutinho recusou o convite para continuar, sem remuneração, como presidente honorário da Associação Brasileira para a Liberdade da Cultura. Afirmava ser impossível aceitar, pois isso inviabilizaria sua almejada nomeação para o posto de adido cultural em Paris. Ou seja, estava esperando sua indicação ao cargo pelo governo Médici, que na época promovia o "milagre econômico" e uma repressão política sem paralelo até então, inclusive contra intelectuais. Coutinho alegava que, caso aceitasse o convite para seguir à frente da Associação, continuaria "a ser visto pelas autoridades como responsável" pela entidade e sua revista, de modo que "teria os riscos e de modo algum as vantagens" de seguir na direção.[47] Portanto, até o momento final do periódico, prosseguiu sua relação ambígua com o governo e a oposição, característica de muitos liberais da época, geralmente ligados às classes médias tradicionais (cf. SAES, 1984).

O fechamento da revista revelava que ela dependia economicamente do patrocínio estrangeiro. Sem ele, não conseguiu caminhar com as próprias pernas, apesar da relativa autonomia editorial. Não obstante, serviu para que debates internacionais inspirados pelo CLC circulassem no País, contando com a participação expressiva de colaboradores brasileiros, de várias correntes de pensamento, muitos buscando espaço para mostrar a voz no campo intelectual. A revista navegou entre adesão e crítica aos governos em diferentes conjunturas na década de 1960, influenciada por forças culturais e políticas nacionais e internacionais, posicionando-se em disputas em que os intelectuais não foram simples fantoches dos interesses em jogo na Guerra Fria, mas agentes no processo político.

A constatação de que *Cadernos Brasileiros* ocupou um lugar secundário no campo intelectual brasileiro – e subalterno no cenário internacional – não deve minimizar sua importância como expressão do percurso de certos círculos liberais em conjunturas diversas, englobando as posições anticomunistas explícitas de antes de1964, o apoio ao golpe e a posterior formulação de críticas aos militares. Especialmente na última fase, mais acolhedora de posições diversas, a revista contou com a colaboração até de intelectuais e artistas considerados de esquerda, sobretudo jovens, mas os diretores souberam manter canais de diálogo e acomodação com os poderes estabelecidos.

---

47 Carta (em francês) de Afrânio Coutinho a Luis Mercier. Rio de Janeiro, 8 de outubro de 1970. IACFR, Series II, Box 560, Folder 5.

Como se procurou demonstrar, a relação complexa entre centro e periferia no cenário intelectual expressou-se na fundação da revista em 1959, quando segmentos importantes do meio artístico e intelectual brasileiro se mostraram receptivos à iniciativa estrangeira. Em 1962, com o afastamento do editor Baciu, a intervenção negociada do CLC explicitou a imposição externa, que paradoxalmente deu mais voz a autores nacionais. As reações ao golpe de 1964 também revelaram fricções entre os dirigentes externos e os locais, estes mais conservadores, que souberam se afirmar. O debate promovido pela revista sobre os militares no fim de 1966 aparou as arestas entre os dirigentes locais e os externos, com uma relativa abertura para posições mais à esquerda, as quais possibilitaram que as denúncias sobre o financiamento da CIA ao CLC encontrassem pouco eco no País. O fechamento do periódico, em 1970, atestou as dificuldades para implantar o projeto internacional em solo brasileiro, mas os intelectuais envolvidos tiraram proveito de sua experiência na revista. Ocuparam o espaço de expressão que ela abriu por mais de dez anos, constituindo-se em protagonistas da cena cultural e política, embora como atores coadjuvantes, no palco ou nos bastidores.

Bibliografia

ARON, Raymond. *Mémoires*. Édition intégrale inédite. Paris: Édition Robert Laffont, 2010.

BERGHE, Kristine Vanden. *Intelectuales y anticomunismo – la revista Cuadernos Brasileiros (1959-1970)*. Louvain: Leuven University Press, 1997.

BERGHE, Kristine Vanden. El Congresso por la Libertad de la Cultura y la América Latina. *Estudos Ibero-Americanos*, PUCRS, v. XXV, n.1, p. 217-234, junho 1999.

CANCELLI, Elizabeth. *O Brasil e os outros*. Porto Alegre: EDIPUCRS, 2012.

COBB, Russell. The Politics of Literary Prestige: Promoting the Latin American "Boom" in the Pages of *Mundo Nuevo*. North Carolina State University. *A Contra Corriente*. Vol. 5, No. 3, Spring 2008, p. 75-94.

COHN, Deborah. *The Latin American Literary Boom and U.S. Nationalism during the Cold War*. Nashville: Vanderbilt University Press, 2012.

COLEMAN, Peter. *The liberal conspiracy: The Congress for Cultural Freedom and the Struggle for the Mind of Postwar Europe*. New York: The Free Press/Mac Millan, 1989.

CZAJKA, Rodrigo. *Praticando delitos, formando opinião: intelectuais, comunismo e repressão no Brasil (1958-1968)*. Doutorado em Sociologia – IFCH, Unicamp. Campinas, 2009.

DREIFUSS, René A. *1964: a conquista do Estado*. 2ª. ed. Petrópoolis, Vozes, 1981.

GILMAN, Claudia. *Entre la pluma y el fusil – debates y dilemas del escritor revolucionario en América Latina*. Buenos Aires: Siglo XXI, 2003.

GREMION, Pierre. *Intelligence de l'anticommunisme. Le Congrès pour la Liberté de la Culture à Paris – 1950-1975*. Paris: Fayard, 1995.

HOOK, Sidney. *Heresy, Yes – Conspiracy, No*. Nova York: The John Day Company, 1953.

IBER, Patrick J. *The Imperialism of Liberty: Intellectuals and the politics of culture in Cold War Latin America*. Tese de doutorado em História. Universidade de Chicago, 2011.

_____. *Neither Peace nor Freedom: The Cultural Cold War in Latin America*. Cambridge: Harvard University Press, 2015.

LASCH, Christopher. The cultural Cold War: a Short History of the Congress for Cultural Freedom. In: *Towards a New Past. Dissenting Essays in American History*. Nova York: Pantheon Books, 1968. p. 322-359.

LIPSET, S. M.; SOLARI, A. E. *Elites y desarollo en América Latina*. Buenos Aires, Paidós, 1967.

RIBEIRO, Ricardo Alaggio. *A Aliança para o Progresso e as Relações Brasil-Estados Unidos*. Tese de Doutorado em Ciência Política do IFCH/Unicamp. Campinas, 2006.

SAES, Décio. *Classe média e sistema político no Brasil*. São Paulo: T. A. Queiroz, 1984.

SAUNDERS, Frances S. *Quem pagou a conta?* Rio de Janeiro: Record, 2008.

SCHWARZ, Roberto. Cultura e política (1964-1969). In: *O pai de família e outros estudos*. Rio de Janeiro: Paz e Terra, 1978.

A arte (não épica) da resistência[1]

Pedro Meira Monteiro

Desde que se trata de pensar o quadro dos saberes produzidos sobre a periferia, ou a partir da periferia, e mesmo aceitando a necessidade de evitar a essencialização e a excepcionalidade do "espaço periférico", trago aqui uma experiência de tradução. Tradução, é claro, em sentido amplo: de um idioma a outro, mas também de um contexto intelectual e cultural a outro.

No entanto, parece-me necessário, antes, um breve excurso pessoal, que explica por que trago, à reflexão sobre o centro e as periferias, minha angustiante experiência de tradução.

Por um lado, vivo há quinze anos ensinando, pensando e escrevendo fora do Brasil. Num contexto assim, a tradução não é um luxo, nem uma eleição; é antes uma condição de existência (como talvez deva e possa ser para todos nós, dentro e fora do País, embora em graus diversos). Por outro lado, esses quinze anos reforçam a impressão de que a reflexão sobre a cultura e a sociedade brasileiras, quando efetuada no Brasil, muitas vezes se deixa abafar pela autorreferência, como se o País fosse bastante para pensar seus próprios marcos culturais. Tenho consciência de que os estudos literários talvez sofram especialmente desse "mal" da autorreferência, a despeito daquilo que o paradigma da "inserção", de Silviano Santiago (Santiago, 2012), pode oferecer para a concepção de uma mirada mais cosmopolita sobre as trocas e a circulação de bens e de ideias. Já o campo do pensamento social, ao menos quando se libera do adjetivo "brasileiro", revela-se mais poroso, em parte porque se trata de uma frente teórica eminentemente reflexiva. Duplamente reflexiva, aliás: por um lado é impossível pensar a experiência nacional isoladamente, enquanto por outro lado o processo social e sua presença no plano das ideias marca um contraponto entre sociedade e produção intelectual, de tal modo que as fronteiras entre ideias e

---

1 Retomo aqui dois textos meus: a introdução ao livro *A memória rota: ensaios de cultura e política*, de Arcadio Díaz-Quiñones, e "Da cordialidade à *brega*: o veneno-remédio das culturas periféricas em Sérgio Buarque de Holanda, José Miguel Wisnik e Arcadio Díaz-Quiñones", submetido a *Interseções: Revista de Estudos Interdisciplinares*.

agentes sociais se tornam diáfanas. Essa reflexividade, que torna a cultura algo dificilmente "objetificável", está também no âmago da experiência de tradução.

A pergunta é: como traduzir aquilo que chamamos de "realidade", ou de "cultura", de um lugar a outro? Nos termos referidos neste seminário, penso no conceito de uma "forma difícil", que Rodrigo Naves parece ter plantado em nossa imaginação. Que "rugosidades" guarda aquilo que identificamos como "cultura"? Se assim é, a tradução da experiência cultural será sempre o enfrentamento dessas rugosidades, sem que um arcabouço teórico prévio dê conta da experiência social implicada na cultura. Abusando das metáforas, a rugosidade específica de uma sociedade exige uma forma de pensar específica. Nesse sentido, a angústia dos artistas e dos críticos de arte diante da "forma difícil" tem muito a fornecer para o campo das ciências sociais. Todos estamos diante de "formas difíceis", ou diante daquilo que Naves identifica como obras que supõem um "modo suave de moldar as coisas" (NAVES, 2011).

***

Terminado o excurso, lembro que iniciei advogando a necessidade de se evitar a essencialização do espaço periférico e sua decorrente excepcionalidade na imaginação compensatória que vê, na periferia, as "vantagens" possíveis de uma área geográfica ou cultural. Tudo isso num plano em que o desenvolvimento é "desigual e combinado", para pensar na célebre fórmula de Trotsky e sua generosa utilização nas periferias do mundo.

Lançado um olhar de saudável suspeita sobre a superioridade dos espaços periféricos, talvez valha a pena perguntar: o que as periferias, a um só tempo simbólicas e reais, produzem no plano da vivência política? Que práticas elas engendram? Que técnicas do social, que pactos, que tipo de cultura política se desenvolve nesses espaços que teimamos em identificar como periféricos? Para além da miragem das "epistemologias do sul" (SANTOS, 2010), é possível entender uma larga experiência social própria aos espaços periféricos, incluída aí a complexa engrenagem das classes sociais. A "periferia", afinal, é vivida diferentemente por ricos e pobres.

De toda forma, resta o incômodo: o que fazer da rígida geografia que postula centro e periferia? Onde é mais cômodo estar? Numa periferia eternizada pela imaginação? Ou a prática política, por si só, desvanece a ilusão da periferia, embaralhando qualquer geografia rígida?

Partindo dessas perguntas, discuto brevemente um termo forjado pelo crítico porto-riquenho Arcadio Díaz-Quiñones, autor de um conjunto fabuloso de ensaios que tive o privilégio de traduzir, apresentar e anotar (DÍAZ-QUIÑONES, 2016).

Trata-se, em suma, da tentativa de trazer sua reflexão para o âmbito do chamado pensamento social "brasileiro".

***

Certo senso comum sugere que haveria semelhanças profundas entre países de tradição pós-colonial como, por exemplo, o Brasil e Cuba, onde o escravismo e a grande plantação são matrizes de formação de uma sociedade híbrida, em que a proximidade e o diálogo convivem com a exclusão e a violência. No entanto, talvez valha a pena incluir uma pequena ilha nesse mapa: Porto Rico. Vale recordar que se trata de umas das ilhas mais orientais do Caribe, logo ao lado da Hispaniola, a primeira grande ilha avistada por Colombo, onde hoje se encontram a República Dominicana e o Haiti. De Porto Rico vem esta bela gravura, intitulada "A Arca de Noé", da artista gráfica Consuelo Gotay, que a concebeu na década de 1970, inspirada nos poemas de Luis Palés Matos, "Los animales interiores":

***

Na senda do exercício de tradução que tem me guiado nos últimos anos, abordo uma palavra e um conceito de difícil tradução: o verbo *bregar*, que na sua ductibilidade e riqueza semântica mereceu um longo e iluminador ensaio de Arcadio Díaz-Quiñones, incluído no livro supra-citado. *Bregar*, em poucas palavras, é negociar, avançar sabendo recuar, contornar quando necessário, resguardar-se e furtar-se ao conflito, quando preciso. É também uma forma de navegar o arriscado terreno da política em situações por assim dizer "periféricas", quando o sujeito é um cidadão incompleto, dotado de direitos não totalmente estabelecidos, ou constantemente ameaçados por uma máquina política ensanduichada entre o passado colonial e, no caso específico de Porto Rico, a presença avassaladora dos Estados Unidos.

A *brega*, em suma, guardaria talvez algumas semelhanças estruturais – poéticas e políticas – com a "cordialidade", conceituada por Sérgio Buarque de Holanda e longamente usada (e abusada) na definição do espaço público brasileiro (Meira Monteiro & Schwarcz, 2016). Ambas – a *brega* e a cordialidade – têm o potencial de nos desviar da dureza da lei, destinando o sujeito à negociação direta, de forma a potencialmente atenuar os conflitos. Nesse sentido, a cordialidade e a *brega* são instrumentos regeneradores, como um remédio que vertesse sobre o tecido social. Mas, ao mesmo tempo, os dois instrumentos se convertem facilmente em veneno, porque, cada qual a seu modo, podem manter o sujeito num plano em que ele se furta ao choque e se mantém no restrito círculo de possibilidades que a sociedade de raízes coloniais lhe oferece.

Restará claro que lido aqui com o módulo com o qual José Miguel Wisnik leu, em *Veneno remédio: o futebol e o Brasil* – livro que é, plausivelmente, um *Raízes do Brasil* do século XXI (MEIRA MONTEIRO, 2015) –, o grande tríptico do pensamento social brasileiro, atribuindo a Sérgio Buarque de Holanda o papel de um ambivalente meio termo entre o pessimismo materialista de Caio Prado Jr. e o exacerbado otimismo culturalista de Gilberto Freyre.

***

Voltando ao plano da reflexão de Arcadio Díaz-Quiñones, a *brega* não é apenas evasiva. Há algo de propositivo nela, muito mais, porventura, que na cordialidade. Mas fiquemos aqui apenas com a *brega*.

Pensando no plano linguístico, a *brega* é, numa primeira aproximação, "um método difuso e sem alarde para navegar a vida cotidiana, onde tudo é extremamente precário, cambiante ou violento" (DÍAZ-QUIÑONES, 2016, p. 38). Esta é a primeira definição, das muitas definições provisórias, com que o sentido da *brega* é cercado, levando àquilo que o crítico vai nomear "a arte de *bregar*".

Sintomaticamente, minha própria tradução ao português empaca diante da palavra que dá título ao ensaio talvez mais conhecido de Díaz-Quiñones, "De como e quando *bregar*". O equivalente em português, *brigar*, manteve da origem etimológica – que do italiano antigo *brigare* leva a incertas origens celtas – apenas o sentido de *afrontar* e *lutar*, enquanto no léxico insular de Porto Rico e de certas regiões do Caribe hispanófono, bem como em Nova York e nas grandes cidades da diáspora porto-riquenha, a expressão *bregar* ganhou espessura e se tornou signo de uma luta a meias, ou de algo que eu traduziria como a "arte de furtar-se", brincando com o título polêmico da velha obra luso-brasileira, *A arte de furtar*, erroneamente atribuída ao Padre Vieira. *Traduziria*, não fosse o fato de que *bregar* pode significar tanto *evitar o conflito*, quanto, ao mesmo tempo, indica o reconhecimento do momento em que o sujeito deve se impor. A arte de *bregar* não é, portanto, puramente evasiva. Ela pode ser elíptica, mas não é um simples retraimento. O sujeito da *brega* não se furta à luta. Não se trata, portanto, de uma simples arte de furtar-se.

A *brega* pode ser vista, insista-se, como uma sutil e complexa técnica de navegação nas águas de uma sociedade de raízes coloniais, que sistematicamente recusa um lugar claro para a maioria de seus cidadãos, cuja *cidadania*, como já se sugeriu, é em si um problema irresolvido, como deixa claro o estatuto de Porto Rico como "Estado Livre Associado", ou "Commonwealth" dos Estados Unidos.

No ensaio sobre a arte de *bregar*, a *brega* se anuncia, logo de início, como uma arte da negociação de sentidos, uma espécie de dispositivo que cria ambivalências, exigindo, a cada novo contexto, uma decifração renovada de seu significado:

> Diante da saudação ritual e cortês, "*Cómo estás* [como vai?]", muitos porto-riquenhos respondem lacônica ou brincalhonamente com uma frase aprendida que parece um mote a glosar: "*Aquí, en la brega* [Aqui, na *brega*]". Não é uma forma de ser. É uma forma de estar e não estar, um tipo não preciso de luta, uma negociação entre a ausência e a presença. Há situações que se consideram pouco propícias ou impossíveis, e então o tom muda e se escuta a frase: *Yo con eso no brego* [Eu com isso não brego] (DÍAZ-QUIÑONES, 2016, p. 38).

Há limites para a *brega*, e desde já fica claro que ela não tem a pretensão de encerrar o "caráter" de uma coletividade cujo estatuto nacional, aliás, se encontra em suspenso há muito tempo, como no caso de Porto Rico.

Outra palavra de difícil tradução – central para a discussão da *brega* – e que merece uma nota explicativa, é *cimarrón*. *Cimarrón*, ou *cimarrones*, refere-se aos fugitivos, e a palavra poderia ser entendida, talvez, como equivalente do português *quilombola*, o habitante do quilombo, ou daquilo que, no Caribe hispânico, vem a chamar-se *palenque*. Em termos mais amplos, é uma referência também a espaços não inteiramente regulados, gerados historicamente numa sociedade em que a presença de piratas, contrabandistas e escravos tornava a figura do *fugitivo* central. O *cimarrón*, nesse sentido, contém toda a história do encontro de europeus, nativos e africanos no espaço insular do Caribe.

Ressalto ainda que os ensaios de Arcadio Díaz-Quiñones têm a música e a poesia como um sutil pano de fundo, e a arte de *bregar* é também uma arte da fuga – em mais de um sentido. Talvez pudéssemos dizer que a forma ensaística, quando levada a sua máxima altura, nos faz recordar que é impossível pensar sem utilizar contrapontos. A sociedade, em sentido amplo, é uma invenção a várias vozes.

Como uma tecnologia complexa que vem sem um manual de instruções, a arte de *bregar* é definida ainda – nesse complexo ensaio de história cultural que é "De quando e como *bregar*" – como uma "metáfora estratégica", no sentido que lhe atribui Kenneth Burke: uma ação capaz de *mover aquele que escuta*. O aspecto dialógico da *brega* é central e, não à toa, Arcadio Díaz-Quiñones evoca William James, Wittgenstein, Bakhtin, Goffman, Luis Palés Matos, Hannah Arendt, o mítico jogador de baseball Victor Pellot (ou Vic Power), Judith Ortiz Cofer, e mesmo Luis Muñoz Marín, o governador "populista" de Porto Rico, todos convocados a dizer algo sobre o caráter "contingente" que torna a *brega* – e, portanto, a linguagem – o palco por excelência da luta política.

Resta refletir sobre o caráter dessa luta. Sendo contingente, situacional, transitória, como que flutuando em torno da lei – siderada por ela, sendo-lhe ao mesmo tempo resistente –, a *brega* é, como se lê no ensaio, a arte do "não trágico", ou do "não épico". São lutas, mas lutas diárias e silenciosas, que ganham expressão em gestos mínimos, muitas vezes decisivos e cheios de sentido, mas quase nunca capazes de se estabilizar numa gesta heroica. Trata-se de uma poética da resistência, feita de negociações sutis e muitas vezes inconscientes, que permitem imaginar um paralelo com aquilo que Alfredo Bosi chamou de "dialética da colonização" (BOSI, 1992). Isto é, do seio da relação de dominação, e sem que as posições de dominado e dominador necessariamente se alterem, surge a voz de um Outro, destinada a atualizar-se no plano oral, e ao fim passível de ser estilizada na literatura. É como se a virtualidade do sujeito exposto à "condição colonial" se atualizasse nesses momentos frágeis e irrepetíveis que marcam a *resistência*, ou, em termos de sabor gramsciano, tratar-se-ia do momento de realização contra-hegemônica.

Não me estendo sobre a presença dos poemas de Luis Palés Matos na imaginação ensaística de Arcadio Díaz-Quiñones. Lembro apenas do verdadeiro desespero do tradutor diante do *ten-con-ten* de Palés (DÍAZ-QUIÑONES, 2016), uma expressão que se poderia compreender como afirmação da delicadeza, mas também como um "balanço" e um negaceio. "Ginga", no caso, seria uma boa tradução para *ten con ten*, não fosse o fato de que essa expressão se associa frequentemente, no Brasil, a uma noção edulcorada da "bossa" como traço nacional e essencial. Em suma, o léxico da capoeira, ou mesmo do futebol, acabaria pondo a perder o aspecto dialógico que está no texto de Díaz-Quiñones. Exagerando um pouco nas tintas, é possível dizer que o vocabulário da capoeira e do futebol, e com ele a *ginga* e o *jeito*, foi sequestrado pela ideologia do Estado Novo (1937-1945), apontando para um caráter não violento que é apenas uma face, talvez não a mais importante, daquilo que a arte de *bregar* propõe.

A *brega*, mesmo se contempla a retirada e o desvio, a elipse e o drible, carrega em si uma espécie de proposição, ou um sentido positivo, que está na manutenção delicada, não trágica nem heroica, da *vida*. É uma batalha contra a guerra, ou contra a morte do sujeito. O sujeito da *brega* se equilibra, tão humana e dignamente quanto possível, na corda bamba das relações assimétricas. Quem *brega* sabe estar jogando com um adversário mais forte: as instituições, o preconceito, o racismo, as barreiras de gênero, ou a própria linguagem. Em português, poderíamos dizer que somente *brega* aquele – ou aquela – que brinca com o perigo, porque conhece a força do inimigo e sabe que só pode dobrá-lo à custa de gestos muitas vezes ambíguos, cujo sentido é resvaladiço. Quem *brega* não quebra as estruturas nem rompe o tecido social, mas aprende a respirar, numa navegação complexa e arriscada.

***

Para finalizar, reforço a ideia de que palavras como a cordialidade e a *brega* permitem rediscutir a noção de subjetividade, propondo porventura um "conceito do político" em que o sujeito se afirma exatamente quando explora o espaço marcado por suas próprias limitações. Como se ele pudesse aninhar-se em sua própria condição periférica, encontrando aí a potência de sua ação política.

No entanto, já que evoquei o "homem cordial", lembro que a criatura de Ribeiro Couto, ressemantizada por Sérgio Buarque de Holanda, carrega uma ambivalência perversa, já que, ao mesmo tempo em que insiste em ser promessa, o homem cordial encerra um círculo vicioso: quando referido à posição dominada, o lastro pessoal acaba por jogá-lo para baixo, e ele dificilmente se ergue diante do Outro que o aplasta; já quando referido à posição dominante, o homem cordial expressa a cegueira diante do Outro, uma vez que a lei só serve para o círculo de apaniguados, deixando de fora os que não aceitam o alto preço da proteção (MEIRA MONTEIRO, 2015).

Diversamente, poderíamos supor que o sujeito da *brega* nem sempre se encolhe diante do espaço público. Ele mede o terreno, arriscando com a sabedoria que lhe dá a vivência cotidiana dos seus próprios limites. Ou seja, ele brinca com o terreno, mas nunca se entrega ao *completamente* desconhecido. Na verdade, seu avanço é feito de sucessivos recuos e desvios, de movimentos que resistem a um desenho claro. Insisto tratar-se de um dispositivo de ambivalência, quase sempre com um fundo propositivo.

Mas há um momento, melancólico, em que essa ambivalência deixa de funcionar e o sujeito fica a ver navios:

> Em Chicago ou na ilha, a concisa expressão *hay que bregar* [tem que se *bregar*] pode ser uma exortação a produzir ideias e iniciativas, inclusive com certa militância, com o fim de confrontar políticas, condutas e desafios técnicos. No entanto, em outro contexto, e como outras duplicidades da vida porto-riquenha, pode ser uma frase morta que se diz para desconectar-se e manter as aparências, uma frase que nem começa nem termina, e que apenas gira sobre si mesma. Interessa essa *brega* não épica, que permite seguir adiante com a vida por conta da necessidade de salvar algo do naufrágio (DÍAZ-QUIÑONES, 2016, p. 68-69).

Para os que estamos para cá da fronteira imaginária que nos separa dos heróis, convém entender que a expressão do desejo do sujeito dominado é sempre, pela própria razão da sobrevivência, uma afirmação a meias, negociada no tecido às vezes duro, às vezes macio, das relações sociais.

Pensando nas dinâmicas da política, convém discutir o fato decisivo de que, mesmo e sobretudo no plano social, a realização do desejo é sempre uma fantasia fadada ao fracasso. Afinal, o desejo vive no intervalo entre a virtualidade da promessa e a atualidade de um caminho possível. Num resumo apertado, tanto o homem cordial quanto o sujeito da *brega* vivem nesse caminho incompleto, que é o de uma política do desejo. Entretanto, os que concebem a política como *vitória* vão supor que esse "meio do caminho" é apenas a desculpa para um desejo falhado, como se o sujeito que se afirma a meias fosse um incapaz.

O que o ensaísmo de Arcadio Díaz-Quiñones está dizendo é que *a potência do sujeito está exatamente na sua maior ou menor capacidade de se afirmar incompletamente*. Os que concebem a política como a arte da vida talvez possam recordar, então, que o desejo é uma ponte tesa e instável que só existe no momento em que é percorrida. Não se trata de alcançar o remédio no fim da ponte, nem de engolir o veneno de um caminho áspero, mas de encontrar um modo de vida, e talvez todo um conceito da política, que se encontra entre os dois.

O sujeito, em suma, avança exatamente quando recusa a épica da ação, mergulhando-a no tempo instável da vida real. Só assim nos salvamos do naufrágio, levando o que conhecemos do velho mundo, deixando-o um pouco para trás, para que a história se inicie, de novo, a cada dia.

Bibliografia

BOSI, Alfredo. *Dialética da colonização*. São Paulo: Companhia das Letras, 1992.

DÍAZ-QUIÑONES, Arcadio. *A memória rota: ensaios de cultura e política*. Org. e trad. Pedro Meira Monteiro. São Paulo: Companhia das Letras, 2016.

MEIRA MONTEIRO, Pedro. Da cordialidade à *brega*: o veneno-remédio das culturas periféricas em Sérgio Buarque de Holanda, José Miguel Wisnik e Arcadio Díaz-Quiñones. Manuscrito submetido a *Interseções: Revista de Estudos Interdisciplinares*, 2016.

MEIRA MONTEIRO, Pedro. *Signo e desterro: Sérgio Buarque de Holanda e o Brasil*. São Paulo: Hucitec, 2015.

_____; SCHWARCZ, Lilia Moritz. Uma edição crítica de *Raízes do Brasil*: o historiador lê a si mesmo. In: Holanda, Sérgio Buarque de. *Raízes do Brasil: edição crítica*. Org. Pedro Meira Monteiro, Lilia Moritz Schwarcz. Estabelecimento de texto de Mauricio Acuña e Marcelo Diego. São Paulo: Companhia das Letras, 2016.

NAVES, Rodrigo. *A forma difícil: ensaios sobre a arte brasileira*. São Paulo: Companhia das Letras, 2011.

SANTIAGO, Silviano. Formação e inserção. *O Estado de S. Paulo*, São Paulo, 26 maio 2012.

SANTOS, Boaventura de Sousa; Meneses, Maria Paula (orgs.). *Epistemologias do Sul*. São Paulo: Cortez, 2010.

WISNIK, José Miguel. *Veneno remédio: o futebol e o Brasil*. São Paulo: Companhia das Letras, 2008.

Sobre as autorias

Alexandro Henrique Paixão

Professor de Sociologia da área de Pensamento Social e Educação, do Departamento de Ciências Sociais na Educação e Programa de Pós-Graduação em Educação, Faculdade de Educação, Universidade Estadual de Campinas. Graduação em Ciências Sociais, Universidade Estadual Paulista Júlio de Mesquita Filho (2001); Mestrado em Sociologia, Universidade de São Paulo (2005); Doutorado em Sociologia, Universidade de São Paulo (2012), com estágio de pesquisa na Université de Versailles Saint-Quentin-en-Yvelines (2010-2011); Pós-doutorado em Teoria e História Literária, Universidade Estadual de Campinas (2014).

Alexsandro Eugenio Pereira

Professor Adjunto do Departamento de Ciência Política da Universidade Federal do Paraná e docente dos Programas de Pós-Graduação em Ciência Política e em Políticas Públicas da Universidade Federal do Paraná. Coordenador do Núcleo de Pesquisa em Relações Internacionais (NEPRI/UFPR), atua nos seguintes temas: Teoria Política; Pensamento Político Brasileiro; Teoria das Relações Internacionais; Segurança Internacional e Integração Política e Econômica Regional. Graduação em Ciências Sociais pela Universidade Federal do Paraná (1994), Mestrado e Doutorado em Ciência Política pela Universidade de São Paulo (1998 e 2003).

Alfredo César Melo

Professor do Departamento de Teoria Literária da Universidade Estadual de Campinas (Unicamp). Atua nos seguintes temas: romance experimental, ensaísmo brasileiro, política da memória, estudos pós-coloniais, metáforas de negociação cultural, comparações entre ensaísmo brasileiro e latino-americano e as relações do Brasil no mundo cultural lusófono. Graduação em Ciências Sociais pela Universidade Federal de Pernambuco (2001), mestrado (2004) e doutorado (2008) em literatura hispânica na Universidade da Califórnia, em Berkeley (EUA).

André Pereira Botelho

Professor adjunto da Universidade Federal do Rio de Janeiro – UFRJ. Tem experiência na área de Sociologia, com ênfase em Pensamento Social Brasileiro e Teoria Sociológica. Pesquisador do CNPq (PQ) e da FAPERJ (Cientista do Nosso Estado). Editor de Sociologia & Antropologia (PPGSA/UFRJ) e membro do comitê editorial da Revista Brasileira de Ciências Sociais – RBCS - da ANPOCS. Graduado em Ciências Sociais pela Universidade Federal do Rio de Janeiro - UFRJ (1994), Mestre em Sociologia (1997) e Doutor em Ciências Sociais (2002) pela Universidade Estadual de Campinas - UNICAMP.

Antonio da Silveira Brasil Júnior

Professor do Departamento de Sociologia e do Programa de Pós-Graduação em Sociologia e Antropologia (PPGSA) da Universidade Federal do Rio de Janeiro (UFRJ).) Desenvolve pesquisas na área de Pensamento Social no Brasil e em Teoria Sociológica. Graduação (2004) em Ciências Sociais pela UFRJ, mestrado (2007) e doutorado (2011) em Sociologia pelo Programa de Pós-Graduação em Sociologia e Antropologia (PPGSA) da UFRJ. Realizou estágio de pós-doutorado (2012-13) no Programa de Pós-Graduação em História das Ciências e da Saúde (PPGHCS) na Casa de Oswaldo Cruz (COC/FIOCRUZ).

Bernardo Ricupero

Professor do Departamento de Ciência Política da Universidade de São Paulo (USP). Tem experiência na área de Ciência Política, com ênfase em História do Pensamento Político, atuando principalmente nos seguintes temas: pensamento político brasileiro, pensamento político latino-americano, marxismo, nacionalismo e romantismo. Graduação em Ciências Sociais (1993), mestrado em Ciência Política (1997) e doutorado em Ciência Política (2002) pela Universidade de São Paulo e pós-doutorado pelo Colégio do México (2014).

Claudio Costa Pinheiro

Professor de História da África, Instituto de História, UFRJ; Diretor do Sephis (Programa Sul-Sul de Cooperação e Pesquisa sobre Desenvolvimento); Membro do Conselho da Associação Internacional de Estudos Asiáticos (ICAS).Chair do South-South Exchange Programme for Research on the History of Development, Holanda. Atua especialmente nos seguintes temas: colonialismo, pós-colonialismo e aspectos da institucionalização do poder, comparando diferentes contextos do Sul Global. Foi professor e/ou pesquisador visitante no Japão (2001-2), Portugal (2003), Índia (2005-6), Holanda (desde 2003) e Alemanha (2012-2013, e 2015). Graduação em História pela Universidade Federal do Rio de Janeiro (1994), mestrado (1998) e doutorado (2005) em Antropologia Social pela Universidade Federal do Rio de Janeiro.

Deivison Mendes Faustino

Professor do Departamento de Saúde, Educação e Sociedade da Universidade Federal de São Paulo - Campus Baixada Santista e integrante do grupo de pesquisa Laboratório Interdisciplinar Ciências Humanas, Sociais e Saúde.Possui experiência na área de Sociologia, com ênfase em Sociologia das Relações Raciais, atuando principalmente nos seguintes temas: Intelectuais Negros, Educação das Relações Étnico-Raciais e Saúde Integral da População Negra. Recebeu, em 2016, a Menção Honrosa do Prêmio Capes de Tese na área de Sociologia, da Coordenação de Aperfeiçoamento de Pessoal de Nível Superior - CAPES. Graduado em Ciências Sociais pelo Centro Universitário Santo André (2005); Mestre em Ciências da Saúde/ Epidemiologia pela Faculdade de Medicina do ABC (2010) e Doutor em Sociologia pelo Programa de Pös-Graduação em Sociologia da UFSCAR (2015). Foi bolsista PDSE junto ao Department of Philosophy (University of Connecticut, UConn)(2014-2015).

Elide Rugai Bastos

Professora titular do Departamento de Sociologia da Universidade Estadual de Campinas. Foi editora da Revista Brasileira de Ciências Sociais (ANPOCS) de 2001 a 2005, é atualmente editora da revista Lua Nova (CEDEC). Possui experiência na área de Sociologia, com ênfase em Pensamento Social no Brasil, atuando principalmente nos seguintes temas: pensamento social brasileiro, sociologia brasileira, Gilberto Freyre, história das ideias e intelectuais. Graduação em Filosofia pela Pontifícia Universidade Católica de São Paulo (1960), mestrado em Ciência Política pela Universidade de São Paulo (1980) e doutorado em Ciências Sociais pela Pontifícia Universidade Católica de São Paulo (1985). Livre-docente em Pensamento Social pela Unicamp.

João Marcelo Ehlert Maia

Professor adjunto da CPDOC/FGV-RJ. Possui experiência na área de Sociologia, com ênfase em Sociologia da Cultura, atuando principalmente nos seguintes temas: intelectuais, pensamento social brasileiro e história das ciências sociais e mais recentemente se dedica ao campo da teoria social em contextos periféricos (pós-colonialismo, decolonialidade e pensamento social periférico). Membro do grupo de trabalho em História da Sociologia da ISA (Research Committee on the History of Sociology). Mestrado (2001) e doutorado (2006) em Sociologia pela Sociedade Brasileira de Instrução - SBI/IUPERJ.

José Luis Cabaço

Moçambicano, Doutor em Antropologia Social pela Universidade de São Paulo (USP). Participou das lutas de libertação de seu país junto à Frente de Libertação de Moçambique (FRELIMO). Foi membro do governo moçambicano após 1975 até 1992. Foi reitor da Universidade Técnica de Moçambique. Foi Pesquisador Visitante no Cebrap, UFRJ, USP e Unicamp.

Josué Pereira da Silva

Professor do Departamento de Sociologia da Universidade Estadual de Campinas. Seus principais interesses de pesquisa incluem Teoria Sociológica, Teoria Crítica da Sociedade e Teorias da Justiça Social, com ênfase em temas como Trabalho, Cidadania, Reconhecimento e Renda Básica. Graduação em Ciências Econômicas pela Universidade de São Paulo (1980); mestre em História pela Universidade Estadual de Campinas (1988); doutor em Sociologia pela New School for Social Research (1993). É também livre docente pela UNICAMP (2008).

Marcelo C. Rosa

Professor Associado no Departamento de Sociologia da Universidade de Brasília. Possui experiência na área de Sociologia, atuando na pesquisa dos seguintes temas: teoria sociológica contemporânea, movimentos sociais, mudança social e sociologia da terra. Recentemente, suas atividades de ensino e pesquisa têm sido direcionadas para uma sociologia das formas não-exemplares que actantes, ações coletivas e o Estado ganham nos países africanos e latino-americanos. É coordenador do Laboratório de Sociologia Não-exemplar UnB/CNPq. Graduação em Ciências Sociais pela Universidade Federal do Rio Grande do Sul (1996) e Doutorado em Sociologia Sociedade Brasileira de Instrução - SBI/IUPERJ (2004).

Marcelo Ridenti

Professor Titular no Departamento de Sociologia da Universidade Estadual de Campinas. Tem experiência na área de Sociologia, atuando principalmente nos seguintes temas: cultura/ arte e politica/ esquerda brasileira/ intelectuais/ pensamento marxista/ ditadura militar no Brasil/ anos 1950, 1960 e 1970. Graduação em Ciências Sociais (1982) e em Direito (1983) pela Universidade de São Paulo, doutorado em Sociologia pela Universidade de São Paulo (1989), Livre Docente pela Unicamp (1999). Pós-doutorado na EHESS, Paris (2000 e 2010).

Maria Paula Meneses

Pesquisadora e coordenadora do Centro de Estudos Sociais da Universidade de Coimbra, integrando o núcleo de estudos sobre Democracia, Cidadania e Direito (DECIDe). Possui experiências nos seguintes temas: debates pós-coloniais em contexto africano, o pluralismo jurídico - com especial ênfase para as relações entre o Estado e as 'autoridades tradicionais' no contexto africano, e o papel da história oficial, da(s) memória(s) e de 'outras' narrativas de pertença no campo dos processos identitários contemporâneos. Doutorado em antropologia pela Universidade de Rutgers (EUA) e Mestre em História pela Universidade de S. Petersburgo (Rússia).

Mariana Miggiolaro Chaguri

Professora do Departamento de Sociologia da Universidade Estadual de Campinas e diretora do Centro de Estudos Rurais (Ceres IFCH/Unicamp). Possui experiência na área de Sociologia, com ênfase em Pensamento Social no Brasil, atuando principalmente nos seguintes temas: sociologia brasileira, sociologia da arte e sociologia rural. Graduação em Ciências Sociais (2004), mestrado em Sociologia (2007) e doutorado em Sociologia pela Universidade Estadual de Campinas (2012).

Mário Augusto Medeiros da Silva

Professor do Departamento de Sociologia da Universidade Estadual de Campinas. Possui experiência na área de Sociologia, com ênfase em Teoria Sociológica, atuando principalmente nos seguintes temas: Pensamento Social Brasileiro, Literatura e Sociedade, Intelectuais Negros. Recebeu, em 2013, o Prêmio para Jovens Cientistas Sociais de Língua Portuguesa, do Centro de Estudos Sociais, da Universidade Coimbra. Graduação em Ciências Sociais (2003), mestrado em Sociologia (2006) e doutorado em Sociologia (2001) pela Universidade Estadual de Campinas.

Pedro Meira Monteiro

Professor titular na Princeton University, nos Estados Unidos, e diretor do Departamento de Espanhol e Português, onde oferece cursos na área de estudos latino-americanos, com ênfase em literatura brasileira e história do pensamento social latino-americano. Graduação em Ciências Sociais pela Universidade Estadual de Campinas (1993), D.E.A. em História Sócio-Cultural pela Université de Versailles Saint-Quentin-en-Yvelines (2000), mestrado em Sociologia (1996) e doutorado (2001) em Teoria e História Literária pela Unicamp.

Rita de Cássia Natal Chaves

Professora Associada de Literaturas Africanas de Língua Portuguesa, da Faculdade de Filosofia, Letras e Ciências Humanas, da USP. É graduada em Letras pela Universidade Federal Fluminense (1978), com Mestrado em Letras pela Universidade Federal Fluminense (1984) e Doutorado em Letras (Letras Clássicas) pela Universidade de São Paulo (1993). Especialista em Literatura Angolana, Literatura Moçambicana e estudos africanos.

Simone Meucci

Professora adjunta do Departamento de Ciências Sociais da Universidade Federal do Paraná. Possui pesquisas na área de pensamento social brasileiro e história do ensino da sociologia no Brasil. Graduação em Ciências Sociais pela Universidade Federal do Paraná (1994), mestrado (2000) e doutorado (2006) em Sociologia pela Universidade Estadual de Campinas.

Alameda nas redes sociais:
Site: www.alamedaeditorial.com.br
Facebook.com/alamedaeditorial/
Twitter.com/editoraalameda
Instagram.com/editora_alameda/

Esta obra foi impressa em São Paulo no inverno de 2018. No texto foi utilizada a fonte Minion Pro em corpo 10,25 e entrelinha de 15 pontos.